मधु कांकरिया

मधु कांकरिया का जन्म 23 मार्च, 1957 को हुआ। उन्होंने कोलकाता यूनिवर्सिटी से अर्थशास्त्र में एम.ए. किया है। उनकी प्रकाशित कृतियाँ हैं—'खुले गगन के लाल सितारे', 'सलाम आख़िरी', 'पत्ताखोर', 'सेज पर संस्कृत', 'सूखते चिनार', 'हम यहाँ थे', 'ढलती साँझ का सूरज' (उपन्यास); 'बीतते हुए', '...और अन्त में ईशु', 'चिड़िया ऐसे मरती है', 'पाँच बेहतरीन कहानियाँ', 'भरी दोपहरी के अँधेरे', 'दस प्रतिनिधि कहानियाँ', 'युद्ध और बुद्ध', 'स्त्री मन की कहानियाँ', 'जलकुम्भी', 'नंदीग्राम के चूहे' (कहानी-संग्रह); 'अपनी धरती अपने लोग' (सामाजिक-विमर्श); 'बादलों में बारूद', 'समय के तेवर' (यात्रा-वृत्तान्त)। तेलुगू, मराठी आदि कई भारतीय भाषाओं में रचनाओं के अनुवाद प्रकाशित हैं।

उन्हें 'प्रियदर्शिनी अकादमी लिटरेरी अवॉर्ड', मुम्बई (2024), 'श्रीलाल शुक्ल स्मृति इफ़को साहित्य सम्मान' (2023), 'कर्तृत्व समग्र सम्मान' भारतीय भाषा परिषद् (2020), 'शरत चन्द्र साहित्य सम्मान' (2020), 'मीरा स्मृति सम्मान' (2019), 'प्रेमचन्द स्मृति कथा सम्मान' (2018), 'रत्नीदेवी गोयनका वाग्देवी सम्मान' (2018), 'शिवकुमार मिश्र स्मृति कथा सम्मान' (2015), 'विजय वर्मा कथा सम्मान' (2012), 'हेमचन्द्राचार्य साहित्य सम्मान' (2009), 'समाज गौरव सम्मान' (2009), 'कथा क्रम सम्मान' (2008) से सम्मानित किया गया है।

सम्पर्क : 72 ए, विधान सरणी, तीसरी मंज़िल, फ्लैट 3 सी, कोलकाता-700006

ई-मेल : madhu.kankaria07@gmail.com

मेरी ढाका डायरी

मधु कांकरिया

राजकमल पेपरबैक्स

राजकमल पेपरबैक्स में
पहला संस्करण : 2025

राजकमल पेपरबैक्स : उत्कृष्ट साहित्य के जनसुलभ संस्करण

राजकमल प्रकाशन प्रा. लि.
1-बी, नेताजी सुभाष मार्ग, दरियागंज
नई दिल्ली-110 002
द्वारा प्रकाशित

शाखाएँ : अशोक राजपथ, साइंस कॉलेज के सामने, पटना-800 006
पहली मंजिल, दरबारी बिल्डिंग, महात्मा गांधी मार्ग, प्रयागराज-211 001
1, अनमोल सोराबजी सन्तुक लेन, धोबी तलाव, मरीन लाइंस, मुम्बई-400 002
वेबसाइट : www.rajkamalprakashan.com
ई-मेल : info@rajkamalprakashan.com

विकास कम्प्यूटर एंड प्रिंटर्स
ट्रॉनिका सिटी-201 102
द्वारा मुद्रित

मूल्य : ₹299

MERI DHAKA DIARY
by Madhu Kankaria

ISBN : 978-93-6086-504-7

इनसान के इनसान होने के झिलमिलाते सपनों,
ढाका के क्रान्तिद्रष्टा छात्र-युवाओं और
ढाका की श्रमजीवी महिलाओं की
अपराजेय जिजीविषा को

आभार

महमूद भाई
ड्राइवर, बांग्लादेश

आदित्य कांकरिया
सुपुत्र, जिसके कारण ढाका को जाना, समझा, देखा।

सायेम
जे.एन.यू. के पूर्व छात्र, वर्तमान में यूनिसेफ, ढाका

फौजिया
पाकिस्तानी, वर्तमान में यूनिसेफ में कार्यरत अधिकारी

रुक्साना
ढाका में घरेलू सहायिका

बेबी
ढाका में घरेलू सहायिका

संकलीता
भारतीय एडवोकेट

प्रोफेसर संदीप
ढाका यूनिवर्सिटी में अंग्रेजी के प्रोफेसर

मेरी ढाका डायरी

1

जाने क्यों ढाका डायरी लिखते वक़्त मुझे अमेरिकन लेखक रिचर्ड बाक के *जॉनाथन लिविंगस्टन सीगल* की उस चिड़िया की याद हो आई, जिसके लिए उड़ान कहीं पहुँचने के लिए नहीं थी, बल्कि उड़ान अपने आप में ही एक सुख की तरह थी। चिड़िया को मंज़िल नहीं, गंतव्य नहीं, बस जीवन और उड़ान से मतलब था।

बांग्लादेश को धुरी बनाकर शायद लेखिका ने एक जीवन-दर्शन रचने की कोशिश की है, जिसमें बांग्लादेश का यथार्थ है, तो किन्हीं दरारों और झिर्रियों से झाँकता हमारा अपना भी यथार्थ है। दो देशों के बीच पसरा हमारा साझा इतिहास है, साझी स्मृतियाँ हैं, तो सवालों की नुकीली नोकें भी हैं। एक साझी तलाश है, इन दो देशों के बीच बहते समय, समाज और जन-मानस को पकड़ने की।

मेरी यह डायरी बांग्लादेश को सम्पूर्णता में जानने का कोई दावा नहीं करती। मार्केस ने कहा था कि आपको यथार्थ का एक टुकड़ा-भर देखना और महसूस करना होता है...उससे पूरा दृश्य दिख जाता है। तो बस टुकड़ा-भर यथार्थ ही हाज़िर है।

गीत की अधूरी पंक्ति की तरह, उड़ते-उड़ते अचानक ओझल हो जाती चिड़िया की तरह है यह डायरी, जो शब्दों द्वारा रची गई लेखिका की वह दुनिया है, जिसे उसने अपने एकान्त में गहरे अन्दर जाकर रचा है, जहाँ के नागरिक हैं देखे, सुने और अनुभवों के चन्द टुकड़े; स्मृतियाँ और लेखिका का 'स्व'। जहाँ सत्य ने साँकल खटखटाई है और कल्पना की उड़ान को देश-निकाला दे दिया है।

मैं न आया था तुम्हारे द्वार/पथ ही मुड़ गया था

एक मीठी त्रासदी फिर अँगड़ाई ले रही थी ज़िन्दगी में, जब इक्कीसवीं शताब्दी की एक ढलती साँवली शाम बेटे ने बताया—ममा, दो साल के लिए मुझे ढाका भेजा जा रहा है। बेटा ख़ुश था, जैसे हाथ में चाँद आ गया हो, मैं मायूस थी, जैसे हाथों के तोते उड़ गए हों!

माना कतरे-कतरे में ही मिलती है ज़िन्दगी सबको, माना ज़िन्दगी छूटे हुए का ही संग्रहालय है, फिर भी इस घोषणा के साथ ही ज़िन्दगी जैसे दो इंच नीचे उतर आई थी। डूबते सूर्य की उदासी मचल रही थी मेरे भीतर। सदियों की यात्रा पर निकल गए मेरे ख़याल। मन के गलियारे में टहलने लगी बेचैनी—जब भी कहीं जमने लगता है मन कि उखड़ने का फरमान आ जाता है। मैं अगले शहर की ओर बढ़ने लगती हूँ कि पीछे से पुकारने लगता है अधूरे प्रेम की तरह छूटा हुआ शहर, रवीन्द्रनाथ टैगोर की कविता की उस छोटी बेटी की तरह, जो परदेश कमाने जाते पिता के सामने खड़ी हो जाती है—'जेते आमी देबो न तोमार'। (जाने न दूँगी मैं तुम्हें।) यही हुआ जोश, जलवे और देवियों के शहर कोलकाता को छोड़ते समय; समुद्र और मछुआरों के शहर चेन्नई के छूटने के दौरान; और अब सात द्वीपों से बने एलिफेंटा की गुफाओं वाले मुम्बई शहर के समय भी। माना कि बाद में भी फिर-फिर गई मैं उन छूटे हुए शहरों में, अधूरे प्रेम की तरह, वे वापस लौटे भी, पर दृश्य चाहे वही रहे हों, मेरी दृष्टि बदल गई थी। देह और आत्मा का कुछ हिस्सा चाहे वहीं गड़ा हुआ हो, पर नया बनता शहर किसी बेवफ़ा प्रेमी की तरह मुझे छोड़ चुका था। समय की तहों के भीतर शहर की वे पुरानी गलियाँ-मोहल्ले हमसे छूट गए थे, उनमें बसी हुई वे आवाजें बिला चुकी थीं। गलियाँ, मोहल्ले, चौराहे, पार्क, बाज़ार, पुरानी इमारतें, उनकी बुनावट और उनमें रचा-बसा वह समय अनसोई और उचटी रातों में महज़ कभी-कभार जुगनू की तरह चमक उठता था। बस!

काश! लोककथा की जादूगरनी की तरह शहर को अपने तावीज़ में छिपाकर टाँग लेती!

बहरहाल, तब तो सिर्फ़ शहर ही बदले थे, अब तो देश ही बदल रहा है। ग़नीमत है तो इतनी भर कि जा भी रही हूँ टैगोर के देश से, तो पहुँच भी रही हूँ टैगोर की सुजला-सुफला धरती पर, छह ऋतुओं और नदियों के देश में। क्या कहा था टैगोर ने 'आमार माझारे जो आछे से गो कोनो विरहिणी नारी' (मेरे मन के अन्दर जो बसा है वह कोई विरहिणी नारी है) लगा, टैगोर ही क्यों मेरे भीतर भी तो बसी है वह विरहिणी नारी, जो ख़ामोश भी थी और विचलित भी!

बेटा ख़ुश था इस तबादले की सुनकर। उसका प्रमोशन हुआ था। यूँ भी उसे ठहरकर एक जगह रहना सख़्त नापसन्द था। उसका वश चलता, तो अंडे के भीतर ही उड़ने लगता। पर कितना मुश्किल है किसी और के जीवन की आँच को किसी और के लिए सहना। चाहा था मैंने कि मैं भी ख़ुद को सूखे पत्तों की तरह कर दूँ हवाओं के हवाले, पर उदासी ने मुझे दबोच ही लिया। मैं उदास थी, बेहद उदास कि अब आनेवाले दिन 'मैं और मेरी तनहाइयाँ' टाइप बीतनेवाले हैं। लगा, जैसे जीवन का दरवाज़ा बन्द होनेवाला है हमेशा के लिए, कि जीवन में जो भी सुन्दर है, धूप, चाँदनी, हवाएँ...सब दरवाज़े के उस पार हैं। फिर भी, ग़नीमत थी कि उसी

दिन पढ़ी मुक्तिबोध की इन पंक्तियों 'कोशिश करो, कोशिश करो जीने की/ज़मीन में गड़कर भी' ने मुझे थोड़ा मानसिक सम्बल दिया। मैंने ख़ुद से कहा 'चीयर अप' और उठ खड़ी हुई।

मैंने अपनी बेचैनियों, ख़ामोशियों और खलबलियों को थपथपाया, ख़ुदगरज़ी पर लानत भेजी। समझाया ख़ुद को कि एक ज़माने में हम एक ही देश हुआ करते थे। याद आए श्रीकांत वर्मा, जिन्होंने कहा था कि राष्ट्र को खोकर ही मैंने कविता पाई है।

मैं क्या पाऊँगी?

ताज्जुब! जाने कब की जंग लगी स्मृतियाँ चमकने लगीं। चित्रों का कारवाँ गुज़रने लगा आँखों के सामने से। नज़रें अनायास ही अतीत से जुड़ भविष्य को देखने लगीं।

हर विभाजन यथार्थ की ज़मीन पर घटित होने के पूर्व मन के स्तर पर घटित होता है। आज़ादी के बाद से ही पाकिस्तान की दमनकारी नीतियों का शिकार हुआ पूर्वी पाकिस्तान। दरअसल, पूर्वी पाकिस्तान की ज़मीन पर बांग्लादेश की नींव ही पाकिस्तान के 'हमीं श्रेष्ठ' के वायरस के चलते पड़ी। पश्चिमी पाकिस्तानी बंगालियों को चावल-मछली खानेवाले, ठिगने, काले, मरियल लोग समझते थे। 'बंगो' कहकर उनका मज़ाक़ बनाते थे। यहाँ के इस्लाम को भी घटिया क़िस्म का इस्लाम समझते थे। यहाँ तक मानते थे कि बंगाली मुसलमानों ने सच्चे इस्लाम को नापाक किया है। पाकिस्तानी सरकार जान-बूझकर उर्दूभाषियों को हर जगह तवज्जो दे रही थी और बंगालियों को शक-शुबहा की नज़रों से देखा जाने लगा था। यहाँ तक कि कहीं-कहीं स्कूलों और मदरसों तक में सुबह की प्रार्थना उर्दू में होनी शुरू हो गई थी। पाकिस्तान सरकार बांग्ला भाषा को घटिया भाषा समझती थी। इसलिए उसने वहाँ उर्दू थोपनी शुरू कर दी, जिसका तत्काल विरोध शुरू हो गया। वह भाषा-आन्दोलन इतना प्रचंड बन गया कि 'राष्ट्रभाषा बांग्ला चाही' पोस्टर लेकर नारे लगाते छात्रों को पाकिस्तान पुलिस ने गोली के बल पर शान्त करना चाहा। 1950 का भाषा आन्दोलन, 1964 में हज़रत बल के कारण बड़े दंगे तथा 1969 में व्यापक विरोध के चलते अयूब ख़ान द्वारा इस्तीफ़ा दिया जाना और जनरल याह्या ख़ान जैसे निरंकुश शासक द्वारा पूर्वी पाकिस्तान पर ज़ुल्म की नई इबारत का लिखा जाना पृष्ठभूमि बना पूर्वी बंगालियों के चरम विद्रोह का। विरोध को दबाने के लिए याह्या ख़ान ने आम चुनाव की घोषणा कर दी। चुनाव के परिणाम में अवामी लीग को 300 सीटों वाली नेशनल असेंबली में 160 सीटों के साथ पूर्ण बहुमत मिला। पश्चिमी पाकिस्तान में ज़ुल्फ़िक़ार अली भुट्टो की नई पाकिस्तान पीपुल्स पार्टी को सबसे ज़्यादा 81 सीटें मिलीं। पाकिस्तान के इतिहास में भुट्टो पहले नेता थे, जिन्होंने आम आदमी के सरोकारों के बारे में सीधी बात की थी।

मतदान 63.1 प्रतिशत हुआ, जो देश के इतिहास में सबसे ऊँचा था। लेकिन न तो अवामी लीग को पश्चिमी पाकिस्तान में कोई सीट मिली, न भुट्टो की पाकिस्तान पीपुल्स पार्टी को पूर्वी पाकिस्तान में। इससे भुट्टो और पश्चिमी पाकिस्तान के नेताओं को भी यह दावा करने का बहाना मिल गया कि उन्हें जनादेश नहीं मिला है। कइयों की अपील के बावजूद भुट्टो ने नफ़रत भड़कानेवाला नारा दिया—इधर हम, उधर तुम।

इसके बाद अवामी लीग का विरोध-प्रदर्शन और तीव्र हो गया। मार्च, 1971 में फ़ौज ने राष्ट्रवादी विपक्ष को दबाने और पूर्वी पाकिस्तान की जनता को शान्त करने के लिए 'ऑपरेशन सर्चलाइट' शुरू कर दिया। इसके तुरन्त बाद शेख़ मुजीबुर रहमान ने पाकिस्तान से बांग्लादेश की आज़ादी की घोषणा कर दी।

दुनिया के इतिहास में बांग्लादेश, पहला ऐसा देश है, जो धर्म के नाम पर बने एक देश से भाषा और संस्कृति के सवाल पर अलग होकर बना। भाषा को महबूब की तरह प्रेम करनेवाला देश है बांग्लादेश, जहाँ आज 30 करोड़ लोग बांग्ला भाषाभाषी हैं। वह बांग्ला भाषा, जिसके लिए 1952 में कहा गया था कि बांग्ला भाषा रहेगी ही नहीं। जिसके राष्ट्रीय झंडे में उगता हुआ सूरज है। जिसके स्वाधीनता संग्राम के समर्थन में कोलकाता में निकली रैली, जिसमें ख़ुद मैं भी शामिल थी...सब कुछ मन की आँखों के आगे तैरने लगा। बांग्लादेश की आज़ादी में अहम भूमिका निभाता भारत। बांग्लादेश मुक्ति-संग्राम के पूर्व पंजाबी मुसलमानों द्वारा बंगाली मुसलमानों की हत्या। आज़ादी की क़ीमत चुकाते भारतीय सैनिक। 13 दिन तक चले युद्ध में समर्पण करती पाकिस्तानी आर्मी। इसमें शहीद हुए अलबर्ट एक्का, झारखंड के सपूत। जिस दिन युद्ध शुरू हुआ, उसी दिन वे शहीद हो गए (मरणोपरांत उन्हें परमवीर चक्र प्रदान किया गया)।

ख़ूब भालो ढाका! ढाका एक सोचनेवाला शहर! जीवन के टुच्चेपन, भौतिकता, संकीर्णता को चुनौती देता हुआ, युवाओं को क्रान्ति का स्वप्न देता शहर! उन्हें सोचना सिखाता शहर...

वे मेरी नई-नई उगी राजनीतिक चेतना के धड़कते दिन थे। मेरे विचारों के बनने और बिगड़ने के दिन थे। नेल्सन मंडेला और मुजीबुर रहमान, जिनके महासपनों में समुद्र की अनंतता थी, हृदय में आग थी, वे मेरे हीरो थे। याद है वह दिन, जब 7 मार्च, 1971 को ढाका के रेस कोर्स मैदान में पूर्वी पाकिस्तान की जन भावना को कुचलने में लगे पाकिस्तानी हुकूमत को बंगबंधु ने ललकारा था अपने शानदार उद्घोष के साथ, 'घर-घर को दुर्ग (क़िला) बना दो...' तब शायद ही किसी ने सोचा था कि ठीक इसके नौ महीने नौ दिन बाद 16 दिसम्बर, 1971 को

उपमहाद्वीप के नक्शे पर बांग्लादेश नाम के राष्ट्र का निर्माण एक वास्तविकता होगी। 25 मार्च, 1971 को पाकिस्तानी फ़ौज ने जनरल टिक्का ख़ान के नेतृत्व में ढाका पर क़ब्ज़ा कर लिया। पाक ट्रूप्स कराची से जहाज़ से आई और 25 की आधी रात को चिटगाँव पोर्ट से फायरिंग शुरू हुई।

जैसा दमन वैसा ही प्रतिरोध। इसके साथ ही पूर्वी पाकिस्तान में स्वाधीनता का बिगुल बज गया और उसी दिन मुजीबुर रहमान ने बांग्लादेश की पूर्ण स्वतंत्रता की घोषणा कर दी। इस प्रकार, एक स्वाधीन राष्ट्र की उद्घोषणा सचमुच की लड़ाई में तब्दील हो गई और 'जय बांग्ला' बांग्लादेश बन गया। 27 मार्च को इंदिरा गांधी ने बांग्लादेश के मुक्ति संघर्ष को अपना समर्थन दे दिया और 28 मार्च को मुजीब को गिरफ़्तार कर पाकिस्तान ले जाया गया।

1971 में तीन लाख लोग पूर्वी पाकिस्तान में मारे गए थे। इसकी रिपोर्ट एक ब्रिटिश पत्रकार ने इंग्लैंड के पत्र में जेनॉसाइड के नाम से छापी थी। इस क़ीमत पर मिली थी स्वाधीनता, जिसके लिए हुए संघर्ष में भारतीय सेना ने भी अपना ख़ून बहाया था। 1971 का स्वाधीनता संग्राम महज़ स्वाधीनता संग्राम ही न था, वरन एक सभ्यता, एक युग और एक संस्कृति से दूसरे युग और दूसरी सभ्यता में भी दाख़िला था।

12 दिसम्बर के 'इंडियन एक्सप्रेस' की सुर्ख़ी थी—*Bangladesh has maintained secularism as a state principle that is widely regarded as a essential criterion of the modern state.*

एक क्रान्तिकारी से राष्ट्रपिता बनने के बंगबंधु के सफ़र की मैं मूक द्रष्टा रही हूँ। वह दिन आज भी आँखों के आगे घूमता है, जब रावलपिंडी से लन्दन और फिर वहाँ से बांग्लादेश के लिए रवाना होते बंगबंधु कुछ समय के लिए दिल्ली भी रुके थे। एक जनसभा में ख़ुद इंदिरा गांधी ने उनका स्वागत किया था। उस दिन दिल्ली के आसमान पर कई सूरज एक साथ चमके थे। अभूतपूर्व था उस अवसर पर बंगबंधु का बांग्ला भाषा में (लोगों के अनुरोध पर) दिया हुआ उद्‌बोधन।

1971 के भारत-पाक युद्ध के शहीदों की याद में अमर जवान ज्योति को इंडिया गेट पर 1972 में तैयार किया गया था। तीनों सेनाओं के प्रमुख राष्ट्रीय महत्त्व के प्रमुख अवसरों स्वतंत्रता दिवस, गणतंत्र दिवस पर अमर जवान ज्योति पर श्रद्धांजलि देते रहे हैं। ढाका में भी रेस कोर्स मैदान में उस स्थल पर चिरन्तन अग्नि शिखा प्रज्ज्वलित है, जहाँ 1971 में पूर्वी पाकिस्तान के लेफ़्टिनेंट जनरल नियाजी ने भारतीय सेना के लेफ़्टिनेंट जनरल अरोड़ा के आगे समर्पण किया था।

बहरहाल, ऐसे बंगबंधु जब ढाका में आए, तो दस लाख से ज़्यादा लोग खड़े थे रेस कोर्स में उनका स्वागत करने को। वह एक विराट दृश्य था। पूरा ढाका जैसे किसी स्वप्न के भीतर तैर रहा था। वह एक काव्यात्मक क्षण था, जब एक राष्ट्र

जागृत होकर अपनी भाषा में जी उठा था। आश्चर्य और उत्सुकता से वह ख़ुद को नये सिरे से पहचान रहा था। अब उसके पास एक नये भविष्य की सम्भावनाएँ थीं। ज़िन्दगी छलक-छलककर बाहर आ रही थी।

अच्छे लोग जब कामयाब होते हैं, तो पूरी इनसानियत का नेकी में यक़ीन बढ़ ही जाता है।

क़लम आज उनकी जय बोल!

ऐसी ही अच्छे लोगों में एक आम वृद्ध गड़रिया की कहानी ज़ेहन में कौंध रही है, जो वास्तव में सेना का सबसे बड़ा राज़दार था। उसे सब पागी कहकर बुलाते थे। बांग्लादेश के मुक्ति-संग्राम को जीतने में उसके योगदान को भुलाया नहीं जा सकता। जो इतिहास में चाहे न हो, पर लोगों की स्मृतियों में आज भी धड़कते हैं। जिन्हें अपनी इन्हीं अमूल्य सेवाओं के लिए तीन सम्मान भी मिल चुके थे। 65 व 71 युद्ध में उनके योगदान के लिए—संग्राम पदक, पुलिस पदक व समर सेवा पदक!

बात उन दिनों की है, जब 1971 में भारत युद्ध जीत चुका था, जनरल मानेकशॉ ढाका में थे। उन्होंने आदेश दिया कि पागी को बुलवाओ, डिनर आज उसके साथ करूँगा! हेलिकॉप्टर भेजा गया। हेलिकॉप्टर पर सवार होते समय पागी की एक थैली नीचे रह गई, जिसे उठाने के लिए हेलिकॉप्टर वापस उतारा गया था। अधिकारियों ने नियमानुसार हेलिकॉप्टर में रखने से पहले थैली खोलकर देखी, तो दंग रह गए, क्योंकि उसमें दो रोटी, प्याज तथा बेसन का एक पकवान (गाठिया) भर था। डिनर में एक रोटी सैम साहब ने खाई एवं दूसरी पागी ने।

कौन था यह पागी? और क्या था उसका योगदान?

पागी यानी 'मार्गदर्शक' यानी वो व्यक्ति, जो रेगिस्तान में रास्ता दिखाए। उसका असली नाम था रणछोड़दास रबारी। उनके हुनर का कमाल कि ऊँट के पैरों के निशान देखकर बता देते थे कि उस पर कितने आदमी सवार हैं। इनसानी पैरों के निशान देखकर वज़न से लेकर उम्र तक का अन्दाज़ा लगा लेते थे। कितनी देर पहले का निशान है तथा कितनी दूर तक गया होगा, सब एकदम सटीक।

पहली बार उनका हुनर दुनिया के सामने तब आया, जब 1965 के युद्ध के आरम्भ में पड़ोसी सेना ने भारत के गुजरात में कच्छ सीमा स्थित विधकोट पर क़ब्ज़ा कर लिया था। इस मुठभेड़ में लगभग 100 भारतीय सैनिक शहीद हो गए थे तथा भारतीय सेना की एक 10000 सैनिकों वाली टुकड़ी को तीन दिन में छारकोट पहुँचना था। तब आवश्यकता पड़ी थी पहली बार रणछोड़दास पागी की! रेगिस्तानी रास्तों पर अपनी पकड़ की बदौलत उन्होंने सेना को तय समय से 12 घंटे पहले मंज़िल तक पहुँचा दिया था। सेना के मार्गदर्शन के लिए उन्हें सैम साहब ने ख़ुद

चुना था तथा सेना में एक विशेष पद सृजित किया गया था 'पागी' अर्थात पग अथवा पैरों का जानकार।

भारतीय सीमा में छिपे 1200 पाकिस्तानी सैनिकों की लोकेशन तथा अनुमानित संख्या केवल उनके पदचिह्नों से पता कर भारतीय सेना को बता दिया था पागी ने, जिसकी बदौलत भारतीय सेना के लिए वो मोर्चा जीतना सम्भव हो सका।

1971 युद्ध में भी उनके हुनर से सेना को बहुत लाभ पहुँचा। सेना के मार्गदर्शन के साथ-साथ अग्रिम मोर्चे तक गोला-बारूद पहुँचवाना भी पागी के काम का हिस्सा था। पाकिस्तान के पालीनगर शहर पर जो भारतीय तिरंगा फहरा था, उस जीत में पागी की भूमिका अहम थी। सैम साब ने स्वयं 300 रुपये का नक़द पुरस्कार पागी को अपनी जेब से दिया था।

ऐसे ही अच्छे लोगों में गुजरात के भारतीय वायु सेना के स्क्वाड्रन लीडर विजय कार्णिक का नाम भी शामिल है, जिनके नेतृत्व और जिनके आह्वान पर कच्छ ज़िले के भुज गाँव के तीन सौ स्त्री-पुरुष जान पर खेलकर वायु सेना के लिए एयर स्ट्रिप बनाने को तैयार हो गए। सभी लोगों ने मिलकर सिर्फ़ 72 घंटों में एयर स्ट्रिप बना डाली। इस जटिल टास्क टीम की सदस्य रही वलबाई सेघाणी ने अहमदाबाद मिरर से बात करते हुए कहा—9 दिसम्बर, 1971 की रात को मुझे लगा कि मैं भी एक फ़ौजी हूँ। हम सभी महिलाएँ विजय कार्णिक के निर्देश पर काम कर रही थीं, जैसे ही सेना को पाकिस्तान के विमान आने का अन्देशा होता, महिलाओं को सिग्नल दिया जाता, हम महिलाएँ झाड़ियों में घुस जातीं। फिर दुबारा सिग्नल मिलता, तो हम वापस काम पर लग जातीं।

इस विजय गाथा में रूसी पनडुब्बियों के योगदान को भी नहीं भुलाया जा सकता है, जिन्होंने 1971 की जंग में अमेरिका के विरुद्ध ढाल बनकर भारतीय नौसेना की रक्षा की थी। आज चाहे हम भूल गए हैं, लेकिन तब अमेरिका ने भारत को युद्ध रोकने की धमकी दी थी। चिन्तित भारत ने सोवियत संघ को एक एसओएस भेजा था।

भारतीय नौसेना के पूर्वी कमान के प्रमुख एडमिरल एन. कृष्णन ने अपनी पुस्तक 'नो वे बट सरेंडर' में लिखा है कि उन्हें डर था कि अमेरिकी चटगाँव पहुँच जाएँगे। उन्होंने उल्लेख किया कि कैसे उन्होंने इसे धीमा करने के लिए करो या मरो की चाल में उद्यम पर हमला करने के बारे में सोचा।

आधिकारिक तौर पर यूएसएस एंटरप्राइज को खाड़ी बंगाल में भेजे जाने का कारण बांग्लादेश में अमेरिकी नागरिकों की सुरक्षा करना बताया गया था, जबकि अनौपचारिक रूप से यह भारतीय सेना को धमकाना और पूर्वी पाकिस्तान की मुक्ति को रोकना था।

2 दिसम्बर, 1971 को जल दैत्य यूएसएस एंटरप्राइज के नेतृत्व में यूएस 7वीं फ्लीट की टास्क फोर्स बंगाल की खाड़ी में पहुँची। ब्रिटिश बेड़ा अरब सागर में आ रहा था। दुनिया ने अपनी साँस रोक रखी थी।

लेकिन, अमेरिकियों के लिए अज्ञात, जलमग्न सोवियत पनडुब्बियों ने उन्हें पीछे छोड़ दिया था। जैसे ही यूएसएस एंटरप्राइज पूर्वी पाकिस्तान की ओर बढ़ा, सोवियत पनडुब्बियाँ बिना किसी चेतावनी के सामने आईं। सोवियत सबमरीन अब भारत और अमेरिकी नौसैनिक बल के बीच खड़े थे।

भौंचक्क अमेरिका!

7वें अमेरिकी फ्लीट कमांडर ने एडमिरल गॉर्डन से कहा : "सर, हमें बहुत देर हो चुकी है। सोवियत यहाँ हैं!" पीछे हटने के अलावा कोई चारा नहीं!

यह एक ऐसी कहानी है, जिसे भारतीय इतिहास की किताबों से लगभग मिटा दिया गया है।

2

वो इन्तिज़ार था जिस का/ये वो सहर तो नहीं।

लेकिन शायद राजनीति में नेक लोगों की कामयाबी भी अधिक नहीं टिक पाती। उस दिन भी किसने सोचा होगा कि मुजीब जैसा हरदिल अज़ीज़ जननेता भी, जिसका नाम लिये बिना कोई इबादत, कोई नमाज़ पूरी नहीं होती थी, वह फूलझड़ी की तरह जलकर बुझ जाएगा। अपने ही लोगों की क्रूरता का ऐसा शिकार होगा कि पूरे परिवार सहित ही मौत के घाट उतार दिया जाएगा।

क्रान्ति—बाद का समय बांग्लादेश में स्वप्नों के उगने, बनने और बिखर जाने का समय भी था। कहीं उम्मीदें बन रही थीं, तो कहीं मिट रही थीं। शायद ऐसे ही समय के लिए चार्ल्स डिकेन्स ने लिखा था—*it was the best of times, it was the worst of times.* सचाई यह भी कि युद्ध से तहस-नहस हो चुके देश को मुजीब सँभालने में लगे थे, एक राष्ट्र के रूप में आधुनिक, प्रगतिशील और वैज्ञानिक सोच वाले आधुनिक बांग्लादेश की कल्पना और निर्माण उनके सपनों में था, लेकिन स्थितियाँ लगातार बिगड़ने लगी थीं। ग़रीब माँ के स्तन के दूध की तरह नये राष्ट्र की ख़ुशहाली जल्दी ही सूखने लगी। बांग्लादेश से आए एक करोड़ शरणार्थी भारत में टिके हुए थे। युद्ध के दौरान रेल मार्ग, जल मार्ग ध्वस्त हो गए थे। फ़रवरी 72 तक उनमें से बहुत कम लोग ही भारतीय सेना के

संरक्षण में वापस अपने ठिकाने लौट पाए थे। त्रिपुरा में जितनी उस राज्य की अपनी जनसंख्या नहीं थी उससे ज़्यादा जनसंख्या वहाँ पर आए शरणार्थियों की थी। राजनीतिक अराजकता, ग़रीबी, जहालत, भ्रष्टाचार, खाद्यान्न की कमी और बढ़ती महँगाई के चलते सेना और लोगों में भी असन्तोष बढ़ने लगा था। यही वह समय था, जब अमेरिका के विदेश मंत्री हैनरी किसिंजर ने इन्हीं विशेषताओं के चलते बांग्लादेश को 'बास्केट केस' कहा था। (बास्केट केस, यानी बांग्लादेश वह बास्केट है, जिसमें जितना भी डालो, वह नीचे गिरता जाएगा, बिना किसी परिणाम के, यानी होपलेस केस, यह जानना दिलचस्प है कि वही बांग्लादेश, आज डिजिटल बांग्लादेश बन गया है) उस पर उस वर्ष के अकाल ने स्थिति और बिगाड़ दी। वह सूखा अभी तक का सबसे भयानक सूखा था, जिसने 15 लाख लोगों की जान ले ली थी। बंगबंधु ने बांग्लादेश को राष्ट्रीय, जनतांत्रिक, सेक्युलर देश घोषित किया था, बांग्ला विजय के बाद 1972 में अवामी मुस्लिम लीग से मुस्लिम शब्द को निकाल, लोकतांत्रिक नाम अवामी लीग दिया था, इससे कट्टरपंथी शुरू से ही उनके ख़िलाफ़ थे।

इन्हीं परिस्थितियों के बीच 24 सितम्बर, 1974 से लेकर अगस्त, 1975 तक स्टेट इमर्जेन्सी लगा दी गई, जिसे मुजीब ने दूसरी क्रान्ति का नाम दिया; जिसमें भ्रष्टाचार पर नियंत्रण करने, कृषि और औद्योगिक उत्पादन को बढ़ाने पर ज़ोर दिया गया। 7 जून, 1975 को मुजीब के घर में एक बैठक हुई और संविधान में चौथा संशोधन किया गया, जिसके अनुसार मुजीब ने अवामी लीग सहित बाक़ी सभी पार्टियों को ख़त्म करने के उद्देश्य से एक नई पार्टी बनाई, बक्साल (baksal) यानी बांग्लादेश कृषक श्रमिक अवामी लीग। इसके साथ ही प्रेस की आज़ादी को ख़त्म कर दिया गया और देश में एक नई प्रकार की डेमोक्रेटिक डिक्टेटरशिप की स्थापना हुई, जिसके राष्ट्रपति बने मुजीबुर रहमान। यद्यपि बक्साल की स्थापना देश में स्थिरता और विकास लाने के उद्देश्य से की गई थी, लेकिन इसकी स्थापना ने जनता और सेना के आक्रोश की आग में घी का काम किया।

यह जानना भी दिलचस्प होगा कि उस समय पूरे उपमहाद्वीप में ही उथल-पुथल था। भारत में हरित क्रान्ति के बावजूद स्थिति स्थिर नहीं थी। यहाँ मुद्रास्फीति हर क्वार्टर में 26 से 30 प्रतिशत थी, जय प्रकाश का नव निर्माण आन्दोलन शुरू हो चुका था। इसके तीन सप्ताह बाद ही भारत में भी इमरजेंसी को लागू कर दिया गया।

सिर्फ़ यही नहीं, बांग्लादेश के चलते कोलकाता की केमिस्ट्री और ज्योग्राफी में भी बहुत अन्तर आ गया था। युद्ध से पहले और युद्ध के बाद के दशक में वहाँ के भूखे नंगे शरणार्थियों की बेरोकटोक आवाजाही से कोलकाता की जनसंख्या में ज़बरदस्त उफान आ गया था और जिसका परिणाम यह हुआ था कि कोलकाता की सभी बड़ी सड़कों के बीचोबीच अवैध अस्थायी दुकानों, स्टालों की कतारें

बरसा ऋतु के मेढकों की तरह उग आई थीं। नई झुग्गी-झोपड़ियों की बाढ़ आ गई थीं। बाद में वोट की राजनीति के चलते इन्हें वैधता भी मिल गई थी, लेकिन इन बदलते हालात में शहर का वह पुराना चेहरा और व्यक्तित्व छिन गया था। फिर भी कोलकाता कोलकाता था, जो अपनी दृष्टि और संवेदना की ताप में अभी भी चमक रहा था।

बहरहाल, ढाका में बक्साल की स्थापना के बाद फ़ौज में बेचैनी शुरू हो गई। उस समय बांग्लादेश के कुछ मेजर और कर्नल टाइप अफ़सरों की एक इमर्जेन्सी मीटिंग हुई और यह निर्णय लिया गया कि देशहित में मुजीब को रास्ते से हटाना पड़ेगा। योजना सिर्फ़ मुजीब को गिरफ़्तार करने की थी। जिया उल रहमान उस समय मेजर जनरल थे। वे आर्मी चीफ नहीं थे। आर्मी अफ़सर जिया उल रहमान के पास गए, उन्होंने साफ़ कुछ भी नहीं कहा, पर उस प्लान में वे भी शामिल थे।

ऐसे में 15 अगस्त, 1975 का वह मनहूस दिन, जब सदी का सबसे बेरहम इतिहास लिखा गया। जब पाखंडी चेहरे ने मेकअप किया और झूठ ने सबसे अधिक शोर मचाया। जब राजनीति के आसमान से तारे नहीं टूटे, बल्कि आसमान ही टूट पड़ा था! जब चार ग्रुप में बँटे हत्यारों के एक ग्रुप ने मुजीब के घर में प्रवेश किया। बन्दूक़ों से लैस अपने ही देश की अपनी ही आर्मी के मेजरों को अपने ही घर में हमलावर के रूप में देख मुजीब गुर्राए—तुम मुझे मारोगे, जिसे पाकिस्तान तक नहीं मार सका? पीछे खड़ा मेजर हुदा चिल्लाया—चलाओ गोली। शायद मुजीब ने भी उस क्षण यह नहीं सोचा होगा कि जीवन और पृथ्वी इतनी कठोर है। फिर घर की सीढ़ियों से उतरते वक़्त जो गोलियों की बौछार मुजीब पर हुई कि मौत का तांडव शुरू हो गया। वे सीधे धराशायी हो गए। बंगबंधु, उनके तीनों बेटे, पुत्रवधू, छोटा भाई, भतीजे और उसकी गर्भवती पत्नी, नौकर, यहाँ तक कि बंगबंधु के सबसे छोटे दस साल के बेटे शेख़ रसेल को भी मौत के घाट उतार दिया गया। एक-दूसरे ग्रुप ने अवामी लीग के चार वरिष्ठ नेताओं को भी उनके घर से पकड़ उन्हें मौत के घाट उतार दिया। सिर्फ़ दो बेटियाँ बंगबंधु की जो उस समय जर्मनी में थीं, वे बच गईं। आर्मी द्वारा महज़ आधे घंटे में इस ख़ूनी खेल को अंजाम दे दिया गया। उसके बाद 'ढाका रेडियो' में एक ख़बर 'राष्ट्रपति मुजीबुर रहमान के मारा होये छे' और फिर 21 साल तक देश ख़ामोश, बंगबंधु मुजीब का कोई नामलेवा नहीं।

इससे बड़ी भयानकता की कल्पना नहीं की जा सकती थी। हर जगह बदबू थी, बदबू ही बदबू। मौत की बदबू, भावशून्यता की बदबू, कृतघ्नता की बदबू, दहशत की बदबू, क्रूरता की बदबू। दुनिया-भरी हुई हैं ऐसी कथाओं से। चे गेवारा ने कहा था—*Revolution is guided by deep feelings of love.* यह जनता के प्रति प्रेम ही था, जिसने शेख़ मुजीब को क्रान्तिकारी बनाया, फिर ऐसा अन्त?

क्या मैं शून्य में शून्य से भिड़ रही थी?

कहीं पढ़ा था कि क्रान्ति अपनी ही सन्तानों को खा जाती है और जो बचे रह जाते हैं, वे क्रान्ति की अवैध सन्तानें होती हैं। तो जिसे आज बांग्लादेश देख रहा है वे क्या अवैध सन्तान हैं, जो बची रह गई हैं?

बर्बादी की कहानी यहीं नहीं रुकी। हत्यारों ने तत्कालीन वाणिज्य मंत्री खांडकर मुश्ताक अहमद को बांग्लादेश का राष्ट्रपति घोषित कर दिया, जिन्होंने आते ही दो काम किये। पहला काम यह किया कि उस समय के आर्मी चीफ को हटाकर जिया उल रहमान को नया आर्मी चीफ बना दिया। दूसरा काम उन्होंने यह किया कि एक आर्डिनेंस पास किया, जिसके अनुसार उन सभी फ़ौजियों पर कोई क़ानूनी कार्रवाई नहीं हुई, जो मुजीब—हत्या के षड्यंत्र में शामिल थे।

जिआ उल रहमान 1975 से 1978 तक आर्मी चीफ रहे। फिर वे बांग्लादेश के राष्ट्रपति बने और 1981 तक रहे। 25 मई, 1981 को ख़ूनी इतिहास फिर दोहराया गया, जब एक आर्मी विद्रोह में आर्मी की एक छोटी टुकड़ी द्वारा उनकी भी हत्या चटगाँव में रात के तीसरे पहर में कर दी गई, जहाँ वे अपनी पार्टी BNP (बांग्लादेश नेशनलिस्ट पार्टी) के कुछ स्थानीय सदस्यों में सुलह करवाने गए थे।

पाकिस्तानी जनरल याह्या ख़ान, जो पाकिस्तान के तीसरे राष्ट्रपति भी बने, के ADC (Aide-de-camp) अरशद समी ख़ान ने अपनी पुस्तक 'Three Presidents and on Aide' में लिखा है कि जब वे 3 दिसम्बर, 1971 को युद्ध के लिए एयरफोर्स हेड क्वार्टर के लिए निकल रहे थे, तो एक गिद्ध ने उनका रास्ता रोक लिया था। उन्होंने बहुत देर तक उसे हटाने की चेष्टा की। ज़ोर-ज़ोर से हॉर्न बजाया, लेकिन गिद्ध उनकी गाड़ी के आगे से टस से मस नहीं हुआ। ड्राइवर ने बेंत से भगाने की चेष्टा की, तो भी वहीं जमा रहा। बाद में माली ने फावड़ा की सहायता से उसे हटाया। वे लिखते हैं कि यद्यपि मैं किसी भी अन्धविश्वास को नहीं मानता, पर जाने क्यों ऐसा लगा जैसे कोई अदृश्य शक्ति हमें आगाह कर रही हो कि युद्ध पर जाने का फ़ैसला सही नहीं है।

इंटेलिजेंस के निदेशक जनरल चौधरी ने भी जिया उल रहमान को आगाह किया था कि वे 1 जून तक चटगाँव न जाएँ। इस सलाह को नज़रअन्दाज़ करते हुए जब जिया उल रहमान चटगाँव के लिए रवाना हो रहे थे, तब भी चौधरी ने उनसे अनुरोध किया कि वे वहाँ रात कम-से-कम न ठहरें और शाम घिरते ही ढाका लौट आएँ।

क्या उन्हें भी ऐसा अहसास हो गया था? या, किसी षड्यंत्र को सूँघ लिया था उन्होंने?

बहरहाल, रात नौ से ग्यारह बजे के बीच उन्होंने पार्टी के सदस्यों से बात की। रात 12.30 पर उन्होंने अपनी बेगम खालिदा जिया से फ़ोन पर आख़िरी संवाद किया। 12.30 पर उनके कमरे की लाइट बुझ गई।

अचानक तेज़ बारिश! जिया के कमरे की लाइट बुझी। किसी और कमरे में देश और लोगों के हित में क़ुरान पर हाथ रख शपथ ली गई जिया उल रहमान को रास्ते से हटाने की। कमरे के बाहर तैनात सुरक्षा गार्ड हटा दिये गए। बाहर गूँजी गोलियों की आवाज़। मशीनगनों की आवाज़। गोलियों की तेज़ बौछारों के बीच बाहर निकले जिया और एक कड़क आवाज़ गूँजी गलियारों में 'तोमरा कि चाहो' (तुम लोग क्या चाहते हो?)

और!

ठाँय ठाँय!

शायद हर तानाशाह अपनी ख़त्म होती ज़िन्दगी के आख़िरी पलों में यह अहसास करता है कि उसे जानना चाहिए कि लोग उससे क्या चाहते हैं।

नये सूरज के उगने के पूर्व ही बुझ गए थे वे!

सद्दाम हुसैन की जीवनीकार विल बार्डेन वरपर ने 'The prisoner in his palace : Saddam Hussein, American guards and what history leaves unsaid' में लिखा है कि उनका व्यवहार बेहद मानवीय और दोस्ताना था। अन्तिम दिनों को उन्होंने गाने सुनते हुए बिताए। जो सुपर बारह सैनिक उनकी सुरक्षा में तैनात थे, सद्दाम प्राय: उनसे उनके परिवार और उनकी ख़ैरियत के बारे में पूछते रहते थे, यद्यपि अमेरिका सद्दाम हुसैन का सबसे बड़ा दुश्मन था। बार्डेन लिखते हैं कि जब उनकी सुरक्षा में लगे उन सुपर ट्वेल्व के द्वारा सद्दाम को उन लोगों के हाथ में सौंप दिया गया, जो उन्हें फाँसी देनेवाले थे, तो उन सब सुपर ट्वेल्व की आँखें भरी हुई थीं।

उनके एक सैनिक स्टीफ हर्चसन ने बताया कि जब 30 दिसम्बर, 2006 को तड़के तीन बजे उठाकर उन्हें बताया गया कि आज उन्हें फाँसी दी जानी है, तो दरक चुके सद्दाम हुसैन ने जेल के सींखचों से हाथ बाहर निकाल अपनी कलाई घड़ी 'रेमंड व्हील' को बेहद आग्रह के साथ उसे दे दी। एक सैनिक एडम रोजर्सन ने बताया कि जब बाहर खड़ी भीड़ ने सद्दाम के शव पर थूका, तो वे भौंचक्क रह गए। उन्होंने भीड़ को रोकने की कोशिश भी की।

उन बारह सैनिकों ने बाक़ायदा सद्दाम की मौत का मातम मनाया और सैनिक स्टीफ हर्चसन ने तो इस दुख में अमेरिकी सेना से इस्तीफ़ा भी दे दिया, क्योंकि उन सब को लगता था कि सद्दाम के साथ ठीक नहीं हुआ है।

बहरहाल, ख़ौफ़ और हत्याओं का जो सफ़र मुजीब की हत्या के साथ शुरू हुआ वह चलता रहा।

फिर आए ढलती हुई बीसवीं सदी के अन्तिम कुछ वर्ष, जब दुनिया के कुछ देशों का स्वर्णिम इतिहास लिखा गया। 1994 में 27 वर्ष जेल में रहने के बाद नेल्सन मंडेला दक्षिण अफ्रीका के पहले अश्वेत राष्ट्रपति बने और जून 1996 में बंगबंधु के

क्लोन के रूप में शेख हसीना को देखा गया और उसे पहली बार सत्ता सौंपी गई। बांग्लादेश का सिक्का फिर बदला। देश में स्थायित्व आया और उस आर्डिनेंस को ख़त्म किया गया, जिसके तहत मुजीबुर रहमान के हत्यारों पर क़ानूनी कार्रवाई नहीं की जा सकती थी। उन सभी हत्यारों पर क़ानूनी कार्रवाई की गई (अन्तिम हत्यारे कप्तान अब्दुल हाजीद को तो 12 अप्रैल, 20 को फाँसी दी गई) और उसके साथ ही लौटा बंगबंधु का गौरव। और इसके साथ ही उन हिन्दुओं ने भी कुछ राहत की साँस ली, जिनमें से बहुतों को 1975-1996 के दौरान हिन्दू विरोधी भावनाओं और ख़ालिदा जिया के शासन काल में बढ़े हुए मौलावाद के चलते सामाजिक भेदभाव और यातनाओं का सामना करना पड़ा था और कोलकाता वापस लौट जाना पड़ा था।

3

27 जून को बांग्लादेश विमान द्वारा मैं कोलकाता से भूतपूर्व पूर्वी पाकिस्तान के अभूतपूर्व शहर ढाका के लिए रवाना हुई। निकलते वक़्त जाने क्यों मुझे गुस्ताव फ्लाबेयर का कथन याद आ रहा था, वे कहते हैं कि यात्राएँ हमें मॉडेस्ट करती हैं। देखना है यह यात्रा मुझे क्या बनाती है!

'केसरिया बालम आवो नी पधारो म्हारे देस' की तर्ज़ पर पहला अहसास विमान ने कराया कि मैं मुस्लिम देश में जा रही हूँ; कि बांग्लादेश दुनिया का चौथा ऐसा देश है, जिसकी सबसे बड़ी जनसंख्या मुस्लिम है।

विमान में जैसे ही दरवाज़े बन्द हुए, उद्घोषक ने बिस्मिल्लाह से शुरुआत की अल्लाह हो अकबर! अल्लाह सर्वशक्तिमान! अल्लाहसारा कोनो ईलाही नाहीं... जैसा कुछ कहा गया। क़रीब पाँच मिनट तक का यह उद्घोष मेरे लिए नितान्त नया अनुभव था। तभी चेतना में कौंधा कि ये उद्घोष इसलिए सुनाए जा रहे हैं, क्योंकि मैं यूएस बांग्ला, जो कि बांग्लादेश की लोकल एयरलाइन है, के द्वारा ढाका जा रही हूँ। और, बांग्लादेश यद्यपि शुरू में सेक्युलर देश घोषित किया गया था, लेकिन बाद में 1980 से कट्टरवादियों के दबाव में इस्लाम को स्टेट रिलिजन घोषित कर दिया गया था, इसीलिए यह उद्घोष था। (बाद के दिनों में जब मैं स्पाइस जेट द्वारा ढाका गई, तो जाहिर है ऐसा कुछ नहीं था)

शाहजलाल अन्तरराष्ट्रीय एयरपोर्ट के आते ही उद्घोषक ने हमें 'ख़ुदा हाफ़िज़' कहा। बाहर क़दम रखते ही मन थोड़ा उत्तेजित और तरंगित था। ढाका! मेरे नायक

मुजीब का देश! मेरी निगाहें शाहजलाल शब्द पर ही बार-बार अटक जाती थी, मेरे दिमाग़ में था कि 'नेताजी सुभाष चन्द्र बोस इंटरनेशनल एयरपोर्ट' की तर्ज़ पर ही बंगबंधु मुजीब के नाम पर एयरपोर्ट का नाम होगा। ड्राइवर महमूद भाई ने मेरी निराशा पर शीतल जल के छींटे डालते हुए कहा—मैडम, यह सिक्के बदलते जाने की कहानी है। शुरू में इसका नाम ढाका इंटरनेशनल एयरपोर्ट था, फिर 1983 में तत्कालीन राष्ट्रपति अब्दुस सत्तार ने इसका दुबारा नामकरण किया—जिया इंटरनेशनल एयरपोर्ट। सिक्का फिर बदला। फिर 2010 में शेख हसीना ने इसका नामकरण एक सन्त के नाम पर 'शाहजलाल इंटरनेशनल एयरपोर्ट' किया।

कुछेक साल तक विदेश में नौकरी करनेवाले महमूद भाई अधिकतर मुझसे अंग्रेज़ी में ही बात करना पसन्द करते थे और अपनी अंग्रेज़ी पर अपने शुरुआती मदरसे की दरी पट्टी छाप अंग्रेज़ी की परछाईं तक नहीं पड़ने देते थे।

नई-नवेली मेरी ज़िन्दगी ढाका के नये बने कैनवास पर झिलमिलाने लगी, रंग भरने लगी। हिरण की तरह दौड़ रहा था मन। कभी मैं ढाका को एक बच्चे की ताज़ी नज़र से देखने की कोशिश कर रही थी, तो कहीं मेरे भीतर बसा एक अपना ढाका भी था, जिसे मैंने मन-ही मन रचा था। पर इस नये ढाका का भी पहला अनुभव बेहद रोमांचक रहा! माशाअल्लाह! वह अपने पूरे नूर पर था और मेरी हसरतों के पंखों को हवा दे रहा था। मैं कभी अपने घर को, तो कभी घर के बाहर पसरे फैले ढाका को देखती। चूँकि हमारा घर एक मंजिल पर ही था, इस कारण बाहर भरपूर भीतर आ रहा था, मुम्बई शहर की उन बहुमंज़िला इमारतों की तरह नहीं, जहाँ लोग बीस-बीस माले पर रहते हैं और बाहर से पूरी तरह कट जाते हैं। आशा के विपरीत वहाँ गुज़रनेवाली पहली रात सुकून देनेवाली थी। दिनों बाद ढाका की रात ने मुझे चाँद और चाँदनी से जोड़ा। यहाँ का सौन्दर्य आकर्षित कम, मुग्ध ज़्यादा करता था। चाँदनी में नहाई खिली-खिली तारों भरी वह एक ऐसी रात थी, जिसने सुबह के लिए ख़्वाब छोड़ रखे थे। जब ज़माने बाद मैं दुनिया से अपने रिश्ते और समय से अपने सम्बन्धों के बारे में सोच रही थी। यूँ वह रात जैसी ही रात थी, बल्कि रात से बढ़कर रात थी, पर एक बात थी। तारें यहाँ बहुत ज़्यादा थे और मेरे बेहद क़रीब थे।

शहर भी मुझे रास आ रहा था। किसी बड़े से अधखिले फूल सा ढाका। ढाका की खुलती अर्थव्यवस्था की तरह उसके खुले पोखर, खुली हवाएँ, लबालब नदियाँ। पोखरों, पेड़ों, पाखियों, झीलों, नदियों और झूमते बादलों से भरपूर ढाका की सुबह सरगम रचती। नीले आसमान में उड़ान भरते परिन्दे, पेड़ों पर फुदकती गिलहरी, ढेरों ढेर हरे तोते, रकम-रकम की रंग-बिरंगी चिड़िया, उनकी गूँज, टहनियों और पत्तियों की सरसराहट...प्रकृति के शोर और मौन को सुनने में ही गुज़र जाती थी

मेरी झिलमिल सुबह। यहाँ के पोखरों में खिले पदम फूलों को देखते-देखते अक्सर होंठों पर भूली-बिसरी पंक्ति थरथराने लगती—मेघेर ढाका ढाका। गुड़-गुड़ करते मेघों से ढके ढाका की टापुर टुपुर बारिश जब नारियल की झुकी टहनियों के पत्तों पर गिरती, तो सचमुच जल तरंग-सी बज उठती थी।

मैं पेड़ों के पड़ोस में थी। मेरे घर के सामने झील थी। झील की सतह पर एक झलक भर दिखाकर उड़ गई चिड़िया, कौन थी वह, सुरमई पंख और लम्बी सुनहरी चोंचवाली।

वह किंगफ़िशर थी।

जहे नसीब! पाखियों परिन्दों की इतनी वैभवपूर्ण दुनिया!

उन लम्हों मैं दूसरी ही मैं थी—लहरों पर चलनेवाली!

बादलों में उड़नेवाली!

दीन-दुनिया से बेख़बर!

एक विराट होती मैं।

माइंड से नो माइंड की स्थिति क्या इसे ही कहते हैं?

शुक्र है परिन्दों को नहीं पता उनका मज़हब क्या है
वरन आसमान से भी ख़ून की बारिश होती।

—गुलज़ार

पानियों का देश बांग्लादेश और एक हैरान कर देनेवाला उजालों का शहर ढाका!

स्मृति, यथार्थ और स्वप्न की इस यात्रा में जैसे-जैसे ढाका का घूँघट उघड़ रहा था, धूप आँगन से होती हुई सामने की दीवार पर चढ़ रही थी, ढाका भी मुझ पर चढ़ रहा था और मेरा यह ख़याल भी पुख़्ता हो रहा था धीरे-धीरे कि यदि मुझे ढाका को समझना है, तो मुझे इसकी गलियों, सड़कों, मुहल्लों और चौबारों को गुलज़ार करना होगा, क्योंकि हर शहर, सड़क और मुहल्ला खोलता है अपना राज धीरे-धीरे!

क्योंकि एक शहर की काया में रहते हैं कई शहर और एक समय के भीतर रहते हैं कई समय। असली शहर उसकी गली-कूचों, मुहल्लों, नुक्कड़ों, नदी, नालों, सड़कों, बसों, रेलगाड़ियों, चाय की दुकानों, उसके तहखानों और उसके पिछवाड़े में बसता है।

वह एक ऐतिहासिक सुबह थी, जब अवाक् हो मैंने देखा कि मेरे घर से 200 मीटर की दूरी पर ही पुलिस चेक पोस्ट और चमकदार बाज़ार साथ-साथ। हर आधा किलोमीटर पर पुलिस चेक पोस्ट। कहीं-कहीं तो 200 मीटर के अन्दर भी। लगा जैसे मैं ढाका में नहीं, उबलते कश्मीर में हूँ।

सारा तिलिस्म टूट गया। सारे परिन्दे उड़ गए। सुन्दर विचारों और मानवीय भावनाओं की मेरी दुनिया तहस-नहस होने लगी।

किसी कुँवारी कन्या-सा शर्मीलापन लिये हुए हमारा गुलशन और इतनी पुलिस चेक पोस्ट! एके 47 लिए पुलिस हर चेक पोस्ट पर! किससे ख़तरा है हमारे जीवन को। मुझे अचानक महसूस हुआ, जैसे मैं एकाएक गधी बन गई हूँ। भीतर मेरे विचारों की भीड़ जमा होने लगी—माना गुलशन जहाँ हमारा घर है, एम्बेसी एरिया है, सभी दूतावास यही हैं। किसी कारणवश मुझे भारतीय दूतावास में जाना पड़ गया था, तब देखी थी मैंने दूतावासों की कतारें—कहीं 'एम्बेसी ऑफ़ कनाडा' तो कहीं 'एम्बेसी ऑफ़ फ्रांस' तो कहीं 'एम्बेसी ऑफ़ इटली', तो कहीं शान से इठलाती 'एम्बेसी ऑफ़ यू एस ए'। लेकिन फिर बच्चों के स्कूल 'अमेरिकन इंटरनेशनल स्कूल ढाका' के बाहर एके 47 लिए पुलिस चेक पोस्ट क्यों? इंटरनेशनल क्लब के बाहर क्लब के नाम की नेम प्लेट तक नहीं थी और तभी ध्यान यह भी आया कि ख़ुद मेरे बेटे ने मुझे अपने घर के बाहर नेम प्लेट लगाने से रोक दिया था, 'क्या ज़रूरत है मम्मा, अपने विदेशी होने को जगजाहिर करने की'। एकाध मुस्लिम घरों के बाहर नेम प्लेट की जगह सुनहरे अक्षरों में क़ुरान की आयतों को सोने के पानी चढ़ी फ्रेम में मढा हुआ देखा था मैंने।

खता माफ़ हो हुज़ूर! दिमाग़ में खलबली मचती रहीं, किसका ख़ौफ़? क्यों नाम छुपाए जा रहे हैं? क्यों इतनी पुलिस चेक पोस्ट! धरती धुंध से भरी थी और आसमान पर कोहरा छाया हुआ था।

दो विपरीत भावनाएँ बन्दरों की तरह उछलकूद मचाने लगीं मेरे भीतर! जाने कितने समय मेरे भीतर गड्डमड्ड होने लगे। लेखकों, बुद्धिजीवियों और सोचनेवाले लोगों का शहर ढाका और यह नाकेबन्दी!?

पल-पल रूप बदलती ज़िन्दगी! कहीं धूप तो कहीं छाँव ज़िन्दगी!

आख़िर इस खलबली की धुंध से बाहर किया मुझे ड्राइवर महमूद भाई ने।

— मैडम हर युग के अपने ग़म! कुछ निजी कुछ सार्वजनिक! पहले इतनी पुलिस चौकियाँ नहीं थीं, तेज़ रफ़्तार को नापसन्द करने और 'जीओ और जीने दो' के सिद्धान्त में यक़ीन करनेवाला शहर था ढाका। यह तो 2016 में होली बेकरी कांड के बाद इस पूरे एम्बेसी एरिया को इतनी घेराबन्दी, इतनी सुरक्षा दी गई है।
— क्या है होली बेकरी?

साँस लेती एक सभ्यता खुल रही है मेरे सामने धीरे-धीरे! खुल रहे हैं यातना के शिलालेख!

— मैडम, यहाँ का तो बच्चा-बच्चा वाक़िफ़ है उससे, बांग्लादेश के इतिहास में उससे भयंकर जिहादी हमला ग़ैर-मुस्लिमों पर पहले कभी नहीं हुआ।

— क्या हुआ था? मेरी बेचैनी और जिज्ञासा जामे में नहीं समा रही थी।

— मैडम, जुलाई 2016 की वह शाम तो हम लोगों के ज़ेहन से कभी नहीं मिटेगी, जब आसमान से ही आग बरसी थी। उन दिनों तो सारे अख़बार, न्यूज़ चैनल, हर मुँह पर एक ही नाम था 'होली बेकरी'। इस जिहादी अटैक में कुल 24 लोगों को बन्धक बनाकर बेरहमी से नुकीले हथियारों से कुचल दिया गया था, जिसमें 9 इटेलियन, 7 जापानी, 7 बांग्लादेशी और एक भारतीय थे। होली बेकरी उस दौरान की हक़ीक़त का ऐसा जलता-दहकता टुकड़ा था, जो हमारी रूह तक में धँस गया था। 1 जुलाई, 2016 के शाम लगभग साढ़े नौ बजे की बात है। होली बेकरी यहाँ का महँगा रेस्तराँ है। यहाँ अधिकतर विदेशी और समृद्ध लोग ही आते हैं। तो एकाएक पाँच जिहादी अन्धाधुंध गोलियाँ चलाते और बम फोड़ते होली बेकरी में घुस आए, उनमें से एक के हाथ में तो छुरा भी था। आते ही उन्होंने पूरी बेकरी को अपने क़ब्ज़े में कर लिया। अफ़रा-तफ़री मच गई, डरे, ख़ौफ़ खाए कुछ सीढ़ियों में तो कुछ आसपास के मकानों में कूद गए तो कुछ ने रेस्तराँ के किचेन में ख़ुद को बन्द कर लिया। जिहादी चिल्लाए—बंगाली बाहर आओ, यदि आप बंगाली मुसलमान हैं, तो आपका कुछ नहीं बिगड़ेगा, हमें छोटे कपड़े पहननेवाले और शराब पीनेवाले विदेशियों से शिकायत है, ये हमारे मुल्क में आकर इसे भी गन्दा कर रहे हैं, यह इस्लाम के ख़िलाफ़ है। ये हमारी कल्चर को बिगाड़ रहे हैं। इसके बाद उन्होंने मुस्लिमों और ग़ैर-मुस्लिमों को अलग किया। जो महिलाएँ हिजाब पहने हुई थीं, उन्हें खाना-पानी दिया और बाद में छोड़ भी दिया। 2 जुलाई सुबह तक मारकाट मची रही। सुबह तक मुस्लिम बन्धकों को छोड़ा, सबसे कलमा पढ़वाया गया, जो पढ़ पाए...ला इलाहा ईल्लाल्लाहो मुहम्मदुर रसूलल्लाह...उन सबको छोड़ दिया गया। एक बंगाली मुस्लिम था फरान हुसैन, जो अपने साथी के साथ आया हुआ था, उसे जिहादियों ने छोड़ दिया पर उसने अपने मित्र को छोड़कर जाने से इनकार कर दिया, उसे भी मार डाला गया।

बाहर से मैं ख़ामोश थी, लेकिन भीतर मेरे खलबली मची थी! जैसे सभ्यता का गुलाब किसी ने अभी-अभी नोच दिया हो। सदियाँ मेरे भीतर बोलने लगीं, इतिहास के पृष्ठ फड़फड़ाने लगे। इक्कीसवीं सदी में सातवीं सदी की बर्बरता? पाँव में 21वीं सदी के जूते, पर सिर के अन्दर मध्यकाल का भूसा भरा हुआ। सभ्यता की, विकास की इस सुदीर्घ यात्रा के बाद भी आख़िरकार कहाँ पहुँचे हम? कड़ुए धुएँ की तरह यह सत्य मेरी आत्मा में समाने लगा कि भारत हो या बांग्लादेश, धर्म के

बाड़े में पली आत्मा के संस्कार विकृत हो जाते हैं, क्यों वह आदमियत और कुदरत के बुनियादी सवालों को भूल जाती है। याद आया, कन्धार के कार्टूनिस्ट नज़र मोहम्मद को जब तालिबानियों ने गिरफ़्तार किया, तो उन पर आरोप था कि लोगों को हँसाना ग़ैर-इस्लामिक है! उन्हें पीटा गया और फिर मारकर एक पेड़ से लटका दिया गया। सवाल है कि वह कौन सा ख़ुदा होगा, जो अपने बन्दों को हँसते देख नाराज़ होता होगा? बाबरी मस्जिद के गुम्बद पर हथौड़ा चलाते युवक हों या लोगों से कलमा पढ़वाते मुक्ति के ये बन्दे! इस शताब्दी की सबसे बड़ी शर्म हैं ये! क्या यही है मनुष्य का प्राकृतिक और सांस्कृतिक सत्य? धर्म क्या सचमुच तर्क, विवेक और विचारों पर पोंछा लगा देता है? मेरी नज़रें घूर रही थीं बड़े-बड़े मॉल्स को, फ्लाईओवर को, नई बनती अंडरग्राउंड मेट्रो को! उफ़! जितनी तेज़ी से आधुनिकता बढ़ रही है, उतनी ही तेज़ी से बढ़ रही है इस्लामियत की लहर।

इतिहास के प्रेत फिर मँडराने लगे भीतर—शाह के समय का ईरान कितनी तेज़ी से आधुनिक होता जा रहा था। फिर ऐसा क्यों हुआ कि वह कट्टर धार्मिक नेता खोमैनी की गिरफ़्त में आ गया। ठीक यही क्या जिन्ना ने नहीं किया? अंग्रेज़ों के ख़िलाफ़ साम्राज्यवाद के विरुद्ध लड़ते-लड़ते उसके जैसा आधुनिक बन्दा भी इस्लाम की शरण में आ गया। धर्म की सत्ता कम्युनिस्ट चीन को भी स्वीकार करनी पड़ी। संविधान में बदलाव कर उसे धर्म को मान्यता देनी पड़ी।

माना, मनुष्य सिर्फ़ एक आर्थिक प्राणी नहीं है। खाए-पीए-अघाए आदमी को कुछ और भी चाहिए, जिस पर वह अपने जीवन की धुरी को टिका सके। पर इस अधूरेपन को क्या सिर्फ़ और सिर्फ़ मज़हब की अफ़ीम से ही पूरा किया जा सकता है? क्या कला, संस्कृति, संगीत, चित्रकला, अध्यात्म इस अधूरेपन को नहीं भर सकते?

सवाल, सवाल और सवाल?

हैमलेट की तरह चलता मेरा आत्मालाप!

जिन्हें मारा वे कोई क्रान्तिकारी नहीं थे, नास्तिक भी नहीं थे, साधारण आम जनता थीं, उनसे क्या ख़तरा हो सकता था? उन्हें मारकर क्या हासिल हुआ उन्हें? गैलीलियो को इसलिए कट्टरवादियों ने मारा कि उन्होंने बाइबिल में लिखे विज्ञान के एक असत्य पर लोगों का ध्यान खींचा। तसलीमा को इसलिए देश निकाला मिला कि उन्होंने क़ुरान की आलोचना की। पर ये निरीह लोग? क्या अपराध था इनका? क्यों इन जिहादियों को ज़िन्दगी से ज़्यादा अपने विश्वासों पर विश्वास था! किसलिए? नस्लीय श्रेष्ठता बोध के चलते? या मन की माटी का गीलापन ही ख़त्म हो गया इनका।

अतीत के टुकड़े बीनते-बीनते ही याद आई पिछले दिनों पढ़ी गई एक किताब, डेविड लेविस्टोंन स्मिथ की 'लेस देन ह्यूमन', जिसमें वे यह भेद खोलते हैं कि

हरेक समाज का स्वभाव होता है कि वह ख़ुद को ही श्रेष्ठ या पूर्ण इनसान समझता है, बाक़ी लोगों को थोड़ा कम ह्यूमन समझता है। इसीलिए उनसे टकराव की स्थिति में वे उनको डिह्यूमेनॉइज करने लगते हैं, जिससे उनकी हत्या करने पर भी उनके भीतर अपराधबोध न पनपे। उदाहरणस्वरूप जब पश्चिम में लोग खुले बाज़ारों में दासों की ख़रीद-बिक्री करते थे—तब वैज्ञानिकों ने झूठा वैज्ञानिक सिद्धान्त गढ़ा कि डार्विन के विकासवाद के सिद्धान्त के तहत चिंपाजी और इनसान के बीच की कड़ी ही अफ़्रीकी नीग्रो हैं, वे पूर्ण मानव नहीं हैं, तो उनकी ख़रीद-बिक्री कोई अन्याय नहीं है।

उदास ख़यालों ने जकड़ लिया था मुझे। मेरे परेशान शब्दों की यात्रा शुरू होने लगी थी। मानव सभ्यता पहले कभी इतनी नारकीय नहीं हुई थी। जितने भी हमलावर थे, सभी युवा थे। पढ़े-लिखे थे। फिर भी जाने कैसा जंगल और दरिन्दा उग आया था उनके भीतर कि इतनी चीख़-पुकार, कराहें मची। कितनी फ़रियादें की गईं उनसे, पर वे न पसीजे। मज़हबी बन्दूक़ की ठाँय-ठाँय के शोर में, जो इतने गहरे तक धंसा हो, उन तक दूसरों की कोई भी मानवीय आवाज़ पहुँचे भी तो कैसे? काश ये लोग समझ पाते कि दुनिया को धर्म की नहीं, करुणा की ज़रूरत है। धर्म के अतिरेक में बँधा समाज सबसे पहले अपने मानवीय अहसासों, संवेदनशीलता और मानवता को ही कुचलता है। उन्हें विदेशियों से नफ़रत है कि वे शराब पीते हैं, क्योंकि इस्लाम में शराब निषिद्ध है, जबकि शराब को तो ईज़ाद ही जहाँगीर ने किया था। उमर खय्याम से लेकर ग़ालिब तक सभी तो पीते थे शराब!

काश! सभ्यता की इस यात्रा में वे बुद्ध को भात का आमंत्रण देती आम्रपाली को देख पाते और याद कर पाते जो बुद्ध ने कहा था, 'करुणा! करुणा! और सिर्फ़ करुणा! क्योंकि वही रह जाएगी, बाक़ी सब ढह जाएगा।'

अपने ख़यालों और विचारों की कोठरी से बाहर खींचा महमूद भाई ने मुझे और छूटे सिरों को समेटते हुए कहने लगे—इस घटना की ज़िम्मेदारी इराक के जिहादी ग्रुप ISIL ने ली, लेकिन बांग्लादेश की सरकार ने इसका खंडन किया और कहा कि जिहादी लोकल थे, वे जमात उल मुजाहिदीन थे। दरअसल मैडम, बांग्लादेश पर कहीं अन्तर्राष्ट्रीय दवाब न बढ़ जाए, विदेशी निवेश को कोई आँच न आ पाए, यहाँ के गारमेंट उद्योग पर इसका प्रभाव कहीं न पड़ जाए, इसलिए बांग्लादेश सरकार कभी भी इस बात को क़बुल नहीं करेगी कि जिहादी बाहर के थे।

निजी उद्यान की तरह सलीके से रखी हुई दाढ़ी पर हाथ फेरते और गहरी साँस खींचते हुए बोले महमूद भाई—बांग्लादेश तो क्या सारी दुनिया में बढ़ रही है यह मज़हबी नफ़रत। हम सब ज्वालामुखी के मुहाने पर खड़े हैं। आज यदि बंगबंधु भी

क़ब्र से उठकर आ जाएँ, तो नहीं रोक पाएँगे नफ़रत की इस आंधी को, क्योंकि जब मज़हबी अन्धभक्ति सिर उठाती है, तो सबसे पहले इनसानियत और सत्य की ही हत्या होती है।

कुछ पल ख़ामोशी। धरती की ओर देखते हुए फिर बोले वे,

— दरअसल यह पहला जिहादी हमला था, इसलिए बांग्लादेश की पुलिस इसे अच्छे से हैंडल नहीं कर पाई। बाद में इंडिया द्वारा यहाँ की पुलिस को कमांडो ट्रेनिंग दी गई थी। रेपिड एक्शन बटालियन (RAB) का गठन भी आतंकवाद और नशीले पदार्थों की तस्करी को रोकने के लिए किया गया। लेकिन एक हक़ीक़त यह भी है कि सरकार और उसके मंत्री RAB तथा अन्य सुरक्षा एजेंसियों का प्रयोग राजनीतिक विरोधियों को ख़त्म करने के लिए करते हैं। सुनगुन तो यहाँ तक है कि बांग्लादेश को भारत द्वारा ऐसे जिहादी हमले की अलर्ट एक दिन पहले भेज दी गई थी। मैडम, मैं जरा खुले विचारों का हूँ, देश-विदेश में कई साल नौकरी कर चुका हूँ, इसलिए महिलाओं पर बुर्क़े की पाबन्दी के ख़िलाफ़ हूँ, मैंने आनन्द लिया है इन महिलाओं की झूमती-लहराती बालों की लटाओं का। बच्चियों के ख़ूबसूरत हेयर बैंड और क्लिपों का। पर होली बेकरी की घटना के बाद मैं भी इतना डर गया था कि मैंने भी अपनी पत्नी और युवा बेटी को हिजाब डालने को कहा।

तब तक मैं नहीं जानती थी कि हिजाब और बुर्क़े में क्या अन्तर है। महमूद भाई ने ही मुझे समझाया,

— हिजाब का मतलब सिर ढकने से है। हिजाब में महिलाएँ सिर्फ़ बालों को ही ढकती हैं। किसी भी कपड़े से महिलाओं का सिर और गर्दन ढके होना ही असल में हिजाब कहा जाता है, लेकिन महिला का चेहरा दिखता रहता है। हिज़ाब के लिए भी निर्देश है कि हिजाब इस कदर पहना जाए कि औरत के सिर का एक बाल भी न दिखे, क्योंकि तरह-तरह के केश विन्यास औरत का आकर्षण बढ़ाते हैं। बुर्क़ा एक चोले की तरह होता है, जिसमें महिलाओं का शरीर पूरी तरह से ढका होता है। नकाब एक तरह से कपड़े का परदा होता है, जो सिर और चेहरे पर लगा होता है। इसमें महिला का चेहरा भी नज़र नहीं आता है। लेकिन, नकाब में आँखें कवर नहीं होती हैं। हालाँकि, चेहरे पर यह बँधा होता है। बहरहाल, विदेश में रह चुकी मेरी पत्नी को स्लीवलेस बेहद पसन्द था, पर उसने भी इस घटना के बाद स्लीवलेस ड्रेस को बक्से के अन्दर बन्द कर दिया। और तो और उसने लिपस्टिक और नेल पोलिश भी लगाना बन्द कर दिया,

क्योंकि इस्लाम में औरतों का बनाव-शृंगार निषिद्ध है, नमाज़ के दौरान जो औरतें शृंगार करती हैं, इस्लाम उनकी नमाज़ क़बुल नहीं करता है।

— लेकिन मैंने तो यहाँ ढेरों औरतों को चटक लिपस्टिक तो क्या इतनी लीपापोती करते देखा है कि लगे, बच्चों की ड्रॉइंग स्कूल का कोई बोर्ड हो।

— कन्धे उचकाते हुए कहा उसने, हाँ, मैडम, बांग्लादेश में सूफ़ियाना, बल्कि कहिये आधुनिक इस्लाम है। एक बात और है मैडम, इस्लाम को सौ प्रतिशत मानकर चलना मुसलमानों के लिए भी सम्भव नहीं है। इसलिए हम सब आधे ही मुसलमान हैं। सब कोई अपनी सुविधानुसार चुन लेते हैं कि क्या मानना है और क्या नहीं मानना है। इस्लाम में तो चोरी करने पर हाथ काट लेने की बात कही गई है, पर क्या यह हो रहा है? क्या मुस्लिम व्यवसायी टैक्स चोरी नहीं कर रहे? ख़ुद मुस्लिम मर्द इस्लाम का पालन नहीं कर रहे, पर औरतों पर इस्लाम थोपे जा रहे हैं, क्योंकि यह आसान है।

— महमूद भाई अपने प्रवाह में बोलते जा रहे थे और मेरे ज़ेहन में घूम रही थी भारत की फ़िल्मी अभिनेत्री जायरा, जो कामयाबी की बुलन्दियों को छूने के बाद जाने किन दबावों के चलते या मग़ज़ धुलाई के चलते या आतंकियों के डर के चलते, क्योंकि वह कश्मीर में रहती थी, उन्हीं दिनों अभिनय छोड़ने को बाध्य हुई थी, यह कहते हुए कि इस्लाम अभिनय की इज़ाज़त नहीं देता, जबकि इस्लाम में निषेद्ध होने के बावजूद पाकिस्तान, ईरान, मिस्त्र, जॉर्डन और लेबनान जैसे देश फ़िल्मों का निर्माण कर रहे हैं। फ़िल्मों के निर्माता मुसलमान हैं और अभिनेता-अभिनेत्रियाँ मुसलमान हैं।

— महमूद भाई की आवाज़ ने भीतर से बाहर किया मुझे, अपने पैबन्द लगे कुर्ते की जेब से रूमाल निकालते हुए कहा उन्होंने,

— फिर आप गुलशन में रहती हैं। गुलशन और बारिधारा यहाँ के एम्बेसी एरिया हैं और अब तो गुलशन ढाका का कमर्शियल हब भी बन गया है, पंचरंगी जनता है यहाँ की, सारे बड़े-बड़े बैंक और मल्टी नेशनल कम्पनियों के ऑफ़िस यहीं पर हैं, यहाँ तो आपको जींस और छोटे कपड़ों में विदेशी भी मिल जाएँगे, पर असली ढाका में चक्कर लगा आइए, ये विदेशियन भी आपको ढंग के कपड़े में दिखेंगी। इनकी हिम्मत नहीं होगी छोटे कपड़ों में निकलने की। लिपस्टिक औरतें लगाती हैं, लेकिन नमाज़ के दौरान उन्हें बिना मेकअप के ही रहना होगा।

मुझे ध्यान आया एक वरिष्ठ लेखिका की बहन, टॉप-जीन्स में पाकिस्तान चली गई थी, एयरपोर्ट में ही उसे रोक दिया गया। उसे ओढ़ने को चादर दी गई, जिसे लपेटकर ही वह बाहर निकल पाई। ग़नीमत थी कि बांग्लादेश में ऐसी पाबन्दी नहीं थी।

मैं अपने ही ख़यालों में गुम थी और उधर महमूद भाई अपनी रौ में बोले जा रहे थे,

— तौबा-तौबा मैडम! होली बेकरी की दुर्घटना के उन दिनों हम इतना डर गए थे कि मैंने अपने चार वर्षीय भतीजे को भी सबसे पहले पाँचों कलमा रटवाया, क्योंकि यह आम धारणा है कि जिसे कलमा नहीं आता, वह मुस्लिम नहीं हो सकता। मुझे मेरी अम्मी ने जब मैं सात वर्ष का था, तभी कलमा रटवा दिया था पर मैं उतना कट्टर न था। मैंने अपने बेटे को कलमा से पहले देना यानी ज़कात सिखाया (ज़कात, जिसका मतलब यह है कि हर सच्चा और समृद्ध मुस्लिम अपनी आय का 2.5 हिस्सा ज़कात यानी मदरसा, यतीमखाने और ग़रीबों को दे)।

— देना?

— हाँ मैडम! देना। जिसने देना नहीं जाना, समझिए वो अजन्मा ही रहा। मैडम, मेरे पिता ने लाखों कमाया, पर जाने कैसी असुरक्षा रही उनके भीतर कि अपने हाथों किसी को न कुछ देकर गए, न अपनी एफ.डी. के बारे में ही कुछ बताया। सालों बाद मुझे उनकी डायरी में उनकी एफ.डी. के विवरण मिले, पर मुझे कुछ नहीं मिला, जबकि मेरे अब्बू पाँच वक़्ती नमाज़ी थे और मेरे उनसे अच्छे सम्बन्ध थे, पर उनके हाथों से कुछ भी सरकता नहीं था, इस घटना ने मुझे बेहद विचलित किया। दरअसल, दोष उनका नहीं, उनके संस्कारों का था, जिन्होंने उन्हें देना सिखाया ही नहीं। मैं अपने बेटे को अभी से ही अपने से छोटों को देना सिखा रहा हूँ।

मैं झुंझला गई,

— पर हम तो बात होली बेकरी की कर रहे थे न! वे वापस पटरी पर लौटे,

— दरअसल मैडम, गड़बड़ी इस्लाम में नहीं है, हमारे पैगम्बर मोहम्मद साहब ने तो यहाँ तक कहा है कि अल्लाह की इस दुनिया में इतने अदब से रहो, जैसे तुम्हारे सिर पर कोई चिड़िया बैठी हो और तुम्हारे जरा ऊँच-नीच होने से वह उड़ जाएगी। असली गड़बड़ी है इस्लाम के नाम पर कोई भी ग़ैर-ज़िम्मेदार धड़ा इस्लाम का कोई भी रंग पेश कर दहशतगर्दी, मारकाट कुछ भी जायज़ ठहरा देता है। हमें उससे लड़ना होगा, क्योंकि वे जीवन की ओर पीठ करके बैठे हैं। असली चुनौती वहीं है। सचाई तो यह है मैडम कि इस्लाम का दूसरा नाम है इन्साफ़। अगर किसी काम में किसी

भी एंगल से कहीं भी नाइंसाफ़ी हो रही हो, तो वह दीन का हिस्सा नहीं हो सकती। मुस्लिम मन में बह रहे इस गन्दे नाले को देख महमूद भाई विचलित थे। मुँह से गर्म भाप छोड़ते हुए वे फिर कहने लगे,

— मैडम, जिन दिनों होली बेकरी कांड हुआ था न, उन दिनों सारे विदेशियों को यह सुझाव दिया गया था कि वे किसी भी ऐसे शॉपिंग मॉल में न जाएँ, जहाँ निकलने का एक ही दरवाज़ा हो। और तो और, बांग्लादेश यूनीलीवर को भी अपना ऑफ़िस उस जगह शिफ्ट करना पड़ा था, जहाँ दो दरवाज़े हों, ख़तरे के समय निकलने के लिए एक पीछे का दरवाज़ा अवश्य हो।

मुझे ध्यान आया मेरी पोती नविका के स्कूल पिक्सी लैंड को कई बार उड़ा देने की धमकी मिल चुकी थी, इसलिए स्कूल के बाहर पुलिस चेक पोस्ट थी। बाहर स्कूल का कोई भी बोर्ड नहीं, नाम तक नहीं। गूगल में खोज कर भी आप ढूँढ़ नहीं पाएँगे। इस स्कूल के बारे में सिर्फ़ वर्ड ऑफ़ माउथ, यानी लोगों के मुँह से सुनकर जाना जा सकता था। इंटरनेशनल क्लब के बाहर भी कोई नेम प्लेट तक नहीं। लेकिन यह सचाई सिर्फ़ गुलशन, बारीधारा जैसे बेहद संवेदनशील और वीआईपी इलाक़ों की थी, जहाँ अधिकांश विदेशी दूतावास और विदेशी रहते हैं। पहली बार चमका—ढाका में हम विदेशी हैं। ग़नीमत थी कि महमूद भाई जैसे सूफ़ी स्वभाव के लोग ढाका शहर के हर चेक पोस्ट पर तैनात थे, जिनकी प्राणपण से कोशिश रहती थी कि शहर की हवा बिगड़ने न पाए।

लौटते वक़्त एकाएक नज़र पड़ी—सामने लगे बिजली के तारों के ज़ख़ीरे में फँसे कबूतर पर, बुरी तरह फड़फड़ा रहा था वह, मैं रुक कर देखती रही। आशंकित मन! लेकिन थोड़ी देर की फड़फड़ाहट के बाद उसने अपने को उन्मुक्त किया और उड़ान भरी नीले आसमान की ओर!

4

महान राष्ट्र की आत्मा उसके साधारण लोगों के
जीवन में प्रकट होती है।

ढाका में आए मुझे सप्ताह भर होने आए थे। सप्ताह भर ने ही मन को जैसे बारिश बाद का भीगा आँगन बना डाला था, जो कोई आता छाप छोड़कर चला जाता अपनी। हर बीज अंकुरित होने लगे। अलग तरह के दृश्यों ने मुझे सिर्फ़ और सिर्फ़ आँख

बना डाला था। जहाँ जाती, दीदे फाड़-फाड़ देखती। चूँकि ढाका में औद्योगीकरण अभी उतना तेज़ी से नहीं हुआ था, इस कारण वहाँ अभी भी प्रकृति और जातीय संस्कृति का उज्ज्वल पक्ष बचा हुआ था। लोगों में अभी भी मृदुलता, अपनापन और सामूहिकता बची हुई थी। मुम्बई का विलोम लगा ढाका। कहाँ भागता, दौड़ता, चीख़ता-चिल्लाता, स्वप्न बेचता, रात भर जागता मुम्बई और कहाँ शान्त, धीमा, उनींदा हुआ रेंगता-सा शहर ढाका! लेकिन जिन दो दृश्यों पर यहाँ सबसे पहले नज़र पड़ी वे थीं, एक ओर स्लीवलेस और लो कट ड्रेस में सजी-धजी युवतियाँ, तो दूसरी ओर बुर्क़ा में क़ैद युवतियाँ। दूसरा आम नजारा था—मकड़ी के जालों की तरह यहाँ जगह-जगह फैला हुआ बिजली के तारों का जंजाल। ख़ूबसूरत रास्तों पर झूलते लम्बे-लम्बे तारों के गुच्छे। अब किन्हीं-किन्हीं इलाक़ों में इन्हें भूमिगत करने की कवायद की जा रही है, लेकिन बहुत ही खरामा-खरामा।

उन दिनों मेरी सबसे बड़ी समस्या यही थी कि ख़ाली वक़्त को कैसे भरा जाए, यूँ सच पूछा जाए, तो पूरा जीवन ही एक टाइम पास है। ख़ुशियों का सारा जादू छिपा है इसी सिम-सिम में। समझो, जिसने जान लिया इसे, पार हुआ वह। उजाड़ और उबाऊ दिनों से मुठभेड़ करने, ख़ुद को स्थगित करने, ढाका और यहाँ के समाज को समझने के लिए मैं सड़कों पर निकल पड़ती। सड़कें, गलियाँ, पार्कों में चलते-बहस करते लोग, दुकानों पर लगी भीड़, सड़क किनारे बिखरी ज़िन्दगियाँ, चाय की दुकानों पर लगा जमावड़ा...सबसे प्रामाणिक दस्तावेज़ होते हैं। मेरे मकान के सामने ही एक मकान देखा, जिसकी नेम प्लेट पर अफताब आलम के साथ में लिखा था, फ्रीडम फाइटर। वे 1971 के मुक्ति-योद्धा थे, (बांग्लादेश में मुक्ति-योद्धा सरकार द्वारा दी गई पदवी है। ऐसे ढेर सारे सिविलियन थे, जो छात्र थे या जिन्होंने पुलिस या ऐसी ही कोई दूसरी नौकरी से त्यागपत्र देकर 1971 के संग्राम में शामिल होने के लिए मुक्ति वाहिनी ज्वाइन की थी) और उन दिनों अफताब आलम ढाका यूनिट के कमांडर थे, जिन्होंने अपनी यूनिट के साथ अगरतला के मेलाघर में भारतीय सेना के नेतृत्व में ट्रेनिंग ली थी। बेटे की कृपा से एक दिन उनके साक्षात् दर्शन भी हो गए।

घर के नीचे से ही उन्होंने फ़ोन किया। बेटा लेने गया और जब वे सचमुच घर के अन्दर घुसे, तो मैं कभी उन्हें तो कभी अपने घर को देखती। उनकी कहानी उनकी जुबानी,

— 25 मार्च को मुजीब का उद्बोधन सुन इतना प्रेरित हुआ कि दस मित्रों के साथ पैदल-पैदल ही भारत की सीमा से जुड़े अगरतला पहुँच गया। उम्र थी तब 18 साल। वहाँ से पहुँचा मेलाघर। वहाँ पर कई मुक्ति युद्ध के लोग थे। उनसे मिलने व अगरतला से मिलनगर जंगल में गया। तीन

दिन बाद बांग्लादेश आर्मी आई। सेक्शन नम्बर 2 की स्थापना की। वो पहला बैच था। वहीं ट्रेनिंग शुरू हुई मेरी। बॉम्बिंग से लेकर सारे हथियारों की ट्रेनिंग। मशीन गन से लेकर LNG, MMG, SMG (sub machine gun), SLR (semi long rifle) सारे हथियार चलाने सीखे। वहीं पर गुरिल्ला वॉर की भी ट्रेनिंग हुई। कई बार खुली जीप में जाती हुई पाक आर्मी पर गुरिल्ला आक्रमण किया था हम लोगों ने। अप्रैल से लेकर 6 दिसबर तक चलता रहा गुरिल्ला आक्रमण। ऐसे ही एक गुरिल्ला आक्रमण में मेरे भाई शहीद हो गए थे। मैं बाल-बाल बच गया था। उन दिनों को याद कर आज भी भावुक हो जाते हैं आफताब साहब,

— दिन-भर हम गोला-बारूद और बन्दूक़ की दुनिया में रहते, रात घिरते ही हम सब मोहब्बत की बात करते, लड़कियों की बात करते, सचमुच हम बारूदों के बीच जीवन राग रच रहे थे।

आख़िर 6 दिसम्बर को जब इंदिरा गांधी के नेतृत्व में भारत सरकार ने ढाका को मान्यता दे दी, तब वे मेलाघर से ढाका आ गए। कई बार सीधे-सीधे भिड़े वे पाकिस्तानी आर्मी से। 14 दिसम्बर को पाक आर्मी ने अपने सारे हथियार यहाँ के बिहारी मुसलमानों को दे दिया। फिर ढाका में बिहारी मुसलमानों का क़त्लेआम शुरू हो गया। लेकिन उन्होंने अपने ओल्ड टाउन में बिहारी मुसलमानों की हिफ़ाज़त की, क्योंकि वे निर्दोष थे।

बांग्लादेश की विजय के बाद जब रेस कोर्स में वापस अपने हथियार जमा करने गए, तब मुजीब से मुलाक़ात भी हुई उनकी।

बांग्लादेश में ऐसे फ्रीडम फाइटर, जिन्होंने मुक्ति-संग्राम में अपना योगदान दिया था, वे चाहे सिविलियन हों या पुलिस या आर्मी से त्यागपत्र देकर मुक्ति-संग्राम में भाग लेने आए योद्धा, सरकार द्वारा आज़ादी के बाद उनके पथ पर फूल बिखेर दिये गए थे। उन्हें न सिर्फ़ सम्मानित किया गया, वरन ढेरों आर्थिक सुविधाएँ भी दी गईं, आज तक उन्हें मासिक पेंशन दी जा रही है। उनसे बात करते हुए जेहन में कौंध गए बटुकेश्वर दत्त, जिन्हें आजीवन कारावास के लिए काला पानी (अंडमान निकोबार) भेज दिया गया था, वहाँ जेल में भयंकर टी.बी. हो जाने से मौत बटुकेश्वर के पास से होकर गुज़र गई। भगत सिंह, सुखदेव और राजगुरु जैसे मित्रों की फाँसी के बाद 1938 में उनकी रिहाई हुई और वो फिर से गांधी जी के साथ आन्दोलन में कूद पड़े, लेकिन जल्द ही फिर से गिरफ़्तार कर जेल भेज दिये गए। वे कई सालों तक जेल की यातनाएँ झेलते रहे। 1947 में देश आज़ाद हुआ और बटुकेश्वर को रिहाई मिली। लेकिन इस वीर सपूत को वो दर्जा कभी ना मिला, जो हमारी सरकार और भारतवासियों से उनको मिलना चाहिए था। आज़ाद भारत में बटुकेश्वर नौकरी के लिए दर-दर भटकने लगे। कभी सिगरेट बेची, तो कभी टूरिस्ट गाइड का काम करके

पेट पाला। कभी बिस्किट बनाने का काम शुरू किया, लेकिन सब में असफल रहे। बाद में जब सत्ता के गलियारों में बहुत हल्ला हुआ, तब 1963 में उन्हें कुछ समय के लिए विधान परिषद का सदस्य बना दिया गया था। लेकिन सत्ता के आचरण से निराश वे राजनीति की चकाचौंध से दूर गुमनामी में जीवन बिताते रहे। सरकार ने इनकी कोई सुध ना ली। 1964 में जीवन के अन्तिम पड़ाव पर बटुकेश्वर दिल्ली के सरकारी अस्पतालों में कैंसर से जूझ रहे थे, तो उन्होंने अपने परिवार वालों से एक बात कही थी—"कभी सोचा ना था कि जिस दिल्ली में मैंने बम फोड़ा था, उसी दिल्ली में एक दिन इस हालत में स्ट्रेचर पर पड़ा होऊँगा।"

शहीद चन्द्रशेखर आज़ाद की माँ की कहानी भी चेतना में कौंध गई, अपने बेटे की शहादत के बाद और आज़ाद के पिता की मृत्यु के पश्चात आज़ाद की निर्धन निराश्रित वृद्ध माता उस वृद्धावस्था में भी किसी के आगे हाथ फैलाने के बजाय जंगलों में जाकर लकड़ी और गोबर बीनकर लाती थी तथा कंडे और लकड़ी बेचकर अपना पेट पालती रहीं। उनकी यह स्थिति देश को आज़ादी मिलने के 2 वर्ष बाद (1949) तक जारी रही। बाद में आज़ाद के ही एक अन्य मित्र भगवान दासमाहौर के घर पर आज़ाद की माताश्री के रहने का प्रबन्ध किया गया, जिन्होंने अन्तिम क्षणों तक उनकी सेवा की। मार्च 1951 में आज़ाद की माँ जगरानी देवी का झांसी में निधन हुआ, तब आज़ाद के मित्र सदाशिव जी ने उनका सम्मान अपनी माँ के समान करते हुए उनका अन्तिम संस्कार स्वयं अपने हाथों से ही किया था।

बहरहाल, बांग्लादेश के फ्रीडम फाइटर से संक्षिप्त सी बातचीत के बाद जब मैं उन्हें लिफ़्ट से छोड़ने नीचे जाने लगी, तो बेटे ने पोंगापंथी गार्जेन की तरह फिर मुझे रोकते हुए कहा—मम्मा, तुम क्यों तकलीफ़ करती हो, मैं हूँ ना, मैं छोड़ आता हूँ।

मैं चकरा गई, जब उनका हमारे यहाँ फ़ोन आया था कि वे घर के नीचे खड़े हैं और मैं उन्हें लाने नीचे जा रही थी, तब भी बेटे ने मुझे रोक दिया था। मुझे थोड़ा नागवार गुज़रा, मैं फ़नफ़नाई—तुमने दोनों ही बार क्यों रोका मुझे? उसने विचित्र निगाहों से मुझे देखा, जैसे कह रहा हो—समझा करो जानम। जानम न समझी, तो रार-तकरार की बढ़ती आशंका के मद्देनज़र जवाब दिया उसने,

— मम्मा, यह मुस्लिम देश है, मैं जितने भी उच्च घरों में गया, मैंने महिलाओं को दरवाज़ा खोलते तक नहीं देखा। या तो नौकर ने खोला या लड़कों ने। यहाँ की तहज़ीब थोड़ी अलग है। हमारे यहाँ मेहमानों के लिए चाय-नाश्ता घर की लड़की या माँ लेकर आती है, पर यहाँ मैं जितने भी घरों में गया चाय-नाश्ता डोमेस्टिक हेल्प लेकर आया। इस्लाम में शायद महिलाओं का ग़ैर मर्दों के सामने बिना बात जाना अच्छा नहीं समझा जाता। सोचो, तुम उन्हें लेने और छोड़ने अकेली लिफ़्ट में जाती, तो वे क्या सोचते!

— या ख़ुदा! कहते हैं कि जगह और पानी का असर पड़ता है, सो पड़ गया था बेटे पर! मैं क्या सोच रही हूँ उसकी फ़िक्र नहीं बेटे को, फ़िक्र है वे क्या सोचते! बहरहाल, लाडले बेटे ने फिर एक बार मुझे मेरे अतीत के गलियारे में घुमा दिया, जब मैंने यौवन की दहलीज को छू भर लिया था, उन दिनों जब भी घर की कॉल बेल बजती, मैं जाने किस आशा में दौड़ती दरवाज़े की तरफ, तब भी अम्मा रोक देती, जब तक घर में बड़े हैं, तुम दरवाज़ा नहीं खोलोगी।

हम थे, ढाका था और थी गर्मियों की दोपहर।

मेरे ढाका प्रेम का आलम यह था कि हर जगह इतिहास दरिया के पानी की तरह मेरे सामने बहता रहता, कहीं भी ठहरकर मैं अंजलि भर लेती। सच है कि बीत कर भी इतिहास कभी नहीं बीतता, वरन वर्तमान के कानों में फुसफुसाने लगता है—देखो! देखो! हिन्दू आत्मा! मुझे देखो! कभी मैंने रसूल हमज़ातोव से शब्द उधार लेते हुए कहा था—ईश्वर मुझे लिखने के लिए विषय मत दो, देखने के लिए आँखें दो। ईश्वर ने लगता था शिद्दत से मेरी प्रार्थना सुन ली थी और मेरे शरीर में आँखें ही आँखें जड़ दी थी। मैं सौ-सौ आँखों से देखती और हज़ार-हज़ार कानों से सुनती। मुझे हर जगह कृष्ण की बाँसुरी की तरह अल्लाह मियाँ की टेर सुनाई पड़ती। अल्लाह और इनसान हमेशा साथ-साथ रहते थे। यहाँ की सुबह बनारस की याद दिलाती। हर सुबह अज़ान उठाती, हर मस्जिद के माईक से आती संगीत की सी लयवाली अज़ान की रूहानी गूँज। लगभग हर ऑटो के पीछे लिखा मिलता 'अल्लाह सर्व शक्तिमान'। एक बस की पीठ पर लिखा था 'आपनार सन्तान के क़ुरानेर शिक्खा दिन' (अपनी सन्तान को क़ुरान की शिक्षा दीजिए)। एक ऑटो की पीठ पर लिखा था 'नमाज़ कायम रख़ून'। एक दुकान के बाहर देखा अंग्रेज़ी में लिखा था जिसका आशय यह था—मेरे बिना भी अल्लाह अल्लाह है, पर मैं अल्लाह बिना कुछ नहीं हूँ। जगह-जगह खुले हुए 'इस्लामिक बैंक'। बात-बात में लोग यहाँ अल्लाह को घसीट लेते। कई बार तो यह भी देखा कि ज़िम्मेदार अफ़सर तक बिना बताए नमाज़ के समय ज़रूरी काम छोड़ चुपके से नमाज़ अदा करने सरक जाते। उन्हीं दिनों मेरे बेटे ने अपने जूनियर कलीग से हाथ मिलाने के लिए हाथ आगे बढ़ाया, तो उसने विनम्रता से कहा कि इस्लाम में हाथ मिलाने की इज़ाज़त नहीं है।

सावन के अन्धे की तरह मुझे हर जगह इस्लाम फैलता, पाँव पसारता दिखता। शायद इसका एक कारण यह भी था कि मेरे अवचेतन में पड़ा ढाका मुजीबुर रहमान का लोकतांत्रिक ढाका था, इसलिए दिमाग़ में कहीं यह भी था कि आधुनिक ढाका में सर्व धर्म समभाव की हवा बह रही होगी, कि हिजाब, बुर्क़ा, टोपी, दाढ़ी यहाँ का

विरल दृश्य होगा, पर यह तो इतना आम दृश्य था कि मैं हैरान थी। सुबह पहला अहसास तब हुआ, जब मेरी काम करनेवाली बाई सलमा ने घंटी बजाई और जैसे ही मैंने दरवाज़ा खोला, मैंने देखा—ऊपर से नीचे तक बुर्क़ा, हिजाब और नकाब में ढकी एक काया, सिर्फ़ चमचमाती दो आँखें, मैं उसे पूरी तरह देख भी नहीं पाई थी कि उसने अपनी मधुर आवाज़ में कहा—सलाम वालेकुम। हड़बड़ी में मेरे मुँह से भी निकला 'सलाम वालेकुम', जबकि मुझे पता था कि सलाम वालेकुम के जवाब में 'वालेकुम सलाम' कहा जाता है। जब भी ऐसे दृश्य सामने आते मेरा हिन्दुस्तानी मन स्विच ऑन हो जाता। एक आज़ाद क़िस्म की फीलिंग से मैं सराबोर हो जाती, क्योंकि हिन्दुस्तान में ऐसा कुछ नहीं होता था। शुरुआती दिनों में मेरा यह स्विच हमेशा ऑन ही रहता। मैंने यह भी नोट किया कि महमूद भाई किसी अनजान बन्दे से रास्ता भी पूछते, तो शुरुआत सलाम वालेकुम से करते।

लाल सिग्नल पर गाड़ी थोड़ी देर के लिए रुकी हुई थी। सामने मुजीबुर रहमान का बड़ा सा होर्डिंग लगा हुआ था, जिसके नीचे लिखा था, 'मुजीब शतवर्ष-2020'। बंगबंधु मुजीब का यह शताब्दी वर्ष था, जिसे अवामी लीग बड़ी धूमधाम से मना रही थी। होर्डिंग्स से नज़र हटी भी न थी कि एक बूढ़ा भिखारी खिड़की के पास हथेली फैला कर खड़ा हो गया। मैंने उसकी फैली हथेली पर चन्द सिक्के रखे भर कि जाने कहाँ से फिर एक आ गया। जहाँ-जहाँ गाड़ी रुकती, माँगनेवालों की हथेलियाँ फैल जातीं।

भिखारियों को लेकर एक मज़ेदार वाकया याद आ रहा है। एक बार कोलकाता में हमारे घर के नीचे ही एक भिखारी चादर डाले और हाथ में कटोरा लिये बैठा था। उसने बेहद करुण शब्दों में मदद की गुहार लगाई। अमूमन हट्टे-कट्टे भिखारी को देख मैं आगे निकल जाती हूँ, पर मुझे लगा उसके पाँव में शायद तकलीफ़ थी, उसने एक पाँव आगे तक फैलाया हुआ था, जिस पर पट्टी बँधी थी। मैंने पर्स खोला, दुर्भाग्य से उसमें छुट्टे रुपये नहीं थे। मैंने अफ़सोस जताते हुए कहा—सॉरी, मेरे पास छुट्टे नहीं हैं। उसने तपाक से थोड़ा हँसते हुए जवाब दिया—कोई बात नहीं, मैं दे देता हूँ छुट्टे! उसने कुछ भी ग़लत नहीं कहा था, लेकिन हमारी अपनी ही मानसिकता, मैं वहाँ से भाग खड़ी हुई कि पास में ही घर है, यदि किसी ने मुझे उससे छुट्टे लेते देख लिया तो?

यहाँ ढाका में ही मैं एक बार ढेर सारी ख़रीदारी कर रही थी। पास में ही एक भिखारिन हथेली फैलाये खड़ी थी। मेरे पास छुट्टे नहीं थे, लेकिन उससे पिंड छुड़ाने की ग़रज़ से मैंने उसकी हथेली पर पचास का नोट धर दिया। अब ख़ुश होने के बजाय वह पीछे पड़ गई—मैडम, मुझे भी एक ड्रेस दिला दीजिए।

ऐसे ही एक बार मैंने एक बैलून बेचनेवाली से अपनी पोती के लिए बैलून ख़रीदा और जब उसे पैसे देने लगी, तो मैंने देखा कि उसके पास बांग्लादेशी

नोट के साथ दस डॉलर का नोट भी था। मैंने पूछा—यह डॉलर कहाँ से आया? उसने कहा—किसी विदेशी ने दिया था एक बैलून के बदले, कितना मिल जाएगा इसके बदले। दस डॉलर का बांग्लादेश टाका 1100 होता, संयोग से मेरे पास थे इतने टाका, मैंने जब उसे दिये 1100 तो उसे विश्वास ही नहीं हुआ, वह ख़ुशी से अवाक् थी।

मुझे उन दिनों धर्म के कीड़े ने काट लिया था, इसलिए मुझे हर जगह इस्लाम ही इस्लाम दिखता था, हर कोई जैसे अल्लाह की भक्ति के बाण से बिंधा हुआ था। इस इस्लामियत का पहला अहसास हुआ, जब पता चला कि यहाँ का शुक्रवार भारत का रविवार है। यहाँ सप्ताह की छुट्टी का दिन शुक्रवार होता है, जिस दिन सारे स्कूल, ऑफ़िस, बाज़ार, दुकानें आदि बन्द रहती हैं। जिससे हर कोई जुम्मा की नमाज़ में शामिल हो सके। मेरी भारतीय निगाहें हर जगह इस्लाम शब्द पर टिक जातीं। मैं देखकर हैरान थी कि लगभग हर सीएनजी (यहाँ थ्री व्हीलर को सीएनजी कहा जाता है) के पीछे लिखा हुआ था 'अल्लाह सर्व शक्तिमान'। एक जगह तो मैं भौंचक्क हो ठिठक गई। मेरे सामने कई बैंक थे—'अल अराफ़ाह इस्लामिक बैंक लिमिटेड', थोड़ी दूर पर एक और बैंक 'इस्लामिक बैंक बांग्लादेश लिमिटेड'। तो क्या बैंक भी इस्लामिक और नॉन-इस्लामिक होने लगे?

महमूद भाई ने फिर मुझे समझाया, इस्लाम में सूद गुनाह है, इसलिए कुछ इस्लामिक बैंक ऐसे हैं, जो सूद नहीं देते हैं, बल्कि फ़ायदा का एक हिस्सा ग्राहकों को देते हैं। ऐसे बैंक दूसरे कमर्शियल बैंक से अलग होते हैं, इसलिए इन्हें इस्लामिक बैंक कहते हैं।

कहते हैं कि इस्लाम रूहानी तौर पर कम्युनिज़्म का हायर फॉर्म है। इस्लाम का भाईचारा, इस्लाम की जीरो इंट्रेस्ट बैंकिंग, ब्याज हराम है, लालच बुरी बात है, मिल-बाँटकर खाओ, खाने के पहले निश्चित करो कि पड़ोसी भूखा तो नहीं... सारे निर्देश बेहद सुन्दर हैं, पर विडम्बना है कि यह किस क़दर असुन्दर में लिपटा हुआ है। मुझे इस्लाम के 'ज़कात' की अवधारणा भी बहुत मानवीय और वसुधैव कुटुम्बकम की अवधारणा के क़रीब लगती है। ज़कात मतलब—हर सच्चा और समृद्ध मुस्लिम अपनी आय का 2.5 फ़ीसदी हिस्सा मदरसा, यतीमखाने और ग़रीबों को दे—ऐसा पैगम्बर मोहम्मद साहब का आदेश है।

जीवन से जुड़े इस्लाम में सूद गुनाह है, इसीलिए इस्लामिक बैंक आज भी अस्तित्व में हैं, पर साथ ही इतने कमर्शियल बैंक भी हैं। और सचाई यह भी कि भारत की ही तरह यहाँ भी बैंकों का (एनपीए) काफ़ी हाई है। यहाँ लोग सरकार के बदलने की प्रतीक्षा में रहते है कि बदली हुई सरकार के सम्पर्क सूत्रों का फ़ायदा

उठा बैंक लोन ले सकें कभी नहीं लौटाने के लिए। अपने अनुभव में मैंने पाया था कि यहाँ ध्यान न दो तो दूध, आशीर्वाद आटा, ब्रेड जैसी चीज़ें भी एक्सपायरी डेट के बाद आपको बेच दी जाएँगी।

मैंने महमूद भाई से पूछा—तो क्या आप जब विदेश में थे, तो अपनी बचत इस्लामिक बैंक में जमा करते थे?

वे हँसे। एक झेंपू और खिसियानी हँसी—इतना तो मुमकिन नहीं था मैडम, यदि इतना इस्लाम फॉलो करूँगा, तो आपको इस प्रकार अकेले क्या कहीं ले जा सकूँगा? इसका भी तोड़ है, इसके लिए भी मैंने रास्ता निकाल लिया, इस्लाम में यह आदेश है कि मैं अपनी आय का एक निश्चित भाग ग़रीबों पर ख़र्च करूँ, तो मैंने भी सूद की आय का एक भाग ग़रीबों के मदरसा में देना शुरू कर दिया।

कई बार मेरा बेटा ऑफ़िस से आता है, तो अपने ब्रीफ़केस में थोड़ा-सा ऑफ़िस भी भर लाता है। उसने बताया, उसका एक दोस्त था, करीमुद्दीन, अच्छा पढ़ा लिखा था। वह स्टैंडर्ड चार्टर्ड बैंक में नौकरी करता था। हठात एक दिन उसने स्टैंडर्ड चार्टर्ड बैंक की नौकरी छोड़ दी कि सूद लेना गुनाह है और महात्मयी दाढ़ी बढ़ाकर किसी इस्लामिक बैंक में नौकरी पकड़ ली। मैं उससे तो नहीं पूछ सकी, लेकिन आज मैंने महमूद भाई से पूछा, आपके यहाँ दाढ़ी रखने का क्या औचित्य है?

सालों विदेश में रहने के बावजूद महमूद भाई का बंगालीपन गया नहीं था। मेरे सवाल पर वे एकाएक संजीदा हो गए, चेहरा देवदास की तरह उदास हो गया। भीगी सी आवाज़ में बोले, दाढ़ी तो आपके यहाँ सिख भी रखते हैं, विप्लवी लेनिन भी रखते थे, कवि गुरु रवीन्द्रनाथ ठाकुर भी रखते थे और तो और आपके मोदी जी भी रखते हैं, लेकिन टारगेट हमेशा मुस्लिम को ही क्यों किया जाता है? वैसे ही आपके यहाँ भी ऐसे मर्द हैं, जो औरतों के घूँघट के रखवाले हैं, लेकिन सवाल सिर्फ़ हमारे बुर्क़े पर ही उठता है।

मैं भौंचक्क! मैंने उन्हें समझते हुए कहा, महमूद भाई, मैं इस्लाम को समझना चाहती हूँ, इसलिए पूछा मैंने।

वे कच्चे पड़े, दरअसल इस्लाम में कुछ भी साफ़ नहीं कहा गया है, सब कुछ सांकेतिक है, बाद में इसके अर्थ निकाले गए। हमारे भी बहुत से इमाम तक नहीं रखते दाढ़ी। हमें जो बचपन से ही बताया गया वह था कि एक तो पैगम्बर मोहम्मद साहब ख़ुद रखते थे दाढ़ी, इसलिए भी इसका महत्त्व है, फिर यह सुन्नत की निशानी है। इसके कई फ़ायदे हैं, दाढ़ी रखने से कई प्रकार की स्किन डीजीज नहीं होती। रोज़ दाढ़ी बनाना आँख और दाँत के लिए नुक़सानदायक है।

शायद टोपी के लिए भी उनकी यही व्याख्या होगी, यह सोच मैंने टोपी के लिए कुछ नहीं पूछा। लेकिन बात को आगे बढ़ाते हुए वे ख़ुद ही अपने प्रवाह में बहते रहे,

— लोगों को लगता है कि इस्लाम सिर्फ़ औरतों के पहनावे पर ही बन्दिशें ठोकता है, जबकि इस्लाम में हम मर्दों को भी हिदायतें दी गई हैं। मैं कभी भी एड़ी के नीचे तक झूलता पैंट या पायजामा नहीं पहनता, क्योंकि इस्लाम में निर्देश है कि हमारा पैंट या पायजामा एड़ी से तीन चार इंच ऊपर ही रहना चाहिए। आजकल के लड़के नहीं मानते, ख़ुद मेरा बेटा तक नहीं मानता, पर मैं मानता हूँ।

— पर ऐसा निर्देश क्यों है?

— मेरा छोटा भाई इमाम है। उसका मानना है कि ऐसा इसलिए है कि छोटा पैंट आपके अहंकार को भी छोटा कर रखेगा और दूसरा कारण यह है कि नमाज़ अदा करते समय कई बार झुकना पड़ता है, कई बार नीचे बैठना भी पड़ता है, तो छोटा पैंट रहेगा, तो नीचे से मैला नहीं होगा, क्योंकि गन्दे पैंट के साथ आप नमाज़ अदा नहीं कर सकते हो।

कहीं पढ़ा था कि ज़िन्दगी में ज़िन्दगी को ढूँढ़ना ही ज़िन्दगी है। इसी ज़िन्दगी को ढूँढ़ने हर दिन घुमक्कड़ी के लिए बेरौनक सड़कों पर भटकती रहती मैं और साथ भटकता रहता एक ख़ामोश ख़ालीपन। चौतरफ़े नज़ारे मुझे मदद करते ख़ुद को स्थगित करने में, उदास और बेरंग दिनों से मुठभेड़ करने में। अँधेरे और उजाले से भरे ढाका में एक अच्छी बात भी देखी, हर गाड़ी के पीछे नम्बर बांग्ला भाषा में लिखे हुए। कहीं भी अंग्रेज़ी में लिखे हुए नम्बर नहीं। बंगालियों का भाषा प्रेम! मुझे थोड़ी बहुत जानकारी थी बांग्ला नम्बरों की, जिसे मुझे दुरुस्त करना पड़ा, क्योंकि मकानों के नाम भी, रास्तों के नाम भी अधिकतर बांग्ला में लिखे हुए थे, रास्तों के नम्बर बांग्ला नम्बर के नीचे अंग्रेज़ी में भी थे, लेकिन गाड़ियों के नम्बर सिर्फ़ और सिर्फ़ बांग्ला में लिखे हुए थे। दुकानों के ऊपर जो साइन बोर्ड थे, वे भी बांग्ला भाषा में ही थे, यहाँ तक विदेशी कम्पनियों के भी। कहीं-कहीं अंग्रेज़ी में भी लिखे हुए मिले, लेकिन बांग्ला भाषा में अनिवार्य रूप से लिखा हुआ रहता था।

सबसे मज़ेदार अनुभव रहा सब्ज़ी बाज़ार का। मैं माथे की बिन्दी पोंछने लगती, कई बार पोंछते-पोंछते हाथ रुक जाते, नहीं संस्कारवश नहीं, अवचेतन में घूम जाती नायपॉल की ये पंक्तियाँ—'बिन्दी भारतीय स्त्री के माथे पर सजा हुआ दाग़ है।' बहरहाल, बिन्दी आख़िरकार मैं पोंछ डालती कि लोग मुझे भारतीय समझकर कहीं ठग न लें। मैं कई बार अपनी बाई को भी साथ ले जाती। बाई बुर्क़े-हिजाब में ही जाती। लेकिन एक बार मेरी सारी चतुराई को धत्ता बताते हुए सब्ज़ी वाले ने मुझे मटर देते हुए कहा, 'ये इंडियन मटर हैं मैडम, आपके इंडिया से आए हैं'। बाद में मैंने समझा कि न सिर्फ़ हमारी बांग्ला ढाका की बांग्ला से थोड़ी अलग थी, बल्कि मेरे दुपट्टा लेने का ढंग भी थोड़ा अलग था। दूसरी बात हम जिस इलाक़े में रहते

थे, वहाँ की आधी से ज़्यादा आबादी विदेशी थी। लेकिन अच्छी बात यह थी कि यहाँ भारतीयों के प्रति लोगों में अच्छी भावना थी।

यहाँ के सब्ज़ी बाज़ार काफ़ी बड़े अहाते में फैले हुए और घुटन भरे होते थे। दीवारों पर पान की पीक और कोने बीड़ी के टुकड़े, सड़ी सब्ज़ियों के कचरे और बदबू से भरे। एक बार मैं सब्ज़ी बाज़ार के उस हिस्से में चली गई, जहाँ कटे हुए बकरे लटक रहे थे। मांस की तीखी गंध से मुझे चक्कर आने लगा। लगा, उलटी कर दूँगी। मैं भागी वहाँ से। बात-बात मैं मैंने पूछा महमूद भाई से,

— आप लोग सूअर का मांस क्यों नहीं खाते, मेरी आशा के विपरीत उन्होंने बताया।
— सूअर का मांस इसलिए मना है, क्योंकि सूअर सारे जमाने की गन्दगी खाता है, इसलिए क़ुरान में सूअर का मांस निषिद्ध है। सूअर को हम गन्दगी मानते हैं, इसलिए नहीं खाते उसका मांस। महमूद भाई ने मज़ाक़ करते हुआ कहा, मैडम हम लोग भी शाकाहारी हैं, क्योंकि हम सिर्फ़ शाकाहारी जानवरों का ही मांस खाते हैं।

मैं अक्सर गुलशन-1 के सब्ज़ी बाज़ार में जाती। सब्ज़ियाँ थोड़ी महँगी मिलतीं। यहाँ फल और सब्ज़ियाँ विश्व बाज़ार की चीज़ें बन चुकी हैं। यहाँ के ग्रीन एप्पल मुझे बेहद पसन्द थे, बाद में पता चला कि बांग्लादेश में सेब होते ही नहीं। सेब, सन्तरे, अंगूर, सीताफल, किन्नौज़ जैसे फल यहाँ दूसरे देश से आयात होते हैं। यहाँ आम, केला, कटहल, अनानास और पपीता ख़ूब होते हैं। यहाँ सब्ज़ियाँ बड़े-बड़े आकार की होती हैं। बड़ी-बड़ी तोरु, बड़ी-बड़ी भिंडी, बड़े-बड़े ढोलक से तरबूज, कटहल, फुटबॉल जैसी फूल गोभी, पत्ता गोभी। यहाँ के नींबू को देखकर तो आप गश खा जाएँगे। मैंने दुकानदार से पूछा—ये मौसम्बी कैसे दी? वह हँस दिया—मैडम, ये नीबू है। कुछ नीबू गोल होते हैं, लेकिन अधिकतर नीबू लम्बे होते हैं, कड़े-कड़े, बड़े-बड़े, हल्का पीलापन लिए हरे-हरे। कोलकाता के छोटे-छोटे गोल-गोल, पीले-पीले रस भरे नरम-नरम नीबू के आगे यहाँ के नीबू पानी भरते हैं। बड़े-बड़े प्याज। प्याज, टमाटर, अदरक भी यहाँ दो तरह के होते, देशी-विदेशी। मुझे आश्चर्य हुआ कि फ्रेंच बीन्स और शिमला मिर्च विशेषकर लाल और पीली शिमला मिर्च यहाँ इतनी महँगी है कि ख़रीदने के पहले हिम्मत जुटानी पड़ती है। शिमला मिर्च और फ्रेंच बीन्स भी यहाँ बाहर से आते हैं।

ढाका आने के पहले मैं नहीं जानती थी कि बढ़िया आटा पाना भी कितनी ख़ुशी दे देता है। दुनियाभर में अपने बंगाली चावल के लिए प्रसिद्ध ढाका का आटा मुझे एकदम रास नहीं आया था। उस आटे से रोटियाँ एकदम कड़ी और भूरी-भूरी सी बनती थीं।

हमने जाने कितने ही बिग बाज़ार टाइप बाज़ार खोज मारे, पर भारत का आशीर्वाद या गणेश आटा हमें नहीं मिला। एक-दो जगह मिले भी तो बहुत महँगे और उस पर भी एक्सपायरी डेट के। फिर जाने कहाँ से एक मॉल में मिल गया आशीर्वाद आटा, दोगुनी क़ीमत पर। हम लोग टूट पड़े पाँच किलो के उस आटे पर। पहली बार जाना ख़ुशी यह होती है—अच्छे आटे का मिल जाना। उसी प्रकार वहाँ के घी, मसाले भी मुझे वो स्वाद नहीं दे पाते थे। बाद के दिनों में मैंने मसाले घर में बनाने शुरू कर दिये थे।

यहाँ वेजीटेरियन का मतलब होता है सिर्फ़ साग-सब्ज़ी। रेस्तराँ में एक बार मैंने कहा—वेजीटेरियन खाना चहिए, वेटर उबले हुए मटर और उबली हुई कुछ सब्ज़ियाँ लेकर हाज़िर हो गया।

यहाँ हमें कोलकाता की मिठाइयों की बहुत याद आती। वहाँ के के.सी. दास के रसगुल्ले, राधा बल्लभी, झाल-मूड़ी और बेंगुनि। किसी ने हमें बताया कि इस्कॉन के मन्दिर में मिल जाएँगे हमें मिठाइयाँ और शुद्ध शाकाहारी समोसे। मैं वहाँ से लेकर भी आई, पर वो तृप्ति नहीं मिली। सागर का सौन्दर्य देख लेने के बाद ताल-तलैया किसको लुभा पाती है?

ढाका की ढाकाई साड़ियों का जादू कोलकाता वालों के सिर चढ़कर बोलता है। हम भी गए वहाँ के सबसे बड़े सरकारी बाज़ार न्यू मार्किट में। साड़ियाँ सचमुच सुन्दर थीं, पर बेचनेवाले कोलकाता जैसे ही लगे, थोड़े निरपेक्ष, ठंडे-ठंडे से। शायद उनमें उस स्तर की वणिक बुद्धि और शातिरपन का अभाव था, जिसे आप किसी भी सिंधी दुकान या मारवाड़ी के यहाँ देख सकते हैं, जो आपके लाख मना करने के बावजूद बड़े प्यार से आधी दुकान आपके सामने बिछा देगा और यदि आप उनमें से एक भी नहीं लेंगे, तो भी उसके ललाट पर शिकन न आएगी।

5

हर शहर को अपना आकार उस रेगिस्तान से मिलता है
जिसके विरुद्ध वह खड़ा होता है।

—इटैलो कैल्विनो

नदियों के देश बांग्लादेश (700 से अधिक नदियाँ हैं यहाँ) को अपना आकार शायद अपने भाषा-प्रेम में मिला था। बांग्लादेश के भाषा-प्रेम से असली परिचय हुआ क़रीब

महीने भर बाद, जब मैंने ढाका यूनिवर्सिटी घूमने का मन बनाया। बांग्लादेश मुक्ति-संग्राम के दौरान ढाका विश्वविद्यालय मुक्ति वाहिनी का गढ़ बन गया था। हज़ारों-हज़ार छात्र अपने जीवन और करियर को दाँव पर लगाकर इस मुक्ति-संग्राम में कूद पड़े थे।

दोस्ताना माहौल, बहुत कुछ कोलकाता यूनिवर्सिटी की याद दिलाता हुआ। एक दीवार पर अविभाजित भारत की याद दिलाते हुए सभ्यता सेतु टैगोर और नज़रुल इस्लाम आपस में बतिया रहे थे। यहाँ रवीन्द्रनाथ टैगोर स्कूल के कोर्स में हैं। यहाँ का राष्ट्रीय गान टैगोर रचित 'आमार सोनार बांग्ला, आमि तोमाय भालोबासी' है। गुलशन में एक घर देखा था, जिसका नामकरण था—गीतांजलि। एक दीवार पर हुँकारते हुए मुजीब थे, तो एक दीवार पर लिखा था 'जय बांगाल', लेकिन मैं आसमान से गिरी, जब मैंने एक दीवार पर लिखा हुआ यह नारा पढ़ा 'मार्क्सवाद, लेनिनवाद, माओवाद ज़िन्दाबाद'। किसी इस्लामिक स्टेट की सबसे प्रतिष्ठित यूनिवर्सिटी के बाहर ऐसे नारे मेरी कल्पना के बाहर थे। शायद हर देश के युवा अपने ढंग से सोचते हैं। अपनी बौद्धिकता और वैचारिकता में जो बंगाल कभी शेष भारत को टक्कर और चुनौती देता था, उसकी झलक ढाका यूनिवर्सिटी में मिली।

मुझे भाजपा की सत्ता के दमन से भरपूर माहौल में भी जेएनयू में एकदम ऊँची दीवार पर लगी अधफटी चे गेवारा की तसवीर याद आई, जिसे दक्षिणपंथी छात्र चाहकर भी पूरी तरह से फाड़ नहीं पाए थे।

बहरहाल, ढाका यूनिवर्सिटी के खुले माहौल ने प्रभावित किया। लड़के- लड़कियाँ खुलकर बतिया रहे थे। कुछ लड़कियों ने हिजाब ज़रूर पहन रखा था, पर अपने व्यवहार में वे उन्मुक्त थीं। एक लड़की को देख मैं ठिठक गई, लगा कोलकाता के किसी स्कूल में हूँ और सरस्वती पूजा का दिन है। वह सिल्क की लाल बॉर्डर की साड़ी एकदम बंगाली स्टाइल में पहने हुए थी। शायद किसी सांस्कृतिक कार्यक्रम के लिए तैयार खड़ी थी। ऐसे ही मैं एक बार कोलकाता में ठिठक गई थी, जब मैंने बुर्क़ा पहने एक स्त्री की गोद में एक बच्चे को देखा, जो नन्हे बाल-गोपाल की तरह सजा हुआ था और जिसे देख किसी ने कहा था, बुर्क़े में खाला, गोद में नन्दलाला।

घूमते-घूमते भी मन इतिहास की चीर-फाड़ में लगा रहा। आँखें खोजने लगीं ढाका यूनिवर्सिटी के उन चार बेचैन रूह के परिन्दों के स्मारक, जिन्होंने अपनी बांग्ला भाषा के लिए अपनी जान गँवा दी थी। 21 फरवरी, 1952 का वह उदासी भरा दिन, जब जबरन उर्दू लादने के विरोध में पूरे ढाका में ज़बरदस्त आन्दोलन हुए थे। पाकिस्तानी मुसलमान बंगाली मुसलमानों को सच्चा मुसलमान नहीं मानते थे। उन दिनों कवि गुरु रवीन्द्रनाथ टैगोर तक में उन्हें हिन्दुस्तान की बू आती और उनकी कोशिश रहती कि उनके उपलक्ष्य में होनेवाले आयोजनों पर भी रोक लगा दी जाए,

क्योंकि रवीन्द्रनाथ के गीत घर-घर में गाये जाते थे और इस्लाम में नाचना-गाना निषिद्ध है। बहरहाल, वह भाषा आन्दोलन इतना प्रचंड था कि 'राष्ट्रभाषा बांग्ला चाही' पोस्टर लेकर नारे लगाते छात्रों पर पुलिस को गोली चलानी पड़ गई थी। पुलिस की गोली से ढाका यूनिवर्सिटी के चार छात्र शहीद हो गए थे। इन छात्रों का स्मारक ढाका यूनिवर्सिटी के मुख्य द्वार के दाहिनी ओर ढाका मेडिकल कॉलेज के पास शहीद मीनार के नाम से बनाया गया है। इन छात्रों की शहादत के बाद पाकिस्तानी सरकार ने भाषा के मसले को कुछ समय के लिए ठंडे बक्से में डाल दिया था। अब्दुल गफ्फार चौधरी की ग़ज़ल आज भी बांग्लादेश के लोगों की जुबान पर है,

मार भाइएर रक्ते रांगानो
इक्कीसे फेब्रुऐरि आमी की भूलिते पारी।

आज बांग्लादेश में 21 फ़रवरी को शहीद दिवस के रूप में मनाया जाता है। अभी हाल-फ़िलहाल प्रधानमंत्री शेख हसीना ने प्रस्ताव रखा है कि क्यों न न्यायपालिका की भाषा भी बांग्ला कर दी जाए? आख़िर इतनी शहादत हमने अपनी भाषा के लिए ही तो दी है।

मैं चल रही थी, पर पैरों से ज़्यादा मेरा दिमाग़ चल रहा था। रमती-बहती मैं यूनिवर्सिटी परिसर में ब्रिटिश राज द्वारा बनाए लॉर्ड कर्जन के नाम पर बने कर्ज़न हॉल से होते हुए और 19वीं सदी की कुछ पुरानी इमारतों को निहारते हुए मस्जिद के आँगन में आगे बढ़ ही रही थी कि महमूद भाई ने मुझे भीतर से बाहर किया—देखिए आंटी जी, यह है बांग्ला में महाकवि का दर्ज़ा रखनेवाले काज़ी नज़रुल इस्लाम की क़ब्र।

— नज़रुल इस्लाम की क़ब्र यहाँ मस्जिद के बाहर के आँगन में? लगा जैसे समय ठहर गया है। मेरी नज़र क़ब्र से होती हुई पास ही शान्त खड़े नीम के पेड़ की झूम-झूम झूमती शाखा पर संवाद करते परिन्दों पर पड़ी ही थी कि महमूद भाई फिर बोल पड़े,

— हाँ मैडम यही तो थी उनकी अन्तिम इच्छा, मस्जिद के पास दफनाए जाने की, जिससे उन्हें अज़ान सुनाई देती रहे। उन्होंने तो लिखा भी था—'मस्जिदे काछे क़ब्र दियो भाई/जेनो आमी मस्जिद अज़ान सुनते पारी' उन्हें उनकी इच्छा के अनुसार ही यहाँ दफ़नाया गया। इस रास्ते का नाम भी उन्हीं के ऊपर रखा गया' नज़रुल इस्लाम एवेन्यू'।

दुनिया की सारी गहमागहमी, सारे कोलाहल, सारी भाग-दौड़ के बीच, पेड़ों की टहनियों के हिलते ख़ामोश पत्तों के बीच चिर निद्रा में मग्न नज़रुल इस्लाम को देख मेरे ज़ेहन में घूम गई भक्ति और क्रान्तिकारी चेतना के अनूठे कवि की वह विख्यात कविता की पंक्तियाँ, जो लोगों की जुबान पर थीं—'कारार ओई लोह

कपाट/भेंगे फेल कर रे लोपाट' (जेल के उस लोह-द्वार को तोड़कर लूट लो) सामाजिक और राजनीतिक असमानता और अन्याय के ख़िलाफ़ लिखने के कारण ही उनका नाम 'विद्रोही कवि' पड़ा। वे इन दो उपमहाद्वीप के ही नहीं, बल्कि इस सभ्यता के कवि थे। उनके आलेखों और कविताओं में इस उपमहाद्वीप के लोगों के दर्द और हौसलों का इतिहास झलकता है। उन्होंने अपने एक लेख में लिखा भी है—मैं हिन्दुओं और मुसलमानों को बर्दाश्त कर सकता हूँ, लेकिन चोटी और दाढ़ी वाले को नहीं। चोटी हिन्दुत्व नहीं है, दाढ़ी इस्लाम नहीं है। चोटी पंडित की निशानी है, दाढ़ी मुल्ला की पहचान है। ये जो एक-दूसरे का बाल नोचते जा रहे हैं, ये उन कुछ बालों की मेहरबानी है, जो इन चोटियों और दाढ़ियों में लगे हैं। ये जो लड़ाई है, वो पंडित और मुल्ला के बीच की है, हिन्दू-मुसलमान के बीच की नहीं। किसी पैगम्बर ने नहीं कहा कि मैं सिर्फ़ मुसलमान के लिए आया हूँ। उन्होंने कहा—मैं सारी मानवता के लिए आया हूँ, उजाले की तरह।

आज़ाद भारत और आज़ाद बांग्लादेश के कवि नज़रुल की स्मृतियाँ बिखरी पड़ी हैं दोनों ही देशों में। बांग्ला भाषा के विद्रोही कवि क़ाज़ी नज़रुल इस्लाम समानता के अग्रदूत भी थे। सिर्फ़ विदेशी शासन के नहीं, वरन धर्म और मज़हब के प्रति भी। अपने व्यक्तिगत जीवन में उन्होंने नारी को हमेशा यथोचित सम्मान दिया। अपनी प्रथम पत्नी नरगिस के लिए उन्होंने लिखा था, 'अन्तर्यामी को मालूम कि तुम्हारे लिए मेरे जीवन में कितना गहरा घाव है, कितनी असीम वेदना है...। तुमने अगर यह अग्नि का स्पर्शमणि नहीं दिया होता, तो मैं अग्निवीणा बजाने में सक्षम न होता।' ('अग्नि वीणा' उनका काव्य-संकलन है)। 'अग्निवीणा' के क्रान्तिदर्शी कवि ने सैकड़ों सालों की निद्रा से उठकर जागने के लिए नारी का आह्वान किया। उनका सन्देश था—इस धरा पर कोई किसी का क़ैदी नहीं है। नवीन सूर्य के आलोक के साथ आज नारी जागे और शृंखला से मुक्ति प्राप्त करे। इसी सन्दर्भ में उनकी एक कविता—

जागो नारी जागो—
जागो नारी जागो अग्निशिखा
जागो सिन्दूरी माँग जागो रक्तटीका।
दिशाओं में फैलाओ प्रज्वलित रसना

नरगिस से विवाह के बाद ही उनके श्वसुर ने उनके सामने घर जमाई बनकर रहने की शर्त रख दी थी, जिसे स्वीकार करना नज़रुल के लिए सम्भव न था। पत्नी को छोड़कर वे वापस आ गए थे। थोड़े दिनों बाद ही वे बीमार पड़ गए। ऐसे में प्रमिला देवी नाम की महिला ने उनकी अथक सेवा की। दोनों ने विवाह करना तय कर लिया था, पर नज़रुल मुसलमान और प्रमिला हिन्दू और ब्रह्म समाज से। प्रमिला देवी से विवाह करने के बाद नज़रुल पर कुछ मौलवियों ने ज़ोर डाला कि

वे प्रमिला का धर्म परिवर्तन कर उसे मुसलमान बना दें। क़ाज़ी की पत्नी हिन्दू, लोग बोले मुसलमान बनाओ, क़ाज़ी बोले—दफ़ा हो जाओ! शीर्षक से उनकी कविता भी है। दोनों ने दोनों का अन्तिम समय तक साथ निभाया।

जिस गाँव में नज़रुल जन्मे थे, उस गाँव को अब कवितीर्थ कहा जाता है। बांग्लादेश की एक प्रधानमंत्री कवितीर्थ आ चुकी हैं। भारत में शायद ही कहीं किसी गाँव का ऐसे नाम से मिलता-जुलता नाम हो। उनकी हिन्दू पत्नी की समाधि वहाँ है और बांग्लादेश में दफ़्न नज़रुल की क़ब्र से कुछ मिट्टी लाकर उनकी भी एक क़ब्र यहाँ बनाई गई है। उनका जन्म जिस घासफूस से छाये मिट्टी के घर में हुआ था, वहाँ अब उनके नाम पर एक अकादेमी है, जिसमें उनका वह मकतब भी शामिल है, जहाँ वे पढ़े थे। यह गाँव उनकी स्मृतियों का गाँव बना हुआ है। गाँव के प्रवेश पर एक नुक्कड़ है जहाँ कवि की मूर्ति लगी है। दीवारों पर कई जगहों पर सीमेंट से अलंकृत बांग्ला भाषा में उनकी कविताएँ लिखी हुई हैं। उनके ऊपर शोध करनेवाली एक पत्रिका 'नज़रुल अन्वेषा' का प्रकाशन होता है। इधर आसनसोल के विश्वविद्यालय का नाम क़ाज़ी नज़रुल इस्लाम विश्वविद्यालय है। चुरुलिया में एक संग्रहालय भी है, जो इसी विश्वविद्यालय की देख-रेख में है। जहाँ उनकी कुर्सी-टेबल, बिस्तर, उनके कपड़े, उनका ऐतिहासिक ग्रामोफ़ोन, रेकॉर्ड, सितार, दीपदान, उनकी विभिन्न वस्तुएँ, कुछ पत्र, सम्मानपत्र आदि संग्रहित हैं...सुरुचिपूर्ण तरीक़े से रखे गए इस घर के एक कमरे में चित्रकारों के बनाए उनके चित्र, और बचपन और बाद के दिनों की उनकी तमाम तसवीरें लगी हुई हैं। भाई को लिखा उनका पत्र और कुछ कविताओं की मूल पांडुलिपियों को फ्रेम कर के रखा गया है। पुरानी तसवीरों में से जब वे आर्मी में थे, तब की और जेल से बाहर आने के बाद की दो तसवीरें यहाँ पर हैं, संग्रहालय में भारत सरकार का दिया पद्म भूषण और बांग्लादेश की नागरिकता का प्रमाणपत्र, दोनों रखे हैं। नज़रुल गीतिका की धुन यहाँ बजती रहती है।

गाँव के लोगों और कुछ और लोगों ने मिलकर यहाँ एक स्मारक-स्थल का निर्माण किया है। ठीक उस जगह, जहाँ कवि के परिवार के लोगों को दफ़नाया गया था। काले रंग का यह स्मारक भव्य है। इस स्मारक के परिसर में कवि की एक आदमकद मूर्ति भी लगी है। साल में एक बार यहाँ मेला लगता है।

इसी ढाका विश्वविद्यालय ने 1936 में शरत चन्द्र को डि.लिट. की मानद उपाधि से नवाज़ा था।

बहरहाल, बांग्लादेश मुक्ति-संग्राम के दौरान ढाका विश्वविद्यालय मुक्ति वाहिनी का गढ़ बन गया था। हज़ारों-हज़ारों छात्र अपने जीवन और करियर को दाँव पर लगाकर इस मुक्ति-संग्राम में कूद पड़े थे।

एक सोचनेवाला शहर ढाका! ऐसा शहर, जो रवीन्द्र संगीत गुनगुनाते हुए सोता है और नज़रुल इस्लाम की कविताएँ गाते हुए उठता है। ऐसा ढाका, जो मानता है

कि इस्लाम सिर्फ़ क़ुरान और हदीस तक सीमित नहीं है और जो मानता है कि इसके बाहर भी बहुत कुछ है। ऐसा ढाका, जो अपनी बौद्धिकता और वैचारिकता में आज भी चुनौती देता सा लगता है...इसकी एक झलक मिली मुझे ढाका यूनिवर्सिटी में!

यह मन मेरी समझ के बाहर है। बाहर सौन्दर्य बरस रहा है, फ़ैज़ की ग़ज़ल भी चल रही है, 'गुलों में रंग भरे, बाद-ए-नौ बहार चले/चले भी आओ कि गुलशन का कारोबार चले', लेकिन मेरा दिल पांडे जी का तबेला बना हुआ है। भीतर बैठी भैंस पगुआ रही है।

शरीर चाहे अपनी यात्रा में आगे बढ़ चुका हो, लेकिन मन है कि वहीं अटका हुआ है, ठिठका हुआ है, यौवन के उसी चरण पर जब भाव तरंग की पहली लहर शायद उठी हो। अवचेतन में गड़ी जाने कौन-सी अतृप्त लहरें हैं, जो आज भी पीछा नहीं छोड़ रहीं, रह-रहकर आती हैं स्वप्न में कुँआरी कामनाएँ बनकर। नोंचे हुए पंख बनकर! नुकीली किरचें बनकर! टूटी फूटी नींद बनकर!

कोई ईश्वर की खोज में है, तो कोई ख़ुशियों की खोज में। मैं हूँ चोंच भर शान्ति की खोज में।

शायद जीवन में जो नहीं मिल पाता, वही स्वप्न में जगह पाता है। पर मेरा सवाल,

जो जब होना था,
नहीं हुआ,
तो
क्या अब सपनों में होगा?
नहीं न!

तो अब मुझे शान्ति से अपने पथ पर चलने दो! झाँकने दो अपने भीतर के तरल में।

6

जब कोई स्त्री अपने लिए खड़ी होती है तो जाने-अनजाने बिना किसी दावा के वह सभी स्त्रियों के साथ खड़ी होती है। —माया एंजेलो

रात!

तारों भरी रात के जादू में जाने कब तक खोई रही मैं। भोर में फ़जर की अज़ान (सुबह की अज़ान) ने नींद और जागरण के बीच डोलती मेरी चेतना को हल्के से

छू लिया था। आधी बन्द, आधी खुली तंद्रिल आँखों के साथ मैं चैतन्य हुई। सुबह के शान्त परिवेश में ख़ुदा की पुकार! मन पवित्र होकर, सत्य, सौन्दर्य और ईश्वर को छूने लगा। सर्दियों, यानी अक्टूबर से फ़रवरी तक फ़जर की अज़ान के शुरू होने का समय अमूमन 5.15 से शुरू होकर 5.40 तक चाँद के घटने-बढ़ने के अनुसार हर दिन थोड़ा बदलता रहता है। गर्मियों यानी फ़रवरी से लेकर सितम्बर तक फ़जर के शुरू होने का समय 5.40 से घटते-घटते 5.15 तक का हो जाता है। अज़ान लोगों को नमाज़ अदा करने के लिए लगाई गई पुकार होती है, जिसका सन्देश होता है 'नींद से इबादत बेहतर है'। अज़ान के आधे घंटे के बाद ही नमाज़ शुरू हो जाती है।

मेरी घरेलू सहायिका सलमा ख़ातून सुबह की नमाज़ अदा करके आती है। मुसलमानों के लिए नमाज़ फ़र्ज़ है, इसलिए हर मुस्लिम जहाँ तक सम्भव हो, नमाज़ अदा करना अपना परम धार्मिक कर्तव्य मानता है। पहले नमाज़ फिर दुनिया के बाक़ी गोरखधंधे! मैंने एक बार सलमा को सुबह थोड़ा जल्दी आने को कहा, तो उसने मना कर दिया—मैं बिना फ़जर (सुबह की नमाज़) अदा किये घर से नहीं निकलती आंटी। उन दिनों बोरियत से निपटने के लिए मैंने ताक-झाँक से दोस्ती साध ली थी। एक बार दोपहर मैंने सर्वेंट क्वार्टर में झाँका, जो कि हमारे चौके से ही जुड़ा हुआ था, तो मैंने देखा वह सर को आँचल से ढाँपे घुटनों के बल झुकी हुई थी, एकदम ध्यानमग्न, दीन-दुनिया से दूर, जैसे उसके और अल्लाह के अलावा दुनिया में कोई और है ही नहीं। वह ज़ुहर (दोपहर की नमाज़) अदा कर रही थी, मैं मुग्ध भाव से निहारती रही उसे।

उस घटना के बाद मैंने समय नोट कर लिया था कि मुझे किन पाँच समय उसे डिस्टर्ब नहीं करना है। तब पहली बार मुझे पता चला कि दोपहर के बाद अस्र (जिसका समय पौने चार के आसपास होता है) और उसके बाद मग़रिब (सूर्यास्त के पाँच मिनट बाद) की नमाज़ भी वह हर दिन अदा करती है।

मुझे पहली बार ताज्जुब हुआ कि क्या इस प्रकार समय देखकर ईश्वर के ध्यान में लीन हुआ जा सकता है। क्या यह यांत्रिक नहीं है?

अब तो आसपास हर जगह मुझे ख़ुदा की इबादत में झुके बन्दे ही दिखने लगे। मेरे घर के सामने एक पार्क है, विचारपति शहाबुद्दीन पार्क। घूमते-घूमते अचानक नज़र पड़ी काँच के बन्द दरवाज़े वाले एक कमरे पर। मैंने देखा कि उस सार्वजनिक पार्क में भी एक कमरा 'प्रे रूम' यानी नमाज़ के लिए बना हुआ था। क़रीब बीस-पचीस लोग इकट्ठे होकर नमाज़ अदा कर रहे थे, कमरे के बाहर एक नल लगा हुआ था, नमाज़ के पहले वुज़ू करने के लिए। बाद में आए लोग भी उसमें शामिल हो रहे थे। एक दिन देखा, पार्क को बहुत सजाया गया है, वह 27 सितम्बर का दिन था—शेख हसीना का जन्मदिन। पूरा पार्क

अटा पड़ा था। शेख हसीना के आदमकद पोस्टरों, तसवीरों और कट आउटों से। कहीं-कहीं ढाकाई साड़ी में लिपटी शेख हसीना के साथ पोस्टर के कोने में बैठे बंगबंधु मुजीब भी मुस्करा रहे थे।

चलते-चलते मैं जाने कब अपने भीतर चलने लगी। आज सुबह की ही बात थी। मैंने वक़्त की चोट से आहत और समय से पहले ही बुढ़ाई सलमा को प्रेम से कहा, "सलमा तुम घर में भी, इतनी गर्मी में भी क्यों हिजाब पहनती हो? शेख हसीना को देखो, वे तो नहीं पहनतीं। तभी उसका मोबाइल बज उठा, कुर्ती के भीतर से मोबाइल निकाला उसने, पचपन सेकंड बात की, फिर मेरी तरफ़ मुखातिब होकर जवाब दिया, "मैडम, एई तो आमादेर वजूद, आमादेर आन।"

मैंने बात घुमाई, "क्या तुम अपने घर में भी पहनती हो?"

उसने जवाब दिया, "न, आमी बाड़ी ते पोरी ना (नहीं, मैं घर में नहीं पहनती हूँ।)"

— तो फिर यहाँ भी कौन ग़ैर है, आमी तोमार माँर मोतो, आमार छेले तोमार दादा मतो। एखाने के ग़ैर (मैं तुम्हारी माँ समान, मेरा बेटा भाई समान, यहाँ कौन ग़ैर है?)

मेरी बात उसने ध्यान से सुनी। दूसरे दिन मैंने देखा उसने चेहरे को हिजाब से नहीं ढका था। इससे प्रोत्साहित होकर मैंने एक दिन फिर पूछा उससे—सलमा क्या तुम चाहोगी कि तुम्हारी बेटी भी बुर्क़ा-हिजाब पहने? वह कस गई और मेरी उम्मीद के विपरीत उसने जवाब दिया, "क्यों नहीं, नौ साल की उम्र है उसकी और अभी से ही वह बाहर निकलती है, तो हिजाब डालकर निकलती है।"

"अभी से हिजाब? अरे जब दुपट्टा ओढ़ने की उम्र आएगी, तब क्या पहनाओगी?"

"तब बुर्क़ा डालेगी, नकाब डालेगी", उसने मेरी बुद्धि पर तरस खाते हुए कहा।

"क्या तुम्हारा शौहर भी चाहता है कि तुम बुर्क़ा पहनो?" सवाल सुन वह उदास हुई। ग़मगीन हो उसने कहा, "मेरा शौहर तो कब का मुझे छोड़ दूसरी के साथ घर चला रहा है, तलाक़ नहीं लिया है उसने, हमारे इस्लाम में वह चार-चार बीवियाँ तक रख सकता है।"

"क्या तुमने उससे हर्जाना नहीं क्लेम किया?"

"मैं हर्जाने का दावा कर सकती थी, पर ऐसे में मेरी बेटी की शादी में दिक़्क़त आ जाएगी, कोई नहीं चाहेगा ऐसी लड़ाका माँ की बेटी को अपने घर में लाना।"

"तुम्हारा बेटा तो नई पीढ़ी का है वह नहीं रोकता तुम्हें बुर्क़ा पहनने से?" वह मुस्कराई, "मैडम, वह मदरसा में पढ़ता है, छह हज़ार, छह सौ सोलह आयतों वाली क़ुरान लगभग उसे कंठस्थ है। जब आठ वर्ष का था, तभी उसने क़ुरान का

सुरैया सीन (एक महत्त्वपूर्ण चैप्टर) पूरा कंठस्थ कर लिया था। बहुत तेज़ है। इतना प्रभाव है क़ुरान का उस पर कि जब मैं घर से बाहर निकलती हूँ, तो मेरे खुले हाथों और पैरों से भी उसे तकलीफ़ होती है। एक बार उसने मुझे कहा भी, तुम सिर्फ़ आँख भर जितना मुँह खुला रखा करो। हाथों में और पैरों में भी मोजा पहना करो। मैंने जवाब दिया कि अभी तो मैं चाकरी कर रही हूँ, जब तुम मुझे बैठाकर खिलाओगे न, तब हाथ-पैर और पूरा मुँह ढका करूँगी। वैसे वह उतना ग़लत भी नहीं, क्योंकि बुर्क़ा तो औरतों की हिफ़ाज़त के लिए है न आंटी।"

मन फिर पीछे की ओर मुड़ गया। याद आए नज़रुल और उनकी कविता, 'जागो नारी जागो...' बाहर निकली, तो देखा कपड़ों की एक दुकान पर एक टी-शर्ट लटक रहा था, जिस पर लिखा था—गर्ल्स रूल दी वर्ल्ड। पढ़कर मैं सड़क पर ही बेहताशा हँस पड़ी। फिर मैं ख़ुद को समझाने लगी, कितना मुश्किल है कील की तरह अन्दर तक धँसे विश्वास को बाहर निकालना। उन्हीं दिनों मैं फ़ैज़ अहमद फ़ैज़ की जीवनी पढ़ रही थी, जिसे उनके नाती अली मदीह हाशमी ने लिखा है। इस किताब में ज़िक्र है कि जेल से अपनी पत्नी को भेजे एक पत्र में फ़ैज़ मंत्रियों के बारे में एक चुटकुला सुनाते हैं—एक समारोह में एक मुस्लिम लड़की मज़हबी रुझान वाले एक मंत्री की बग़ल में बैठी थी। मंत्री ने सामने बैठे आदमी से कहा, देखो, हमारी लड़कियाँ कितनी बेशर्म हो गई हैं कि उन्हें अपने अंग ढकने की भी परवाह नहीं है। वह आदमी बोला—आप क्या कह रहे हैं? बेचारी लड़की ने ऐसी फ्रॉक पहन रखी है जो उसके घुटने से नीचे तक लम्बी है। इस पर मंत्री का जवाब था, तो क्या हुआ? मुस्लिम लड़की का अंग तो उसकी एड़ी तक जाता है।

सही, कई महिलाएँ ऐसी ही थीं—एड़ी से चोटी तक ढकी हुईं, जिन्हें देख मुझे लालटेन के भीतर क़ैद, जलती लौ की याद आती।

सारा इस्लाम यहाँ औरत की देह पर टिका हुआ। हर औरत अपने औरतपन के बन्धन को वजूद की तरह अपने सीने से चिपकाए हुए। देह ही देह। हर पुरुष और औरत अपने देह की चौकसी में, इस्लाम के अनुसार, डूबा हुआ। दाढ़ी, टोपी और बुर्क़े चहुँ ओर। मैंने तो सोचा था ढाका कोलकाता जैसा होगा। लेकिन यहाँ देखा हर पुरुष और स्त्री की हॉट लाइन अल्लाह नामक किसी अदृश्य सत्ता से जुड़ी रहती है।

स्त्रीसुलभ लज्जा, कामना और संकोच को यहाँ मज़हब और क़ुरान के खाद-पानी से इतना सींच दिया जाता है कि मज़हब, नैतिकता और मर्यादा के चौखटे में मध्यवर्गीय और निम्नमध्यवर्गीय क़ैद स्त्री खुली निगाह से न स्वप्न देख सकती है, न सोच सकती है और न ही दुनिया को देख सकती है। दुनिया की हर चीज़ को वह क़ुरान के चश्मे से देखती है। इसलिए बुर्क़ा उनके लिए मात्र उनकी देह को

आवृत रखनेवाला वस्त्र नहीं होता, वरन उनका स्त्री होना होता है, उनकी आबरू होना होता है।

लेकिन पढ़ी-लिखी और उच्चवर्गीय महिलाएँ इन बन्दिशों से मुक्त हैं। महिलाएँ ही नहीं, पुरुष भी।

उफ़! ये फटी जींस वाला समय और ये पर्दादारी!

मेरे साथ दिक़्क़त यह भी है कि पाँवों के बजाय मेरा दिमाग़ ज़्यादा चलने लगता है। मुझे याद आई मुम्बई की एक घटना, वहाँ भी देखा था मैंने, धर्म की डाल से झड़ते जीवन के पत्तों को।

मुम्बई में अपनी सोसाइटी के पार्क में मैं रोज आठ या नौ साल की मुस्लिम बच्चियों को हिजाब पहने खेलते हुए देखती थी। एक बार हिम्मत कर मैंने उनके साथ आई, उनकी दादी से कहा, 'आपा, इतनी छोटी बच्चियों से भी आप पर्दादारी क्यों करवा रही हैं, इतनी गर्मी में देखिए वे कैसे पसीना-पसीना हो रही हैं?'

उनके बोलने की टोंटी खुल गई थी, 'अभी से ही आदत डालेंगे, तभी तो बड़ी होकर वे बुर्क़े की अभ्यस्त होंगी'।

मैंने कहा, 'लेकिन देखिए ये कितनी पसीने-पसीने हो गईं। कितनी तकलीफ़ हो रही होगी उन्हें।'

उन्होंने जवाब दिया, 'इस्लाम को निभाना है, तो थोड़ा कष्ट तो उठाना ही होगा'। मुझे जाने क्यों लगा, जैसे उसने बचपन कभी भोगा ही नहीं था, वह पैदा ही बड़ी हुई थी। तभी कह रही थी कि बच्ची का स्वास्थ्य रहे न रहे, उसका बचपना रहे न रहे, पर उसका धर्म ज़रूर बचा रहे।

एक मुस्लिम महिला मिली थी मुझे मुम्बई के ही कोकिला बेन हॉस्पिटल में। उसे बुर्क़े के कारण साँस लेने में बेहद तकलीफ़ होती थी। डॉक्टर ने भी कहा कि उसे पूरा ऑक्सीजन नहीं मिल रहा है। उसने अपने पिता के घर में बुर्क़ा कभी नहीं पहना था। मैंने कहा, 'तो अब क्यों पहनती हो।' उसने जवाब दिया कि उसके पति चाहते हैं कि वह बुर्क़े में रहे। 'तो क्या पति नहीं चाहते कि आप स्वस्थ रहें?'

जवाब आया—चाहते हैं, लेकिन बिना बुर्क़े के नहीं।

— 'तो हुज़ूरे आला! आप पति का विरोध क्यों नहीं करती?' मैं कसमसायी।
— 'मैं इसलिए नहीं करती कि मुझे भी लगता है कि यही इस्लाम है।'

उच्च वर्ग और उच्च मध्यवर्ग को छोड़कर आजतक मध्यवर्ग और निम्न मध्यवर्ग में मुझे ऐसी एक भी मुस्लिम महिला नहीं मिली, जिसने कहा हो कि वह बुर्क़ा से घृणा

करती है, फ़र्ज़ कीजिए, आज हम बुर्क़े को क़ानूनी रूप से निषिद्ध कर देते हैं तो क्या होगा? क्या महिलाएँ खुली हवा में साँस ले पाएँगी? वे बिना बुर्क़ा बाहर निकल जाएँगी?

पाकिस्तान के प्रधानमंत्री इमरान ख़ान तक ने कहा है कि कम कपड़े पहननेवाली लड़कियों को देखकर अगर पुरुष रोबोट न हो, तो उत्तेजित होगा ही। मज़ेदार बात! तो बड़े कपड़े पहननेवाली लड़कियों को देख जो पुरुष उत्तेजित होते हैं, वे रोबोट हैं?

यहाँ भी वहाँ भी!

सिर्फ़ इस्लाम ही क्यों, दुनिया की सभी सभ्यताओं का इतिहास खँगाल लीजिए—धर्म की बुनियाद पर विकसित की जानेवाली सभ्यताएँ समय के साथ पूर्ण रूप से जीवन-विरोधी बनती जाती हैं। आहत मन स्मृतियों के तहखाने में उतरने लगा। मैं चेन्नई में थी। मेरे बेटा और बहू हनीमून से वापस घर आ रहे थे...मैंने भी सोचा, चलो आज ज़िन्दगी का उत्सव मनाया जाए। उनका कमरा सजाया जाए। एक राज। दरअसल, यह कमरा मैं उनके लिए नहीं, अपने लिए ही सजाना चाहती थी। अपने उस कमरे को सजाना चाहती थी, जो कभी मुझे शिद्दत से हर रात लुभाता था, पर जिसे ज़िन्दगी मेरे नाम करना भूल गई थी। चेन्नई के फूल अपनी सुगंध के लिए मशहूर हैं। सुबह चेन्नई की बसें महकती हैं उन फूलों की महक से, जो तमिल स्त्रियों के बालों में झूलते रहते हैं। मैंने अपनी मकान-मालकिन से फूलों के बारे में बात की, उसने अपने माली से बात की। तय हुआ कि उनका माली बेटे के कमरे को आकर सुगन्धित फूलों से महका देगा...

दूसरी सुबह माली फूल दे गया। लेकिन दोपहर के पाँच बज गए। माली नदारद। बेटे-बहू नौ बजे तक आनेवाले थे। मैं परेशान, सोचने लगी क्या करूँ कि तभी मेरी मकान-मालकिन राजलक्ष्मी जी हँसते हुए आईं और कहा, 'माली नहीं आएगा, चलिए हम लोग ही मिलकर सजा देते हैं कमरा।'

मैं फिर हैरान। ग़ज़ब की व्यस्त कस्टम अफ़सर राजलक्ष्मी जी और वे सजाएँगी मेरे बेटे का कमरा! मैंने सोचा, माली बीमार पड़ गया होगा, इसलिए राजलक्ष्मी जी उदारतावश...लेकिन जब माली के नहीं आने का सही कारण जाना, तो मैंने माथा पीट लिया, यह है मेरा भारत महान! बलिहारी! माली नहीं आया था, क्योंकि उसे अगली सुबह राजलक्ष्मी जी के यहाँ हवन करना था। चूँकि हवन एक पवित्र एवं धार्मिक अनुष्ठान था और सुहाग सेज एक शृंगारिक कार्य, जिसकी परिणति सम्भोग में होनी थी। माली नहीं आया था, क्योंकि सुहाग-सेज सजाने के बाद उसकी पवित्रता और शुद्धता बरक़रार नहीं रहती। और इसीलिए डॉक्टरेट की उपाधि प्राप्त राजलक्ष्मी जी ने माली को सुहाग सेज सजाने से रोक दिया और

उसकी ज़िम्मेदारी सहर्ष सँभाल ली थी। मैं लज्जित और निरुत्तर राजलक्ष्मी जी का चेहरा ही देखती रही। कैसी निगाहें, जो जीवन के सौन्दर्य और सृजनात्मकता को नहीं देख पातीं? स्त्री होकर भी जो जीवन का आदिम राग सुन नहीं पातीं? सभ्यता की इतनी सुदीर्घ यात्रा करने के बाद भी हम कैसे मनुष्य बने हैं? अभी कुछ दिन पूर्व ही मेरे भांजे की बहू ने मुझे बड़े ही सहज भाव से बताया था कि उसकी माँ विवाहित दम्पति के पलंग पर नहीं बैठती। क्यों? क्यों कि वह पवित्र नहीं है। मैं इस धक्के से उबरी भी न थी कि उसने और भी अवाक् करते हुए मुझे बताया कि उसके पिताजी ने पिछले कई सालों से ब्रह्मचर्य का व्रत ले रखा है। मैं आसमान से गिरी! तुम्हें कैसे पता?"

उसने और भी हैरतअंगेज जवाब दिया, "मुझे क्या घर भर को पता है। पिताजी ने ब्रह्मचर्य लेने के पहले दादी से आज्ञा ली और फिर गुरुदेव से व्रत लिया।"

क्या? यह उस देश का हाल है, जहाँ की संस्कृति में काम को भी एक पुरुषार्थ माना गया है। जहाँ कामनाओं और देह का उत्सव मनाया जाता है। जहाँ लिंग की पूजा होती है। शर्म से सर झुक गया। कैसे घृणित मस्तिष्क हैं हमारे धर्मगुरु? 23 करोड़ लोग देश में रोज़ भूखे सोते हैं, इतने किसान आत्महत्या कर रहे हैं, बेरोज़गारी ख़तरे की सीमा छू रही है, कन्याएँ भ्रूण-रूप में ही मारी जा रही हैं, बच्चे कुपोषण के शिकार हो रहे हैं। महिलाओं के लिए शौचालय तक नहीं हैं। देश भ्रष्टाचार में गले-गले डूब रहा है, इसकी चिन्ता नहीं, चिन्ता है स्त्री-पुरुष के सोने की। अच्छा कीमा बनाया है धर्म की इन जलकुम्भियों ने। उत्तर हो या दक्षिण, भारत हो या बांग्लादेश या पाकिस्तान हर सागर के जल को प्रदूषित कर रखा है।

इसी से जुड़ा एक और सवाल : हर धर्म का ताज़िया स्त्री देह के ईर्द-गिर्द ही क्यों?

सबरीमाला मन्दिर सहित भारत में ऐसे कई मन्दिर हैं, जहाँ महिलाओं का प्रवेश वर्जित है, जैसे छत्तीसगढ़ का मावलीमाता मन्दिर, झारखंड का मंगल चंडी मन्दिर, केरल का ही श्री पद्मनाभस्वामी मन्दिर आदि। कारण क्या दिया जाता है? कारण यह है कि माहवारी के दिनों में स्त्री देह अपवित्र हो जाती है। पूछना होगा कि उस अपवित्र स्त्री से जन्मे आप कैसे पवित्र हो गए? पूछना होगा कि यदि स्त्री होने का मतलब सृजन, प्रेम और सम्पूर्णता है, तो स्त्री कभी भी कैसे अपवित्र हो सकती है? क्या रजस्वला हुए बिना सृजन की प्रक्रिया से गुज़रा जा सकता है?

यहाँ ढाका में मस्जिदें भी जनाना-मर्दाना खानों में बँटी हुई हैं। ज़्यादातर मस्जिदों में औरतों का जाना मना है, जिससे क़ुरान की पवित्रता बरकरार रहे। कहीं-कहीं

औरतों के लिए अलग से ऐसी मस्जिद भी बनाई गई हैं, जहाँ सिर्फ़ औरतें ही जा सकती हैं। कहीं-कहीं मस्जिद में ही पर्दा लगाकर ओट बना दी गई है, जिससे महिलाएँ नमाज़ अदा कर सकें। एक बार मैं साईद नगर स्थित महिला मदरसे के सामने खड़ी थी, उबड़-खाबड़ सड़क वाली एकदम सँकरी सी गली थी वह। उसी समय मदरसे की छुट्टी हुई थी। महिला मदरसे में पुरुषों का प्रवेश वर्जित था। यहाँ तक कि मदरसे के एकदम छोटे से मुख्य द्वार पर भी जाली वाला दरवाज़ा था और उस के आगे भी गन्दा सा रेशमी पर्दा टँगा हुआ था। चिल्ल पों मची हुई थी। ख़ुदा रहम करे! भिंडी बाज़ार-सा समाँ था। मैंने देखा—माँएँ तो माँएँ, पहली जमात की पाँच-छह वर्ष की ढेरों छरहरी, छबीली बच्चियाँ भी बुर्क़े और हिजाब में सर से पैर तक ढकी हैं। लगा जैसे वे पैदा ही बुर्क़े-हिजाब में हुई हों। उफ़ बचपन से ही कैसी देह चेतना भर दी जाती है इनमें। उड़ते पंखों की फड़फड़ाहट तक पर बन्दिशें! मस्त हिरणी की तरह कुलाँचें भरने की उम्र और यह पर्दादारी! कितना मुश्किल होता होगा सात वर्ष की नन्ही एक कोंपल के अन्दर धर्म की जटिलता और स्त्री-पुरुष के भेदों को रोपना। कैसे समझाया जाता होगा उन्हें कि इस्लाम में औरतों को पर्दे में रहने की हिदायत इसलिए दी गई है कि पुरुषों की बुरी नज़र उन पर न पड़े। फिर वे यदि पूछें कि बुरी नज़र क्या होती है, तो कैसे समझाया जाता होगा उन्हें? ख़ुदा रहम करे!

कार्ल मार्क्स ने कहा था कि सामाजिक प्रगति समाज में महिलाओं को मिले स्थान से मापी जानी चाहिए।

धर्म के घोंसलों में फड़फड़ाती पंख टूटी ये नन्ही-नन्ही गौरैया आपको धरती के हर कोने में हमारी पूरी सभ्यता, पूरी सामाजिक प्रगति पर प्रश्नचिह्न लगाती मिल जाएँगी।

ज़िन्दगी का पहला दर्शन ही स्त्री होने के अहसास का दर्शन। कितना सही कहा था सिमोन दि बोउआर ने कि स्त्री पैदा नहीं होती, बना दी जाती है। और ऐसे समाज में पुरुष भी पैदा नहीं होते, बना दिये जाते हैं। मेरे बेटे के बहुराष्ट्रीय कम्पनी के ऑफ़िस में, जब वे नये-नये आए थे, तब वहाँ के कुछ स्थानीय अफ़सर कम्पनी के सीईओ के पास दो प्रस्ताव लेकर आए कि स्त्रियों का इस तरह खुले मुँह, बिना हिजाब रहना इस्लाम के ख़िलाफ़ है, इसलिए कम्पनी स्त्रियों के लिए हिजाब अनिवार्य कर दे और दूसरा ये कि गुड मॉर्निंग के बजाय कम्पनी 'सलाम वालेकुम' की संस्कृति को लागू करे, क्योंकि यह मुस्लिम देश है।

यहूदियों के सिनेगॉग में स्त्रियों को पुरुषों से अलग उनकी नज़रों की आड़ में बिठाया जाता है।

इंदिरा गांधी जब इज़रायल की यात्रा पर थीं और जब वे जेरुसलम गईं, तो उनके लिए यह विश्वास करना मुश्किल था कि इज़रायल की प्रधानमंत्री और वे

स्वयं, दोनों बॉलकनी में बैठी हुई थीं और सारे पुरुष नीचे मुख्य हॉल में बैठे हुए थे। इजरायल की प्रधानमंत्री भी स्त्री होने के कारण मुख्य सिनागॉग में प्रवेश नहीं कर सकती थीं। वे केवल बालकनी से देख सकती थीं।

पुरुष सत्ता के इस षड्यंत्र को समझना होगा। जब भी कोई स्त्री आवाज़ उठाती है इस षड्यंत्र को समझाने की, उसे दबा दिया जाता है। क्या आप को ख़बर है कि 1949 में प्रकाशित सिमोन दि बोउआर की पुस्तक 'दि सेकंड सेक्स' को धार्मिक नगरी वैटिकन सिटी में प्रतिबंधित कर दिया गया था, एक ऐसी किताब, जिसने पितृसत्ता के विरुद्ध विप्लव का बिगुल बजा दिया था।

कहने का आशय यह है कि हिन्दू हो, मुसलमान हो, ईसाई हो, यहूदी हो, संसार का कोई भी धर्म स्त्री को पुरुष के बराबर नहीं मानता। सारे धर्मों का ताना-बाना स्त्री देह के इर्द-गिर्द बुना गया है। मेरे एक परिचित के ऑफ़िस में एक वरिष्ठ अफ़सर को दंडस्वरूप उनका बोनस नहीं दिया गया। उन्होंने अपनी एक रिपोर्टी को बिना माँगे ही सलाह दे डाली थी—आप जब फील्ड में जाएँ, तो जींस की जगह पाम्परिक ड्रेस और हिजाब में जाएँ। आज़ाद ख़याल रिपोर्टी को अखर गया, उसने कम्पनी के सीईओ से शिकायत कर दी। चूँकि वह एक बहुराष्ट्रीय कम्पनी थी, इस कारण उसकी शिकायत पर तुरन्त कार्रवाई हुई। मेरा सवाल यह है कि क्या सिर्फ़ देह ही स्त्री का सामाजिक, प्राकृतिक और सांस्कृतिक सत्य है? इस्लाम में तो साफ़ शब्दों में कहा गया है कि दो स्त्री की गवाही एक पुरुष के बराबर। यानी एक स्त्रियों आधे पुरुष के समकक्ष। हिन्दू धर्म में भी स्त्री को दोयम दर्जा ही प्राप्त है। इसलिए स्त्री-समानता की लड़ाई के लिए ज़रूरी है कि समस्या की जड़ों पर ही प्रहार किया जाए।

जहाँ जितना अधिक धर्म है, वहाँ उतना ही अधिक स्त्री-शोषण और अन्याय है। धर्म ने ही पुरुषों को यह छूट दी है कि वह धर्म के नाम पर औरत के शरीर और उसके मन को नियंत्रित करे। यह बात हमें समझनी होगी कि धर्म स्त्रियों के अन्दर भी स्त्री होने के चलते कमतर होने का अहसास जगाता है।

सबसे मुश्किल होता है अपने भीतर की हीन प्रवृत्तियों से लड़ना; अपने भीतर के कमीनेपन, अपने भीतर की क्षुद्रता से मुक्त होना। आजकल दिन-भर अपने से ही युद्ध चलता रहता है। कुछ व्यक्ति होते हैं, सहज उदारता के साथ, सहज दयालुता के साथ, उन्हें शायद अपने को इवॉल्व करने में उतना कष्ट नहीं उठाना पड़ता है। पर हम जैसे, हर वक़्त जैसे अपने ऊपर डंडा लिये खड़ा रहना पड़ता है—सच, बहुत कठिन है इनसान बने रहना।

7

मटमैली शाम का रंग ख़ुशनुमा हुआ आज। घर भर में खूँखार जानवर की तरह मँडराते सन्नाटे का मुँह बन्द हुआ। दिनों बाद घर का माहौल मखमली, उत्सवधर्मी और दोस्ताना हुआ। एक आत्मीय संवाद का सुख मिला। यूनिसेफ के तीन अधिकारी हमारे घर आए थे। उन सबकी पतंगें आसमान में ऊँची उड़ रही थीं, बल्कि यह कहना सही होगा कि उड़ने की उनकी आदत इतनी बेपरवाह थी कि आसमान उनके लिए दाल-भात हो गया था। उनके आत्मविश्वास और शख़्सियत का तापमान उनके जूते की ठक-ठक, उनके हँसने, तपाक से हाथ मिलाने और यहाँ तक कि उनके सर हिलाने, आँख मटकाने की शानदार अदा तक में कौंध मारता था। एक भारतीय, एक बांग्लादेशी और एक पाकिस्तानी। जब हम डाइनिंग टेबल पर बैठे, तो लगा स्वप्निल दुनिया रचता हुआ घोड़े पर सवार अखंड हिन्दुस्तान विराजमान है और बहुत सारा समय इकट्ठा हो गया है। अब्दुल मनान ढाका का गोर्की था, यूनिसेफ की तरफ़ से बांग्लादेश में एजुकेशन स्पेशलिस्ट की हैसियत से तैनात था। उसकी फर-फर अंग्रेज़ी के सामने मेरी हिन्दी अक्सर शरमा जाती थी। यूनानी देवता-सा सुदर्शन। उठे-उठे से बाल। जुबान में रस। बातों में गहराई। मनान जब हँसता, तो मन करता कि मँढ़वा कर रख लूँ उसकी हँसी को। वह दिल्ली का था और उसने अरावली की पहाड़ियों पर स्थित जेएनयू से एजुकेशन में मास्टर किया था। कुछ समय तक वह 'टाइम्स मैगज़ीन' का पत्रकार भी रह चुका था। वह बांग्लादेश पर काफ़ी अध्ययन कर चुका था। झकझक सफ़ेद रूमाल से नफासत से मुँह पोंछते हुए उसने मुझे बताया कि बांग्लादेश में कामकाजी महिलाओं का प्रतिशत भारत से क़रीब-क़रीब दोगुना है, विशेषकर बांग्लादेश का रेडीमेड गारमेंट्स उद्योग तो बांग्लादेशी महिलाओं के बल पर ही चल रहा है। यह अलग बात है कि दस-बारह घरानों का ही पूरे रेडीमेड उद्योगों पर एकाधिकार है। यूँ भी बांग्लादेश की पूरी अर्थव्यवस्था चन्द सयाने घरानों की ही मुट्ठी में है। ढाका में लगभग हर चीज़ का आयात होता है, बहुतायत में निर्यात सिर्फ़ दो चीज़ों का हो रहा है—रेडीमेड गारमेंट्स और यहाँ के मज़दूर। विकसित सर्विस सेक्टर के अभाव में यहाँ मध्यवर्ग भारत की तुलना में बहुत सिकुड़ा हुआ है। इसलिए यहाँ या तो सुपर धनी वर्ग है या सुपर ग़रीब वर्ग।

बांग्लादेश की ग्रामीण महिलाएँ शहरी महिलाओं की तुलना में कही ज़्यादा उन्मुक्त हैं। एक कारण और है, शहरी महिलाओं में बुर्क़ा का चलन बढ़ने का। शहरी परिवारों के लड़के सऊदी अरब जा रहे हैं पैसा कमाने के लिए। वहाँ का पैसा शहरों में आ रहा है, पैसे के साथ वहाँ का इस्लाम भी आ रहा है, बुर्क़ा और हिजाब भी आ रहा है। ग्रामीण बांग्लादेश में सऊदी अरब का पैसा लगभग नहीं के बराबर

है, बल्कि महिलाएँ अधिक-से-अधिक रेडीमेड गारमेंट्स में हैं या मोहम्मद यूनुस द्वारा दी गई माइक्रो फाइनेंसिंग योजना के अन्तर्गत चालू की गई घरेलू योजनाओं में। नोबल प्राइज से सम्मानित मोहम्मद यूनुस ने बांग्लादेश में सबसे पहले ग्रामीण महिलाओं का सेल्फ हेल्प ग्रुप बनाकर उन्हें कर्ज़ा देना शुरू किया था। बांग्लादेश के ग्रामीण बैंक ग्रामीण क्षेत्र के विकास में महत्त्वपूर्ण भूमिका निभा रहे हैं। पिछले कई सालों में वहाँ पर रोजगार के अवसर काफ़ी बढ़े हैं। आज बांग्लादेश से कोलकाता में रोजगार के लिए पलायन लगभग जीरो है। मनान की बात को आगे बढ़ाते हुए हिन्दुस्तान यूनिलीवर के अधिकारी तंजीम ने जो बात कही, उसे सुनकर मैं विस्मित हो गई। तंजीम ने कहा—बांग्लादेश यदि आज सचमुच बचा हुआ है, तो BRAC जैसे अन्तर्राष्ट्रीय NGO के चलते, जिसने यहाँ के ग़रीब और दबे-कुचले लोगों को रोज़गार देने में महत्त्वपूर्ण भूमिका निभायी।

यूनिसेफ की दूसरी बन्दी शबाना थी, जो पाकिस्तान के पेशावर शहर से थी। उसमें अफ़सरी बू एकदम नहीं थी। कटे बाल और लिपस्टिक रंगे होंठ। चेहरे पर पसरी बेपनाह वीरानी और ख़ूबसूरती। जब वह हँसती, तो लगता जैसे बादलों की रजाइयों के बीच हल्के से झाँक रहा है पाकिस्तान। शबाना अपने अब्बू की ऋणी है कि उन्होंने अपने पूरे परिवार की मंशा के विरुद्ध जाकर अपनी दोनों बेटियों को ख़ूब पढ़ाया और उन्हें अपने पैरों पर खड़ा होने दिया। पर इस चक्कर में शबाना आज भी अपने नीड़ में एकदम तन्हा है। जीवन साथी चाहिए लेकिन मनपसन्द। छोटे भाई का घर बसाने में भरपूर मदद की उसने, लेकिन ख़ुद को इन्तज़ार है किसी फ़रिश्ते का, जो बसा दे उसका घर!

शबाना ने एक विचित्र घटना सुनाई। घटना मामूली है, पर समाज की सही तसवीर मामूली घटनाओं से ही प्रतिबिम्बित होती है। दरअसल पिछले दिनों दुर्गा पूजा पर हिन्दुओं के विरुद्ध जो हिंसा हुई थी, उससे उसकी मेड इतनी आतंकित थी कि जब उसने अपनी मेड को खाना बनाने के लिए मना किया और बताया कि वह हमारे घर खाने पर जा रही है, तो उसकी मेड ने भयभीत होते हुए पलटकर पूछा, 'आप हिन्दू के घर खाने पर जाओगे?'

मैं जाने क्यों चिढ़ गई, मैंने कहा, 'इसमें इतना आतंकित होने का भी क्या है, यहाँ तो गाहे बगाहे ग्रामीण क्षेत्रों में तो हिन्दुओं पर आक्रमण होते ही रहते हैं।' शबाना भी शबाना ही थी, उसने भी हुँकार भरी—

'देखिए, अल्पसंख्यक पर हमले आपके यहाँ भी होते हैं और यहाँ बांग्लादेश में भी। पर फिर भी एक अन्तर तो है।'

'वह क्या है?'

'अन्तर यह है कि यहाँ बांग्लादेश में आज भी ऐसे हमलों की निंदा की जाती है, सत्ता द्वारा खुलेआम पीठ नहीं ठोकी जाती, जैसे आपके यहाँ अपराधियों और

बलात्कारियों को जयमाला पहनाई जाती है और पीड़ितों के ही ऊपर एफ आई आर ठोक दी जाती है।'

मैं बात आगे नहीं बढ़ाना चाहती थी, इसलिए चुप्पी मार गई, वैसे उसकी बात उतनी ग़लत भी नहीं थी।

बात फिर जाने किन गली-कूचों से होते हुए अन्धविश्वासों पर जा पहुँची। एकाएक शबाना ने पूछा, 'हिन्दू क्या बहुत अन्धविश्वासी होते हैं?'

मैंने कहा, 'दरअसल सभी अन्धविश्वासों के पीछे वैज्ञानिक चेतना, तर्क और शिक्षा का अभाव होता है।'

मैं जवाब पूरा भी न कर पाई थी कि उसके शब्द उतावले हो बाहर निकल आए और मुझे धूप दिखा गए,

'मैं पढ़े-लिखे लोगों की ही बात कर रही हूँ। मैंने पढ़ा था कि अमिताभ बच्चन ने अपनी पुत्रवधु ऐश्वर्या राय से अपने पुत्र की शादी से पहले उसकी एक पेड़ से शादी करवाई, क्योंकि ऐश्वर्या राय की जन्मपत्री में कुछ बुरे ग्रह थे, जिससे उसके विधवा होने की आशंका थी।'

मैं क्या कहती! बस सोचती रही कि खासे पढ़े-लिखे और ख्यातनाम लोग भी अन्धविश्वास और अन्धश्रद्धा के जाल को काट फेंकने की हिम्मत क्यों नहीं दिखाते! फिर भी एक मरियल-सा जवाब मुझे सूझ ही गया। मैंने कहा, 'कर्नल रफीउद्दीन की किताब में मैंने पढ़ा था कि पाकिस्तान की ख़ुफ़िया एजेंसी द्वारा मरने के बाद भी भुट्टो के प्राइवेट पार्ट्स की फोटो ली गई थी, क्योंकि उनको सन्देह था कि भुट्टो मुकम्मल मुसलमान था भी या नहीं, क्योंकि भुट्टो की माँ हिन्दू थी और शादी के पहले तक नाच-गाने से जुड़ी हुई थी। कर्नल रफ़ीउद्दीन उस दौरान रावलपिंडी जेल में वहाँ के सिक्योरिटी इंचार्ज थे, जिस दौरान भुट्टो को वहाँ रखा गया था। तो तर्क और वैज्ञानिक चेतना से रहित यह फितरत आपके यहाँ भी है और हमारे यहाँ भी।'

शबाना को ताज्जुब हुआ कि उनके देश की जो बातें वह भी नहीं जानती, वे बातें मैं कैसे जानती हूँ। वह इस अन्दाज़ में हँसी कि मैं कितनी दुष्ट भारतीय हूँ।

उसके बाद बहस फिर हिन्दू अभिनेता और पाकिस्तानी नेता से हिन्दू देवी-देवताओं पर टिक गई। भारत घूम आई शबाना ने पूछा, 'ऐसा क्यों कि सभी हिन्दू देवी-देवताओं के हाथों में हमेशा हथियार रहते हैं, चाहे तीर-धनुष हो, त्रिशूल हो, फरसा हो या तलवार हो।'

जवाब देने के लिए मैंने दे दिया, 'ऐसा शायद इसलिए कि उस समय के समाज में हमें बुरी ताक़तों का मुक़ाबला करने के लिए हथियार उठाना पड़ा हो, एक सभ्य समाज के निर्माण के लिए ख़ून तो बहा ही होगा! भगवान का दर्जा तो बाद में विभिन्न जातियों ने अपने नायकों को दिया होगा! बाद में आप देखिए सरस्वती जी, लक्ष्मी जी और गणेश जी के हाथों में हथियार नहीं मिलेंगे, कहने को तो कह दिया,

पर मैं ख़ुद ही सोचती रही कि न ईसा के हाथों में हथियार, न मूसा के हाथों में, न अल्लाहमियाँ के हाथों में, फिर हमारे देवताओं के हाथों में ही हथियार क्यों?

फिर कोई बहस नहीं हुई, हिन्दुस्तान और पाकिस्तान दोनों ही अपनी-अपनी विचारों की नदी में डूबते-उतराते रहे। जेएनयू के अब्दुल मनान ने ज़रूर थोड़ी देर बाद अपनी बात से मुझे चौंका दिया—उसने कहा, 'चाहे भारत हो या बांग्लादेश, सभी दंगों के फैलाव के पीछे राज्यों का हाथ होता है।'

पर क्यों? भारत में तो फिर भी मान लिया कि वोटों के ध्रुवीकरण के चलते ऐसा हो, पर यहाँ तो मुश्किल से 9 प्रतिशत हिन्दू हैं। फिर शेख हसीना हिन्दू वोटों पर आश्रित भी नहीं, वे क्यों करेंगी ऐसा?'

जैसे कोई गुप्त फाइल मुझे पकड़वा रही हो, उसने कहा, 'मैडम सभी कुछ शान्ति से चलता रहा, तो फिर भारत से मदद कैसे मिलेगी? क्या आप सोचती हैं कि रोहिंग्या मुस्लिमों को क्यों पनाह दी है शेख हसीना ने, मानवीय कारणों से? जी, नहीं, उन्हें यूएनओ से ज़बरदस्त ऐड मिलती है, इसलिए।'

उफ़! राजनीति के ये उलझे धागे समझना मेरे बस की बात नहीं!

यूनिसेफ के सभी बन्दों को लम्बे समय से अपने घरों से बाहर रहना पड़ा था। इस कारण सभी लोगों की निजी ज़िन्दगियाँ उतनी ख़ुशहाल नहीं थीं। अब्दुल मनान के दाम्पत्य में तो इतनी सिलवटें आईं कि इसी के चलते उसका तलाक़ हो गया था। बाक़ी के दाम्पत्य भी आई सी यू में थे।

दोस्ताना माहौल में हमारी बातचीत आगे बढ़ रही थी कि उसने एकाएक पूछा मुझसे—'आंटी एक बात बताएँ, मैंने सुना है कि आपके यहाँ तो गाय, पेड़, नदी, पहाड़ और तालाब तक की पूजा होती है, क्या सचमुच में आप लोग इतनी पूजा करते हैं? हमारे यहाँ तो एक अल्लाह मियाँ हैं, उनसे ही हमें फुर्सत नहीं मिलती।

मौक़ा था ज्ञान बघारने का, इसलिए मैंने भी ख़ूब ज्ञान पिलाया।

'हमारे मनीषियों ने किसी एक निश्चित धार्मिक पुस्तक को मान्यता नहीं दी और न ही हमारे कोई सर्वमान्य इष्ट देव हैं। आत्म अन्वेषण की यात्रा हमें ख़ुद ही तय करनी पड़ती है। हमारी सभ्यता की कुछ बुनियादी बातें हैं, जो सर्वमान्य हैं। हम पशु, पहाड़, नदी, जंगल, ऋतुओं को पूजते हैं, क्योंकि ये जीवन रक्षक हैं और पर्यावरण को महत्त्व देनेवाली पहली सभ्यता है हमारी। हमरे यहाँ का विधान है—तुलसी पोसो, पीपल पोसो। जब अंग्रेज़ी हुकूमत पेड़ काटने चली, तो हमारे राजस्थान का बिश्नोई समाज पेड़ों से लिपट गया कि पहले हमें काटो, फिर इन्हें काटना। हम तो यदि रहने के लिए भी घर बनाते हैं, तो पहले धरती को ख़ुश करने के लिए भूमि पूजन करते हैं।'

सभी खुले दिमाग़ के थे, इसलिए सभी ने मेरी बात को सराहा। लेकिन मेरी बातों को सुनते ही अब्दुल मनान का तीसरा नेत्र खुल गया। उसने आईना दिखाते हुए शाब्दिक एनकाउंटर कर ही डाला मेरा।

'इसीलिए हमारी गंगा लगभग गटर और यमुना गन्दे नाले में तब्दील हो चुकी है। क्योंकि गंगा हमारे लिए सिर्फ़ पानी का मौजघर नहीं है, उसके साथ हमारी आस्था और पवित्रता बोध भी जुड़ा हुआ है। इसीलिए हमारी धर्म की चेतना हमसे चाहे गंगा में डुबकी लगवा पुण्य कमा ले, पर हमारी शून्य नागरिक चेतना इस गंगा में अपना आगा-पीछा धोने से भी बाज नहीं आती।'

मैं झेंप कर रह गई। बात सही थी, भीतर की गंगा मर गई थी, इसीलिए बाहर की गंगा सूख गई थी। कुछ लम्हों तक एक ठंडी शालीनता पसर गई हमारे बीच।

फिर भी कुल मिलाकर मेरे लिए वह शाम एक चाँदनी की तरह आई थी, जिसने न केवल कुछ पलों के लिए जीवन की एकाकी धूप का रंग बदल दिया था, वरन ढाका का भी घूँघट थोड़ा और उघाड़ दिया था मेरे लिए।

गरज-बरस प्यासी धरती पर फिर पानी दे मौला
चिड़ियों को दाने, बच्चों को गुड़ धानी दे मौला।

—निदा फ़ाज़ली

दूसरी बार यूनिसेफ के चारों मित्र जब आए हमारे घर, तो बेटे ने मधुशाला जमा दी। सोमरस वितरण के साथ ही शबाना थोड़ी असहज हुई, तो ऊपर मेरे कमरे में चली आई। इस बार वह एक दूसरी ही शबाना थी, गहरी नदी-सी शान्त-शान्त बहती, लेकिन भीतर ही भीतर समय के भँवरों से टकराती, पछाड़ खाती। बच्चों के उद्धार के लिए कटिबद्ध यूनिसेफ की तरफ़ से उसे खुलना भेजा गया था। ढाका से 300 किलोमीटर दूर जसोर एयरपोर्ट से वह थलमार्ग से ही खुलना पहुँची थी, जहाँ बांग्लादेश सरकार द्वारा लड़कियों के लिए 'सेफ होम' चलाया जा रहा था। वहीं वह फील्ड इंस्पेक्शन के लिए गई थी। यूनिसेफ द्वारा ऐसी संस्थाओं को न केवल आर्थिक सहायता, वरन समय-समय पर सुझाव भी दिये जाते हैं।

ऐसे सरकारी 'शेल्टर होम' में परिस्थितियों और समय की विभीषिका की शिकार अल्पवयस्क लड़कियों को रखा जाता था। आँसुओं से तरबतर शबाना हत्थे से उखड़ गई, आंतरिक सत्ता हिल गई उसकी, जब वहाँ उसने एक तेरह वर्षीया लड़की—आयशा को माँ के रूप में देखा। वह इतनी नाज़ुक और कमज़ोर थी कि अपने बच्चे तक को गोदी में नहीं रख पा रही थी, उसका बच्चा भी एक दूसरी बच्ची के हाथों में था। बस्ती में रहनेवाली आयशा का एक रात बलात्कार हो गया था, उसके बाद ख़ुद उसके माँ-बाप ने ही अपनी दकियानूसी बिरादरी के डर से उसे

घर में नहीं रहने दिया। शेल्टर होम में ही उसने बच्चे को जन्म दिया। उसके बारे में बताते-बताते सिसकने लगी शबाना—'उफ़, क्या होगा आंटी, हसीना का?' तेरह साल की बच्ची, लेकिन उसके भीतर की चिड़िया ही जैसे उड़ना भूल गई थी, जब उसे अपने बच्चे को दूध पिलाने को कहा गया, तो वह खाली-खाली निगाहों से हॉस्पिटल की नर्स को घूरने लगी। अल्लाह! दूध के दाँत भी नहीं टूटे कि दूध पिलाने की नौबत आ गई। अल्लाह! किसी के साथ न हो ऐसा! उसका बेटा तो बिना अपने बाप की शक्ल देखे ही बड़ा हो जाएगा और यह भी सोचिये आंटी कि बलात्कार की कोख से पैदा हुआ बच्चा क्या कभी अपने इस अवांछित अतीत के दंश से मुक्त होकर एक सामान्य इनसान बन पाएगा? और यह भी कि उस हादसे के बाद क्या उस मासूम के भीतर मासूमियत की वापसी कभी सम्भव हो पाएगी?

वहाँ एक लड़की ने उससे गुजारिश की कि शबाना उसे वापस उस मालिक के घर छोड़ आए, जिसने उसके साथ बलात्कार किया था। वह रो रही थी—क्या हुआ यदि मालिक ने एक बार कर लिया, लेकिन वहाँ बहुत बड़ा घर था, उसके पास अपना एक सर्वेंट रूम था, यहाँ तो उसे पाँच लोगों के साथ एक ही कमरे में सोना पड़ता है और खाना भी बहुत ख़राब मिलता है।

उदास शबाना की नज़रों के सामने अभी तक वे दोनों बच्चियाँ घूम रही थीं। उसने खुलना के अधिकारियों से उन दोनों लड़कियों को शिक्षा देने की बात की थी।

खुलना में लड़कों के लिए भी डिटेंशन सेंटर है, जहाँ उन बाल अपराधियों को रखा जाता है, जिन पर जुवेनाइल कोर्ट में मुक़दमा चल रहा होता है। शबाना वहीं एक ऐसे बाल अपराधी से मिली जो कक्षा दस तक पढ़ा लिखा था, और बेहद साफ़-सुथरा था। क्या ऐसा मासूम बच्चा भी अपराधी हो सकता है? उस लड़के का अपराध यह था कि उसने बंगबधु मुजीबुर रहमान की मूर्ति को नुक़सान पहुँचाया था, जो कि बांग्लादेश में अक्षम्य अपराध था। यहाँ भी कई लड़के ऐसे थे, जिन्हें उनके माँ-बाप ही पुलिस को दे गए थे कि वे उन्हें सँभाल नहीं पाएँगे। एक लड़के को तो जमानत मिलने के बाद घर पहुँचने पर माँ-बाप उसे वापस सेंटर में ले आए। दूसरी बार आने पर कुछ दिनों बाद ही उस बच्चे ने आत्महत्या कर ली।

'बहुत अँधेरा है आंटी दुनिया में', बोलते-बोलते सिसक पड़ी शबाना। उसकी आँखों से ख़ून के आँसू टपक रहे थे, टप-टप! उसे सन्तोष था तो सिर्फ़ यही कि उसने कोरोना के सुदीर्घ दो वर्षों में प्रशासन पर ज़ोर दिलवाकर वर्चुअल कोर्ट लगवाकर पाँच हज़ार से ज़्यादा बच्चों को डिटेंशन सेंटर से मुक्त करवाया।

बंजर दिनों की एकरसता फिर टूटी, जब पिछले दिनों ढाका के बेली रोड में महिला समिति मंच के नीलिमा इब्राहिम हॉल में 'मार्क्स इन सोहो' नाटक का मंचन देखने

का अवसर मुझे मिला। अमेरिकी लेखक और सामाजिक मुद्दों पर जन-चेतना के कार्यों में संलग्न रहे हॉर्वर्ड ज़िन के प्रसिद्ध नाटक 'सोहो में मार्क्स' का अनुवाद सौरभ राय ने किया था। मार्क्स के जीवन पर आधारित नाटक ठीक-ठाक था, पर मैं अभिभूत थी वहाँ का वातावरण देखकर, यहाँ का जनाना-मर्दाना मिश्रित शोर देखकर। अभी तक मैंने सार्वजनिक स्थलों पर अधिकतर मर्दाना शोर ही देखा था। किसी मुस्लिम देश में भी मार्क्स के नाटक की इतनी धूमधाम! जेएनयू से आया मेरा मित्र अब्दुल मनान मेरे जितना प्रभावित नहीं था, शायद उसकी आँखें अभ्यस्त नहीं थीं ढाका की इस बौद्धिक विविधता की! चुटकी लेते हुए चुटीले अन्दाज़ में कहा उसने—हम सभी शैम्पेन सोशलिस्ट हैं। पद मौजूँ लगा—शैम्पेन सोशलिस्ट। भीतर झाँका तो ख़ुद को भी कमोबेश वही पाया। पूँजी की सुविधाओं को भोगती शैम्पेन सोशलिस्ट!

लौटते वक़्त होटल इंटरकॉंटिनेंटल की बिल्डिंग के पास से गुज़र रहे थे कि नज़र एक सफ़ेद मूर्ति पर पड़ी। एक स्त्री और उसकी गोद में लथपथ कोई युवा। कुछ ऐसी ही तसवीर मैंने गोवा में देखी थी, मदर मेरी की गोद में ख़ून से लथपथ युवा ईसा। गोवा में भी वह एक विरल तसवीर थी, क्योंकि प्रायः हर जगह मैंने सूली पर चढ़े ईसा की तसवीर ही देखी थी। ढाका में ऐसी मूर्ति देख मुझे थोड़ा ताज्जुब हुआ—बीच चौराहे पर इस मुस्लिम देश में जहाँ बुतपरस्ती गुनाह माना जाता है वहाँ प्रभु ईसा! पर मैं ग़लत थी, वह मूर्ति एक प्रतीक मूर्ति थी—एक माँ और उसकी गोद में ख़ून से लथपथ उसका युवा पुत्र—मूर्ति यह सन्देश दे रही थी कि कितने ख़ूनी तूफानों से गुज़रकर ही बांग्लादेश में आज़ादी की यह कश्ती निकाल कर लाई गई है, देखो, जो आज़ादी पाई उसकी क़ीमत माँओं ने अपने युवा पुत्रों की कुर्बानियाँ देकर पाई है।

8

आय थिंक देयरफोर आय एम —देकार्त
(मैं सोचती हूँ इसलिए मैं हूँ।)

मेरे ज़ेहन में घूमने लगी, मसीह अलीनेजाद की ईरान में स्त्रियों की स्वाधीनता का सवाल उठाती हुई उनकी किताब (नाम याद नहीं कर पा रही हूँ), अपनी पुस्तक में वे हिजाब को संस्कृति का हिस्सा बनाने और उसके धार्मिक-सांस्कृतिक पहचान पर आपत्ति उठाती हैं। वे बार-बार हर जगह अपना रुख स्पष्ट करती हैं कि वे

हिजाब के ख़िलाफ़ नहीं हैं, वे ईरान की महिलाओं के लिए 'चयन की आज़ादी' चाहती हैं। जिस महिला की इच्छा न हो हिजाब पहनने की, उसे अपराधी करार देकर जेल में न डाला जाए।

मसीह अलीनेजाद हिजाब की अनिवार्यता को ठुकराती हैं। सोचिए कि जब सात साल की उम्र से एक बच्ची सोते समय भी हिजाब पहनती हो और तीसेक साल की उम्र के आसपास किसी दिन, हवा का एक झोंका आए और बिना हिजाब वाली उसकी ज़ुल्फ़ों की लटों को छूकर निकल जाए और उसकी छूअन की सिहरन लड़की को अन्दर तक महसूस हो, तो कैसा लगा होगा। हवा का जुल्फों में अटक जाना और बालों का उड़ना यदि उनको अपनी आज़ादी का आख्यान लगता है, तो इसमें कोई अतिशयोक्ति नहीं है।

उन्हें लगता है, सिर ढकना सिर्फ़ सिर ढकना नहीं है, औरत की पूरी सोच को नियंत्रित करने और उसकी तेजस्विता को कुंद करने की साजिश है। ज़ाहिर है, मसीह को यह आज़ादी ईरान में नहीं, बल्कि लन्दन में नसीब होती है। हालाँकि कुछ साथी महिला पत्रकारों के साथ हिजाब उतारने का संक्षिप्त एडवेंचर वे लेबनान में भी कर चुकी हैं।

जहाँ धर्म नहीं है, वहाँ स्त्री तन और मन, दोनों से ज़रूर आज़ाद है। प्रकृति पुजारी आदिवासी समाज में मैंने स्त्री को कहीं ज़्यादा उन्मुक्त और आज़ाद पाया। वहाँ मैंने यह दोहरा मापदंड नहीं देखा कि पुरुष सिगरेट पीये तो उसके फेफड़े ख़राब होंगे और औरत सिगरेट पीए, तो उसका चरित्र ख़राब होगा। वहाँ दोनों ही छककर हड़िया (स्थानीय शराब) पीते हैं, क्योंकि उनके धर्म के केन्द्र में प्रकृति और वे तत्त्व हैं जो जीने में सहायक होते हैं। वहाँ दूर-दूर तक मन्दिर तो छोड़िए, कोई मूर्ति तक नहीं मिलेगी। कोई कर्मकांड नहीं। आपको जानकर ताज्जुब होगा कि आदिवासी समाज की भाषाओं में बलात्कार जैसा कोई शब्द ही नहीं। यही बात जंगल में रहनेवाले जंगली जानवरों पर भी लागू होती है, जहाँ नर और मादा का कोई भेदभाव नहीं। समान अधिकार जैसा उन समाजों में है, हमारे जैसे धार्मिक और सभ्य समाज में नहीं।

उन्हीं शुरुआती दिनों में एक शाम मैं घर से आधा किलोमीटर दूर स्थित 'ऑस्ट्रेलियन हाई कमीशन' के बाहर घूमने लगी। यह मेरे लिए रास्ता पहचानने का लैंडमार्क भी था। ऑस्ट्रेलियन हाई कमीशन के ऑफ़िस का मुख्य द्वार गुलशन एवेन्यू में खुलता है। यह इलाक़ा बेहद शान्त और सुन्दर है। दोनों ओर एक कतार में लगे बड़े-बड़े नीम के पेड़। बीच-बीच में बत्तियों से जगमगाता 'खाना खजाना'। मंत्रमुग्ध मैं आगे-आगे

बढ़ती गई। मेरा लैंडमार्क जाने कहाँ पीछे छूट गया। मैं सड़क पर बौखलाई चलने लगी कि तभी देखा एक बन्द गाड़ी, जिसके ऊपर लिखा हुआ था—रैपिड एक्शन बटालियन (RAB)। मैंने रैब का नाम सुन रखा था। इसकी स्थापना आतंकवादियों और संगीन अपराधियों के सफाए के लिए हुई थी। शुरुआती दौर में रैब ने काफ़ी अच्छा काम भी किया था, पर धीरे-धीरे इसका राजनीतिक इस्तेमाल होने लगा और यह राजनीतिक विरोधियों को ठिकाने लगाने लगी। इसके लोमहर्षक यातना शिविर की कुछ कहानियाँ भी मेरे पत्रकार मित्रों के जरिये मुझ तक पहुँच चुकी थीं। मैं ग़ौर से जाली वाली उस गाड़ी को देखने लगी कि तभी उसी गाड़ी के पास खड़े एक जवान ने मुझसे पूछा, 'आपनी कोथाय थाकुन (आप कहाँ रहती हैं)?' मैं थोड़ी डर गई। मेरे मुँह से निकला 'आई ऍम इंडियन'। उसने बंगाली में विनम्रता से कहा, 'नीचे सड़क पर नहीं फुटपाथ पर चलिए'

यदि समाचार पत्र पर ध्यान न दें, तो यहाँ हिन्दुस्तानी के लिए आम तौर पर अच्छी भावना है। मैं एक बार एक चश्मे की दुकान पर गई थी। मैंने अपना चश्मा ठीक करवाया और पूछा—कितना दे दूँ। उसने पलट कर पूछा 'आपनी कि इंडियन?' मेरे हाँ कहने पर उसने कहा 'जा इच्छा दिये दिन' (जो इच्छा हो दे दीजिए)। भारतीय होने के चलते मेरे वीज़ा का विस्तार घर बैठे ही हो गया था। ट्रैफ़िक में एक बार हमारी गाड़ी ने ट्रैफ़िक नियम का उल्लंघन किया था, लेकिन भारतीय होने के चलते हम पर कोई कार्रवाई नहीं हुई, बस चेतावनी देकर छोड़ दिया गया था।

कारण?

शायद मुजीब और शेख हसीना के हिन्दुस्तान से मधुर सम्बन्ध?

या इसलिए कि यहाँ की हिन्दुस्तान लीवर, टाटा मोटर्स, मैरिको, नेस्ले जैसी बड़ी-बड़ी बहुराष्ट्रीय कम्पनियों को भारतीय सीईओ ही सँभाल रहे हैं, क्योंकि भारतीयों का प्रबन्धन अनुभव बांग्लादेशियों से कहीं ज़्यादा और विविधतापूर्ण है।

या इसलिए कि बांग्लादेश के स्वाधीनता संग्राम में भारत ने भी अपना ख़ून बहाया था और अहम भूमिका निभाई थी और उसका लाभ हमें मिल रहा था।

या इसलिए कि हम दोनों पड़ोसी देशों की पृष्ठभूमि, अतीत और संस्कृति एक ही है?

बहरहाल बाद में जब मोदी नागरिकता संशोधन क़ानून एनआरसी और सीएए लेकर आए और जब कोरोना काल में तब्लीगी जमातियों के प्रति दुष्प्रचार किया गया, तब शायद इस सद्भावना में कमी नज़र आई। उन्हीं दिनों कई बांग्लादेशियों ने जरूर मुझसे कहा था—आपके देश में मुसलमानों को मोदी क्यों मरवा रहा है?

लेकिन मोदी जी के एक काम को भारत के हिन्दुओं से बहुत सराहना मिली। मोदी जी के आने के पूर्व बांग्लादेश में अधिकांश गायें भारत से ही निर्यात होती थीं, बकरीद वगैरह में काटने के लिए। क़ानूनी और ग़ैर-क़ानूनी, दोनों ही तरीक़ों से।

मोदी जी ने आते ही क़ानूनी रूप से गायों का निर्यात बांग्लादेश में रुकवा दिया। इसलिए वहाँ बकरीद पर गायें बहुत महँगी बिकीं क़ुर्बानी के लिए। अब बांग्लादेश में गायों की वृद्धि के लिए स्थानीय उत्पादनकर्ताओं को प्रोत्साहित किया जा रहा है, जिससे अब बांग्लादेश में दूध बिकने और मिलने लगा है, अन्यथा पहले यहाँ सिर्फ़ पाउडर दूध की ही चाय मिलती थी।

गुलशन सर्किल से होते हुए मैं घर की ओर बढ़ चली। सिग्नल पर गाड़ी रुकी। नज़र एकाएक एक पोस्टर पर पड़ी, बंगाली में लिखा हुआ था—भिक्खा दिवेन ना, कारण भिखावृत्ति पीछूने दुष्टचक्र आछे (भीख मत दीजिए, भीख के पीछे दुष्टचक्र है)। बीच में भीख माँगते एक मलीन से वृद्ध की तसवीर थी। नीचे लिखा था—भिक्षुकमुक्त घोषित इलाक़ा।

कबीर कुआँ एक है और पनिहारी अनेक
बर्तन सबके न्यारे हैं, पानी सबमें एक

ढाका को समझने के लिए शुरुआती महीनों में मैं अक्सर यहाँ के पार्कों में और सड़कों पर छोटी-छोटी डुबकियाँ लगाती रहती थी। उन्हीं दिनों सरे राह चलते-चलते मुझे गुलशन पार्क में कुछ नवयुवतियाँ मिलीं। वे कॉलेज की छात्राएँ थी। मुझे देखकर अच्छा लगा कि किसी ने भी अपने ऊपर बुर्क़ा तो दूर, हिजाब तक नहीं डाला हुआ था। कुछ दोस्ताना समय उनके साथ गुज़ारने के बाद मैंने यूँ ही पूछ डाला, 'क्या आप इस्लाम को नहीं मानतीं?'

'मानती हैं। क्यों नहीं मानती?'

'तो फिर आपने बुर्क़ा क्यों नहीं पहना है?'

एक ने हँसकर कहा, 'क़ुरान में कहीं भी बुर्क़ा या नकाब का ज़िक्र है ही नहीं, हिजाब का ज़रूर ज़िक्र है वह भी हदीस में। क़ुरान में तो सिर्फ़ यह है कि पोशाक चाहे मर्द की हो या औरत की, शालीन होनी चाहिए और पुरुष की निगाह पर पर्दा होना चाहिए। मैं क्या मेरी कोई भी सहेली बुर्क़ा नहीं डालती। बांग्लादेश की आधुनिक पीढ़ी को बुर्क़ा में कोई दिलचस्पी नहीं है। मैं यहाँ तक मानती हूँ कि मुझे डीसेंट कपड़े पहनने चाहिए, जो मैं पहनती हूँ। आप हाई सर्किल में चले जाइए, कोई भी नहीं मिलेगा आपको बुर्क़ा या हिजाब में।'

'कमाल है। फिर भी आपके घर में हिजाब नहीं पहनने पर विरोध तो हुआ होगा?'

'देखिए, हर नई चीज़ का पहली बार विरोध होता ही है। जब औरत ने पहली बार साइकिल चलाई, तब विरोध हुआ था। समाज ने बखेड़ा खड़ा कर दिया था। लेकिन वही औरत मैदान मार लेती है, जो पहला विरोध झेल जाती है। मैंने पहला विरोध झेल लिया।'

थोड़ा रुककर उसने भी तीर छोड़ना अपना कर्तव्य समझा और मुझे बेधते हुए कहने लगी, 'आपका देश तो धर्मनिरपेक्ष है, फिर भी सुनने में आ रहा है कि वहाँ मुसलमानों पर बहुत टॉर्चर हो रहा है। उन्हें गाय पर ज़ुल्म और बीफ़ खाने के चलते मारा जा रहा है।'

मैंने संयत रहते हुए जवाब दिया, 'ख़ुद हम इस ज़ुल्म के विरुद्ध हैं। भारत का आमजन इसके विरुद्ध है। यह हमारे संविधान की 'वी दि पीपुल ऑफ़ इंडिया' की भावना के ख़िलाफ़ है। देश के आमजन के लिए आज भी बिस्मिल के साथ अशफ़ाक़ के फाँसी चढ़ने का नाम है हिन्दुस्तान। सदियों से हम साथ-साथ रहते आए हैं और एक-दूसरे के मज़हब और संस्कृति को सम्मान से देखते आए हैं। मेरी शादी थोड़े देर से हुई, तो शादी के पूर्व मेरी माँ ने मन्नत माँगी थी कि उस वर्ष में मेरी मंगनी हो जाए, तो अजमेर शरीफ़ की दरगाह में वे चादर चढ़ाएँगी और उन्होंने चढ़ाई भी। आपने बनारस के बिस्मिल्लाह खान के बारे में सुना होगा, हमारे आदर्श तो वे ही थे। वे ऐसे मुसलमान थे, जो गंगा में वुज़ू करके नमाज़ पढ़ते थे और सरस्वती का स्मरण करके शहनाई की तान छेड़ते थे। उनकी शहनाई की गूँज के साथ बाबा विश्वनाथ मन्दिर के द्वार खुलते थे। वे पाँच वक़्त के नमाज़ी थे, पर संगीत द्वारा ईश्वर की साधना करते थे। लोग जब कहते उन्हें कि आपके मज़हब में तो संगीत हराम है तो वे हँसकर कह देते थे, क्या हुआ इस्लाम में संगीत की मनाही है, क़ुरान की शुरुआत तो बिस्मिल्लाह से ही होती है। तो यह जो समावेशीकरण है न, यही हमारी हिन्दुस्तानियत और भारतीय संस्कृति का प्राण तत्त्व है।

दरअसल, वर्तमान सत्ताधारियों के राष्ट्र राज्य का दर्शन जिस बुनियाद पर टिका है, वह है—एक नस्ल, एक भाषा और एक मज़हब, जिसके लिए उन्हें हमेशा एक काल्पनिक दुश्मन की ज़रूरत होती है। पर वे यह भी भूल जाते हैं कि इन्द्रधनुष इसीलिए तो ख़ूबसूरत होते हैं कि उसमें धरती के सभी रंगों का समावेश होता है। ऐसे अन्धभक्त रक्तबीजों की तरह बढ़ते ही जा रहे हैं, जो सत्ता के पाले हुए कुछ गुर्गों का अंजाम हैं। दरअसल, सत्ता कोई भी हो, जो भी आमजन की भलाई के लिए कुछ भी करने में नाकारा हो वह ऐसे ही हथकंडों द्वारा जनता का ध्यान उन्माद में उलझाकर रखता है। वह बात तो भविष्य की करेगा, पर जनता को उलझाकर रखेगा धर्म और अतीत में। अब देखिए न बहस होनी चाहिए बेरोज़गारी पर, महँगाई पर, स्वास्थ्य और शिक्षा के गिरते स्तर पर, भ्रष्टाचार पर, मनुष्य विरोधी विकास पर, नष्ट होते पर्यावरण पर, पर बहस हो रही है गाय गोबर पर, लव जिहाद पर, मन्दिर-मस्जिद पर, गो मांस पर, हिन्दू-मुस्लिम पर।'

मेरी सारगर्भित बातों से थोड़ी कच्ची पड़ी वह लेकिन तीर गोले छोड़ना जारी रखा उसने, शायद इधर की अख़बारी ख़बरों का असर था उस पर, इसलिए हल्के से आक्रामक होते हुए किसी प्रचंड राष्ट्र के झंडे की तरह फड़फड़ाई वह, 'आप

लोगों के यहाँ चार वर्ण और सैकड़ों छोटी-मोटी जातियाँ हैं! मैंने सुना है कि आपके यहाँ जो ऊँची जाति के होते हैं, वे नीची जाति का छुआ हुआ पानी तक नहीं पीते हैं। एक ख़बर पढ़कर तो विश्वास ही नहीं हुआ कि घोड़े पर बैठकर एक दलित युवक शादी करवाने के लिए घर से निकला, तो उसे ऊँची जाति के लोगों ने घोड़े से ही उतार दिया।' साँस भर फिर जल्दी-जल्दी कहना शुरू किया उसने, जैसे उसे एकाएक कोई बात याद आ गई हो, 'आपका देश तो मूर्तियों का देश है, कहा जाता है कि धरती पर कहीं भी कुदाल की नोक ही लग जाए, तो भीतर से मूर्ति निकल आती है।'

उसकी भाषा पर मैं हो-होकर हँस दी, उसने बात जारी रखी, 'आपके यहाँ मूर्तियों की पूजा होती है, उन्हें तरह-तरह के आभूषण पहनाए जाते हैं, जबकि हमारे यहाँ बुतपरस्ती कुफ्र है, जो मुझे आपकी बूतपूजा से कहीं ज़्यादा तर्कसंगत लगता है। क्या है अल्लाह? दुनिया की सारी ख़ूबसूरतियों को इकट्ठा कर एक जगह धर दो, तो वो है अल्लाह! अल्लाह दरअसल एक रोशनी है, एक ज्ञान जो अनंत है, असीम है, जिसको मूर्त रूप में देखा भी नहीं जा सकता। क़ुरान में साफ़ कहा गया है, अल्लाह आकाशों और धरती का प्रकाश है। फिर भी मैं मूर्तियों विशेषकर महान लोगों की मूर्तियों का सम्मान करती हूँ। बीस वर्ष पूर्व बामियान में बुद्ध की जो प्रतिमा तोड़ी गई थी, वह हमारी धरोहर थी, पर उन तालिबान के लिए वह काफ़िरों की मूर्ति थी। मैं इसके सख़्त विरोध में थी। क्योंकि मेरे लिए बुद्ध का मतलब था करुणा, न्याय, सत्य, समानता और विस्तार।'

वह बोलती जा रही थी और सच ही बोल रही थी, जिसका कोई भी काट नहीं था मेरे पास। मुझे ध्यान आ रहा था कि जब हम मुम्बई से अपना सामान पैक कर रहे थे, तो मेरे पास बुद्ध की कई छोटी-छोटी प्रतिमाएँ थीं। मैं उनमें से एक प्रतिमा 'सोए हुए बुद्ध' को साथ लाना चाहती थी, पर हमें उसकी इजाज़त नहीं मिली थी। ख़ैर, हाल ही में पढ़ा हुआ एक इंटरव्यू याद आया, ऑस्ट्रेलिया के एक बौद्ध भिक्षु का इंटरव्यू था, जिसमें एक पत्रकार उससे पूछता है कि कोई अगर आपकी पवित्र धार्मिक पुस्तक त्रिपिटक को फाड़कर शौचालय के कमोड में फेंक दे, तब आप क्या करेंगे? बौद्ध भिक्षु ने उत्तर दिया कि मैं सबसे पहले प्लम्बर को फ़ोन करूँगा, ताकि नाली चोक न हो जाए। इस पर पत्रकार को हँसी आती है! दूसरा प्रश्न पूछता है कि बामियान में तालिबान द्वारा बुद्ध प्रतिमाएँ नष्ट कर दी गईं, इस पर आप क्या कहेंगे? भिक्षु ने कहा कि धम्म (धर्म) न तो मूर्तियों में है और न ही छपी किताबों में है! धम्म हमारे दिलों में और उससे भी आगे हमारे व्यवहार में जब तक ज़िन्दा है, तब तक किताबों को फाड़ने से कुछ नहीं होता है! किताब हम दोबारा छपवा लेंगे, मूर्तियाँ नई बना ली जाएँगी, लेकिन अगर हम अपने आचरण और अपने दिलों से धम्म को खो देते हैं और किताबों, मूर्तियों को बचा लेते हैं, तो

कोई फ़ायदा नहीं है! तब केवल मूर्तियाँ और किताबें रह जाएँगी, धम्म खो चुका होगा, उसके प्राण खो चुके होंगे!

बहरहाल बिना तल्ख हुए मैंने जवाब दिया, 'मैं ख़ुद मूर्ति पूजा में विश्वास नहीं करती, क्योंकि जो सत्य को जानता है, उसे प्रतीक की ज़रूरत नहीं, लेकिन जो अपने भीतर के सत्य को अभी तक पहचान नहीं पाया है, उसके लिए ज़रूरत है प्रतीक की। अपनी नन्ही पोती के लिए मैं मन्दिर सजाती हूँ कि उस नन्ही जान को कैसे समझाऊँ किसी परम सत्ता के बारे में। मेरा विश्वास है कि सगुन से ही आप निर्गुण ईश्वर और फिर मानवता की ओर देख सकते हैं। लेकिन बुद्ध की मूर्तियों को तोड़ने के पीछे असली कारण यह था कि हर सत्ता कला से डरती है, क्योंकि कला आपकी कट्टरता को कम कर आपको एक बेहतर इनसान बनाती है, साथ ही निर्भीक भी। हम ईश्वर को सगुण और निर्गुण दोनों रूप में देखते हैं। सबको साथ लेकर हम चलते हैं। हम विश्वास के साथ पत्थरों में भी प्राण प्रतिष्ठा कर लेते हैं। वैसे मैं यह मानती हूँ कि धर्म न तो मूर्तियों में है और न ही किताबों में, धर्म तो हमारे व्यवहार, आचरण और हमारी सोच में होना चाहिए। तालिबानी ने बुद्ध की मूर्तियाँ जला दी, तो क्या बुद्धत्व दुनिया से ख़त्म हो गया? क्या हमारे भीतर के बुद्ध को मार पाएँगे वे? अरे मूर्तियाँ तो फिर बन जाएँगी', बोलते-बोलते मैंने फिर तीर चला दिया—'वैसे आपके यहाँ भी तो अलग-अलग मुसलमान हैं, जैसे शिया, सुन्नी, इस्माइली (शिया की भी एक शाखा), अहमदिया, सूफ़ी, वहाबी वग़ैरह। अब देखिए न, बांग्लादेश बनने के पहले पंजाबी मुसलमान बंगाली मुसलमान को मार रहा था और बांग्लादेश बनने के बाद बंगाली मुसलमान पंजाबी मुसलमान को मारने लगा। वैसे ये सब भी हैं तो मुसलमान ही न! तो इनसानियत के गुनहगार तो आप भी हैं और हम भी हैं। सचाई सिर्फ़ यही है कि मज़हब और सियासत...इन दो पाटों के बीच यदि कोई चीज़ पिस रही है तो वह है इनसानियत और ज़रूरत है तो बस इसकी कि इबादत के हर दिखावे से दूर हम धर्म को सिर्फ़ इनसानी भाईचारे में खोजें।'

मेरे जवाब से उसका ग़ुस्सा कॉफी के झाग की तरह बैठ गया, पर तुरन्त ही अपनी ज्ञान की गंगा में वो डुबकी लगवाई उसने कि मुझे तो ज़ुकाम ही हो गया, कहना जारी रखा उसने, 'दरअसल जब कोई धर्म व्यापक स्तर पर विस्तार पाता है, तो उसमें स्थानीय संस्कृति और परम्परा की नई-नई धाराएँ जुड़ जाती हैं। शुरुआत में तो हम सब मुसलमान एक ही थे। पैगम्बर मोहम्मद ने तो भाईचारे, बराबरी, सादगी और मानवीय प्रेम का सन्देश देकर जीवन को रोशनी से भरा। लेकिन बाद के वर्षों में अपने-अपने अहं और ईगो ने सारे मुस्लिम समुदाय को ही अलग-अलग गुटों में बाँट दिया। हर गुट ख़ुद को ही सच्चा—पाक—खालिस मानता रहा। और शेष मुसलमानों को काफ़िर और पापी मान उन्हें मौत के घाट उतारता रहा। मक्का

और मदीना जैसी पाक जगह भी इनसानी ख़ून-खराबे से नहीं बची। नफ़रत की इन्हीं फसलों का नतीजा है—शिया, सुन्नी, इस्माइली, अहमदिया, सूफ़ी, वहाबी आदि।'

'शिया-सुन्नी में क्या अन्तर है?' मैंने जानना चाहा।

'दरअसल हज़रत अली हज़रत मोहम्मद का ही दामाद था। उसी के नाम पर शिया सम्प्रदाय चला। ऐसा मानना है कि अली पैगम्बर मोहम्मद से ज़्यादा ताक़तवर था। हुसैन अली का पुत्र था। उसकी कर्बला में हत्या कर दी गई थी। माना जाता है कि मुहर्रम के महीने में पैगम्बर हज़रत मुहम्मद साहब को अपना जन्मस्थान मक्का छोड़कर मदीना जाना पड़ा, जिसे हिज़रत कहते हैं। उनके नवासे हज़रत इमाम हुसैन और उनके परिवार वालों की शहादत इसी महीने में हुई। इमाम हुसैन के बारे में तो रवीन्द्रनाथ टैगोर ने भी लिखा था—इन्साफ़ और सचाई को ज़िन्दा रखने के लिए फ़ौजों और हथियारों की ज़रूरत नहीं होती है, क़ुर्बानियाँ देकर भी फतह हासिल की जा सकती है, जैसे हुसैन ने कर्बला में किया। तो मैडम, यह क़ुर्बानी इनसानियत की भलाई की एक अनमोल मिसाल है।'

'सही कहा है आपने कि सदियों पहले दी गई यह क़ुर्बानी लोगों के दिलों पर आज भी राज करती है। इसीलिए भारत में मोहर्रम के दिन वे शोक मनाते हैं और हाय हुसैन बोलते हुए ख़ुद को चाकू और बेल्ट से चोटिल कर लहूलुहान कर बैठते हैं। क्या बांग्लादेश में भी होता है ऐसा?'

'हाँ, बिलकुल होता है, शिया, सुन्नी दोनों ही मनाते हैं, यद्यपि यहाँ बहुमत सुन्नी मुस्लिमों का है, पर थोड़े बहुत शिया समुदाय के लोग भी हैं। सुन्नी ख़ुद को मुहर्रम में चोटिल नहीं करते हैं। इस्लाम के शिया मत के लोग हज़रत मुहम्मद के नवासे की शहादत को याद करते हुए महीने के प्रारम्भ से 10 तारीख़ तक मातम मनाते हैं। सुन्नी बंधु 8 से 10 तिथि के बीच तीन दिन रोज़ा रखते हैं। मुहर्रम हर तरह के ज़ुल्म के ख़िलाफ़ एक परचम है, मौलवी और मुल्ला कुछ भी कहते रहें, इसकी परम्परा चलती रहनी चाहिए।'

मैंने पूछा, 'शिया लोगों का बहुमत कहाँ है?'

'ईरान और इराक में है।'

'क्या शिया लोगों की मस्जिद भी अलग होती है?'

'हाँ, शिया लोगों की मस्जिद की डिज़ाइन थोड़ी अलग होती है। यहाँ इस्माइली मुसलमान भी रहते हैं। इस्माइली मुसलमान शिया का सपोर्ट करते हैं। लेकिन हमारे यहाँ यदि किसी शिया को नमाज़ पढ़नी है और आसपास शिया लोगों की मस्जिद नहीं है, तो वह भी हमारी मस्जिद में आकर नमाज़ पढ़ सकता है। और हमारे यहाँ छुआछूत तो बिलकुल भी नहीं है, नमाज़ में राजा और रंक आसपास बैठकर नमाज़ अदा कर लेते हैं, जबकि आपके यहाँ तो मन्दिरों में छोटी जाति के लोगों को घुसने तक नहीं देते ऊँची जाति के लोग।'

जितना ही घेरने की चेष्टा करती मैं उसे, उतनी ही सोन मछली की तरह मेरे हाथों से फिसल-फिसल जाती वह! इसलिए मैंने एक और सवाल रख दिया, 'भेदभाव तो आपके यहाँ भी है। आपके यहाँ जनाजे की नमाज़ औरतें नहीं पढ़ सकतीं, सिर्फ़ घर में रहकर दुआ कर सकती हैं जैसे हमारे यहाँ औरतें श्मशान में नहीं जा सकतीं। विधवाएँ मंगलसूत्र और सिन्दूर नहीं पहन सकतीं।'

वह कुछ बोलती कि मैंने दूसरा सवाल दाग़ दिया, 'क्या आप भी बलि देती हैं?' समझदारी से भरपूर जवाब मिला, जिसकी उम्मीद मैंने नहीं की थी।

'नहीं, मैं नहीं करती। मुझे लगता है कि एकदम शुरुआत में बलि का मतलब होगा, अपने भीतर की नकारात्मकता की, भीतर के पशु की बलि देना। बाद में शायद लोग इसे पशु बलि के रूप में देखने लगे होंगे। मुझे नहीं लगता कि अल्लाह मियाँ इतने निष्ठुर होंगे कि निर्दोष पशु की बलि को धार्मिक अनुष्ठान का नाम देंगे। आजकल ऐसे मामले भी सामने आ रहे हैं, जिनका मानना है कि क्यों निर्दोष जानवर की हत्या की जाए, क्यों न उतनी ही रकम को ग़रीबों में बाँट दिया जाए। हमारे यहाँ तो नियम इतने लचीले हैं कि यदि किसी कारण से आप क़ुर्बानी नहीं कर पाएँ, तो आप किसी और को यह दायित्व सौंप सकते हैं, वह आपके बदले क़ुर्बानी कर देगा। आजकल तो अख़बारों तक में विज्ञापन आ रहा है, अख़बार के साथ पम्फलेट आ रहा है कि यदि आपको कसाई चाहिए, तो इन नम्बरों पर सम्पर्क करें।'

क्षणिक विराम के बाद वह लहराती हुई बोली, 'मैं ज़कात को मानती हूँ और क़ुर्बानी के पैसे ग़रीबों में बाँट देती हूँ। वैसे क़ुर्बानी को लेकर आप जैसे हिन्दुओं में भी कुछ ग़लतफ़हमियाँ हैं। दरअसल आधे सच से ज़्यादा कारगर हथियार दुनिया में कहीं नहीं है। क़ुर्बानी के बारे में भी आधा अधूरा सच ही लोगों को पता है। भाईचारे के मज़हब इस्लाम में क़ुर्बानी की इतनी अहमियत है कि क़ुर्बानी का गोश्त बचाकर नहीं रखा जाता है, खाने के बाद उसे ग़रीबों में बाँट दिया जाता है। इंग्लैंड में एक बार ख़बर थी कि क़ुर्बानी के निमित्त जिबह की जा रही गाय के पेट से काटते वक़्त बच्चा निकला। लोग इस्लाम पर थू-थू करने लगे, जबकि इस्लाम में साफ़ कहा गया है कि क़ुर्बानी के लिए जिस भी जानवर को चुना जाए, वह टनाटन हो, काना न हो, कोढ़ी न हो, रोगी न हो। अब यदि गाय गर्भवती निकली, तो इसमें इस्लाम दोषी या क़ुर्बानी करनेवालों की लापरवाही? पहले मक्का मदीना में इतने जानवरों की क़ुर्बानी होती थी कि गोश्त काम ही नहीं आता था, तो उस बचे गोश्त को जहाज़ से बांग्लादेश भेज दिया जाता था, क्योंकि यहाँ ग़रीबी बहुत थी, तो यह है पूरे विश्व को एक परिवार की तरह मानने की अवधारणा।

'एक बात और। एक बार बकरीद के दौरान ही ढाका में भयंकर बारिश हो गई, तो कुर्बान जानवरों का ख़ून बारिश के पानी में मिल गया। इसके चलते

सड़क लाल पानी से भर गई। दुनिया-भर के कई अख़बारों ने क़ुर्बानी को बदनाम करते हुए 'लाल पानी' शीर्षक से बहुत कुछ लिखा। एक हिन्दू ने भी मुझसे कहा कि वह तीन दिन तक घर के बाहर नहीं निकला कि कहीं ख़ून से रंगी सड़क न दिख जाए। जबकि क़ुरान में क़ुर्बानी के ख़ून को इतना पवित्र माना गया है कि पहले जब कच्ची सड़क होती थी, तो वहीं माटी की ज़मीन पर गड्ढा खोदकर उसमें ख़ून बहा दिया जाता था। क़ुर्बानी किये जानवर का कोई भी अंग बेकार नहीं किया जाता था, वहीं का वहीं बाँट दिया जाता था। यहाँ की म्युनिसिपेलिटी का भी नियम है कि क़ुर्बानी के बाद तुरन्त सफ़ाई की जाए। लेकिन लोगों की लापरवाही का क्या किया जाए? क़ुर्बानी के लिए नगर निगम ने 1000 स्थान तय किये हुए हैं, फिर भी लोगों ने सड़कों पर और घरों के बाहर क़ुर्बानी दी। तलब करने पर उन्होंने जवाब दिया कि मूसलाधार बारिश के कारण नियत स्थानों पर जा ही नहीं पाए। फिर क़ुर्बानी तो आप हिन्दुओं में भी होती है, कोलकाता के ही काली मन्दिर और गौहाटी के कामाख्या मन्दिर में पाठा बलि क्या क़ुर्बानी नहीं है?'

बाप रे! उसने तो मेरे पुर्जे ही उड़ा दिये। वातावरण अनायास ही दहकने लगा। मैंने शान्त संयत रहते जवाब दिया, 'देखिए हमारे यहाँ हिन्दू धर्म के अनेक रंग और छवियाँ हैं। यह धर्म नहीं, एक जीवन-दर्शन है। कोई मर्यादा पुरुषोत्तम श्रीराम का भक्त है, तो कोई बंसी बजाते कृष्ण पर फ़िदा है, कोई दुर्गा का आशिक है, तो कोई औघड़ दानी महादेव पर फ़िदा है। कोई कोई इन सबसे अलग निर्गुण का उपासक है। कोई कट्टर वैष्णव है, तो कोई मज़ारों पर चादर चढ़ाता है, सूफ़ी संगीत का प्रेमी है, तो कोई बलि देकर भगवान को ख़ुश रखता है। हमारे यहाँ धर्म सही अर्थों में लोकतांत्रिक धर्म है। यहाँ हरेक को ख़ुद को खोजने की, आत्म अन्वेषण की यात्रा ख़ुद करनी पड़ती है। कोई बँधा बँधाया रास्ता नहीं है।'

वह प्रभावित थी, पर कोई समुचित जवाब नहीं दे पाने के कारण उकताहट के बादल उसके चेहरे पर घुमड़ने लगे थे। बोलते-बोलते मैंने देखा, उसने पैरों में बिछिया भी पहनी हुई थी। हवा का रुख बदलने के लिए और उसे दोस्ताना पाकर मैंने हिम्मत की उससे पूछने की—क्या आपने तसलीमा नसरीन का नाम सुना है? वह हँस दी, रहस्यमयी हँसी, होंठ थोड़े विद्रूप हुए—'आप भी क्या बात करती हैं, किसने नहीं सुना उनका नाम? यह बात अलग है कि हम उनका नाम सुनना नहीं चाहते।'

'क्या आपने पढ़ा है उनको?' उसकी तल्खी को कुछ कम करने के इरादे से पूछा मैंने।

'नहीं, शायद बहुत कम लोगों ने ही उन्हें पढ़ा होगा, लेकिन उन्होंने क़ुरान के ख़िलाफ़ जो लिखा, नहीं लिखना चाहिए था, इस कारण लोग उनके ख़ून के प्यासे हो गए। अच्छा हुआ, यहाँ से भाग गईं, नहीं तो जीवित नहीं बचतीं वो।'

मेरी चेतना में कौंध गई तसलीमा की वह कविता, जिसमें वह कहती हैं कि मैं अपने घर के आँगन में, गली-मुहल्लों में एक बार ज़रूर लौटूँगी, इनसान बनकर नहीं तो चिड़िया बनकर ही लौटूँगी, पर लौटूँगी ज़रूर। काश! लोग समझ पाते उनके निर्वासन की पीड़ा को, जाने किस काले कौए ने काटा मुझे कि उनके 'गुनाह' को हल्का करने के आशय से मैं फिर पूछ बैठी, 'क्या आपको पता है कि उन्होंने सिर्फ़ इस्लाम नहीं, सभी धर्मों की आलोचना की है और वह बांग्लादेश सहित दुनिया-भर में महिला अधिकारों के लिए लड़ती हैं। वह उन महिलाओं की आवाज़ हैं जिनकी कोई आवाज़ ही नहीं। किसी भी प्रकार की ग़ैरबराबरी के विरुद्ध उनका नज़रिया समझौताविहीन है। उनकी 'गोल्लाछूट' और 'विपरीत खेल' जैसी कविताएँ मासूम लड़कियों और देह-व्यापार से जुड़ी लड़कियों की दयनीय स्थितियों पर लिखी गई बेहद मार्मिक कविताएँ हैं। और तो और, हमारे राज्य की वामपंथी-सरकार तक ने कट्टरपंथियों के दबाव में आकर उन्हें बंगाल में रहने नहीं दिया।'

'कैसे पता चलेगा? जब पूरा देश ही उनके ख़िलाफ़ खड़ा है'...जैसे गरमागरम तवे पर मकई के दाने पड़ गए हों, वह तड़तड़ाई। तड़तड़ाते हुए ही अपने हिक़ारत से मेरी तरफ़ ऐसे देखा, जैसे दक्षिणपंथी वामपंथियों को देखते हैं। समुद्र की सतह पर झिलमिलाते, ढलती साँझ के जाने कितने रंग उसके चेहरे पर उतर आए थे। मैं उन रंगों की भाषा को पढ़ने की कोशिश कर ही रही थी कि वे दोनों झटके से खड़ी हो गईं।

'अच्छा, ख़ुदा हाफ़िज़!' मन-ही-मन मैं हनुमान चालीसा का पाठ करने लगी—'हे भगवान बेकार ही उनसे उलझ गई, जबकि हमें साफ़ निर्देश है कि हम यहाँ विवादास्पद विषयों पर बात नहीं करेंगे।' ताल में ताल मिलाते हुए मैंने भी कहा, 'ख़ुदा हाफ़िज़!'

उफ़! ये दुनिया मेरी समझ के बाहर क्यों है? वे दोनों एकाएक रेत-सी बिखर क्यों गईं? क्या सचमुच उन्हें देर हो रही थी? यदि उन्हें सचमुच देर हो रही थी, तो यह कितना अच्छा था कि ठीक समय पर उन्हें देर हुई। पर जाने क्यों मुझे लग रहा था कि छोटी गली से निकलकर भी बड़े स्वप्न देखनेवाली तसलीमा नसरीन का टॉपिक उन्हें रास नहीं आ रहा था। ऐसी ही एक और शाम महिलाओं से बातचीत के बीच फिर मैंने जान-बूझकर वह निषिद्ध चैप्टर खोल दिया, तसलीमा नसरीन का। वे भी सब पढ़ी-लिखी महिलाएँ थीं, लेकिन उन्हें इस बात पर रत्ती-भर भी आक्रोश नहीं था कि तसलीमा को बिना पढ़े ही उनकी पुस्तक 'लज्जा' की प्रतियाँ जला दी गईं और उनको देश निकाला दे दिया गया। उनमें से एक ने मुझे घेरते हुए कहा, 'हम अल्लाह की बात सुनेंगे या आपकी उस तसलीमा की। अच्छा हुआ जला दी गईं उसकी प्रतियाँ।'

सत्ता को सोचनेवालों से हमेशा असुरक्षा और तकलीफ़ रही है। 16वीं शताब्दी में मक्का में कॉफी सेवन पर प्रतिबंध लगा दिया गया था कि इसके सेवन के बाद लोग नया-नया सोचने लगेंगे। तब कॉफी विचारोत्तेजक मानी जाती थी।

आज भी कोई तसलीमा पर सोचना तक नहीं चाहता। बहरहाल मेरे उदार विचारों वाले ड्राइवर महमूद भाई तो तसलीमा के गाँव के ही निकले। वे तसलीमा के बारे में इस प्रकार बताने लगे, जैसे बचपन में उनके साथ गुल्ली-डंडा खेल चुके हों। वे भी कहते हैं—'हमने नहीं पढ़ा उन्हें तो क्या हुआ, हमने तो पूरी क़ुरान भी नहीं पढ़ी, तो क्या हमें पता नहीं कि क़ुरान क्या है। मुल्ले-मौलवियों ने पढ़ा है उन्हें, नहीं, इस बात पर वे झूठ नहीं बोल सकते। तसलीमा के माँ-बाप से कभी-कभी देखा हो जाता है। एकदम शुरू में तो वे बोलते थे कि उनका कोई सम्पर्क नहीं है तसलीमा से। अब इतने वर्षों के बाद धीरे-धीरे बताते हैं कि फ़ोन पर बात हो जाती है। बताया तो नहीं उन्होंने, पर मुहल्ले वाले कहते हैं कि वे एक बार कोलकाता भी गए थे उनसे मिलने।'

जब अलेक्जेंड्रिया का विशाल पुस्तकालय जलकर राख हो गया, तो इस दुर्घटना पर इस्लाम के कट्टर धर्माचार्यों की प्रतिक्रिया थी—कोई अफ़सोस की बात नहीं है यह, अगर उन किताबों में भी वही सब था, जो क़ुरान में है, तो उनकी कोई ज़रूरत नहीं थी। अगर ऐसा कुछ था जो क़ुरान में नहीं है, तो उनका जल जाना ही बेहतर था।

अपने ख़यालों में खोई मैं हवा में डोलती पेड़ों की शाखाओं को देखते-देखते चलने लगी। सदियाँ मेरे सामने खुलने लगीं। उस्ताद बिस्मिल्लाह ख़ान आधुनिक भारत के सन्त कबीर थे, जिनके लिए मन्दिर-मस्जिद और हिन्दू-मुसलमान का फ़र्क़ मिट गया था। कहते हैं कि सन्त कबीर का देहान्त हुआ, तो हिन्दू और मुसलमानों में उनके पार्थिव शरीर के लिए झगड़ा हो गया। उसी तरह जब उस्ताद बिस्मिल्लाह ख़ान का देहान्त हुआ, तो हिन्दू और मुसलमान दोनों का हुजूम उमड़ पड़ा उनकी बरसी पर। शहनाई की धुनों के बीच एक तरफ़ मुसलमान फातिहा पढ़ रहे थे, तो दूसरी तरफ़ हिन्दू उनकी आत्मा की शान्ति के लिए पाठ कर रहे थे। बामियान में जिस समय तालिबान बुद्ध की विराट प्रतिमा को तोड़ रहे थे, उन्हीं दिनों जैसा कि मैंने अख़बार में पढ़ा था कि उससे थोड़ी दूर धरती से फ्रांस के पुरातात्विकों के प्रयास से एक प्राचीन बौद्ध स्तूप और 24 मूर्तियाँ निकल आई थीं। सच है कि सभ्यताएँ भी बहुत गहरी होती हैं, उनकी वास्तविक क्षमताओं को मिटाया नहीं जा सकता...

बहरहाल, मैं भी अपने घर की ओर बढ़ने लगी कि अचानक एक साइकिल रिक्शेवाला मेरे सामने आकर रुक गया और मेरे घर का एड्रेस रोड 87, रोड 87 बोलने लगा।

मैंने उसकी ओर घूरा, तो मुझसे अपने ऑटो पर चढ़ने के लिए गुज़ारिश करने लगा। पराये देश में मैं थोड़ी डर गई कि उसे मेरे घर का ठिकाना कैसे मालूम। उससे बचने के लिए मैं तेज़-तेज़ चलने लगी, जैसे वह कोई भूखा भेड़िया हो मुझे दबोच लेने को तैयार! दिमाग़ पर बिना ज़ोर डाले ही मुझे ध्यान आया कि क़रीब महीने भर पहले मैं इसी के रिक्शे पर बैठी थी, तब उसने मुझे अपनी दुख-भरी कहानी सुनाई थी कि उसकी बेटी हुई है, पर टिकट के पैसे न होने के चलते वह उसे देखने भी नहीं जा सकता। तब मैंने उसे कुछ मदद की थी। लेकिन वह अपने गाँव गया नहीं था, क्योंकि दूसरे दिन ही मैंने उसे फिर किसी और को यह कहानी सुनाते सुना था। हाँ वह वही रिक्शावाला था। मुझे असमंजस में देख वह फिर गिड़गिड़ाया, 'आई एम् हंगरी मैडम'। ज़ाहिर है कि उसने झूठ बोलकर पैसे हथियाए थे। एक मन किया झिड़क दू उसे। कह दूँ उसे कि तुम धोखेबाज़ हो, पर दूसरे मन ने रोक दिया—उस एक पल का सत्य यह था कि मैं उसकी कहानी सुनकर द्रवित हुई थी। मैंने उस पर भरोसा किया था, तो उसमें उसका क्या दोष? कौन जाने उसकी भी जाने क्या मजबूरी हो, जो उसे इस क़दर आत्मसम्मान खोकर हर एक के सामने हाथ फैलाने को मजबूर कर रही है। क्षण भर के लिए ही सही, उसने मुझे मनुष्य होने का मौक़ा दिया था, सत्य बस यही था। मेरा घर पास में ही था, नहीं भी होता, तो भी मैं नहीं बैठती उसके रिक्शे में।

9

रात बादल बरस चुके थे, इसलिए धरती नम थी। सुबह के ख़ुशनुमा मौसम में तरह-तरह की ध्वनियाँ, पेड़ों से गुज़रती हवा की ध्वनि, परिन्दों की चहचहाहट, कोयल की कू कू...हर ध्वनि से गूँजता संगीत मन को मुदित कर रहा था। रंग बिरंगी उड़ती तितलियों को देख नज़रुल इस्लाम की पंक्तियाँ, 'प्रजापति प्रजापति, कोथाय पेले भाई एमन रंगीन पाखा...' ज़ेहन में कौंध रही थी कि सामने एक और ध्वनि—मियाऊँ मियाऊँ!। ध्वनि का पीछा करते गर्दन घुमाई, तो अद्भुत दृश्य। बेटे की गोद में एक निहायत ख़ूबसूरत बिल्ली। मुझे जानवरों से थोड़ा डर लगता है। जिस प्रकार बेटा नखरिली बिल्ली को सहला रहा था, मुझे लगा कहीं यह बिल्ली को पालतू बनाने के लिए ही न ले आया हो, ठिकाना नहीं आजकल के बच्चों का। उन्हीं दिनों मेरी सहेली का इंजीनियर बेटा अपने तलाक़ के बाद एक पॉमेरियन कुतिया की नन्ही बच्ची ख़रीद लाया था तनाव को दूर करने के लिए। छह महीने तक वह उसके साथ खेला-कूदा, बाद में उसको माँ की गोद में डालकर लौट गया

अपने ठिकाने। मेरी सहेली का हाल बेहाल हो गया फ़्लोरा (कुतिया की बच्ची का नाम) को पालने में। स्वप्न पाल रही थी पोते को खिलाने का और करना पड़ रहा था कुत्ते का गू-मूत साफ़। मैं जब भी फ़ोन करती उसे, वह आठ-आठ आँसू रोती। एक बार तो उसे अवसाद ने जकड़ लिया, जब साल-भर बाद ही फ़्लोरा रजस्वला हुई और ज़मीन पर लगे दागों को उसे पोंछना पड़ गया। लेकिन बाद में फ़्लोरा ने उसके उजड़े चमन को इतना गुलज़ार किया कि वह सचमुच उसके प्रेम में पड गई। दोनों मुग्ध भाव से एक-दूसरे को ताकते रहते। भीतर का सारा प्रेम अब वह फ़्लोरा पर उँड़ेलने लगी। पति से कहा-सुनी हो जाती या दिनों तक बेटे का फ़ोन नहीं आता, तो रात के स्याह अँधेरे में वह फ़्लोरा के गले लग जार-जार रो लेती और ख़ुद को हल्का कर फिर उसकी ख़िदमत में हाज़िर हो जाती।

'कहाँ से आई ये बिल्ली?' धड़कते दिल से पूछा मैंने।

'मम्मा, ये बिल्ली हमारे पड़ोसी की है। सुमैया आंटी की।'

जान में जान आई मेरे।

'बहुत सुन्दर है!'

'अम्मा ये कनाडियन बिल्ली है।'

'कनाडियन बिल्ली?'

'सुमैया आंटी इसे कनाडा से लाई थीं', मेरे ललाट पर पड़ी सिलवटों की ओर देखते हुए, ख़ालिस हिन्दुस्तानी हँसी हँसते हुए कहा उसने।

'कनाडा से?' मैं हकलाई, ढाका में क्या बिल्ली नहीं मिलती?

वह झल्लाया, 'क्यों नहीं मिलती? पर सुमैया आंटी को कनाडा की नागरिकता भी मिली हुई है। इसलिए वे इसे कनाडा से ले आईं। इस बिल्ली को भी दोहरी नागरिकता मिली हुई है। इसका कनाडा का भी पासपोर्ट बना हुआ है।'

क्या बात है? मुझे उस गोलमटोल बिल्ली के भाग्य से हल्की-सी जलन हुई। मैंने ईर्ष्या से उसकी ओर ताका, तो उसके भीतर भी शिष्टाचार जागा और उसने हल्के नखरे से म्याऊँ की। हमारे देश में और यहाँ ढाका में भी तो जाने कितने थे जो नागरिक होने पर भी नागरिकता से महरूम थे और यह बिल्ली दो-दो देश की नागरिक!

बिल्ली को देख कुछ दिनों पहले की ही एक और घटना पालतू बिल्ली की तरह स्मृतियों के कबाड़ख़ाने से उछली और मेरे पीछे-पीछे चक्कर काटने लगी। उस घटना ने मुझे दिव्य दृष्टि दी थी कि मानवीय रिश्ते कई बार बिल्लियों के चलते भी ख़तरे में पड़ जाते हैं।

मेरे चचेरे भाई के पुत्र रणजीत का प्रेम-विवाह बस होने ही वाला था। दोनों एक ही शहर में नौकरी करते थे। ख़र्चा बचाने के लिए दोनों विवाह पूर्व ही साथ

रहने लगे थे। भतीजे की होनेवाली पुत्रवधू नीना अपने साथ अपनी दो-दो बिल्लियों चुन्नी-मुन्नी को भी लेकर आई थी। दोनों बिल्लियाँ माँ-बेटी थीं। माँ को नीना ने किसी दुर्घटना से बचाया था और करुणावश उसे अपने यहाँ ही पनाह भी दे डाली थी। कुछ समय बाद दूसरी बिल्ली मुन्नी ने भी उनके यहाँ जन्म लिया।

रणजीत के लिए दो-दो बिल्लियों को अपने घर में रखना, उनका ख़र्च जुटाना और गाहे-बगाहे उनकी देखभाल करना किसी रण जीतने से कम न था। यह भी उसने झेल लिया, पर जब नीना ने ज़िद पकड़ ली कि पाँच साल की हो चुकी एक बिल्ली का स्पे करवाना यानी उसका गर्भाशय निकलवाना ज़रूरी है, तो उसके भीतर पहली बार कुछ चटक गया था। स्पे करवाना उसे अप्राकृतिक और कुछ हद तक क्रूरता भी लगा था। फिर भी उसने पन्द्रह हज़ार ख़र्च कर उसका स्पे करवाया। शुरुआती प्रेम के आकर्षण और आवेग ने बिल्लियों के लिए प्रेम पैदा कर दिया। कुछ समय मज़े से निकल गया, लेकिन मुसीबत तब आई, जब बिल्लियाँ अपने नये पापा से कुछ ज़्यादा ही हिलमिल गईं। तभी कोरोना आ गया। रणजीत को ऑफ़िस के सारे काम घर में रहकर ही करने पड़ते। नौ बजते-न-बजते वह अपना लैपटॉप खोल बॉस के साथ ऑनलाइन मीटिंग करता और तभी दोनों बिल्लियाँ उसके पैरों के पास भूख से बेहाल हो चक्कर काटने लगतीं, उनके भी ब्रेक फ़ास्ट का समय हो जाता। एक-दो बार तो उसने बॉस से 'एक्सक्यूज़ मी' कहकर पाँच मिनट की छुट्टी ले ली। उसने प्यार से समझाया भी नीना को, जो नौ बजे तक बिल्लियों को रणजीत के भरोसे छोड़ ख़ुद भावी जीवन के स्वप्नों में खोई रहती। नादान नीना न समझी, उसे लगा चूँकि बिल्लियाँ उसने पाली हैं, इसलिए रणजीत को तकलीफ़ है, बिल्लियों की जगह उसकी ख़ुद की बेटियाँ होतीं, तो क्या इतना भी न करता? घर में ही तो है रणजीत, दो मिनट उठकर बिल्लियों को दाना-पानी दे देगा, तो कौन पहाड़ टूट जाएगा? कोरोना के बाद फिर एक मुसीबत, बिल्लियों को अकेले घर में छोड़कर दोनों एक साथ निकल नहीं सकते थे, इस पर भी नोक-झोंक होने लगी, किसका बाहर निकलना ज़्यादा ज़रूरी? कौन पीछे रुके? बारी-बारी वाली बात से भी बात नहीं बनी, क्योंकि बीमारी और ऑफ़िस की अनिवार्यता बारी नहीं देखती। बिल्लियों से शुरू हुई नोक-झोंक के बाद न उनकी प्रेम कहानी उतनी आबदार रही और न उनकी हँसी उतनी खनकदार रही। बल्कि झगड़े की उस दुबली लहर में वे पुरानी छोटी-मोटी शिकायतें भी शामिल हो गईं, जिनको अभी तक दोनों ने नज़रअन्दाज़ कर दिया था। बात यहाँ तक बढ़ी कि नौबत रिश्तों के टूटने तक आ पहुँची थी। हुआ यह कि एक बार चुन्नी-मुन्नी दोनों भूख से बिलबिलाकर ज़ोर-ज़ोर से रोने लगीं, रणजीत का संस्कारी मन बिल्लियों के रोने को बहुत अशुभ मानता था, फिर उस दिन बिल्लियों के रोने के बाद शेयर मार्किट भी धड़ाम से गिर गया था। रणजीत

ने उस दिन ढेर सारे शिल्पी केबल के शेयर पोते (खरीद) कर रखे थे, उसे तगड़ा नुक़सान हुआ था उस रोज़। उस सारे नुक़सान की वजह उसे बिल्लियों का रोना लगा, बस उसी शाम उसने अल्टीमेटम दे दिया नीना को—या तो बिल्लियाँ रहेंगी इस घर में या मैं रहूँगा।

बांग्लादेश का समृद्ध तबका छह महीने ढाका तो छह महीने विदेश की हवा खाता है। बाद में सुना कि सुमैया जी के घरवाले कोरोना का टीका लेने भी अपनी बिल्ली के साथ कनाडा गए थे, क्योंकि उनको अमेरिकी कम्पनी द्वारा बनाई गई फ़ाइज़र वेक्सीन पर ज़्यादा विश्वास था।

कोरोना के दिनों ही ऐसे ही एक और रईस बांग्लादेशी मुस्लिम महिला मेहरुन्निसा से मुलाक़ात हुई। उनका दुख देख मेरी आँखें भी भर आईं। वे दुखी थीं कि कोरोना के चलते वे अपने दोनों बच्चों को दो साल से डिज्नीलैंड नहीं घुमा पाई हैं। इस बार जैसे भी हो वे उन्हें अमेरिका का डिज्नीलैंड ज़रूर ही घुमा देंगी।

यहाँ भुखमरी, बेरोज़गारी, जहालत और ग़रीबी भारत की ही तरह है, इसलिए अपराधों की दुनिया आबाद है। कोलकाता की तरह यहाँ हाथ रिक्शा नहीं मिलेंगे, पर ग्राहकों की ओर टकटकी लगाए साइकिल रिक्शा हर गली-चौराहे पर मिलेंगे, आँखों में वैसी ही अन्तहीन प्रतीक्षा जैसी ग्राहकों के इन्तज़ार में खड़ी कोई वेश्या। यहाँ के सीएनजी (थ्री व्हीलर) भारत की तरह खुले नहीं, बल्कि उनके दरवाज़े पर लोहे की जालियाँ लगी रहती हैं, जिससे कि चलते ऑटो से कोई बैग, सामान वग़ैरह छीनकर भाग न जाए। बहरहाल, गुलशन बाज़ार से होते हुए फिर एक परिचित चेहरे पर निगाह पड़ी, तो क़दम ठिठक गए। एक युवती ठेले पर सन्तरे और हरे सेब बेच रही थी। एकाएक ध्यान आया कुछ दिन पूर्व मैंने उसे ऑस्ट्रेलियाई हाई कमीशन के सामनेवाले फुटपाथ पर अपनी छोटी-सी बच्ची की अँगुली पकड़े बैलून बेचते देखा था। उसकी आँखों में भी पहचान उभरी। उसने सलाम वालेकुम के बाद कहा—'ख़ूब भालो कमला, देश ठेके एनेछी, नियें निन' (ख़ूब बढ़िया सन्तरे हैं, अपने देश से लाई हूँ ले लीजिए)। वह बेच रही थी सन्तरे, पर जीभ से जैसे आम का रस टपक रहा था। इतने मीठे बोल थे उसके। आख़िर मैंने ले ही लिए कुछ सन्तरे। सन्तरा लेते-लेते मैंने पूछा—अब बैलून नहीं बेचती? उसने कहा—अभी कमला भालो बिक्री होच्छे (अभी सन्तरे अच्छे बिक रहे हैं) 'फिर थोड़ा झिझककर पूछा उसने—'अपनादेर बाड़ी ते कि कोनो काजेर मेय दोरकार आच्छे, आमि कोरते पारी' (आपके घर में क्या किसी नौकरानी की ज़रूरत है, मैं चौका-बर्तन सफ़ाई भी कर सकती हूँ)।

मैं चुप! क्या जवाब देती। वक़्त के अनुसार ढलनेवाले इन कामगारों की जिजीविषा सचमुच अद्‌भुत थी।

फूला हुआ और फटा-सा चेहरा लिये आज प्रकट हुए महमूद भाई। कुछ बासी बातों के बाद उन्होंने दो दिनों की छुट्टी के लिए अनुरोध किया। उनके एक चचाजान दो दिन पहले ही दिल का दौरा पड़ने से इस फ़ानी दुनिया से कूच कर गए थे। वे जिस कम्पनी में जूनियर अफ़सर थे, उसे किसी बहुराष्ट्रीय कम्पनी ने ख़रीद लिया था। उस बहुराष्ट्रीय कम्पनी ने कुछ कर्मचारियों की छँटनी की थी, उसी में उनके चचाजान का भी नाम था। 'अब क्या होगा?' के सवाल ने चचा के दिन-रात का चैन छीन लिया और दो दिन बाद ही उन्हें दिल का भयंकर दौरा पड़ा, और वे मर गए।

लेकिन महमूद भाई के छुट्टी लेने का कारण दूसरा था। उनकी बॉटनी में एमएससी लड़की को देखने के लिए लड़के वाले आ रहे थे। लड़का स्टैंडर्ड चार्टर्ड बैंक में अफ़सर था। लगभग सभी बातों पर सहमति बन गई थी। देनमोहर (मेहर) की राशि दोनों परिवार ने मिलकर दस लाख तय कर रखी थी। बस लड़का लड़की को पसन्द कर ले, तो इसी साल वे लड़की का निकाह कर दें। जाते वक़्त कहा उन्होंने 'दुआ कीजिए आंटी, यह काम हो जाए।'

लड़की की शादी हो जाए, तो महमूद भाई निश्चित हों। कई बार बात पक्की होते-होते रह गई थी। सैयद सम्प्रदाय के महमूद भाई तो अपनी लड़की का रिश्ता एक बार मत्स्य सम्प्रदाय (मछुआरे) से भी करने को तैयार हो गए थे। आम तौर पर सैयद सम्प्रदाय जो अपने को थोड़ा ऊँचा मानता है, मत्स्य सम्प्रदाय में रिश्ता नहीं करता। लेकिन लड़का पढ़ा-लिखा था, ख़ुद उनकी लड़की थोड़ी साँवली थी, इस कारण उन्होंने रिश्ते में दिलचस्पी लेनी शुरू कर दी थी। मैंने मन-ही-मन सोच लिया था कि यदि हमारे ढाका रहते महमूद भाई की लड़की का निकाह हो जाए, तो मुझे निकाह, कबूलनामा...सब देखने का अवसर मिलेगा। मैंने तो तोहफ़ा तक सोच लिया था।

अगले के अगले दिन देखा ख़ुशी की फुनगियाँ महमूद भाई के चेहरे से फूट रही थीं, मुस्कराते हुए महमूद भाई ने बताया कि लड़के लड़की ने भी दोनों को पसन्द कर लिया है। मुझे ख़ुशी हुई। मैंने उन्हें मुबारकबाद दी।

वे फिर से काम पर आने लगे। क़रीब सप्ताह भर बाद मैंने उन्हें पूछा—कब होने जा रहा है निकाह? उदासी के बादल उनके चेहरे पर लहराए। ग़मगीन हो बोले वे—सोच नहीं पा रहा कि यह सम्बन्ध करूँ या इनकार कर दूँ?

— पर क्यों? सब कुछ तो आपके मनमाफिक हो रहा है न।

— सब कुछ ठीक हो गया था, लेकिन कल हठात लड़के की माँ का फ़ोन आया, उसने कहा, देखिए मेरे शौहर नौकरी करते हैं, मेरा बेटा भी नौकरी कर रहा है। ढाका में हमारे तीन मकान हैं। ऐसे में हमारे घर कोई कमी नहीं है। इसलिए हम नहीं चाहते हैं कि आपकी बेटी नौकरी करे, वैसे यदि आपकी बेटी को इस्लाम में यक़ीन है, तो भी उसे नौकरी करने की ज़िद नहीं करनी चाहिए।

महमूद भाई चुप हो गए थे। मैं भी ख़ामोश थी। एक मरती हुई सभ्यता की उदासी उनके चेहरे पर पसरी पड़ी थी।

10

चेन्नई और कालड़ी में मैंने वैदिक पाठशालाएँ देखी थीं। देखा था छोटे-छोटे बच्चों की लटकी हुई शिखा। देखा उन्हें मंत्र रटते हुए, वेद पढ़ते हुए, पाँच से पचीस वर्ष के बच्चे और युवा। वहाँ भी (उस छात्रावास में) महिलाओं का प्रवेश निषिद्ध था, पर किसी प्रकार चकमा देकर, पत्रकार के रूप में अपना परिचय देकर मैं उनके बीच थी। उनसे खोद-खोदकर उनके जीवन के बारे में पूछ रही थी। मुझे वहाँ किसी भी प्रकार का डर छू तक नहीं गया था, जबकि वहाँ मैं नियम के विरुद्ध घुस गई थी।

अभी तक मैंने कोई भी मदरसा भीतर से नहीं देखा था। बाहर से एक बार लड़कियों का मदरसा ज़रूर देखा था। मन में एक प्रकार का रोमांच था—कैसे होते हैं मौलवी और मदरसे। मस्जिद में स्त्रियों के प्रवेश पर मनाही ज़रूर थी, पर मदरसे में तो नहीं थी। मैंने फातिमा को पकड़ा—मुझे मदरसा देखना है। वह मुझे नूरपाड़ा मदरसे में ले गई। फातिमा ने मेरी हिन्दू पहचान को गुप्त रखते हुए मुझे कहा कि मैं दुपट्टे से सिर ढाँप लूँ। मैंने अपने ललाट की बिन्दी भी पोंछ दी, फिर भी जैसे ही मैं मदरसे के खुले प्रांगण में घुसी, एक अनजाना-सा डर जैसे मेरे भीतर रेंगने लगा। मैं मन-ही-मन हनुमान चालीसा का जाप करने लगी। अजमेर में कई बार दरगाह शरीफ़ गई हूँ, पर वहाँ मैं न कभी डरी, न सहमी। यहाँ सर पर आँचल दिये मैं सीढ़ियाँ चढ़ती गई, पर भीतर जाने क्यों लगा, जैसे मैं कुछ ग़लत कर रही हूँ कि यदि किसी को पता चल जाए कि मैं वह नहीं हूँ, जो दिख रही हूँ, तो क्या होगा।

मेरे ख़ुदाया! मेरे पीर मुझे बेख़ौफ़ कर!

यद्यपि ऐसा कोई वहाँ लिखित/अलिखित नियम नहीं कि ग़ैर-मज़हबी मदरसे में नहीं घुस सकता।

वह एक पुरानी सी इमारत थी, जिसकी दीवार पर लिखा था—यतीमख़ाना। जिसके सामने खुला आँगन था। माटी का। बाहर कुछ बच्चे खेल रहे थे। अन्दर कक्षा चल रही थी। सारे बच्चों के सर पर जालीदार टोपी थी। दो अलग-अलग कमरे थे, दो अलग-अलग कक्षाएँ थीं। लगभग पाँच से पन्द्रह वर्ष के बच्चे थे। क्लासरूम साफ़, व्यवस्थित थे। क्लासरूम के भीतर ही एक बिस्तर भी लगा हुआ था। ज़मीन पर दरी बिछी हुई थी, वहीं बच्चे बैठे हुए थे। हर बच्चे के सामने एक चौकी थी। सभी बच्चे सफ़ेद कुरता और पायजामा में थे। कमरे के एक तरफ़ रस्सी लटकी हुई थी, जिस पर हेंगर और गमछा लटक रहा था। मदरसे के अहाते में ही मस्जिद भी थी। मैंने मस्जिद में जाने की इज़ाज़त माँगी, तो मना कर दिया गया। हमारे अनुरोध पर एक बन्द खिड़की खोल दी गई, जिसमें झाँक-झाँककर मैंने भीतर का दीदार किया।

लौटते वक़्त रास्ते की हरियाली और पेड़ों के झुरमुटों ने मंत्रमुग्ध किया। जगह-जगह लगे थे सब्ज़ियों के पौधे। उन्हें देख महमूद भाई ने फीकी हँसी हँसते हुए कहा—यहाँ सब्ज़ियाँ बहुत सस्ती मिलेंगी, ले लेते हैं। मैं सोच रही थी, यहाँ ज़मीन सस्ती मिलेगी। एक ही दृश्य, लेकिन विचारों की लहर अलग-अलग उठ रही थी, शायद हमारी सोच भी हमारे आर्थिक स्तर के इर्द-गिर्द ही घूमती है।

उमगी-उमगी घर लौटी और लौटने से पहले ही मैंने फेसबुक पर अपनी मदरसे में घूमती हुई कुछ तसवीरें भी डाल दी थी। जब तक पहुँची घर, सब तैनात थे, मेरे कोर्ट मार्शल के लिए।

बेटे ने कहा—'कितनी बार मना किया है इतने इंटीरियर में मत जाओ और तुम तो मदरसे ही पहुँच गई। वह भी नूरपाड़ा जैसे एकदम टिपिकल मुस्लिम इलाक़े में। जिहादियों की नज़र रहती है विदेशियों पर। कहीं तुम्हें किडनैप कर मुझसे करोड़ों की फिरौती माँग लेते, तो क्या कर लेता मैं? सर पर जो थोड़े से बाल बचे हैं न, तुम उन्हें भी उखड़वाओगी।'

किसी मुस्लिम देश में मैं पहली बार दुर्गा पूजा देखने जा रही थी। मैंने सोचा था कि मस्जिदों के शहर ढाका में मुश्किल से एकाध ही पूजा होती होगी। पर मैं सुखद आश्चर्य से भर गई, जब मैंने देखा कि यहाँ तो हर थाने में ज़बरदस्त सुरक्षा के बीच सार्वजनिक दुर्गा पूजा होती है और उसके लिए सरकारी ग्रांट भी सुनिश्चित है।

एक बात और नोट की—कोलकाता की तरह पूजा के अवसर पर होनेवाला धार्मिक कुहराम यहाँ सिरे से ग़ायब था। न फ़िल्मी पैरोडी, न कानफोड़ू फूहड़ गाने। था बस फिजां में उड़ता बंगालीपन और बंगालियों का जमावड़ा। चारों ओर वौलेंटियर। देवी की जगमग जीवंत मूर्ति, तांत की साड़ी, शाँखा पोला, ललाट पर बड़ी सिन्दूरी बिन्दी और गहनों से सुसज्जित बंगाली महिलाएँ, पायजामा कुर्ते में आकर्षक लगते पुरुष, सुन्दर चेहरे, सजे-धजे लोग, यहाँ की पोशाकें। यहाँ के विशाल मंच पर बंगाली गानों आदि के कार्यक्रम चल रहे थे। एक ओर से नॉनवेज खाने की ख़ुशबू उड़ रही थी। एक जगह मैं पूजा देखने गई, तो इतनी भीड़ कि लौट गई। मुझे ताज्जुब हुआ इतनी भीड़ क्यों? बताया गया कि थोड़ी ही देर में शेख हसीना उद्घाटन के लिए आनेवाली हैं। वे कई पूजा पंडालों में गईं। किसी भी समाज में प्राय: अल्पसंख्यक अपने धर्म और संस्कृति के प्रति ज़्यादा सजग और भावुक हो जाते हैं, क्योंकि एक तो उन्हें भूलने ही नहीं दिया जाता है कि वे अल्पसंख्यक है और दूसरा उन्हें सदैव ही यह डर लगा रहता है कि कहीं वह अपने धर्म और संस्कृति को भूल न जाएँ। मैं एक बार अमर्स्टडम में अपने बेटे के मित्र के यहाँ ठहरी थी, मुझे यह देखकर ताज्जुब हुआ कि बेटे के युवा दोस्त ने एक छोटा-सा मन्दिर ही बनवा रखा था अपने शयन कक्ष के पास और सुबह-शाम वह मन्दिर में घंटी बजा-बजाकर पूजा करता था, जबकि भारत में वह कभी-कभार ही मन्दिर जाता। बर्न (स्विट्ज़रलैंड) में भी मैं अपने बेटे की सहेली के यहाँ ही ठहरी थी। राखी के दिन मैंने देखा कि बेटे की सहेली के पति एकदम सुबह ही सुबह सिल्क के कुर्ते पायजामे में सज-धजकर ललाट पर टीका लगाए अपनी कलाई पर पत्नी की मदद से राखी बाँध रहे थे, जबकि हम सब तब तक नींद की खुमारी से भी नहीं उबरे थे।

दूसरे दिन यहाँ के समाचार पत्र में पढ़ा—इस अवसर पर दिया शेख हसीना का भाषण सचमुच सौहार्दपूर्ण था। उन्होंने कहा था—धर्म हमारा व्यक्तिगत विश्वास हो सकता है, पर फेस्टिवल हम सबका है। पश्चिम बंगाल जैसे भव्य पंडाल यहाँ चाहे नहीं थे, पर अल्पसंख्यकों की सुरक्षा और उनके प्रति सौहार्द की पूरी व्यवस्था थी। समाचार पत्रों के मुख्य पृष्ठ पर दुर्गा विसर्जन की तसवीरें थीं, इस टाइटल के साथ—'हिन्दूज से गुड बाई टु दुर्गा'।

दीपावली ख़ामोश ही गुज़र गई। हम सभी भारतीय एक जगह इकट्ठे हुए कि हमारे ठहरे जल में कुछ तो तरंगें उठें। हम सबने एक ही जगह लक्ष्मी पूजा सम्पन्न की। किसी ने ढाकेश्वरी मन्दिर जाने की इच्छा की, तो हमारे एक सीनियर ने सलाह दी कि अभी ढाका में एंटी इंडियन माहौल है, अमित शाह के सीएए और एनआरसी क़ानून के चलते। इसलिए हम सब इकट्ठे न जाकर अलग-अलग जाएँ। हमने

एक और भारतीय परिवार भंडारी जी को बहुत मिस किया, दीपावली पर उनके यहाँ शानदार पार्टी होती थी। इस साल उनकी पोस्टिंग ज्युरिक में हो गई थी। इस पोस्टिंग के लिए बहुत से पर्वत और घाटियाँ लाँघी थी उन्होंने, लेकिन अब वे वहाँ परेशान थे। दीपावली के पकवान तो दूर, सादा खाना तक नहीं बना पाए। क्योंकि वहाँ पराँठा और पूरी तक बनाना आफ़त मोल लेना था। कड़ाही से जलते घी का धुआँ उठा कि स्मोक अलार्म बजनी शुरू हो जाती। परेशानी यह भी थी कि वहाँ उन्हें ढंग का घर भी नहीं मिल रहा था रहने के लिए, क्योंकि वहाँ भारतीय को कोई घर किराये पर देना नहीं चाहता था। कारण? कारण कि भारतीय खाना बहुत बनाते हैं। तीन-तीन बार दिन में गरमागरम खाना? किचन से उठता धुआँ, घी, तेल, लहसुन और मसाले की तेज़ गंध, रात आठ बजे के बाद भी बजती कूकर की सीटी।

वे सचमुच दुखी थे, कह रहे थे—यहाँ नौकरी मिलना आसान, भारत जैसा खाना और घर मिलना महा मुश्किल है।

यूँ गम्भीर व्यक्तित्व के स्वामी थे भंडारी जी, पर जैसे ही हँसते वे उनकी सारी गम्भीरता टुकड़े-टुकड़े हो जाती। भंडारी जी की पत्नी मीरा हम सबकी बेहद अजीज थीं। वे राजस्थान से थीं। उनकी बोली में राजस्थानी शब्द ख़ूब मिलते थे। इन राजस्थानी शब्दों ने ही उन्हें अपनी प्रिय सखी लीला से मिलवाया। वे किसी पार्टी में थीं, जहाँ सभी बहुराष्ट्रीय कम्पनियों के अधिकारी आधुनिक वेशभूषा में आमंत्रित थे, लीला जी भी आमंत्रित थीं, लेकिन मीरा जी का लीला जी से कोई परिचय नहीं था। निकलते वक़्त जाने किस बात पर मीरा जी ने अपने पति भंडारी जी से कहा—वह मिक्सी तो मैंने टांड पर रख दी। टांड शब्द खट से लीला जी से टकराया। मुद्दतों बाद सुना ठेठ देशी शब्द। उन्होंने गर्दन घुमाई, तो सामने दोनों दम्पति! किसने कहा टांड, मीठी आवाज़ में पूछा उन्होंने और फिर कहकहे, अपने-अपने राजस्थान की अन्तहीन बातें और बातें!

ढाका में डेंगू

रेत की तरह सरक रहा था समय। गुलाबी ठंड धीरे-धीरे पाँव पसार रही थी। ऐसे में ढाका में मच्छरों का प्रकोप खासा बढ़ जाता है। यद्यपि हमारे इलाक़े में दिन में कम-से-कम तीन बार मच्छरों की दवाई का छिड़काव होता है। ख़ुद मैं अपने घर में रोज़ शाम हिट और धूप सब कुछ का छिड़काव करवाती हूँ। घर में सब जगह जालियाँ लगी हैं, फिर भी जाने किन अदृश्य स्रोतों से रात होते-न-होते मच्छर फिर हाज़िर। मैं जैन हूँ, इसलिए मच्छरों को हाथों से नहीं मार पाती, न ही मच्छर मार ताली बजा पाती थी। लेकिन उत्पात ने हमारी दैनिक दिनचर्या बाधित कर डाली। तब हम लोगों ने मच्छरों को मारने के लिए रैकेट ख़रीदा। कई बार आधी रात को

मैं रैकेट लेकर मच्छर मार अभियान पर निकल पड़ती। एक-एक मच्छर जो भी मेरी नींद में खलल पैदा करता या जिनकी भनभनाहट सोने नहीं देती, उन सब को मैं मौत के घाट उतारती रही। रैकेट से यह आसानी से हो रहा था।

सुबह पलंग के ऊपर ढेरों मच्छरों के शव को देख जाने क्यों लगा, जैसे ये मच्छर नहीं किसी देश के अवाम हैं और मैं रैकेट हाथों में थामे कोई क्रूर तानाशाह होऊँ। जो भी नींद में खलल डालेगा, ये ही हश्र होगा उसका।

अगस्त 2019

कई बार जाने क्यों लगता है जैसे बुनियादी रूप से मैं एक संन्यासी हूँ। बस दुनियादारी के दिनों यह संन्यासी भीतर दुबका रहता है, लेकिन जैसे ही भीतर का शून्य हमला बोलता है, यह संन्यासी चढ़ जाता है मुझ पर। फिर न कोई काम सार्थक नज़र आता है, न ज़िन्दगी में कोई रस मिलता है। मुम्बई में रहती थी, तो ऐसी मानसिकता में या तो बच्चों के साथ घूमने निकल जाती या सुधा जी, विजय जी जैसे लेखकों से मिलने का प्रोग्राम बनाती। इन दिनों भी यही हो रहा है। लेकिन कोई नहीं, जहाँ जाया जा सके। न सुधा जी न विजय जी। इसलिए यहाँ फिर से पेड़ों की शरण में आ गई हूँ। पतझड़ के मौसम में झड़ते पत्तों के बीच पेड़ के नीचे-नीचे से गुज़रना मन को वैसे भी कुछ-कुछ वीतरागी बना ही देता है।

ढाका में डेंगू महामारी की तरह फैल गया है। हॉस्पिटल में बेड नहीं हैं। हर दिन मौत के शिकार हो रहे हैं बच्चे। घर-घर में बाँटे जा रहे हैं पर्चे कि कैसे दूर रहें डेंगू से। डेंगू के मच्छरों से। आज अख़बार की ख़बरों ने हिला दिया। खिलाड़ियों को डेंगू के चलते बांग्लादेश ओलिंपिक एसोसिएशन ने नौ दिनों के लिए बाहर के टूर पर विराम लगा दिया है। ढाका के एक परिवार में एक घर के दो भाई बहनों को एक साथ डेंगू हो गया। भाई की मौत हो गई। उसका पिता अख्तररुजमान बेटे को दफ़ना कर उलटे पैर लौट आया अपनी बेटी के पास। उसके आते ही बेटी ने पूछा—अब्बू, भैया कोथाय? (अब्बू, भैया कहाँ हैं?)

सखि वसन्त आया/भरा हर्ष वन के मन/नवोत्कर्ष छाया

छू दिया था वसन्त ने मुझे भी। फूलों और पत्तों की ताज़गी मन को भिगो रही है। तबीयत कुलांचे मारने लगी जैसे जाम का एक पैग चढ़ा लिया हो। हमारी ज़िन्दगी अब एक नये और मादक मौसम में दाख़िल हो रही थी। अभी तक चिड़ियों की

तरह पत्तों को झड़ते देख रही थी और दार्शनिक हो रही थी। अब देखते-देखते वसन्त के राग का आगाज करनेवाला पहला फाल्गुन आ गया था। पेड़ों में नये किसलय उगने लगे थे। चटख गुलाब की पंखुड़ियों पर पीली धूप ठहरी हुई थी। याद आए निराला 'अभी न होगा मेरा अन्त/अभी-अभी ही तो आया है मेरे वन में मृदुल वसन्त' जाने कब की पढ़ी पंक्ति होंठों पर थिरकने लगी 'फूल फुटुक न फुटुक आज वसन्त'। ढाका में भी यह खासे उत्साह से मनाया जाता है। संयोग से इस वर्ष पहला फाल्गुन और वैलेंटाइन डे एक दिन पड़ गया था। मैं हाथिर झील गई। झील किनारे बैठे प्रेमी-प्रेमिका। कइयों ने सिर पर लाल-सफ़ेद फूलों का गोल-गोल रिंग पहन रखा था। कइयों ने बुर्के से ढके सर पर फूलों का गोल रिंग पहन रखा था। युवाओं की अच्छी-खासी संख्या झील किनारे थी। मेरे लिए तय करना मुश्किल था कि वे वैलेंटाइन डे मना रही थीं या पहला फाल्गुन। क्योंकि यहाँ दोनों सभ्यताएँ मिल भी रही थीं और टकरा भी रही थीं। महमूद भाई ने कहा—आज के दिन फूल बेहद महँगे हो जाते हैं, फिर भी मैं दो फूल तो अपनी बीवी के लिए लेकर ज़रूर जाऊँगा। मैंने कहा, 'वैलेंटाइन डे' के उपलक्ष्य में। वे हँस दिये—हमारे इमाम ने मना किया है वेलेंटाइन डे मनाने से, क्योंकि यह हमारी कल्चर नहीं है, यह तो पश्चिम की नंगी कल्चर से हमारे यहाँ आया है। लेकिन मैं इसे राग रंग का पर्व मानता हूँ। बोलते-बोलते जाने कहाँ से उन्हें ताजमहल याद आ गया। बोले—आंटी, बहुत इच्छा है एक बार ताजमहल देखने की, सुना है वहाँ घुसते ही इनसान रूहानी (अलौकिक) हो जाता है। उस मखनिया संगमरमर में संगमूसा की बारीक काली रेखाओं की पच्चीकारी की गई है न! कहा जाता है कि उसमें अरबी लिपि में पूरी-की-पूरी क़ुरानशरीफ़ अंकित कर दी गई है...मैं हैरान! नहीं भी तो तीन बार देख ही चुकी हूँ ताजमहल पर न तो मन अलौकिक हुआ मेरा और न ही मुझे लगा कि काली रेखाओं की पच्चीकारी में अरबी लिपि में पूरी-की-पूरी क़ुरानशरीफ़ अंकित कर दी गई है। शायद अनदेखे में कल्पना ज़्यादा काम करती हैं।

उस दिन रास्ता ग़ज़ब का जाम मिला। ढाका का जाम, विशेषकर गुलशन का, दुनिया का सबसे भयंकर जाम है। गुलशन की सड़कें गाड़ियों से पटी पड़ी हैं। यहाँ अधिकतर विदेशी और ढाका का सबसे समृद्ध वर्ग रहता है, जिन के सारे काम, बाज़ार से सब्ज़ी लाने से लेकर घुमक्कड़ी करने तक बिना गाड़ी सम्पन्न नहीं होते। यहाँ परिवार के एक-एक बच्चे के लिए पूरी एक गाड़ी सड़क पर रहती है, कभी बच्चे को छोड़ने के लिए तो कभी स्कूल टिफ़िन पहुँचाने के लिए। एक बार मैं अपनी पोती को नीचे उसकी स्कूल की गाड़ी से लेने गई, तो मैंने हैरान होकर देखा

उस पूरी बस में वह अकेली थी। उसी शाम मैंने हैरान होकर देखा कि मेरे घर के नीचे के फुटपाथ पर भी लोग स्कूटर और साइकिल चला रहे थे।

सूफ़ियाना मिज़ाज के महमूद भाई पाँच वक़्ती नमाज़ी थे। नमाज़ पढ़ना और ख़ुद को गढ़ना उनका सबसे बड़ा शगल था। मुझे लगता कि उनके लिए नमाज़ अदा करना सिर्फ़ एक मज़हबी या रूहानी क्रिया भर नहीं थी। नमाज़ उनके लिए शायद आत्ममंथन का एक जरिया था, जिसको अदा करके वे दिन में पाँच बार ज्ञान और रोशनी के प्रतीक अल्लाह के सामने अपनी जवाबदेही के साथ प्रस्तुत होते होंगे। लेकिन बहुत जल्दी ही मेरी ग़लतफ़हमी दूर हुई, मैंने पाया कि नमाज़ का नशा उन पर इस तरह तारी रहता, जैसे किसी शराबी पर शराब का। ज़िम्मेदारी से अपना हर काम करनेवाले महमूद भाई भी अक्सर नमाज़ के समय बिना बताए ही ग़ायब हो जाते। एकदम शुरू-शुरू में मैं समझ ही नहीं पाती कि माजरा क्या है। एक बार महमूद भाई के साथ मैं ज़िन्दा पार्क गई थी। मैंने उन्हें कुछ केले लाने को भेजा, पास में ही दुकान थी। पाँच मिनट, दस मिनट और जब पूरे पन्द्रह मिनट गुज़र गए, तो मैं गाड़ी से उतरकर केले की दुकान पर खड़ी हो गई। पास ही एक मस्जिद थी, मैंने देखा महमूद भाई सर पर रूमाल बाँधे मस्जिद से बाहर निकल रहे थे। मुझे देखते ही वे लाल टमाटर हो गए, जैसे किसी शरारती बच्चे की चोरी पकड़ी गई हो! कई बार किसी बेहद ज़रूरी काम से उनकी फज्र (सुबह) की नमाज़ नहीं हो पाती, तो वे जोहर (दोपहर) की नमाज़ के पहले की क़ाज़ी नमाज़ (बिलम्बित नमाज़) कर लेते।

ढाका में हिन्दुओं द्वारा सरस्वती पूजा भी मनाई जाती है। रामपुरा, शाँखारी पट्टी, तांती बाज़ार और लक्ष्मी बाज़ार जैसे हिन्दू बहुल इलाक़ों में सरस्वती पूजा धूमधाम से मनाई जाती है। ढाका यूनिवर्सिटी के जगन्नाथ हॉल में हर वर्ष सरस्वती पूजा मनाई जाती है, जिसमें हिन्दू और मुस्लिम दोनों समुदाय के लोग भाग लेते हैं। मुझे लगता है कि संस्कृति की ताक़त हमेशा मज़हब पर भारी पड़ती है। पिछले साल सरस्वती पूजा और चुनाव एक दी दिन पड़ गए थे, तब शेख हसीना ने सौहार्द दिखाते हुए चुनाव को एक दिन आगे खिसका दिया था।

मुझे सबसे ज़्यादा ताज्जुब यह देखकर हुआ कि यहाँ शादी में लड़कियाँ भारतीय दुल्हन की तरह घाघरा-ओढ़नी पहनना पसन्द करती हैं। अधिकांश महिलाएँ बनारसी साड़ी या कांजीवरम साड़ियों में ललाट पर बड़ी-बड़ी बिन्दी के साथ नज़र आती हैं। धनी परिवार शादी की ख़रीदारी के लिए कोलकाता जाना पसन्द करता है विशेषकर वहाँ के घाघरा, ओढ़नी और जेवरों के लिए। छुट्टी मनाने के लिए यहाँ के युवक कोलकाता घूमना पसन्द करते हैं। ढाका की तुलना में उन्हें

कोलकाता बेहद विकसित, आधुनिक, ऐतिहासिक और सांस्कृतिक नगरी लगती है। हमारी पड़ोसिन ने तो जब हम कोलकाता से ढाका आ रहे थे, तो बाक़ायदा साड़ियों से भरा एक कार्टन भिजवा दिया हमारे यहाँ। वे तो चाहती थीं कि हम उनकी पुत्र वधु के लिए उनके द्वारा पसन्द कर के रखी गई ज्वेलरी भी पहन कर आ जाएँ, लेकिन हमने मना कर दिया उनकी लाखों की ज्वेलरी पहनकर आने से।

पनघट पनघट प्यास

महमूद भाई आज फिर ग़मगीन नज़र आए। ज़िन्दगी उनके साथ धूप-छाँह का खेल खेल रही थी। देखने में कमसीन और ख़ूबसूरत उनकी प्यारी बहन फौजिया को दूसरी बार प्रेम ने धोखा दिया। ध्वस्त हुआ फिर दूसरा ताजमहल!

जब भी देखते उसकी ओर, दुपट्टे से आँसू पोंछती नज़र आती वो। उसे प्रेम का रोग लग गया था। हर पल कामनाएँ महकती महुआ-सी। चार साल से उसके साथ इश्क फरमाते रसिया मन बसिया प्रेमी ने उसका दिल उजाड़ निकाह किसी दूसरी के साथ कर लिया। बड़ी मुश्किल से उसे सँभाला। नौकरी पर भी लगवाया। नौकरी में ही फिर किसी सहकर्मी अबरार से दोस्ती हुई, तो मन के किसी ख़ाली कोने में पिछले प्रेम की बेचैनी सर उठाने लगी। प्रेम की बेइन्तहा आकांक्षा नस-नस में झनझनाने लगी। जब-जब वह जालिम ताकता फौजिया की ओर, ज़िन्दगी जी उठती और वह अनायास ही उसकी आँखों के नीले आसमान में आज़ाद परिन्दे सी उड़ने लगती। प्रेम में भीगे अबरार ने भी उन रस और कामना भरी आँखों की भाषा को पढ़ने में कोई चूक न की। और फिर एक पल ऐसा भी आया कि देखा देखी के इस खेल के दरम्यान ही उन दो जोड़ी आँखों की कटोरियाँ एक साथ छलक पड़ीं। शाख में फिर कोंपले फूट आईं। दोनों का प्रेमयोग एकसाथ चल पड़ा। फौजिया उसी को ज़िन्दगी का आख़िरी सौगात समझ उमराव जान बन पूरी तरह से उसकी ओस बिखरी आवाज़ में खो गई। गहरी दोस्ती ने धीरे-धीरे सीमा का अतिक्रमण किया और प्यार की जो कहानी अभी तक स्लो मोशन में रेंग रही थी, वह एकाएक फ़ास्ट मोशन में आ गई। दोनों प्रेमी प्रेम में ओवरटाइम करने लगे। प्रचंड हवा बहने लगी। जन्म-जन्म की प्यासी की तरह वह उसके प्रेम में आकंठ डूबी रहती। कभी चेहरे पर ख़ुशबूदार क्रीम पोतती, तो कभी बादलों में खोई रहती, तो कभी ठुड्डी के तिल को अँगूठे से मसलते हुए चाँद से बतियाती रहती कि एक बार प्रेमी अबरार ने कहा उससे—"इतनी पिछड़ी हुई क्यों हो? अभी तक ख़ुद को हिजाब में ढक कर क्यों रखती हो? बुर्क़ा, हिजाब और नकाब में अच्छी भली हसीनाएँ भी काले कौआ सी नज़र आने लगती हैं। ओ मेरी सोणिये! थोड़ी तो आधुनिक बन नहीं तो ताज़िन्दगी रसोई की चूहिया बनकर ही रह जाओगी। अरे मेरी नूरजहाँ! निकलने दे

चाँद से इस नूरानी मुखड़े को बादलों से बाहर, झूमने दो अपनी ज़ुल्फ़ो को, चूमने दो हवाओं को।"

अनायास ही पिछले प्रेमी की याद आ गई उसे जो उससे कहता था—"औरत को अपनी मान-मर्यादा का ख़याल होना चाहिए।" कुछ-कुछ आज़ाद ख़याल मलका-ए-मुहब्बत फौजिया ने ख़ुद को तुरन्त पहले वाले प्रेमी के रंग में रंग डाला था। क्या मजाल जो किसी ने बिना हिजाब और बुर्क़े के उन दिनों देखा हो उसे। हाँ, जब-जब आधुनिकता का दौरा उस पर पड़ता, वह अपने बुर्क़े और हिजाब में ही स्टाइल का छौंक लगा लेती।

और उससे एकदम दूसरे ध्रुव पर खड़ा यह नया प्रेमी। इस नये नवेले महबूब के उदार और आधुनिक विचारों ने इतना मोहित किया फौजिया को कि वह अनायास ही चेखव की डार्लिंग बन गई। शिया के साथ शिया और सुन्नी के साथ सुन्नी हो गई। उसके संस्कारी दिल की एक फांक प्रेमी के आधुनिक विचारों से जा मिली और दूसरे दिन से ही जीरो फीगर वाली उसकी कंचन काया ने हिजाब से तौबा की और प्रेमी को रिझाने के लिए धीरे-धीरे उसने दुपट्टे, बुर्क़े और हिजाब को अलविदा कर जींस तक यात्रा कर डाली। वैसे भी वह बादलों का मौसम था, बिजलियों के गिरने और पावों के थिरकने का मौसम था। ऐसे में सुरमई अँधेरे और हल्की सुहानी बारिश की जादूभरी साँझ में जब-जब अपने महबूब के साथ होती फौजिया, उसे लगता जैसे वह ख़ुदा के निकट पहुँच गई है। भावी जीवन के सुनहरे घरौंदे की कल्पना में दिन सोने-से गुज़र रहे थे उसके और रात चाँदी-सी, कि एक गहराती साँझ ऐसी उतरी उसके आँगन में कि चील की तरह ले उड़ी उसकी सारी ख़ुशियाँ, उसका चैन।

जैसे धूमकेतु की तरह उतरा था नया नवेला प्रेमी उसके आसमान में, वैसे ही पलक झपकते ही हो गया उड़नछू। गिरा गया पाला उसके स्वप्नों की लहलहाती फसलों पर। प्रेम में तंद्रिल फौजिया की अधमुँदी आँखें पूरी तरह खुली भी न थीं कि प्रेमी अबरार ने किसी हिजाब वाली से निकाह पढ़ उसके सुहाने सपनों को हलाल कर डाला। क्रोध, दुख, अपमान और अवसाद के महासागर में गले-गले डूबी फौजिया न जीवित बची थी और न ही मृत हुई थी। बस एक धीमी-धीमी आँच में सुलगती रहती थी दिन-भर। ख़याल-ख़याल में बसा था उसका ख़याल! महमूद भाई फौजिया को समझाकर भी समझा नहीं पाए कि जीवन में प्रेम है, प्रेम में जीवन नहीं, कि अपने होने की सार्थकता फौजिया पुरुष के प्रेम में नहीं बल्कि अपने भीतर की उस तरंग को पहचानने में करे, जिसके लिए आई है वह इस धरती पर।

पर अपने में क़ैद फौजिया पर कोई समझावन असर नहीं करती। रह-रहकर फौजिया अपने से ही बतियाती रहती है—क्या भूल हुई उससे? क्यों आधा-आधा

ही मारा दोनों ही प्रेमियों ने! अरे मारना ही था तो पूरा ही मार डालते! कभी पेड़ की शाखा से लटककर चिर शान्ति पाने की सोचती, तो कभी सारा ग़ुस्सा उसका अपनी जींस पर उतरता। जाने क्यों लगता उसे कि इस नामुराद जींस ने ही छीन लिया उससे उसका महबूब!

मेरे मन में प्रार्थना थी बस प्रार्थना—छलकती जाम-सी जन्म-जन्म की प्यासी इस चिड़िया की प्यास बुझा दे मेरे मौला!

21 फ़रवरी और भाषा दिवस

यूँ तो 21 फ़रवरी अन्तर्राष्ट्रीय भाषा दिवस के नाम से जाना जाता है, पर 1999 से इस अन्तर्राष्ट्रीय दिवस को मनाए जाने का श्रेय बांग्लादेश को ही जाता है, क्योंकि दुनिया का इकलौता देश है बांग्लादेश, जिसका विभाजन भाषा के आधार पर हुआ, जिसने अपनी मातृभाषा के वर्चस्व के लिए गोलियाँ खाईं, अपना जीवन दाँव पर लगाया। इसलिए भाषा दिवस को यहाँ राष्ट्रीय शहीद दिवस के रूप में मनाया जाता है। इस दिन हर वर्ष उन सब शहीदों और छात्रों को श्रद्धांजलि दी जाती है, जिन्होंने 1952 के भाषा आन्दोलन में अपने प्राणों की आहूति दी। बांग्लादेश में यह माना जाता है कि 1952 के भाषा आन्दोलन ने ही इस देश के स्वाधीनता आन्दोलन की नींव डाली।

मुझे भाषा दिवस पर बोलने के लिए (एनटीवी) से आमंत्रण मिला। मेरे साथ एंकर ज़ाहिर के अलावा जूलियन फ्रांसिस भी थे, जो ऑक्सफेम की तरफ़ से बांग्लादेश में नियुक्त डेवलपमेंट और डिसेबिलिटी कंसलटेंट थे।

बांग्लादेश में प्राइमरी शिक्षा मातृभाषा में ही होती है, लेकिन उच्च शिक्षा वहाँ भी बिना अंग्रेज़ी के सम्भव नहीं है। एंकर ने मुझसे हिन्दी की स्थिति के बारे में पूछा, मैंने यही कहा कि हिन्दी निस्सन्देह फैल रही है, क्योंकि अब हिन्दी बाज़ार की भाषा बन गई है। बहुराष्ट्रीय कम्पनियों को अपने उत्पाद यदि बाज़ार में बेचने होंगे, तो उनको स्थानीय भाषा जाननी ही होगी, लेकिन भाषा समृद्ध नहीं हो रही है। भाषा दिन पर दिन विकलांग हो रही है। भाषा ताकतवर तब बनती है, जब वह रोज़गार और स्वाभिमान की भाषा बने, जब विज्ञान, टेक्नोलॉजी की भाषा बने, जब कोर्ट की भाषा बने। भारत में हिन्दी आज सिर्फ़ ग़रीब-गुरबों की भाषा बन कर रह गई है। मैंने यह भी कहा कि छोटा देश है जापान और उसने 28 नोबेल प्राइज जीते हैं, क्यों? क्योंकि उनके बच्चे मातृभाषा में पढ़ते हैं, और मातृभाषा में बच्चों का विकास सबसे स्वाभाविक और तेज़ गति से होता है। और यही सत्य इजरायल पर लागू होता है, जबकि हमारे यहाँ आई आई टी और आई आई एम जैसे संस्थान के विद्यार्थी तक कई बार अंग्रेज़ी में अच्छे नहीं होने के चलते आत्महत्या कर लेते हैं।

बहरहाल जाने कितनी भाषाएँ दुनिया में चुपचाप दम तोड़ देती हैं उचित दाना-पानी नहीं मिलने के कारण। अंग्रेज़ जब भी अफ्रीका के किसी देश को ग़ुलाम बनाना चाहते, तो वे सबसे पहले वहाँ की भाषा और संस्कृति को ध्वस्त करते थे। मैं मुम्बई में एक बार रोडेशिया के एक छात्र को स्पोकन हिन्दी पढ़ा रही थी, तो उसने बड़े दुख के साथ कहा था कि हम अपनी भाषा में लिख नहीं सकते, हम सिर्फ़ बोल सकते हैं, क्योंकि अंग्रेज़ों ने हमारी भाषा और संस्कृति को पनपने ही नहीं दिया।

बहरहाल एनटीवी का कार्यक्रम सूखा-सा ही रहा। बिना रूह का। असन्तुष्ट ही ऑफ़िस से बाहर निकली, तो देखा एक गाड़ी की पीठ पर लिखा था 'नमाज़ बहिश्तेर चाबी' (नमाज़ स्वर्ग की चाबी है) उसके नीचे क़ुरान का कलमा और उसके नीचे एक-दूसरे को काटती दो तलवारें।

मैं समझ नहीं पाई कि इस सन्देश के साथ एक-दूसरे को काटती दो तलवारों का क्या तुक? मैंने भी पहली बार ही ऐसा चित्र और सन्देश पढ़ा था। जितनी बुद्धि थी उसको सोचने में लगा दिया मैंने, बहुत देर बाद ध्यान आया कि यह प्रतीक सऊदी अरेबिया से लिया गया है। बांग्लादेश का इस्लाम आधुनिक इस्लाम है।

रात का हुलिया बिगड़ा हुआ था। सोने गई तो मच्छरों के प्यार और संगीत ने सोना हराम कर रखा था। ढाका आने के पहले तक अपने जैन संस्कारों के चलते मैंने एक मच्छर तक को अपने हाथों से नहीं मारा था। सबको जीने का अधिकार है, मेरा मूल मंत्र रहता। लेकिन ढाका के मच्छरों ने मुझे अहिंसक से क़ातिल बना दिया। मच्छरदानी, धूप धुआँ, ऑलआउट जब किसी से भी बात नहीं बनी, तो मेरी बहू ने रैकेट ख़रीदा। उड़ते मच्छरों पर रैकेट किसी क़यामत की तरह गिरता है और उन्हें एलेक्ट्रोक्यूट कर लेता है, क्षण के भी सौवें हिस्से में टन-सा म्यूजिक निकलता है और मच्छर धराशायी। शुरू में मैं मच्छर को मार नहीं पाती थी। चालाक और फुर्तीला मच्छर मेरे रैकेट में आने के पहले ही उड़नछू और मैं पराजित-सी पाँव खुजलाती रहती। फिर जाने कब यह मच्छर मार आयोजन व्यक्तिगत हार-जीत का सवाल बन गया। धीरे-धीरे मैं उन्हें मारने में न केवल निपुण हो गई, वरन इस खेल में मुझे आनन्द भी आने लगा। अब तो मैं उन्हें देखते ही मौत के घाट उतार देती बिना यह सोचे भी कि वे मुझे हानि नहीं पहुँचा रहे थे, बल्कि मुझसे दूर अपनी ज़िन्दगी जी रहे थे।

क्या हिंसक प्रवृत्ति इसी प्रकार पुष्पित पल्लवित होती है?

11

दर्द की धूप ढले ग़म के ज़माने जाएँ
देखिए रूह से कब दाग़ पुराने जाएँ

—ज़िया ज़मीर

आदिम ख़ूबसूरती में रंगी फातिमा की आँखें जवाँ फूल की तरह लाल-लाल थीं। फ़ोन पर वह रूढ़े हुए कंठ से किसी से बात कर रही थी। हमारे यहाँ खाना बनाती थी वह। मैंने पूछा—क्या हुआ? उसने विरक्त होकर कहा—कुछ नहीं।

उस समय मैंने उसे उसके आँसुओं के साथ ही अकेला छोड़ना मुनासिब समझा। मुझे ताज्जुब हुआ, पहली बार मैंने उसे बिना काम के बैठे देखा था। वह ऐसी थी कि कुछ देर भी बिना काम के बैठ जाती, तो उसे अपराध बोध होने लगता। वह या तो काम करती या अल्लाह मियाँ के साथ रहती। बहरहाल, पूरे सैंतीस मिनट के बाद सामान्य होकर वह फिर काम में लग गई, तो फिर मैंने हल्के से कुरेदा उसे,

— क्या बात है फातिमा? मुझे लग रहा है तुम परेशान हो?

मेरे पूछते-न-पूछते बीता वक़्त उसके भीतर साँस लेने लगा। उसकी आँखें छलछलाईं। मेरा मन किया कि अपनी हँसी उस पर चेप दूँ। पर कितनी चिप्पियाँ लगाती, क्योंकि फातिमा के जीवन में दुखों की कमी नहीं थी। बचपन की एक भी मधुर याद उसके ज़ेहन में नहीं थी, उसे देख लगता कि वह बड़ी ही जन्मी थी, कभी बच्ची रही ही नहीं थी। बचपन शायद बड़े लोगों का होता है। उसे तो अपनी उम्र का भी ठीक से पता नहीं था। पूछा, तो कहा मेरी आई डी में लिखा है उसे देख लीजिए। मेरे राशन कार्ड में मेरे अब्बू ने अन्दाज़ से लिखवा दिया था। होश सँभालते ही ख़ुद को घर की झाड़ू बुहारी और कपड़े कूटने में झोंक दिया था। घर से बाहर भी तभी निकलने को मिलता, जब रोते-झींकते छोटे भाई-बहनों को घुमाने के लिए उसकी अम्मी उसे बाहर भेज देती। तेरह वर्ष में ही उसका निकाह ज़ाहिर के साथ हो गया था। साल डेढ़ साल तक कमसीन और जवान पत्नी को भरपूर प्यार दे उसकी गोद में एक नन्ही सी बच्ची और एक रंगीन सपना डाल वह रंगीन मिज़ाजी शहजादा सिंगापुर चला गया। आनेवाले सुन्दर जीवन के स्वप्नों को अपनी स्वप्नीली आँखों में भर फातिमा ने विदा दी अपने शौहर को—जाओ राजन, जब जम जाओ तो बुला लेना मुझे, अम्मी की चिन्ता न करना, मैं करूँगी उनकी ख़िदमत।

रेलगाड़ी तक में न बैठ पानेवाली फातिमा एकाएक विमान में उड़ने का स्वप्न देखने लगी। दिन बीते, महीने और साल दर साल गुज़रते गए, जाने कितनी गुहारें उसने पद्दो नदी (पद्मा नदी) से की, उससे फुसफुसाते, उसके साथ गुनगुनाते। पति वियोग में पद्दो नदी ही उसकी मेघदूत बनी। जाने कितनी चिट्ठी पतियाँ उसमें छोड़ी कि वे उसके दिल की धड़कनों को, धड़कनों के सन्देशों को उसके प्रियतम के देश तक पहुँचा दे, लेकिन बसन्ती बहार की तरह जो आया था, वह जेठ की तपती भूमि पर छोड़कर यूँ गया कि फिर लौट कर ही नहीं आया। भात की हाँड़ी उठाते-उठाते दिन बीत रहे थे कि एक रात ख़बर आई कि उस रंगीन शहजादे ने वहीं मलेशिया की किसी लड़की से सालों पहले निकाह कर लिया है और दो गुदगुदे बच्चों का अब्बू बन गया है। सूखे पत्ते की तरह टूट कर गिरी वह रात!

एक बार तो बल्ब ही फ़्यूज हो गया उसका। फिर आँसुओं के बहने की बारी आई। दिनों तक बहते रहे उसके आँसू। घर की ख़ुशबू में भीगा मन यह सोचकर भी सोच न पाया कि उनके बीच तो कभी कुछ भी तो नहीं टूटा था, फिर सब कुछ एकाएक कैसे टूट गया। फिर यह सोचकर कि जो आँसू देकर चला गया, उसके लिए आँसू क्या बहाना, उसने ख़ुद को बिखरने से बचाना शुरू किया। मुस्लिम में दो शादी गुनाह नहीं, इसलिए घरवालों ने भी क़ानून की शरण में जाने से रोक दिया। घरवाले भी भूल गए कि क़ुरान कहता है कि बन्दा दूसरी शादी तभी कर सकता है, जब पहली बीवी बच्चा देने में असमर्थ हो, या पागल हो या बहुत अस्वस्थ रहती हो। बहरहाल क़ानून उसकी कोई सहायता न कर सका। बेटी भी तब तक दस वर्ष की होने आई थी। अपनी बेटी के भविष्य का ख़याल कर उसने कोर्ट में भरण-पोषण के लिए भी दरख़्वास्त नहीं की कि उनके समाज में खाविंद से पंगा लेनेवाली औरत अच्छी नहीं समझी जाती है। बहरहाल—तुमको जहाँ उड़ना है उड़ो राजन, पर हमें सुकून से अपने नरक में रमे रहने दो जैसी फ़रियाद के साथ उसने गुज़रे वक़्त में रहने के बजाय गुज़रते वक़्त में रहना सीख लिया और कमज़ोर धागों के साथ ही ज़िन्दगी का ताना-बाना बुनना शुरू कर दिया। नदी की धारा की तरह ज़िन्दगी ने भी अपना रास्ता ढूँढ़ ही लिया। अपनी माँ के घर लौट आने और नौकरी पाने के बाद जब ज़िन्दगी में थोड़ी स्थिरता आई, तो उसने अपने पति से गुहार लगाई कि वो कम-से-कम उसके देनमोहर (मेहर) की रक़म ही उसे लौटा दे, जिस पर क़ानूनन उसका अधिकार बनता है। और जब उसने देनमोहर देने से साफ़ इनकार कर दिया, लेकिन बेटी से मिलना चाहा, तो उसने भी करारी थप्पड़ लगा दी उसे और कहा, 'फौकट का बाप मत बन, मुझे घंटा फ़र्क़ नहीं पड़ता है कि तू किसके साथ सोता है कि किसके साथ रोता है। आदमी है तो मुझे मेरा मेहर दे और बेटी के नाम कुछ करके जा। मेरे क़बूलनामे में तुमने मुझे पचास हज़ार का

देनमोहर (मेहर) देने का वादा किया था। सच्चा मुसलमान है, तो दे दे मेरा मेहर। इस्लाम में मेहर न देना पाप है। इस्लाम में साफ़ बोला हुआ है कि देनमोहर की रकम लड़की को मिलनी चाहिए। मेरी छोटी बहन को मिली देनमोहर की रक़म..., बोलते-बोलते उसकी तीखी आँखों से चिंगारियाँ छूटने लगी थीं।

क्या जवाब दिया फिर उस कमीने ने, मैंने पूछा तो वह तन गई, 'उस कमीने ने जवाब दिया कि उतना इस्लाम कौन मानता है। इस्लाम में तो टीवी देखना भी वर्जित है, पर तेरे घर में क्या नहीं है टीवी? बोल? इस्लाम में नेलपॉलिश और होंठों को रँगना भी पाप है, पर देख ख़ुद को तेरे होंठ तो अभी भी रँगे हुए हैं।'

इस जवाब ने उसे पति से इतना नाराज़ कर दिया कि उसने नाराज़ होना ही छोड़ दिया। बहरहाल फातिमा का भाग्य अच्छा था कि उसे पहली नौकरी ही गुलशन में मिली, जहाँ अधिकतर विदेशी रहते हैं और पगार बेहद अच्छी रहती है। उस पर फातिमा बुद्धिमती और व्यवहार कुशल थी। काम के प्रति तो इतनी प्रतिबद्ध थी कि लगता काम नहीं कलाकारी कर रही है। अपनी रसीली जुबान से वह लोगों के दिल जीत लेती थी और पगार से अधिक बहुत कुछ पा भी लेती थी। आँसुओं ने उसके हृदय को इतना आसमान बना दिया था कि अपने ख़ून, पसीने और आँसुओं से उसने अपनी माँ और भाई की गृहस्थी को भी सींचा और एक ज़माने से जर्जर घर की मरम्मत और रँगाई-पुताई करवा कर घर को घर जैसा बनवाया। हैरी पोटर के कमरे जैसे अपनी माँ के कमरे में खिड़की खुलवाई। घुटनों के दर्द से पीड़ित माँ के लिए पश्चिमी स्टाइल का नया कमोड भी लगवाया। देखते-देखते वह घर की मदर इंडिया बन गई। फिर भी उसका मन तब विक्षुब्ध हो उठता, जब दिन भर खट कर बस की लम्बी लाइन में लगकर घर आती और देखती कि मैले कपड़ों में लिपटी बेटी के होंठों पर गन्ने का रस चिपका हुआ है और सोई हुई बेटी के होंठों पर मक्खियाँ भिनभिना रही हैं। कभी देखती कि उसकी बेटी बाहर पड़े कचरे के ढेर के पास बहते नाले के गन्दे पानी में काग़ज़ की नौका चलाने के चक्कर में हाथ डुबो रही है। कभी पाती कि बेटी का सिर फिर से जुओं से भरा पड़ा है। कभी देखती कि भूख-ग़रीबी से बेहाल उसके मुहल्ले की झोपड़पट्टियों में सौ-सौ रुपये के लिए ख़ून-खराबा हो रहा है। रही सही कसर मच्छर, मक्खियाँ और हर साल घर में किसी न किसी को होनेवाला डेंगू पूरी कर देता। बीवियों की मारपीट तो आम बात थी। ख़ुद उसका भाई अपनी बीवी पर जब-तब हाथ आजमा देता। वह भाई को भरपूर आर्थिक मदद करती कि वह घर में शान्त रहे, लेकिन कृतघ्न भाई का घड़ा भरता ही नहीं था। पहले मेहनत-मजूरी कर जो थोड़ा बहुत घर में लाता वह भी रुक गया था। मुफ़्त की कमाई का ख़ून मुँह को लग गया था। फातिमा कुछ समझाने की कोशिश भी करती, तो एक ही जवाब उसके मुँह पर पत्थर की तरह उछाल देता—तूमी चाकरी पेए जाच्छो केनो कि ऐई विदेशीरा मेयदेर के भालो

वासे, आमादेर के कोनो पत्ता नहीं (तुम्हें तो विदेशियों के घरों में काम मिल गया पर हम क्या करें, ये मनचले विदेशी औरतों को रख लेते हैं, लेकिन हम मर्दों को घास नहीं डालते)। हमारे लिए तो नौकरी पाना चाँद छूने जैसा है।

उसका जवाब ख़ामोश कर देता फातिमा को। तने चेहरे की रगें शिथिल पड़ जातीं। दुखों ने दिल को दरिया बना दिया था, उसी दरिया में अपने सारे आँसू विसर्जित कर वह हर नये सूरज के उगने के साथ ही नई ऊर्जा से काम पर निकल जाती।

पर अपने स्वप्न घर की जिस कामना को उसने भीतर दबा दिया था, वह ज़मीन के भीतर अनजाने ही फूलती-फलती गई। अथक मेहनत कर कुछ सालों में ही उसने अपना अलग एक घर ख़रीद लिया था। भाई के घर से उसका मन पूरी तरह उखड़ चुका था। छाती पर चिपका तमगा 'छोड़ी हुई' उसे स्वाभिमान से जीने नहीं देता। ऐसे में शिद्दत से उसका मन करता अपने बनाए घोंसले में रहने के लिए, पर समस्या थी कि बारह वर्षीय बेटी को किसके भरोसे घर में अकेली छोड़कर नौकरी के लिए निकले। मइके में कहने को ही सही, पर एक छत तो है सिर के ऊपर!

ऐसे में एक गुलाबी शाम जब हल्की-हल्की बूँदे, बादल और सुरमई अँधेरा इन्द्रजाल रच रहे थे, उसकी भेंट हुई मोहम्मद आसिफ़ से। दोनों मिलते रहे। जवानी के प्रेम जैसा उत्ताल आवेग और गुलाबी उन्माद जैसा कुछ नहीं घटा था जीवन में, लेकिन इतना ज़रूर हुआ था कि आसिफ के मिलते ही सन्नाटे से भरी उसकी ज़िन्दगी में ढोल-मंजीरे बज उठे थे। ज़िन्दगी की इस नई धूप में खिलने लगी थी वह! उम्मीद ने फिर से दामन थाम लिया। व्यावहारिक फातिमा ने सोचा कि कर्म की उड़ान तो भर ही रही है वह, क्या हर्ज यदि प्रेम की पींगे भी साथ-साथ भर ले। बन्दा वफ़ादार लगता है यही क्या कम है, प्रेम धीरे-धीरे जीवन के साथ आगे बढ़ता रहेगा, ज़ाहिर के साथ तो जब हुआ था तब बादल, बिजली, चन्दन, पानी जैसा चाँद सितारों वाला प्रेम हुआ था, पर कितनी जल्दी फालूदा बन गया था प्रेम का।

बरसों से पिंजरे में क़ैद मैना अपने डैने फैलाने लगी। तलछट में बूँद भर बचा जीवन राग अब सतह पर उभरने लगा।

निकाह का मन बना लिया उसने और रोम-रोम में आसमान में उड़ने की आस लिए अपने होनेवाले दूल्हे मियाँ के साथ अपने होनेवाले घर को भी बसाने लगी वह।

नदी जब तटबन्धों से टकराती है, तो गर्जना दूर तक जाती ही है। उसने अपने विवाह की ख़बर अपने दिलजले भाई को दी। भाई ने उसके दूसरे विवाह की वो डुगडुगी पीटी कि यह शुभ समाचार सात समुन्दर पार उसके पहले मियाँ तक पहुँच गया। और ताज्जुब जिसने कभी उसकी खोज-ख़बर इतने सालों में नहीं ली, उसके

दूसरे निकाह की ख़बर ने उसके भीतर वह खलबली मचाई कि उस बन्द घर की साँकल भी बजने लगी। दिन में चार बार उसके और आठ बार उसके भाई के पास फ़ोन आने लगे, एक ही धमकी—तूने यदि दूसरी शादी की, तो मैं बेटी को अपने साथ ले जाऊँगा।

शादी का एलान करते-न करते रिश्तों के पत्ते एक-एक कर झड़ने लगे। सबसे पहले सामने आया ख़ुद उसका भाई, उसे नई उगी सपनों की ज़िन्दगी से बाहर धकेलने के लिए। नहीं चाहता था वह कि खेवनहार बहन के बूते चल रही उसकी गृहस्थी की चलती बस से वह नीचे उतरे। उतर गई वह तो फिर इस चलती गाड़ी को डीज़ल-पेट्रोल कहाँ से मिलेगा? बहन अब बहन नहीं रही थी, नई परिस्थितियों में वह उसके जीवन की फिक्स्ड डिपॉजिट बन गई थी। फातिमा की नन्ही बेटी में भी जाने क्या डर भरा उसके भाई ने कि वह भी अम्मी से पूछ बैठी—नोतून अब्बू आमाके मारबे ना तो (नये अब्बू मुझे मारेंगे तो नहीं)?

'माँ के पैरों के नीचे जन्नत है!' यह बात क़ुरान और हदीस कहती है। लेकिन भूख और ग़रीबी ने फातिमा की माँ के कन्धे भी झुका दिये थे, जिगरा कमज़ोर कर दिया था, वह भी खुलकर फातिमा के पक्ष में न आ सकी, उल्टा उस पर ही ज्ञान पेल दिया, 'अरे मर्द कभी औरत का न हुआ, बिस्तर ठंडा हुआ कि मर्द मर्दुआ हुआ, अभी तो तू आज़ाद पक्षी है।'

समझ गई फातिमा कि मुश्किल है औरतों के लिए इस दुनिया में अपने ख़्वाहिशों के चाँद को पाना! लेकिन इस बार वह हार मानने को तैयार नहीं थी। इस बार वह बदली हुई फातिमा थी। अनारकली से हंटरवाली फातिमा थी। रूह में ज़ख़्म और नज़रों में शोले लिए उसने सामना किया मर्दों की इस दुनिया का और वीर दर्प के साथ एलान किया कि अगले जुम्मे की रात को ही वह मोहम्मद आसिफ़ के साथ कोर्ट मैरिज करने जा रही है। उखाड़ ले जिसे जो उखाड़ना है।

इसके पहले कि फातिमा अपनी ज़िन्दगी की धुन बदलने में कामयाब हो, अपने लोगों ने अब दूसरी चाल चली। तरकश का आख़िरी तीर छोड़ा।

सब पहुँचे उसके होनेवाले शौहर के पास, जो दो बेटियों के अब्बू भी थे। उसके दिमाग़ में वे यह रोशन ख़याल भरने में कामयाब हुए कि जो मोहतरमा इस प्रकार आज अपने भूतपूर्व पति से पंगा लेने में नहीं कोताही कर रही है, जिस भाई ने दुर्दिनों में पनाह दी उसका तनिक भी लिहाज नहीं कर रही है, कल क्या वह अपने वर्तमान शौहर को छोड़ेगी? दो-दो किशोरियों के बाप को रणचंडी नहीं, डाल की तरह झुकी अल्लाह मियाँ की गाय जैसी स्त्री से निकाह करने की सोचनी चाहिए।

कोयले का इंजन अपना धुआँ फैलाकर जा चुका था।

होनेवाला शौहर शरीफ़ बन्दा था। गाँव का था, जानता था कि चूल्हे की आँच जब बहुत तेज़ हो जाती है, तो स्त्रियाँ उसे धीमा करने के लिए गोयठा डाल देती हैं।

दो-दो बेटियों के उस होनेवाले शौहर ने भी गोयठा डाल बीच का रास्ता अपनाया और अपनी मेहँदी लगी लेनिननुमा छोटी सी दाढ़ी पर हाथ फेरते हुए फातिमा से कहा—कुछ समय तक ठहर जा जब तक वबंडर ठहर न जाए!

फातिमा के चेहरे पर तना ख़ुशियों का वह शामियाना धीरे-धीरे उतरने लगा था। वह कुछ समय अब तक न बीता था, चार साल बाद भी जब मैं वहाँ से निकली, तब तक भी नहीं।

बिल्ली झोले से निकल चुकी थी। कोमल-कोमल जो कुछ भी उगा था फातिमा के भीतर उन दिनों, वह टहनी सा टूट गया था। मन की हवा थम गई थी, पत्ते ख़ामोश हो गए थे। 'कहाँ जाएं' जैसे सारे सवाल अब ख़ामोश थे।

अकेली तो थी ही और अकेली हो गई!

वह कम बोलने लगी थी। कम जीने लगी थी। प्रतीक्षा थकने लगी थी। तारे देखते-देखते अब उसकी नज़र घास पर ही अटकने लगी थी। एक सूखी नदी की मानिंद बहने लगी थी वह!

वर्जीनिया वुल्फ और उन जैसी कितनी जानें हमेशा से इसी प्रकार अपने एक निजी कमरे को तरसती रही हैं!

12

कब नज़र में आएगी बे दाग़ सब्ज़े की बहार,
ख़ून के धब्बे धुलेंगे कितनी बरसातों के बाद।

ढाका का जेनेवा कैम्प

समुद्र, हवा, बादल, पानी और नदियों के देश बांग्लादेश की बारिश दुनिया की सबसे सुन्दर बारिश होती है। मन को भिगोता सपनों में रंगता टापुर-टुपुर बरसता जल, टपकती बूँदों का संगीत और रंग बदलता आसमान। बरसात में ढाका को मेघ से ढका ढाका कहा जाता है। आसमान पर काली घटा छा जाती है। बारिश का मिज़ाज यहाँ मुम्बई जैसा कतई नहीं होता। कुछ घंटे के बाद ही मौसम एकदम आशिकाना हो जाता है। आसमान में इन्द्रधनुष, पेड़ों पर परिन्दे और फ़िज़ा में ताज़गी-भरी तरंगे खिलखिला उठती हैं। वर्षा ऋतु के आसमान को देख लगता है, जैसे जाने किस चित्रकार ने अपनी कूची से रंग दिया इस आसमान को। ऐसी ही वह मेघों से एक ढकी शाम थी जब हम ने योजना बनाई जेनेवा कैम्प देखने की।

पाकिस्तान को हराने के बाद पाकिस्तानी मानसिकता को हराना बांग्लादेश के लिए सबसे बड़ी चुनौती थी। इसलिए जिन्होंने 1971 में पाकिस्तानी सेना की मदद करनी चाही थी, ढाका में होनेवाले मुक्ति-संग्राम का विरोध किया था, पाक द्वारा थोपी गई उर्दू का समर्थन किया था, उस छोटे से वर्ग को रज़ाकार और बिहारी मुस्लिम कहा जाने लगा और सबक सिखाने के नाम पर बंगाली मुस्लिमों द्वारा उनका क़त्लेआम शुरू हो गया। उन पर यह भी आरोप था कि उन्होंने पाकिस्तानियों को मदद भी की थी और कई स्वाधीनता सेनानियों की हत्या में भी उनका हाथ था। ऐसे में जेनेवा समझौते के तहत उनकी जान-माल की रक्षा के लिए उन्हें जेनेवा कैम्पों में रखा जाने लगा।

ढाका में ऐसे कई जेनेवा कैम्प हैं, जिन्हें बिहारी कैम्प भी बोला जाता है, जहाँ अधिकतर शिया सम्प्रदाय के मुस्लिम रहते हैं। मुझे विश्वास नहीं हुआ कि ढाका में सचमुच ऐसे कई कैम्प हैं, जहाँ 1974 के बाद से ऐसे बिहारी मुस्लिमों को रखा जा रहा है, जिनकी जान को यहाँ के बंगाली मुस्लिमों से ख़तरा था।

बहरहाल मैं एक दिन पहुँची मीरपुर के जेनेवा कैम्प में।

सजे धजे, बत्तियों की रंग-बिरंगी झालर से जगमगाते, चिकनी सर्पीली सड़कों वाले, झूलते भव्य फानूस वाले बड़े-बड़े मॉल, होटल, कैफे और रेस्तराँ से गुलज़ार किसी मायानगरी से दमकते, बारिधारा, बनानी, विजय सरणी, एयरपोर्ट रोड, हेयर रोड जैसे पॉश इलाक़ों को देखने के बाद यह विश्वास करना मुश्किल था कि जगह-जगह गड्ढों, काले चिकने लिजलिजाते कीचड़, कचरा, धूल, मच्छरों और गर्द से भरे कुरील बस्ती, नेशन बज़ाएर बस्ती, मोहम्मदपुर, इस्लामपुर, साईद नगर, टँगी ताड़गाछ, मावा घाट, कैरानी गंज, पुस्तोगोला, बासावो, कोराइल बस्ती और नाखाल पारा जैसे धूल, गर्द, गन्दे बहते खुले नालों और गड्ढों से भरे एकदम सँकरी-सँकरी गलियों वाले इलाक़े भी ढाका में ही हैं, जहाँ जमा कचरे के छोटे-मोटे पहाड़ को देख मुझे कोलकाता के बाँस बाज़ार, बड़तल्ला और मछुआ बाज़ार की याद ताजा हो जाती। जहाँ कहीं कुछ लोग घर को पीठ पर लादे चलते हैं, तो कहीं टिन-टप्पर, बाँस की खपच्चियों और टाट से खड़े किये गए घर हैं। घरों के बाहर चिक और बोरे के पर्दे लटके हुए। ग़रीबी जहाँ का स्थायी भाव है, जहाँ हर आधे किलोमीटर पर कचरे के छोटे-छोटे पहाड़ों के साथ फुटपाथ पर खेलते नंग-धड़ंग बच्चे, विभिन्न सामानों की छोटी-छोटी खुली दुकानें, सब्ज़ियों और फलों के हॉकर हैं, जिनके चलते रास्ते पर चलना मुश्किल है। ऐसे ही एक इलाक़े में दो पड़ोसियों के बीच एक साझा कुकिंग गैस को देखकर दंग रह गई। दो चूल्हे वाला कुकिंग गैस था। गैस का एक चूल्हा एक घर में तो दूसरा चूल्हा दूसरे घर में। बीच की दीवार नीचे से थोड़ी सी काट दी गई थी। ऐसे ही एक मुहल्ले में देखा मुम्बई की चाल की तर्ज़ पर बेहद छोटे-छोटे (सात बाई सात) बीस घरों के बीच तीन साझे

कुकिंग गैस। एक महिला ने मुझसे बात करते-करते उस पर चावल पकाए और अपने घर में घुस गई। जैसे ही वह चूल्हा खाली हुआ, दूसरी महिला ने अपने चावल की हंडिया चढ़ा दी। वहीं पर देखा कई घरों के बीच एक फ्रीज़, जिसमें आठ-दस लोग अपनी चीज़ें ठूँस रहे थे। एक बच्चा कच्चे नूडल्स चबा रहा था, तो एक बच्चे की हथेली पर माँ ने दस का नोट रखा कि वह पास की दुकान से केक खा ले। इन घरों की औसत आमदनी महीने में दस से बारह हज़ार है। कई घरों में पढ़े-लिखे जवान भी बेरोज़गारी के चलते बूढ़े बैल से लाचार पड़े हुए हैं। कोई ख़ुशनसीब हुआ, तो सऊदी अरब जैसे मुल्क में नौकरी पा जाता है।

मीरपुर के जेनेवा कैम्प जैसे ढाका में ऐसे कई कैम्प हैं, जहाँ 1974 के बाद से अटके पाकिस्तानियों को रखा जा रहा है। जहाँ आज भी इक्कीसवीं सदी ने प्रवेश नहीं किया है। जहाँ आज भी पाकिस्तानी झंडा लहरा रहा है। आप इस ग़लतफ़हमी में न रहें कि यह पाकिस्तानी झंडा इन बिहारियों ने लगाया है, जी नहीं ये कैम्प अब चूँकि अन्तर्राष्ट्रीय निरीक्षण में हैं, इसलिए यहाँ किसी भी तरह की कोई छेड़छाड़ यहाँ के बाशिन्दे नहीं कर सकते हैं। यह पाकिस्तानी झंडा जेनेवा कैम्प के अधिकारियों द्वारा लगाया गया है। ये वही मुस्लिम हैं, जिन्हें पहले, चूँकि वे बिहार (भारत) से आए थे, इसलिए उन्हें बिहारी मुसलमान कहा जाता था। 1974 के बाद से उन्हें स्ट्रेंडेड पाकिस्तानी कहा जाने लगा, जबकि उनमें से अधिकांश ने पाकिस्तान को देखा तक नहीं है। चूँकि पूर्वी पाकिस्तान सीमा के क़रीब था, इस कारण बिहार से अधिकांश पूर्वी पाकिस्तान आए। 1971 तक कोई खास समस्या नहीं थी। 1971 के बाद इनकी जड़ें पाकिस्तान में खोजी जाने लगीं, क्योंकि इनमें से अधिकांश के दिलों की खिड़की पाकिस्तान की ओर खुली हुई थी, इसलिए उन लोगों ने बांग्लादेश बनाने का विरोध किया था। आरोप यह भी कि 1971 में उन्होंने पाकिस्तानी सेना की मदद करनी चाही थी, ढाका में होनेवाले मुक्ति-संग्राम का विरोध किया था और कई स्वाधीनता सेनानियों की हत्या में भी इनका हाथ था। उन्होंने पाक द्वारा थोपी गई उर्दू का समर्थन किया था, क्योंकि वे हिन्दी-उर्दू बोलते थे। इनके साथ होनेवाली मारकाट और ख़ून-खराबा को रोकने के लिए ICRC (इंटरनेशनल कमिटी ऑफ़ रेड क्रॉस) ने उन्हें तमाम जगह से इकट्ठा करके सुरक्षित कैम्पों में रखा। सरकार ने उनसे सारे नागरिक अधिकार छीन लिए, उस समय कहा गया था कि यह इन्तजाम सिर्फ़ तीन सालों के लिए है। वे तीन साल बढ़कर आज पचास साल हो गए हैं और वे अभी तक वहीं अटके हुए हैं, शरणार्थियों की तरह।

यद्यपि ये कैम्प किसी जेल जैसे नहीं हैं। फिर भी यहाँ के रहवासियों के सीने में पछाड़ खाता हाहाकार है। यहाँ बसे लोगों को अलग से एक शिनाख़्त पत्र दे दिया जाता है। छोटी-छोटी दुकानों से भरे ये कैम्प अपने-आप में अति साधारण दैनिक जीवन का एक आश्चर्यलोक हैं। यहाँ बेलन के आकार की छोटी-छोटी गलियाँ हैं,

जहाँ चिरन्तन पसरा हुआ हल्का नीला-सा अँधेरा है। हर जगह पलस्तर उखड़ी दीवारों से झाँकती ईंटों और टिन की छतों वाले एक मंज़िला या दुमंज़िला मकान हैं। जहाँ आग और राग से भरी ढेरों ख़ामोश, ख़ुफ़िया और रहस्यपूर्ण ज़िन्दगियाँ हैं अपनी पीठ पर झूठी पहचान का आत्मदंश ढोती हुई। इन गलियों के बाहर बकरियाँ, मुर्गियाँ, आवारा कुत्ते, स्कूटर, साइकिलें, ठेले वाले, मोबाइल, स्टोव रिपेरिंग शॉप, कल-पुर्जों के वर्कशॉप, किराने और गोश्त की दुकानों से लेकर राशन, मांस, बिजली के सामान, फल, सब्ज़ियों के ठेले, दर्जी, शृंगार, दवाई, कपड़े, कबाड़ी, जरी के सुन्दर-सुन्दर घाघरे आदि की, यानी जीवन के लिए ज़रूरी सभी दुकानें हैं। छोटे-छोटे कुटीर उद्योग हैं। हर कोई किसी गतिविधि में लगा हुआ है। यहाँ के लोगों को बनारसी साड़ी और जामदानी साड़ियों के निर्माण में महारत हासिल है। विकास और आधुनिकता की परछाईं को झेलते, सीमान्त पर पड़े यहाँ के बाशिंदों के जीवन में कोई विशेष अन्तर नहीं आया है। छोटे-छोटे बेजान, बेरूह और स्वप्नविहीन घर हैं इन कैम्पों में, जहाँ कहीं-कहीं अँधेरा है, घुटन है, मुस्कराती शक्लों के साथ लाचार, बेबस और मनहूस शक्लें हैं। हर आत्मा पर अपनी सही पहचान न होने का बोझ है। बिजली, पानी की समुचित व्यवस्था नहीं है। सचाई यह भी कि इन दर्द-गुबार, धूल-धक्कड़ और अभावों के बीच भी एक सामूहिक मानव जीवन की अनोखी लय है, स्पन्दित होती हुई।

पिछले दस पन्द्रह सालों में समय का चाक घूमा है। हवा का ज़हर कम हुआ है। इनकी स्थिति में सुधार हुआ है और अब इनमें से अधिकांश को विशेषकर 1971 के बाद में जन्मी पीढ़ी को नागरिकता दी जाने लगी है। अब इस नई उगी पीढ़ी ने भी ख़ुद की माटी को देश की माटी में ढाल लिया है, इस नई पीढ़ी ने बांग्ला भाषा और संस्कृति को भी पूरी तरह से अपना लिया है, लेकिन अतीत है कि इनका पीछा नहीं छोड़ रहा है, इसीलिए उनका दर्द है कि—'हम तो इसी माटी के हैं, हमने तो कभी पाकिस्तान को देखा तक नहीं, सिर्फ़ नाम भर सुना है, फिर भी हमें क्यों पाकिस्तान से जोड़ा जा रहा है।' उतरती अधेड़ के एक बाशिन्दे ने कहा—'बचपन में जब हमको संडास जाना होता, तो हम मज़ाक़ में बोलते थे, पाकिस्तान जा रहा हूँ। और देखिए जिसका मज़ाक़ उड़ाया, आज उसी के झंडे तले हमें धकेल दिया गया है। यह तो टोटल अन्याय है हमारे साथ। है ना मैडम!'

मेरे कान उनकी बातों की तरफ़ थे और मेरी निगाहें दरवाज़े के बाहर लगे उस बड़े-से बोर्ड पर अटकी थीं, जहाँ लिखा था—

Stranded Pakistanis General Repatriation Committee.
H.O.—Geneva Camp, Meerpur.

ठीक ऐसे ही नज़ारे मुझे मिले मोहम्मदपुर जेनेवा कैम्प में। एक ख़ास बात यहाँ यह लगी कि मोहम्मदपुर से निकलनेवाले सभी रास्तों के नाम मुगलिया सल्तनत की

याद दिलानेवाले थे—जैसे ताजमहल रोड, शेरशाह सूरी रोड, नूरजहाँ रोड आदि। बाहर ढेर सारे साइकिल रिक्शे खड़े हुए थे। डाव, गन्ने का रस और चाय की दुकानें और फलों के ठेले भी लगे हुए थे। उसी से थोड़ी ही दूरी पर बने कैम्प के मुख्य दरवाज़े के ऊपर लिखा था—

Stranded Pakistanis General Repatriation Committee.
H.O.—Geneva Camp, Meerpur.

भीतर दुनिया-भर की दुकानें थीं—मोबाइल और दर्जी की दुकान से लेकर दाल चावल और कबाब की दुकान तक। सँकरी गलियों के भीतर बने हुए घर। हर घर की दीवारों पर अभावों का लेप। हर चेहरे पर पुता हुआ 'न दैन्यं न पलायनम'। घरों के बाहर ही अड्डा मारती ढेरों औरतें, सभी उम्र की। रंग-ढंग, सज-धज में एकदम बंगालियों जैसी। लगा नहीं कि ये अलग आसमान के परिन्दे हैं। इनके साधारण जीवन की लय-ताल असाधारण थी, कहीं से भी देखो इसकी गूँज, अनुगूँज, इसकी साँसें साथ-साथ चलती थी, पुराने ढाका के किसी भी निम्नवर्गीय इलाक़े की तरह। फ़र्क़ बस इतना कि इन दुकानों के पते पर जेनेवा कैम्प लिखा था, जैसे एक दुकान के बोर्ड के बाहर लिखा था—रहीम ऑटो पार्ट्स, हुमायूँ रोड, जेनेवा कैम्प, मोहम्मदपुर, ढाका 1202। मैंने जान-बूझकर यहाँ की महिलाओं और दुकानदारों से हिन्दी में बात की, तो वे ख़ुशी से उछल पड़े। भाषा प्रेम जाग गया, एक दंतहीन वृद्ध ने अपनी उदास मुस्कान बिखेरते हुए पूछा—आप क्या इंडियन हैं। और जब मैंने बताया कि हाँ मैं कोलकाता से हूँ, तो उनकी बुढ़ाती आँखें चमक उठीं, माटी और जड़ों का प्रेम कम नहीं होता।

उग रहा है दर-ओ-दीवार पे सब्ज़ा 'ग़ालिब'
हम बायाबाँ में हैं और घर में बहार आई है।

सबकी अपनी-अपनी कहानियाँ थीं यहाँ, लेकिन फीकी शक्ल वाली नूरजहाँ की कहानी भुलाए नहीं भूलती। जेनेवा कैम्प के मामले में अपने समय की पीड़ाओं के बीच खड़ी वह सोलज़ेनित्सिन का स्त्री संस्करण थी। नूरजहाँ की कहानी सुन धरती भी अपनी धुरी पर घूमते-घूमते रुक गई होगी, सोई चाँदनी की भी नींद उचट गई होगी। बहरहाल उसकी कहानी उसी की जुबानी,

"बचपन के तेईस साल तक परछाईं की तरह मेरे साथ रही मेरी बहन इशरत। मैडम, चाँद और सूरज हमारी पलकों पर एक साथ उगते और अस्त होते थे। वह हॉर्मोनियम बजाती और मैं रवीन्द्र संगीत गाती थी। वह रोटी बेलती और मैं सेकती थी। वह कपड़े धोती और मैं फैलाती थी। फिर अब्बू ने हमारी शादी करवाई। मेरी शादी

ढाका में हुई। दादी चाहती थी कि एक रिश्ता कोलकाता में हो जाए, तो कोलकाता में भी आना-जाना लगा रहेगा। इशरत का रिश्ता कोलकाता में हुआ। शादी यहीं मोहम्मदपुर में ही हुई। कैसे भूल सकती हूँ, वह 16 दिसम्बर, 1970 का चमकता दिन था। ढाका पूरे नूर पर था। धूमधाम से शादी हुई और फिर इब्राहिम जीजू वापस कोलकाता चले गए। लेकिन हम लोगों का प्रेम देख जीजू ने यहीं बसने का मन बना लिया था, वैसे भी जीजू के परिवार में सिर्फ़ उनकी एक आपा ही बची थी, उनके अम्मी-अब्बू का इन्तकाल हो गया था। तो जीजू अपनी आपा के लिए ढाकाई साड़ी, भांजा के लिए ढाकाई मलमल का कुरता लेकर कोलकाता चले गए, हमसे बोले—इशरत को वहाँ का विक्टोरिया गार्डन भी दिखा दूँगा और आप सब के लिए चित्तरंजन का रसगुल्ला भी लेता आऊँगा और इंशाअल्लाह अच्छा पैसा मिल गया, तो इसी बार सब बेच बाचकर यहीं मोहम्मदपुर में बस जाऊँगा। आख़िर परिवार का सहारा बहुत माने रखता है। इशरत ने भी यह सोचकर कि वापस तो यहीं आना है, अपनी शादी में मिला कुछ भी सामान साथ नहीं ले गई, सिवाय कुछ सुन्दर ड्रेस के। जीजू को धानी रंग बहुत पसन्द था, इशरत ने इशारे से अम्मी के सामने बताया भी था, पर मैं ठहरी गोबर गणेश, सो उसके लिए बक्से से अपनी पसन्द की हल्के गुलाबी रंग की जामदानी साड़ी निकाल कर ले आई उसके लिए। उसने पहन तो ली, पर जाते-जाते बिट्टो रानी आँखे तरेरना न भूली...” कहते-कहते पहली बार वह हँसी। लेकिन हँसी का आख़िरी हिस्सा फिर मायूसी में बदल गया, आँखों में पीड़ा लहराने लगी,

“बस वही आख़िरी झलक थी उसकी। सोलह भरी सोना जो उसे अब्बू ने दिया था। उसे भी दंगाइयों ने लूट लिया। हिंसा और लालच उनके दिमाग़ में घोंसला बना चुके थे।”

“हिंसा तो समझ आती है पर लालच?”

“हाँ आपा! लालच नहीं होता तो हम बिहारी मुसलमानों की सम्पत्ति पर क्यों हाथ साफ़ करते वो। हमारा सोना और हमारे घर पर क़ब्ज़ा क्यों करते वो? सिर्फ़ एक कमरे को हमारे लिए छोड़कर हमारे सारे मकान और सामान पर भी कब्ज़ा कर लिया।”

कुछ बेचैन पल!

मैंने उसके सर पर हाथ धरा। मुझे यक़ीन नहीं हो रहा कि हनीमून मनाने कोलकाता गई इशरत फिर वापस लौटी ही नहीं? इतने सालों बाद भी?

देखते-देखते वह फिर शान्त झील से गर्म इस्त्री में तब्दील हो गई, चेहरे पर काँटे उग आए,

“यही तो सारा रोना है आपा, पचास साल हो गए उसे देखे हुए। दुनिया के लिए वह महज एक मुसल्ली हो पर मेरे लिए तो वही दुनिया थी। उधर उसको विदा किया, इधर मोहम्मदपुर और मीरपुर में मारकाट मच गई। मेरी मामी अपनी

एक बच्ची के साथ वहीं मोहम्मदपुर में रहती थी। मामू सब्ज़ी लेने बाज़ार गए थे। पीछे से बंगाली मुसलमानों ने घर को घेर लिया। कच्चा मकान था। मामी देखने में सुन्दर थी, पहले उस हरामी ने मामी के साथ मुँह काला किया, फिर मामी के पेट में छुरा भौंक दिया। हरामियों ने मामू की पाँच वर्षीया बेटी को भी नहीं बख्शा। उस पर भी छुरा चला दिया। भागे-भागे मामू वापस लौटे, तो बेटी की साँस चल रही थी। मामू के पूछने पर कि कैसे हुआ यह सब, उसने मुँह से अटकते स्वर में सिर्फ़ एक नाम लिया 'राशिद चाचू' और गर्दन लटका दी। वह कमीना राशिद और कोई नहीं, मामू का ही किरायेदार था। वर्षों साथ-साथ पतंगे उड़ाई, पर बांग्लादेश बनते ही हम-हम नहीं रहे। पड़ोसी-पड़ोसी नहीं रहा। मर गया था उसकी आँख का पानी। वह अब गँडासे में बदल चुका था। हम बिहारी बन चुके थे। हरामियों ने दंगे की आड़ में मामू का घर भी क़ब्ज़ा लिया। वहाँ से मामू हमारे यहाँ मीरपुर चले आए। लेकिन मीरपुर में भी फ़िज़ा बदल गई थी। हमारे सुख-चैन पर यहाँ भी बाघ ने पंजा मार दिया था। दंगाइयों का मन हरामी हो गया था। हम बाबर की औलाद हो गए थे। गायों के पेट से नेवले पैदा हो रहे थे। हर नुक्कड़ पर था हमारे लिए खुला चमचमाता खंजर! हर कोई अपनी खाल से बाहर आ चुका था, बिजली का नंगा तार हो चुका था। हालत यह हो गई थी कि जहाँ देखते मर्दों को, सबको कमर में डोरी से एक साथ बाँध ले जाते वहाँ के दंगाई बंगाली। गालियाँ ऐसी बकते कि मुर्दे भी भाग खड़े हों। हम घरों की सारी खिड़कियाँ और दरवाज़े बन्द रखते। कुछ मर्दों ने घर के बाहर गड्ढा खोद उसमें पनाह ली और गड्ढे के ऊपर घास डाल दी थी। इतनी दहशत थी कि कोई चिल्ला भी देता, तो हम डर जाते कि दंगा हो गया। हम जूता पहन सोते, घर को कन्धे पर लादे कि कब भागना पड़ जाए। मेरे अब्बू, शौहर, भाईजान और मामू तो तीन दिन तक घर के अन्दर भी दिन-भर पलंग के नीचे छिपे रहते, वहीं सोते, वहीं खाते कि कौन जाने कब कोई भूखा भेड़िया निकले अपनी मांद से और दबोच ले हमें।

"आज पचास साल से तरस रही हूँ इशरत को छू भर लेने के लिए। कौन समझ सकता है मेरे दिल के सन्नाटे को। रात आँख झपकती भी नहीं कि दुःस्वप्न नोंच लेते हैं नींद को। शायद ही कोई रात गुज़री हो कि सो पाई हूँ, पूरी नींद तो कभी आई ही नहीं, बस छोटी-छोटी नींद ही नसीब में रही। कलेजे में वो हूक उठती है कि क्या बताऊँ। लगता है जैसे कोई खंजर गड़ा है भीतर। आठ-आठ आँसू रोते अब्बू भी आसमान के बाशिंदा हो गए। इशरत-इशरत करते प्राण निकले उनके। मैं कौन ज़िन्दा हूँ, काठ हो गई हूँ। शरीर यहाँ—रूह वहाँ। जब कलेजे की हूक थमती ही नहीं और घबराहट बहुत बढ़ जाती है तो बेटा मुझे डिप्रेशन की गोली खिला देता है। तीस साल से खा रही हूँ ये गोलियाँ, अब तो मरी ये भी असर नहीं करती। मेरी गोली तो इशरत है।"

शुरुआती यौवन के उसी फ्रेम के इर्द-गिर्द वह फिर से फ्रीज़ हो गई थी।

कुछ ख़ामोश बोझिल पल!

उसके काँपते जिस्म को देख, उसको सान्त्वना देने के लिए कुछ पूछना ज़रूरी था, इसलिए पूछा मैंने, "मैं कुछ समझी नहीं, क्यों नहीं मिल सकती तुम इशरत से। इतने सालों में क्या की तुमने कोई कोशिश?"

दुपट्टे के पल्लू से नाक-आँख को पोंछते हुए बोली वह, "क्या कोशिश करती आपा? कैसे करती? बिना पासपोर्ट कैसे जाती? शुरू में तो हमें बस अपनी जान बचाने भर की पड़ी थी। सरकार ने भी हमारे मुँह पर काला कपड़ा डाल हमें इन कैम्पों में डाल दिया कि हम बचे तो रहेंगे, सर पर छज्जा तो रहेगा। बस पूँजी के रूप में बचे हुए आँसुओं के साथ हम यहाँ आ गए। सरकार ने हमारे सारे नागरिक अधिकार छीन लिए, तो हमें भारत जाने के लिए पासपोर्ट कहाँ से मिलता? हमारे पास तो वोट तक देने का अधिकार नहीं था। सरकारी नौकरी तक हमें नहीं मिल सकती थी। रोटी और ज़िन्दा रहने की लड़ाई ने ही निचोड़ दिया हमें। अब तो फिर भी कुछ ढिलाई हुई है। फ़र्ज़ कीजिए आज परमिशन मिल भी जाए, तो शरीर ऐसा जर्जर कि दस मिनट न चल पाऊँ, न लम्बा बैठ पाऊँ। उफ़! तब तो कोई सोच भी नहीं सकता था कि पाकिस्तान के भी दो टुकड़े हो जाएँगे। हमने सोचा था कि पाकिस्तान बन गया अब झमेला ख़त्म, तब क्या पता था कि बँटवारा कभी ख़त्म नहीं होता। युद्ध कभी नहीं थमता। बाहर से चाहे ख़त्म हो गया पाकिस्तान का डर, पर भीतर की बांबी में बसा पाकिस्तान कभी ख़त्म नहीं होता। अब्बू ने भला ही सोचा था कि रिश्तों की डोर के सहारे वे कोलकाता की डोर से भी बंधे रहेंगे, कुछ सालों तक रिश्तों की अमीरी रही भी, हम अपने चचाजान से मिलने आते-जाते भी रहे कोलकाता पर बांग्लादेश क्या बना, यहाँ के बंगालियों की तासीर में ही पानी मिल गया। सारे धागे ही टूट गए। वे बंगाली तो टैगोर के गीत गाते थे, पर टैगोर को कितना समझा उन्होंने? दोनों ही देशों में टैगोर का गीत राष्ट्रीय गीत बना, दोनों ने यह भी माना था 'सवाई ऊपरे मानुष सत्य' पर किसने अमल किया इस पर? बताइए!" बोलते-बोलते वह अचानक लपट में तब्दील हो गई थी।

मैं चुप! क्या जवाब देती उसके सवालों का? अचानक मन में मेरे भी हुक उठी, इशरत की तसवीर देखने की। मैंने इधर-उधर गर्दन घुमाई, हर दीवार खाली, सिर्फ़ एक दीवार पर अज़ान की कुछ आयते फ्रेम में मंढा कर टँगी हुई थी। मैंने संकुचाते हुए पूछा—'इशरत की क्या कोई तसवीर है आपके यहाँ?'

मेरा मंतव्य समझकर बोली वह—हमारे इस्लाम में तसवीर हराम है, तसवीर वाले घर में फरिश्ता नहीं घुसता और अल्लाह भी इबादत कबूल नहीं करते हैं, पर मेरी किताब में रखी है उसकी शादी के समय की तसवीर, अभी दिखाती हूँ।

काँपती आवाज़ की उसकी उदासी मुझे चाकू सी चुभने लगी। कुछ देर बाद ही काँपते क़दमों से आई वह तसवीर लेकर। तसवीर पर प्यार से हाथ फेरते हुए आगे बढ़ाई उसने उसकी प्यारी-सी तसवीर। तसवीर के साथ ही फिर एक अजीब-सा विषाद आकर बैठ गया था हमारे बीच। मेरी रूह से चिपक गए वक़्त के वे चित्र। भारी मन से ही उठी मैं। याद आया, जब मैं जेनेवा कैम्प के लिए निकल रही थी, तो बेटे ने चेताया था—ममा, बोर हो जाएँगी, वहाँ कुछ नहीं है। सोच रही हूँ जहाँ कुछ नहीं होता है, वहीं कितना कुछ होता है।

ओ मेरे माँझी, अबकी बार, ले चल पार, ले चल पार!

जैसे गोहाटी इतराता है ब्रह्मपुत्र नद पर, कोलकाता हुगली नदी पर, आगरा ताजमहल पर और भुवनेश्वर अपने जगन्नाथ पुरी के मन्दिर पर वैसे ही ढाका इतराता है अपनी पद्मा नदी पर। मैंने भी लिख दी पद्मा नदी की लहरों पर अपने ढाका प्रेम की दास्तान :

भारत की माँ गंगा की ही एक उपधारा यहाँ आकर पद्मा नदी बन जाती है, जिसे बंगाली में पद्दो नदी कहते हैं, जिस पर बंगाली कथाकार माणिक बन्द्योपाध्याय ने 'पद्मा नदी के मांझी' शीर्षक से विश्व प्रसिद्ध उपन्यास भी लिखा था। आसाम से बहती कुसियारा नदी यहाँ मेघना कहलाती है। ब्रह्मपुत्र यहाँ भी ब्रह्मपुत्र ही कहलाता है। पद्मा नदी पर सेतु अभी निर्माण की प्रक्रिया में है। तसवीरों में जिस प्रकार सुन्दर से सेतु के नीचे कल-कल बहती पद्मा नदी को देखा, तो देखते-देखते सम्मोहन-सा छा गया मेरे ऊपर। मघ बाज़ार, बंग बाज़ार, करनी गंज और श्रीनगर गाँव में लकड़ियों के खम्भे पर टिके घरों, कहीं-कहीं माटी और बाँस की खप्पचियों से बने घर और जगह-जगह बने तालाब में तैरते बत्तखों और कुड़-कुड़ करते मुर्गों को (अगरतला में देखे थे मैंने लकड़ी के खम्भों पर टिके ऐसे घर) देखते-देखते मैं जिस समय नदी के घाट पहुँची, मुझे हज़ार-हज़ार वाल्ट के ज़बरदस्त झटके का आनन्द आया। तीन चीज़ एक साथ हुई। भारत के पर्यटन स्थल की याद आने लगी। तेज़ धूप ने यूँ भी अधमरा कर रखा था, उस पर हिलसा मछली की तेज़ गंध ने झटके के आनन्द को बढ़ा दिया। सूरज क़रीब आने लगा। घाट किनारे धूल, कचरा, प्लास्टिक की बोतलों, कॉफ़ी पी कर फेंकी हुई थर्मल ग्लासों और सूखे पत्तों की सेज बिछी हुई थी। फेरी घाट पर क्षमता से अधिक लोगों से ठसाठस भरी हुई नौकाएँ चल रही थी। हवाएँ रूठी हुई थीं। पद्मा के घाटों पर दुनिया-भर के रेस्तराँ और होटल खुले हुए थे। खुले रेस्तराँ में पकती हिलसा की उबकाई लानेवाली तेज़ गंध मुझ शाकाहारी के लिए नाकाबिले बर्दाश्त थी। बसों के नाम, रेस्तराँ के नाम हिलसा मछली पर। जगह-जगह लगी हुई हिलसा की तसवीरें।

हिलसा सचमुच बांग्ला का गर्व है। बहुत बड़ी मात्रा में हिलसा मछली कोलकाता में निर्यात होती है। घाट पर सीमेंट, माटी और बालू के छोटे-छोटे पहाड़ बने हुए थे। कहीं-कहीं दम लगाके हईशा जैसी आवाज़ मज़दूरों के कंठ से निकल रही थी। एक कोने में शान से खड़ा पलाश का पेड़ दहक रहा था। एक औरत सर पर माटी ढो रही थी। जाने कितने जन्मों से ढो रही थी माटी कि एकदम मिट्टी के रंग की हो गई थी। पास ही उसका नौनिहाल खेल रहा था माटी से।

तेज़ झुलसाती धूप में सिवाय रेस्तराँ के कहीं बैठने की जगह तक नहीं थी। एक जगह लिखा था—पद्म ब्रिज आमार गौरव। इंशाअल्लाह! जब यह सेतु बनकर तैयार हो जाएगा, तो पद्मा नदी का यह मनोहर सेतु सचमुच हर बंगलावासी के लिए गर्व का विषय होगा। भीड़-भाड़ से दूर कुछ मछुआरे अपना जाल ठीक कर रहे थे। उन्हें देख मुझे रूसी चित्रकार इसाक लेवितन की ख़ूबसूरत पेंटिंग्स याद आई, जिसमें नदियों के किनारे नावें थीं। इन नावों ने अनायास मुझे याद दिलाया कि हमारे यहाँ गंगा किनारे निषाद नाव तैयार करते थे, लकड़ी काटते थे कहाँ कितना वज़न देना है, पाल, पतवार वग़ैरह कैसी हो—ये सब तय करते थे। नौका तैयार करना सचमुच एक कला है, क्योंकि इसमें नाव के साथ-साथ जल को भी जानना होता है और हवाओं को भी। वे जानते थे कि नदी कैसे बहेगी, हवाएँ कैसे चलेंगी!

नाविकों के सबसे अच्छे गीत शायद बंगाल में लिखे गए—राग भटियाली इसी से आता है। लौटते वक़्त मुझे हेमंत कुमार के गाये गीत के बोल याद आने लगे—

> *ओ नदी रे, एकटी कथा शुधाई शुधू, तोमारे*
> *... ...*
> *बलो कोथाय तोमार देश।*

बोलो नदी तुम्हारा कौन-सा देश है? काश! हममें भी वह मुक्त भाव होता! वह खुलापन होता! हम भी देश और सरहद की सीमा पार सबके होते, धरती माता के होते!

बहते पानी को देखते हुए मैं अक्सर सम्मोहित हो जाती हूँ, पर इस बार ऐसा नहीं हो पाया। लौटते वक़्त मेरे भीतर उम्मीद और प्रार्थना थी कि इस बार जो हो न पाया अगली बार हो जाए वो!

पुनश्च : 25 जून 2022 को हर बांग्लादेशी का स्वप्न पूरा हुआ, जब शेख हसीना के हाथों साढ़े छह किलोमीटर लम्बे पद्मा ब्रिज का उद्घाटन हुआ। पूरा ढाका पोस्टरों से अटा पड़ा था, हर 50 मीटर पर पोस्टर—तरह-तरह के पोस्टर, कहीं ढाकाई साड़ी में सर पर आँचल दिये शेख हसीना का मुस्कराता चेहरा, तो कहीं सफ़ेद कुरता-पायजामा में बंगबंधु मुजीब। ब्रिज के किनारे पोस्टर अपेक्षाकृत

कम थे, पर सबसे आकर्षक था लगभग हर किलोमीटर पर ब्रिज के बीच में लगे बड़े-बड़े साइन बोर्ड, जिसमें अवामी लीग का चुनाव चिह्न 'ख़ूबसूरत नौका' बना हुआ था। पोस्टरों की कुछ बानगी—शेख हसीनार देश प्रेम एवं असीम साहसेर नाम पद्मा सेतु। एक जगह लिखा था—माननीय प्रधानमंत्री शेख हसीनार स्वप्न जय—पद्मा सेतु।

लेकिन इसका एक दूसरा पक्ष भी सामने आया, जब मेरी घरेलू सहायिका पद्मा सेतु का नाम सुनते ही भड़क गई। उससे जबरन पद्मा सेतु के लिए आठ रुपये चन्दा लिए गए। लगभग हर बांग्लादेशी को इस सेतु के लिए जबरन सहयोग राशि देनी पड़ी थी।

ढाका में अल्लाह के बाद जो चीज़ सर्वव्यापक लगी वह था निर्माण, चौतरफ़ा निर्माण। कहीं मेट्रो ट्रेन, तो कहीं नई-नई सड़कें, तो कहीं नये शहर का निर्माण। पूरे पूर्वांचल में निर्माण की प्रक्रिया चालू थी। जगह-जगह सीमेंट, पत्थर, बालू, मिट्टी के ढेर। आज पूर्वांचल की तरफ़ निकल गई, तो रास्ते में बालू नदी दिख गई। मन मुदित हो गया। एकदम शान्त, स्वच्छ बालू नदी। हवाओं को बाँहों में भरते हुए मन ने पूछा—कैसी है मेरी गंगा! डूबते सूरज की लालिमा में कल-कल बहती नदी ने जैसे मन के सारे कलुष को धो डाला। भीतर उगने लगी प्रार्थना—बाहर के शत्रु से तो पंगा ले लूँ पर जो शत्रु मेरे अन्दर मेरा अपना ही दुश्मन बनकर बैठा है, क्या करूँ उसका? वह दुश्मन है मेरा अहं, मेरी महत्त्वाकांक्षाएँ, मेरी क्षुद्रताएँ। डूबते सूरज की साक्षी में बहा दिया अपने उस दुश्मन को भी नदी की धारा में।

13

नरक की एक ही परिभाषा है, प्रेम करने में असमर्थ हो जाना।

—दोस्तोयेव्स्की

बहता रहा समय पद्दो नदी-सा। कई नदियों के बहते सौन्दर्य वाले देश बांग्लादेश में आए हमें छह महीने होने को आए थे। एक दोपहर हम कोलकाता से आए अपने बड़े भाई के साथ ढाका में धान मंडी से गुज़र रहे थे कि देखा, छात्रों की एक रैली हाथों में पोस्टर लिए ज़ोर-ज़ोर से नारे लगाते निकल रही है। पोस्टर पर बड़े-बड़े अक्षरों में लिखा हुआ था—'Justice for Abrar'। मुझे अच्छा लगा रैली देखकर।

ढाका अपने मूल तेवर में था। अस्वीकार, असहमति, विरोध और आक्रामकता ढाका का मूल स्वर था कभी। पर तुरन्त ही ख़याल आया—

कौन था यह अबरार?

छात्रों की इस रैली ने मुझे अनायास ही पिछले दिनों भारत में हुई जेएनयू की रैली की याद दिला दी। साथ ही यह भी दिमाग़ में कौंधा कि आज के इस मनुष्य विरोधी समय में जो जितना जागरूक है, वह उतना ही बेचैन भी है। भारत में भी देश की हक़ीक़त को जुमलों की गोद में सुलाया जा रहा था और ऐसे विकट समय में देश की दशा पर कुछ भी बोलना राजद्रोह ही नहीं राष्ट्रद्रोह भी समझा जाने लगा था। एक नागरिक के रूप में धीरे-धीरे हम समाप्त हो रहे थे। जिस लोकतंत्र को पाने के लिए लोगों ने फाँसी के फंदे को चूमा, कालापानी की सज़ा भुगती, वही लोकतंत्र आज मर रहा था। क्योंकि लोकतंत्र जीवित रहता है, जब सामने सशक्त विरोधी हो, जो हर जन विरोधी नीति और फ़ैसले पर कड़ी नज़र रखता हो। भारत में तो बतौर परसाई 'पाँच गधे भी साथ-साथ खा रहे हों तो तानाशाह को डर पैदा हो जाता है, हालाँकि गधे अपनी बिरादरी वालों के विरुद्ध षड्यंत्र नहीं रचते'। भारत में विरोधी पार्टियाँ तेज़ी से ख़त्म हो रही थीं। गोदी मीडिया को हिन्दू-मुस्लिम नफ़रत फैलाने से ही फुर्सत न थी। मीडिया में दो ही न्यूज़ चल रही थी—या तो नो न्यूज़ या फेक न्यूज़।

रैली मेरे सामने से गुज़र रही थी और मैं अनायास ही भारत पहुँच गई थी। बड़े भाई ने कहा, —लगता है यह रैली किसी छात्र की हत्या के विरुद्ध है। मैं भीतर से बाहर लौटी।

उस वक़्त मैं कुछ समझ नहीं पाई। दूसरे दिन जब अख़बार आया, तो वह भरा हुआ था अबरार हत्याकांड से। जैसे-जैसे अबरार के बारे में जाना, वैसे-वैसे बढ़ती गई मेरे मन की उदासी। उन दिनों हर दिन शहर में छात्रों की, शिक्षकों की बड़ी-बड़ी रैलियाँ निकलतीं, कैंडल मार्च निकलते। अख़बार अबरार की तसवीरों से भरे रहते। ये रैलियाँ किन्हीं बड़े स्तर पर युवा पीढ़ी की बेचैनी, विद्रोह, और अवसाद का प्रतीक थीं।

ढाका की सबसे प्रतिष्ठित यूनिवर्सिटी बूएट (BUET, Bangladesh University of Engineering and Technology) के दूसरे वर्ष के छात्र अबरार की उसी के हॉस्टल में हत्या की गई। अपनी फेसबुक पोस्ट में उसने शेख हसीना और भारत सरकार के बीच फेनी नदी के पानी को लेकर जो डील हुई थी, उसकी सिर्फ़ आलोचना की थी, उसे बांग्लादेश के हितों के विरुद्ध बताया था। बस इसी बात पर बांग्लादेश छात्र लीग को उस पर इतना ग़ुस्सा आया कि उसकी ज़िन्दगी की मियाद ही शेष कर दी। मार-मार के मार डाला उसे। अख़बारी ख़बरों के अनुसार, 6 अक्टूबर, 2019 को अपने गाँव से हॉस्टल लौटने के बाद छात्र लीग के सदस्यों ने उसे शेरे बांग्ला के हॉल रूम नम्बर 2011 में बातचीत के लिए बुलाया, यह पूछते

हुए कि क्या वह इस्लामी छात्र-शिविर (प्रतिबन्धित जिहादी संगठन) का सदस्य है, जो वह नहीं था।

मेहदी हसन रोबिन, जो कि बुएट, बीसीएल (बांग्लादेश छात्र लीग) का संगठन सचिव था, पहली मार उसी ने मारी अबरार को। पुलिस को अपने क़बूलनामे में अंकित सरकार, मेफटाहुल इस्लाम आदि ने स्वीकार किया कि उन लोगों ने सौ से अधिक बार अबरार को क्रिकेट स्टम्प्स और स्किपिंग रस्सी से घुटने, पैर और बाँहों पर तब तक मारा, जब तक वह बेदम होकर फर्श पर नहीं गिर गया। शुरू में उनके कमरे में क्रिकेट स्टाम्प्स नहीं थे, अबरार को मारने के लिए वे बाहर से लाए गए। उन्हें सन्देह था कि वह इस्लामी छात्र-शिविर का सदस्य था। कुछ घंटों की पिटाई के बाद वह फर्श पर लुढ़क गया। उसके बाद भी वे बाज नहीं आए, उसे उठाया और फिर शुरू हो गए। शाम साढ़े सात बजे से लेकर रात अढ़ाई बजे तक उसकी अन्धाधुंध पिटाई चलती रही, बीच-बीच में उनकी पिटाई में थोड़ी-थोड़ी देर के लिए रुकावट तब आती, जब वह उलटी करने लगता। अन्धाधुंध पिटाई के बाद क़रीब तीन बार उसने उलटी की और एक बार साँस नहीं ले पाने की भी शिकायत की। बाद में जब उन्हें लगा कि उसकी हालत सचमुच ही इस क़ाबिल भी नहीं रही कि उसे और पीटा जा सके, तब कुछ लोग उसे बूएट मेडिकल सेंटर ले गए, जहाँ डॉक्टर ने उसकी नब्ज़ चेक कर उसे मृत घोषित कर दिया।

फेसबुक की एक पोस्ट की क़ीमत उसे अपनी जान देकर चुकानी पड़ी। ढाका के सभी मीडिया द्वारा छात्र राजनीति पर सवाल उठाए गए। सभी अख़बारों का मानवीय चेहरा दिखाई पड़ा, सबने जम कर सवाल उठाया कि क्या फेसबुक की एक सरकार विरोधी पोस्ट हत्या का कारण बन सकती है किसी लोकतांत्रिक देश में? ख़ुद शेख हसीना पीड़ित के परिवार से मिलीं और उसे कहा, 'मैं जानती हूँ परिवार को खोने की पीड़ा क्या होती है, आपके पुत्र को न्याय मिलेगा और शीघ्र ही मिलेगा'। एक अख़बार में अबरार की माँ के गले लगते शेख हसीना की तसवीर भी मुख्यपृष्ठ पर छपी थी। ढाका में बस से उतरते हुए अबरार ने अपनी माँ को फ़ोन कर कहा था, 'मैं सुरक्षित पहुँच गया हूँ'।

कितना सुरक्षित था वह? मीडिया ने उठाया था सवाल? सिर्फ़ फेसबुक की एक पोस्ट के चलते घर का इकलौता चिराग अपनी सम्भावनाशील ज़िन्दगी की मियाद तक को पूरा न कर पाया था। इतनी प्रतिष्ठित यूनिवर्सिटी के एक कमरे के अन्दर उसकी निर्मम हत्या से पूरा देश उबल रहा था। बुद्धिजीवियों, शिक्षकों, छात्रों, राजनीतिक कार्यकर्ताओं और साधारण लोगों के विरोध, प्रदर्शन और रैलियों की लहर-दर-लहर ने पूरे ढाका को विचलित कर रखा था।

सवाल यह भी उठाया जा रहा था कि जिन छात्रों ने उसकी निर्मम हत्या की, उन्हें इतना बेख़ौफ़ और निरंकुश किसने बनाया? दरअसल यह हत्या कुछ छात्रों

द्वारा नहीं, बल्कि उस व्यवस्था द्वारा की गई थी, जिसने इतने सालों में culture of impunity (अपने कारनामों की जवाबदेही से ऊपर की संस्कृति) का पोषण किया है।

तीन दिन के अन्दर ही 18 अभियुक्त और एक सन्दिग्ध सहित सभी को हिरासत में ले लिया गया। यूनिवर्सिटी के छात्रों और अधिकारियों की दस सूत्री माँगों को यूनिवर्सिटी के वाईस चांसलर और शेख हसीना ने मान लिया था। उन दस माँगों में एक माँग यह भी थी कि बूएट में किसी भी तरह की राजनीतिक गतिविधि पर रोक लगे और अधिकारी एक वेबसाइट खोलेंगे, जिसमें कोई भी छात्र रैगिंग, उत्पीड़न और परेशानी के अपने अनुभवों को शेयर कर सकेगा।

जनता के ज़बरदस्त दबाव का असर था कि बहुत जल्दी चार्जशीट फाइल हो गई और त्वरित ट्रायल भी। मीडिया ने भी खुलकर सवाल उठाए थे। बहरहाल, फिर इतिहास खंगाला गया और वे सारे गड़े मुर्दे उखाड़े गए कि अबरार की घटना के पूर्व भी कैम्पस किलिंग हुई, पर अधिकांश केस में अभी तक आरोपियों को सज़ा नहीं हुई थी। वहाँ के प्रतिष्ठित अख़बार 'दि डेली स्टार' ने ढाका यूनिवर्सिटी में छात्र लीग द्वारा 1974 में की गई पहली कैम्पस किलिंग के बाद हुई अनेक कैम्पस किलिंग का कच्चा-चिठ्ठा प्रस्तुत किया।

चावल का एक दाना!

अहसान उल्लाह हॉल के एक छात्र ने आपबीती सुनाते हुए कहा—'पिछली सर्दियों में मुझे एक पूरी रात बन्द कर रखा गया। मैं सिर्फ़ एक टी-शर्ट और पायजामे में था। मेरा अपराध सिर्फ़ यह था कि मुझे क्लास करनी थी, इसलिए मैं छात्र लीग के एक मिछिल (प्रोसेशन) में भाग लेने नहीं गया था।

अलविदा अबरार!

कुष्टिया के रॉयदंगा गाँव वालों ने अभी तक ऐसा जनाज़ा कभी नहीं देखा था, जिसमें नम आँखों से तीन हज़ार से अधिक लोग शामिल हुए थे। जिसमें परिवार का ही नहीं, गाँववालों का भी कलेजा कट-कटकर गिर रहा था। घटना उस पूरे गाँव की ज़िन्दगी की पीठ पर अपने पैने पंजे गड़ा चुकी थी, लेकिन उनकी आँखों में सवाल छोड़ गई थी कि ऐसा सौम्य, सुदर्शन, अनुरागी बन्दा, जिसे कभी किसी ने ज़ोर से बोलते तक नहीं सुना, उसकी इस प्रकार निर्मम हत्या उसी के साथ पढ़नेवालों द्वारा कैसे हो सकती है? अबरार के 86 वर्षीय दादा की आत्मा के अंश-अंश में दंश भरा हुआ था। उबल रहे थे वे, क्योंकि कहीं-कहीं यह भी खुसपुस थी कि अबरार जमात शिविर से जुड़ा हुआ था। गहरा दुख, बेकाबू आक्रोश और नस तोड़ बेचैनी जैसे सशरीर उनसे सटकर बैठ गई थीं, बड़बड़ा रहे थे—मैंने बंगबंधु से राजनीति सीखी है। मैं सदैव अवामी लीग के प्रति वफ़ादार रहा, लोग कैसे कह सकते हैं कि अबरार जमात शिविर से जुड़ा हुआ था।

मेरे आँसू पूछ रहे थे कि जब अबरार के दादा इस इल्ज़ाम को सह नहीं पा रहे थे, तब इस दुनिया से रुख़सत होते हुए क्या सोचा होगा अबरार ने।

हिश! पाषाण युग से सभ्यता के इस चरण तक पहुँचने में लगे हज़ारों साल, पर पल भर भी न लगा उस हिंसक आदिम प्रवृत्ति तक पहुँचने में?

जानलेवा पिटाई के दौरान उसने एक बार इशारे से पानी माँगा था, जालिमों ने वह भी नहीं दिया। सूखे कंठ के साथ ही टूटी उसकी देह की मीनारें।

कितनी छोटी उड़ान भर चला गया पाखी उस पार, मिल गया माटी में, कितनी-कितनी वेदना, पीड़ा, आह, आँसू, झूठ, विश्वासघात और धोखा अपने साथ लिए।

उस रात के बेनूर अँधेरे में लगा जैसे अपनी ही भावना के तूफ़ान में डूब जाऊँगी, बहुत पहले बचपन में एक बार इज़रायल के दस खिलाड़ियों को म्यूनिख के ओलम्पिक के कैम्प से उठा लिया गया था और उन खिलाड़ियों के एवज़ में कुछ फलस्तीनी क़ैदियों को छोड़ने की माँग की गई थी, जिसे उस समय इज़रायल की प्रधानमंत्री गोल्डा मेयर ने नहीं माना था और जिसके परिणामस्वरूप एक-एक कर सारे खिलाड़ियों को मौत के घाट उतार दिया गया था। जब उन खिलाड़ियों के शव उनके घर लाये गए थे, तो घर वाले पछाड़ खाकर रो पड़े थे। उस सारी रात मैं सो नहीं पाई थी और यही पूछ रही थी—दुनिया इतनी क्रूर कैसे हो सकती है? जवाब एक ही है—प्रेम करने की क़ुव्वत खो देना!

आज भी मैं वही सवाल फिर से पूछ रही हूँ।

आमीन!

14

जो नहीं हो सके पूर्ण-काम।
...
उनको प्रणाम!

—नागार्जुन

मेरी नज़रों के सामने यात्री मार्कोपोलो घूमने लगा। जगह-जगह घूमा था वह और उन सभी देखे गए स्थानों का ज़िक्र जब तब वह अपने शहंशाह कुबला ख़ान से करता रहता था। एक दिन कुबला ख़ान ने कहा—तुमने इतने शहरों के बारे में बताया, पर कभी भी अपने शहर वेनिस के बारे में क्यों नहीं बताया। मार्कोपोलो हँस दिया। उसने कहा कि वह जब भी किसी शहर का वर्णन करता है, तो दरअसल वह अपने शहर वेनिस के बारे में ही बताता रहता है।

तो शायद मैं भी कहीं न कहीं मार्कोपोलो की ग्रंथि से ही ग्रसित हूँ। जाकर भी कहाँ जा पाया था अबरार, जाने कब तक वह मेरी आत्मा के आँगन में उछल-कूद मचाता रहा और भारत के जाने कितने अबरारों की याद दिलाता रहा वह कम्बख़्त! जी भारी करता रहा था दुष्ट! रात के मलवे पर सुबह होती, तो भी मन उचटा-उचटा रहता। नज़रें कभी पेड़ के पत्तों से झरती ओस की बूँदों पर जाती, जो आँसू की तरह नज़र आते तो कभी खिड़की की राहों से बादलों को ताकती, तो कभी क़तार में खड़े पेड़ों पर जा टिकती, जो गहरी-गहरी साँस लेते नज़र आते।

बीत चुके समय के नट-बोल्ट खुल जाते। कभी अबरार '70 के दौरान का नक्सलवादी बन जाता, जिन्होंने दुर्गापुर कॉलेज कैम्पस में अपने ही एक सीपीआई (एम) के साथी को इसी प्रकार मार डाला था। तो कभी वह जेएनयू का नजीब अहमद बन जाता, 15 अक्टूबर, 2016 को दक्षिणपंथी छात्रों के साथ हुई एक झपट के बाद से ही रहस्यमयी परिस्थितियों के बीच कॉलेज कैम्पस से ग़ायब कर दिया गया था।

सबका हश्र एक ही था—जो भी गया सत्ता द्वारा खिंची गई लक्ष्मण रेखा के पार, वो गया उस पार!

ज़िन्दगी की सूरत डरावनी थी, यहाँ भी, वहाँ भी।

यूनिवर्सिटी के आँगन सरस्वती देवी के विद्या के आँगन नहीं रहे थे, बल्कि राजनीतिक महत्त्वाकांक्षाओं के ऐसे आँगन बन गए थे, जहाँ विरोध की किसी भी झाड़-झंखाड़ को जड़ सहित उखाड़ दिया जा रहा था। एक प्रयोग के तहत भारत में धर्म, राष्ट्रवाद और पूँजीवाद को आपस में मिलाकर एक मादक अर्क बनाया जा चुका था।

यहाँ भी, वहाँ भी!

उफ़, एक परत खुरचो तो जाने कितनी गन्दगी, अँधेरा, कीचड़, नफ़रत, ख़ून-ख़राबा और विरोधी विचारों के प्रति असहिष्णुता जमी मिलेगी।

सबको मिली आह और आँसुओं से भरी वेदना भरी विदाई!

यही रहा धरती से उगी इन मासूम कोंपलों के जीवन का प्राप्य!

यहाँ भी वहाँ भी!

अबरार की घटना ने जेएनयू में हुई घटनाओं की याद दिला दी। रोहित वेमुला, नजीब अहमद, दलित मेडिकल छात्र पायल तड़वी की आत्महत्या...इस पूरी पीढ़ी की आशावादिता और जिजीविषा भी क्या इसी culture of impunity का शिकार नहीं हुई?

तो सबसे पहले रोहित वेमुला तुम!

17 जनवरी, 2016 को हैदराबाद सेंट्रल यूनिवर्सिटी के पी-एच.डी. छात्र रोहित वेमुला ने आत्महत्या कर ली। उसकी फ़ेलोशिप पिछले सात महीने से रोक दी गई

थी। बीजेपी की छात्र विंग, अखिल भारतीय विद्यार्थी परिषद् की एक शिकायत पर। शिकायत कि रोहित वेमुला ने कुछ सवाल उठाए थे, आंबेडकर स्टूडेंट्स एसोसिएशन के बैनर तले। उन सवालों के चलते उसे और उसके साथियों को अतिवादी और राष्ट्र विरोधी बताया गया। बिना फ़ेलोशिप के वह अपने ख़र्च उठाने में असमर्थ था। उसे यूनिवर्सिटी के हॉस्टल से भी निकाल दिया गया। कुछ दिन अपने चार साथियों के साथ वह कैम्पस में ही तम्बू तान कर रहा, कुछ दिन उसने भूख हड़ताल भी की, लेकिन फिर एक दिन हौंसलों की डोर चटक गई। और ख़्वाबों से ख़ाली उस नवयुवक ने आत्महत्या कर ली।

और अब नजीब अहमद!

नजीब अहमद जवाहरलाल नेहरू यूनिवर्सिटी, दिल्ली में एम एस सी, बायोटेक का प्रथम वर्ष का छात्र था। 15 अक्टूबर, 2016 को उसकी एबीवीपी के छात्रों के साथ कुछ मुद्दों को लेकर झड़प हो गई। उसके दूसरे दिन से ही रहस्यमय परिस्थितियों में वह ग़ायब हो गया। उसकी माँ गुहार लगा-लगा के थक गई, लेकिन पुलिस आज तक उसको खोज नहीं पाई।

गुज़रे दिनों के आसमान से झाँक रहा है एक और सितारा—डॉक्टर पायल तड़वी!

एक 26 वर्षीय सम्भावनाओं से भरपूर डॉक्टर!

वह आदिवासी समुदाय की थी, टोपीवाला नेशनल मेडिकल कॉलेज और बीबायएल नैयर हॉस्पिटल में वह जूनियर डॉक्टर थी। तीन उच्च और सवर्ण डॉक्टरों द्वारा वह अपमानित की जाती रही। शिकायत करने के बाद भी जब उसे राहत नहीं मिली तो हताशा और मानसिक यातना के चरम क्षणों में उसने 22 मई, 2019 को आत्महत्या कर ली। जन-आक्रोश के भारी दबाव के बाद उन तीनों डॉक्टरों को गिरफ़्तार कर लिया गया और उन्हें मेडिकल कॉलेज से सस्पेंड भी कर दिया गया। लेकिन विडम्बना देखिए जन-आक्रोश और महाराष्ट्र सरकार के भारी विरोध के बावजूद देश के सर्वोच्च न्यायालय ने उन्हें 12 अक्टूबर से वापस उसी कॉलेज से 'कुछ शर्तों के साथ' अपनी पढ़ाई जारी रखने की छूट दे दी।

हमारा युग राजनीतिक रूप से बौनों का युग है। संविधान की आत्मा! लोकतंत्र की आत्मा जेल में बन्द है! जेएनयू से सत्ता का जो ख़तरनाक खेल शुरू हुआ था, आज पूरे देश में फैल चुका है। आज अनगिनत लोग देशद्रोह के झूठे अभियोगों में जेल में बन्द है। 83 वर्ष के स्टेन स्वामी से लेकर 22 वर्ष की दिशा तक। पत्रकार! लेखक! सामाजिक कार्यकर्ता सभी! विरोध की हर आवाज़ को कुचला जा रहा है!

सब सत्ता के हाथ की कठपुतलियाँ!

इनसान में हैवान, यहाँ भी हैं, वहाँ भी हैं।

असहिष्णुता यहाँ भी है, वहाँ भी है।

अभिव्यक्ति की आज़ादी यहाँ भी ख़तरे में है, वहाँ भी ख़तरे में है।

पूरे एशिया की है यह तसवीर—भारत हो, पाकिस्तान हो, बांग्लादेश हो, अफ़ग़ानिस्तान हो! एक बार मैंने अपने मित्र और एक टीवी चैनल के एक्जीक्यूटिव डायरेक्टर अफ़ज़ल हसन से पूछा, 'आप को क्या ज़्यादा अच्छा लगेगा, प्रगति या डेमोक्रेसी?'

मायूस हो जवाब दिया उन्होंने, 'यही तो बिडम्बना है कि आज ऐसी स्थितियाँ बना दी गई हैं कि हमें दो में से एक को ही चुनना पड़ रहा है। देश आगे बढ़ रहा है। मेट्रो बन रहा है, हर जगह निर्माण-कार्य आगे बढ़ रहा है, नये-नये रोज़गार भी बढ़ रहे हैं, लेकिन तीन चीज़ भी हमें इसके साथ स्वीकार करनी पड़ रही है, एक सिकुड़ता लोकतंत्र, दूसरी अमीर-ग़रीब के बीच बढ़ती खाई और तीसरी करप्शन।'

अभी कुछ दिनों पहले शेख हसीना के पुत्र ने अपनी माँ और बांग्लादेश के बचाव में कहा था—दुनिया में कहीं नहीं है डेमोक्रेसी। शायद उसका इशारा भारत में निरंकुश होती मोदी की फासिस्ट सरकार, अमेरिका की ट्रम्प सरकार, रूस में निरंकुश होती पुतीन सरकार और चीन में ज़ी जिनपिंग की ओर था।

'वाशिंगटन टाइम्स' में ऑम हॉवेल जूनियर की एक रिपोर्ट प्रकाशित हुई थी—'टू थर्ड्स ऑफ अमेरिकन वरी यू.एस. डेमोक्रेसी इज ऑन वर्ज ऑफ कोलैप्स' (2 सितम्बर, 2022) 2018 में स्टीवन लेवित्स्की और डेनिएल जिबलैट की पुस्तक आई थी—'हाउ डेमोक्रेसीज डाई : व्हाट हिस्ट्री रिवील्स अबाउट आवर फ्यूचर'।

अमेरिका के पूर्व राष्ट्रपति बराक ओबामा ने 2017 के पहले सप्ताह में अपने विदाई-भाषण में लोकतंत्र को लेकर चिन्ताएँ प्रकट की थीं। अमेरिकियों को उन्होंने लोकतंत्र की रक्षा करने को कहा था। ठीक एक वर्ष बाद 12 जनवरी, 2018 को भारत के सर्वोच्च न्यायालय के चार वरिष्ठतम न्यायाधीशों ने भी अपने ऐतिहासिक प्रेस कॉन्फ्रेंस में देशवासियों से लोकतंत्र की रक्षा करने की बात कही थी।

मेरे पुत्र ने भी मुझे एक दिन कहा था—देखो, दुनिया में हर जगह शेयर मार्किट गिर रहा है, पर भारत में वह लगातार बढ़ रहा है, जानती हो क्यों? क्योंकि भारत की इकोनॉमी सबसे ज़्यादा सुदृढ़ है।

नहीं चाहते हुए भी उससे उलझ गई मैं—जानते हो यह प्रगति किस क़ीमत पर मिल रही है। यह प्रगति सिर्फ़ मुट्ठी-भर लोगों की ख़ुशहाली के लिए आम जन की तबाही पर टिकी हुई है। किसान आत्महत्या कर रहे हैं। आदिवासियों को हर जगह से विस्थापित किया जा रहा है। मज़दूरों के संगठन बिखर रहे हैं। अब आठ घंटे का नियम कहीं नहीं है। स्वास्थ्य और शिक्षा आम लोगों की पहुँच के बाहर

हैं। सोचो, यह देश किसका है? बेटे का मूड बिगड़ गया, किसी प्रकार मुझे झेलते हुए कहा उसने, 'मम्मा, यह भी तो सोचो कि पहले जहाँ हज़ार लोग भूखे मर रहे थे अब सिर्फ़ पाँच सौ लोग ही भूखे मर रहे हैं।'

मैंने उत्तेजित होते हुए कहा, 'यही तो मेरा सवाल है कि एक भी क्यों भूखा मर रहा है, जब कि हम उसे बचा सकते हैं।'

'तुम्हारा कुछ नहीं हो सकता है...' वह खिन्न होकर चला गया।

प्लेटो ने भी स्वाभाविक रूप से लोकतंत्र के भीतर से तानाशाही के जन्म लेने की बात कही थी। भारत हो, बांग्लादेश हो, पाकिस्तान हो, श्रीलंका हो हर कहीं कन्धों पर हिंसक गिद्ध अपने ख़ूनी डैने फैलाए बैठा है, कोई भी कुछ भी उसकी इच्छा के विरुद्ध बोले, तो गर्दन दबोचने को तत्पर तानाशाही हर कहीं पैर पसार चुकी है। हर जगह दम घुट रहा है लोकतंत्र का।

चावल का एक और दाना

2019 में जब हम ढाका आए ही थे, भारत में 17वीं लोकसभा का चुनाव सम्पन्न हो चुका था और नरेन्द्र मोदी भारी बहुमत से अपनी सरकार बना चुके थे। मैं महमूद भाई को चुनाव में हुई सम्भावित गड़बड़ियों के बारे बता रही थी कि एकाएक उन्होंने पूछा, 'मैडम आप अपना वोट दे पाईं?' मैंने कहा—हाँ, पर आपने ऐसा क्यों पूछा? उदास हँसी बिखेरते हुए कहा उन्होंने—मैडम हमारे यहाँ पिछले साल 11वाँ आम चुनाव था, 300 जातीय संसद के लिए। मैं और मेरी पत्नी दोनों ही गए मत देने। वहाँ जाकर पता चला कि मेरी पत्नी का वोट डल चुका था। मैं ज़रूर वोट दे पाया। जैसे ही हम बूथ से बाहर निकलने को हुए, अल जजीरा के संवाददाता ने हमें रोककर पूछा—आपने दिया अपना वोट? इससे पहले की मेरी पत्नी मुँह खोलती, मैं उसे लेकर तेज़ी से बाहर निकला कि कहीं टीवी पर दिख गया बीवी का चेहरा यह कहते हुए कि वह वोट नहीं दे पाई, तो ख़ामख़्वाह अवामी लीग के लोग हमारे पीछे पड़ जाएँगे।

बांग्लादेशी अमेरिकी इंजीनियर अभिजीत रॉय, ऑनलाइन एक्टिविस्ट, लेखक, पत्रकार और ब्लॉगर की 26 फ़रवरी, 2015 को आतंकवादियों द्वारा हत्या कर दी गई। क्या अपराध था विरल प्रतिभा के धनी और कुछ कर गुज़रने के जज़्बे के साथ जीनेवाले इस नवयुवक का? सिर्फ़ यही कि वे अपने जैसे स्वतंत्र सोच के कुछ लोगों के साथ मिलकर आम लोगों की चेतना को जागरूक करने और उन्हें अन्धविश्वासों, धर्मान्धता, अज्ञानता, असहिष्णुता, रूढ़ियों और समय के अँधेरों से बाहर लाने और

प्रबुद्ध बनाने का कार्य निरन्तर कर रहे थे। जिस देश के लोगों के लिए वे यह सब कर रहे थे, उसी देश के लोगों ने उसी देश की धरती पर उनकी जान ले ली। क्या था हत्यारों का उद्‌देश्य? अभिव्यक्ति की आज़ादी और मुक्त विचारों के प्रवाह को रोकना और लोकतंत्र को ख़त्म करना।

बहरहाल, बांग्लादेश ज़िन्दाबाद कि छह साल बाद ही सही अभिजीत रॉय को न्याय मिला। बांग्लादेश की अदालत ने पाँच दोषियों को फाँसी और एक को उम्र क़ैद की सज़ा सुनाई।

अफ़सोस यही कि फ़ैसला तब आया, जब ढाका यूनिवर्सिटी के फिजिक्स के प्रोफ़ेसर अभिजीत के पिता अजित रॉय और उनकी माँ, दोनों ही न्याय की राह देखते-देखते दुनिया से कूच कर गए।

वह नवम्बर '19 का कोई दिन था। रात की टहनी पर भोर का आगाज़ क़ायदे से हुआ भी न था, दिनों बाद मेहमान-सी आई निर्विघ्न दिव्य नींद के आगोश से दामन छिटका भी न था कि मोबाइल चीख़ उठा। ख़ौफ़ और आश्चर्य ने एक साथ धावा बोल दिया। ख़ौफ़ इसलिए कि जहाँ मुम्बई में भोरे-भोरे ही जाग उठती है ज़िन्दगी, वहीं ढाका में ज़िन्दगी स्लो मोशन में उठती है। किसका फ़ोन? उनींदी-सी फ़ोन उठाया, तो काँपती लता-सी सलमा की आवाज़ आई। घबराई हुई बुद-बुद आवाज़—"मेरा बेटा स्कूल से ग़ायब हो गया है।"

"स्कूल से?"

"हाँ आंटी, वो इस्लाम इयासिन क़ुरान नामक मदरसे में पढ़ता है, वहीं से कल शाम से ग़ायब है। अभी मदरसे के मौला का फ़ोन था।"

मैं परेशान। मैंने दूसरी बाई फातिमा से पूछा—वो तो बोर्डिंग मदरसे में था, ऐसा कैसे हुआ? उसके जवाब ने तो मेरे होश ही उड़ा दिये, उसने कहा—आंटी, बांग्लादेश में मदरसे से बच्चे बहुत बार ग़ायब हो जाते हैं, वे फिर नहीं लौटते। मेरा ख़ुद का मामू मदरसे से जो ग़ायब हुआ, सालों उसकी कोई ख़बर नहीं मिली, बाद में पता चला कि वो जिहादी हो गया है।

बाप रे! तो क्या उसके बच्चे को भी जिहादी अपने ग्रुप में लेकर जिहादी बना देंगे? आशंकाओं के हज़ारों-हज़ारों डंक मुझे चुभने लगे। सलमा! वक़्त और अल्लाह दोनों ही जिस पर कभी मेहरबान नहीं रहे, उसका इकलौता सपना था उसका बेटा।

मेरा बेटा महमूद भाई के साथ उसके मदरसे में गया। हमारे साथ दिक़्क़त यह थी कि भारतीय होने के चलते हम यहाँ के स्थानीय मामलों में एकदम हाथ नहीं डाल सकते थे। मदरसे के लोगों से भी महमूद भाई ने ही बात की। पता चला कि

एक छात्र से झगड़े के चलते, वह भाग गया था। उसने किसी जूनियर को पीट दिया था, जो एक प्रभावी व्यक्ति का पुत्र था।

आशंकाएँ दिन-भर हमें बेचैन करती रहीं। बेटा गाड़ी लिये-लिये दौड़ लगाता रहा। सलमा ने झिझकते हुए एक नम्बर दिया—"आंटी, इस नम्बर पर भी आप एक बार पूछताछ कर लें।"

"तुम ख़ुद क्यों नहीं कर लेती?"

पता चला नम्बर उसके पूर्व पति का था, जो शादी के आठ सालों में दो बच्चे होने के बाद एक मटमैली शाम क़ाज़ी से तलाक़नामा लिखवाकर ले आया। वैसे वह तलाक़नामा ग़ैर-क़ानूनी था, क्योंकि क़ाज़ी ने बिना सलमा से बात किये, बिना उसका पक्ष जाने ही तीन हज़ार रुपयों के लालच में तलाक़नामा लिख दिया था। पति थोड़ा गुंडा टाइप था और सलमा एकदम अकेली और कमज़ोर थी, इस कारण उसने तलाक़नामे पर हस्ताक्षर कर दिया। उसके बाद सलमा ने अपने पूर्व पति से कभी बात नहीं की। लेकिन कौन जाने कहीं वही तो बरगलाकर बेटे को अपने साथ न ले गया हो, क्योंकि दूसरी पत्नी से उसे कोई बेटा नहीं हुआ था। मन में उम्मीद-सी थी कि शाम तक लौट आएगा, लेकिन जब सूरज ढलने तक परिन्दा घर न लौटा, तो हम फिर थाने पहुँचे। पुलिस ने फिर वही घिसा-पिटा आश्वासन दिया। क़यामत-सी गुज़री रात। तारें ज़मीं पर चले, बड़ी मुश्किल से उगी उस रात की सुबह। पर जब उगी और पेड़ों पर जब परिन्दे चहचहाने लगे, तो आया फ़ोन शहजादा का। वो भागकर अपनी दादी के यहाँ पहुँच गया था और अब घर लौटने के लिए उसे आर्थिक मदद चाहिए थी।

उसे पेटीएम से पैसे भेजे गए और अगली चटख सुबह लौट आया सलमा का सपना।

घर में ख़ुशी की लहर दौड़ गई। फातिमा ने सबका मुँह मीठा करवाया। किसी बात पर कहा उसने, "आजकल के बच्चे बहुत चालाक और सयाने हो रहे हैं आंटी। टीवी और मोबाइल ने उन्हें बच्चा नहीं रहने दिया है। मेरी सोलह साल की लड़की ने कल मुझसे कहा, 'मम्मा, मुझे भी मोबाइल चाहिए।' मैं परेशान। मैंने कहा, 'अभी से ही मोबाइल की क्या दरकार है? अभी पढ़ाई पर ध्यान दो, मैं अभी तुम्हें मोबाइल नहीं दिला सकती। नहीं है मेरे पास इतने पैसे?' उसका जवाब, 'मेरे सभी दोस्तों के पास है मम्मा, सिर्फ़ मेरे पास ही नहीं है।' मैंने भी उसकी क्लास ली, 'समझा करो, तुम्हारे सभी दोस्तों के पास पापा हैं, तुम्हारे पास हैं क्या पापा। तुम्हारी मम्मा अकेली तुम्हें पाल रही है। कितना करेगी?' आंटी, उसका जवाब सुनकर मैं तो आसमान से गिरी। धरती से उगी कल की छोकरी कहती है मुझसे, 'तो तुम दूसरी शादी क्यों नहीं कर लेती? तुमको भी सहारा मिल जाएगा, मुझे भी।' मेरी तो आँखें चौड़ी हो गईं आंटी, मैंने पूछा, 'किसने दिया यह ज्ञान?'

'टीवी में देखा कि पहले वाले पापा छोड़कर चले गए, तो मम्मा ने दूसरी बार निकाह कर लिया, दूसरे पापा बेटी को घुमाने भी ले जाते और नई-नई चीज़ें भी लाकर देते।'

'यह सब टीवी में होता है, वास्तविक दुनिया में नहीं।' मैंने समझाया उसे।

'तो आंटी यह है नई पीढ़ी!'

मैंने कहा, 'लेकिन फातिमा, याद है दो साल पहले जब तुम्हारे दूसरे विवाह की सम्भावना बन रही थी तब तुम्हारी इसी बेटी ने डरते हुए पूछा था तुमसे—क्या नये अब्बा मुझे मारेंगे तो नहीं?'

'हाँ! हाँ! ख़ूब याद है आंटी! कच्ची माटी-सी इस पीढ़ी को जैसा चाहे घुमा दो। अभी इस पीढ़ी ने सोचना सीखा भी कहाँ है? पिछली बार मामू ने कान भरा तो विरुद्ध हो गई मेरे दूसरे निकाह के, इस बार टीवी ने फ़ायदा दिखाया तो मुझे सलाह देने लगी।'

कोयल बिन बगिया न सोहे राजा

गुज़र रही है ज़िन्दगी सुबह की धूप-सी ही, लेकिन लगता है कि किसी जिप्सी या बंजारे की आत्मा घुस गई है मुझमें। कुछ दिन गुज़रते नहीं कि फिर मेरी सवारी निकल पड़ती है कहीं।

इस्कॉन मन्दिर कमालपुर रेलवे स्टेशन के पास बने ओल्ड टाउन में है। ढेरों झुग्गी-झोंपड़ियाँ, अशोक लेलैंड की डबल डेकर बसें और बांग्लादेश का सेंट्रल बैंक, वोल्वो बस और साइकिल रिक्शा...इनके बीच खड़ा किसी आभाहीन नक्षत्र-सा इस्कॉन मन्दिर।

जिन्होंने मुम्बई, कोलकाता और मायापुर के भव्य इस्कॉन मन्दिर देखे हैं, वे इस इस्कॉन मन्दिर को देखकर एक बार गश खाकर गिर पड़ें, तो बड़ी बात नहीं। 1305 में यह काली माँ का मन्दिर था। महज़ बीस साल पहले इस्कॉन ढाका में आया और उसने काली मन्दिर को इस्कॉन में परिणत किया।

मन्दिर के बाहर छोटी-छोटी कई दुकानें और चुस्त कमांडो से तैनात सिक्योरिटी गार्ड! मन्दिर के प्रांगण के अन्दर शुद्ध शाकाहारी जलपान की कई दुकानें, जहाँ से मैंने जमकर समोसा, पापड़, लड्डू, जलेबी ख़रीदी। शाकाहारियों को खाने-पीने में; हर जगह सावधानी बरतनी ही पड़ती है। एक बार मेरा बेटा मुझे गोलगप्पा खिलाने ज़बरदस्ती ले गया—ममा इसमें क्या नॉनवेज होगा। मैं भी चली गई, मेरे होश उड़ गए जब मैंने देखा कि गोलगप्पे के लिए आलू का मसाला बनाते वक़्त भी वह अंडा तोड़कर उसका पीला द्रव्य उसमें मिला रहा था। हे भगवान! गोलगप्पा तक नॉनवेज है यहाँ। उसके बाद मैंने ढाका में कभी भी बाहर का कुछ

भी नहीं खाया। लेकिन बेटे का धर्म बचा नहीं रह सका। एक बार उसने वेज राइस का ऑर्डर दिया, खाने लगा, तो स्वाद कुछ विचित्र सा लगा, पूछने पर पता चला कि उसमें भी अंडा मिला हुआ था। वैसा ही हादसा हुआ, जब उसने वेज सूप का ऑर्डर दिया, जैसे ही पहली चम्मच मुँह में डाली जायका बिगड़ गया, उसमें चिकन मिली हुई थी। मेरी सहेली ने एक बार किसी अच्छे होटल में पूछा—बिना अंडे के वेज में क्या मिलेगा? उसने कहा—आप चिकन खा सकते हैं, उसमें अंडा नहीं रहता।

ऐसे ही एक दिन रमता जोगी, बहता पानी की तरह मैं ढाकेश्वरी मन्दिर भी पहुँच गई। हिन्दू आस्था का केन्द्र ढाकेश्वरी मन्दिर! हिन्दुओं का श्राद्ध, तर्पण, यज्ञोपवीत सब कुछ यहीं होता है। कुछ कहते हैं कि ढाका का नाम ढाकेश्वरी मन्दिर पर पड़ा तो कोई कहता कि ढाकेश्वरी मन्दिर का नाम ढाका पर पड़ा। एक सुनगुन यह भी कि ढाक (एक प्रकार का वाद्य) की आवाज़ जहाँ-जहाँ, जिन-जिन इलाक़ों में पड़ी उन सारे इलाक़ों का नाम पड़ा ढाका।

किसी कविता-सा मोहक छोटा-सा ढाकेश्वरी मन्दिर। अच्छी-खासी सिक्योरिटी। 12वीं सदी में सेन वंश के राजा बल्लाल सेन ने बनवाया था इसे। कई बार टूटा-फूटा यह मन्दिर और आज जो ढाँचा है, कहा जाता है कि उसे ईस्ट इंडिया कम्पनी के एजेंट ने बनवाया था। मन्दिर से सटा हुआ एक तालाब है।

बांग्लादेश में भी समय-समय पर हिन्दू मन्दिरों को तोड़ा गया। पर इसके पीछे कारण सदैव इस्लाम ही नहीं रहा। इसके पीछे जो मुख्य कारण था वह था आर्थिक। जानकर शायद आप यक़ीन न करें, पर 1947 और 1965 तक जो ढेरों हिन्दू पाकिस्तान छोड़ भारत आ गए थे, उनमें से 80 प्रतिशत ग्रामीण क्षेत्रों में ज़मींदार थे और उनके मातहत काम करनेवाले जोतदार मुस्लिम थे। जाते वक़्त कुछ हिन्दुओं ने अपनी सम्पत्ति ट्रस्ट बनाकर मन्दिरों के नाम कर दी, तो कुछ अपने रिश्तेदारों को दे गए तो कुछ बेनाम पड़ी रहीं। ऐसी कुछ सम्पत्तियाँ सरकार ने एनिमी प्रॉपर्टी ऐक्ट के तहत लोगों में बाँटी भी। पर जो सम्पत्ति मदिरों के नाम थी, आसपास के लोगों की निगाह ऐसी ज़मीनों पर गड़ी थी। इन ज़मीनों पर क़ब्ज़ा करने का आसान तरीक़ा था मन्दिरों पर आक्रमण करना और हिन्दुओं को डराना। इसमें अप्रत्यक्ष रूप से बाजमहफ़िल (कट्टरवादियों) का भी समर्थन मिलता रहा, क्योंकि यहाँ बुतपरस्ती इस्लाम के विरुद्ध है। आप यह भी देखिए कि मन्दिर तोड़े गए, पर कहीं कोई हत्या, ख़ून-खराबा या बलात्कार जैसी घटनाएँ नहीं हुईं।

तो 1947 से चला आया यह सिलसिला बाबरी मस्जिद ध्वंस के बाद और तेज़ हुआ। हिन्दुओं को डराया गया और मन्दिर की ज़मीन पर क़ब्ज़ा कर लिया गया। कई छोटे-मोटे हिन्दू मन्दिर तोड़े गए और अल्पसंख्यकों को यातना दी गई। लेकिन ढाकेश्वरी मन्दिर पर कभी आँच नहीं आई। ढाका के ही एक इलाक़े रमवा में स्थित काली मन्दिर पहले सबसे बड़ा मन्दिर हुआ करता था, लेकिन 1971 में यह मन्दिर आतताइयों के आक्रमण का शिकार हुआ। उसके बाद से ढाकेश्वरी मन्दिर ही हिन्दू आस्था का सबसे बड़ा केन्द्र है। और हिन्दुओं की सुरक्षा को लेकर चिन्तित लोगों का जमावड़ा स्थल भी।

रानी विक्टोरिया के नाम पर पुराने ढाका के लक्ष्मीपुर में बने विक्टोरिया पार्क को देखकर मुझे सबसे अधिक निराशा हुई। इसको बाद में 'बहादुर शाह पार्क' का नाम दे दिया गया। मेरे ज़ेहन में कोलकाता का भव्य विक्टोरिया गार्डन था, जिसका रख रखाव क़ाबिले तारीफ़ था। जो दिन-रात कोलकाता की शान की तरह जगमगाता था। इसी मानसिकता के साथ जब मैं गई विक्टोरिया पार्क देखने, तो गश खा गई। गर्द, धूल और कचरे के ढेर से अटा-पटा विक्टोरिया पार्क। लगा जैसे कई जन्मों से नहीं हुई इसकी धुलाई, जबकि गुलशन में हर दिन मशीनों से होती है सड़कों की धुलाई। पार्क के बीच एक मोन्यूमेंट, जिसके नीचे पसरी स्याही के धब्बों-सी कुछ बस्तियाँ। फूले पेट वाले नंग-धड़ंग मैले कुचले बच्चे। पार्क के बीच लगा एक बैनर, जिस पर लिखा हुआ था—सकल वीर शहीदेर प्रति विनम्र श्रद्धांजलि। ब्रिटिश शासन के दौरान जो वीर शहीद हुए थे, उन्हीं की याद में बनाया गया था यह स्मारक। मैंने चाहा था कि वीर शहीदों को मैं भी श्रद्धांजलि दूँ, पर इतनी गन्दगी देखकर पहली प्रतिक्रिया यही हुई कि यहाँ से भाग खड़ी होऊँ।

ढाका में एक और ढाका बन रहा है। ख़ूब व्यवस्थित और योजनाबद्ध ढंग से। कुछ-कुछ हरियाणा के गुड़गाँव की तर्ज़ पर। ढाका के पूर्वांचल में नया टाउन बन रहा है। सावर में भी नया टाउन बन रहा है। ढाका का चौतरफा विस्तार हो रहा है। इसलिए जगह-जगह कंस्ट्रक्शन हो रहा है। जगह-जगह गारा, सीमेंट, बालू और लकड़ियों के गट्ठर नज़र आते हैं। मैं एक बार उधर से गुज़र रही थी, तो नज़र एकाएक सामने के लैम्पपोस्ट पर पड़ी। मैंने देखा उस लैम्पपोस्ट के ऊपर दो कोयल उदास बैठी थीं। उनकी उदासी ने मुझे संक्रमित कर दिया। मेरे लिए यह भयावह दृश्य था। मैंने आज तक जब भी कोयल देखी थी, उसे हरियाली के पर्दे में, पत्तों की ओट में देखा था। पर यहाँ पूर्वांचल में हरियाली नदारद थी। नये

निर्माण के लिए आसपास के सभी पेड़ काट दिये गए थे। इसलिए कोयल खुले आसमान के नीचे बैठी थी—बिना हरियाली के पर्दे के, सकुचाई हुई मौन। मुझे बिहार का एक लोकगीत याद आया—'कोयल बिन बगिया न सोहे राजा' और मेरी आँखें भर आईं।

या रब वे न समझे हैं, न समझेंगे मेरी बात

इस बार रमज़ान 14 अप्रैल से है। रमज़ान के पन्द्रह दिन पहले की रात को शब ए बारात कहते हैं। इसे रहमतों और इबादत की पवित्र रात माना जाता है। इसमें सच्चा मुसलमान रात भर जागकर इबादत करता है, नमाज़ और क़ुरान पढ़ता है। शबे रात की ख़ासियत यह है कि इस रात को इनसानियत के मंगल के लिए स्मरण किया जाता है। इस रात रब कहता है कि यदि तुमने किसी इनसान को तकलीफ़ पहुँचाई है, तो वह जब तक तुम्हें माफ़ नहीं करता, अल्लाह भी तुम्हें माफ़ नहीं करेगा। एक महीने तक चलनेवाला रमज़ान हर-साल दस दिन आगे खिसक जाता है, इस प्रकार कोई महीना ऐसा नहीं जाता, जिसमें रमज़ान नहीं पड़ता हो, क्योंकि यह चाँद की गति पर चलता है। पूरे तीस साल में रमज़ान कैलेंडर का हर महीना घूम लेता है।

मेरे लिए यह जानकारी न केवल नई थी, वरन बेहद दिलचस्प भी थी। पहली बार मैंने सलमा को मग़रिब की अज़ान के बाद नारियल के पानी और खजूर के साथ रोज़ा खोलते देखा था। दिन-भर वह कुछ भी नहीं खाती थी, यहाँ तक पानी भी नहीं पीती थी, शाम सवा छह बजे के आसपास जब दरख़्तों से झरती हुई साँवली मटमैली शाम घर के आँगन तक फैल जाती, तब वह दिन का पहला आहार लेती थी। उसे रोज़ा करते देख मुझे हमारे यहाँ होनेवाली तपस्या याद आती, जिसमें मेरी माँ सूर्यास्त के बाद पानी तक नहीं लेती थी। भारत की तरह यहाँ भी भूखे रहना शौक, व्रत और कला था, फ़र्क़ बस समय का था।

रमज़ान की एक सुबह पूछा उसने, "नाश्ता क्या बनाऊँ?" एकदम मरती हुई आवाज़ सलमा की।

"इतनी मरी-मरी आवाज़ जैसे आ रही है? कल कुछ खाया नहीं क्या", मैंने पूछा सलमा से?

"नहीं आंटी, कल रात इस क़दर घोड़े बेच कर सोई कि नींद ही नहीं खुली तो सेहरी (रमज़ान के दौरान भोर के समय का आख़िरी खाना) खा भी नहीं पाई, अभी रोज़े जो चल रहे हैं, रात चार बजे तक जो भी खाना हो, फिर हम दूसरे दिन के सवा छह बजे तक पानी भी नहीं पीते।"

"अरे! चलो ऐसा करते हैं कि मैं तुम्हें रात फ़ोन कर याद दिला दिया करूँगी। नींद मुझसे आजकल दूरी बरत रही है, भूलकर भी पास नहीं फटकती, लेकिन एक

बात बताओ, यह क्या बात हुई कि दिन को खाओ तो पाप और रात को खाओ तो पुण्य...वैसे ही बकरीद में यह कैसी क़ुर्बानी कि ख़ुद के जिस्म में तो खरोंच भी न लगे और बकरा जिबह हो जाए। हिसाब से तो इसमें क़ुर्बानी आपकी नहीं बकरे की है"...कहकर मैंने जीभ काट ली। कहीं ये बुरा मान गई तो? लेकिन उसने बुरा नहीं माना, बल्कि हँसती ही रही। और हँसते-हँसते मुझे समझाया उसने कि आंटी, क़ुरान में तो आदेश है कि हम पहले बकरे को पालें, उसे अपने पास रखें। कुछ दिनों तक उसके साथ रहें, जिससे उसके प्रति मोह पैदा हो जाए और उसके बाद जब हम उसकी क़ुर्बानी देंगे तो हमें भी तकलीफ़ होगी।

बहरहाल, शायद हम औरतें थीं, इसीलिए हमारा अहम, चेतना और व्यक्तित्व सब उस सामूहिकता के रंग में रंग जाता, बिना किसी तल्खी के भी। न इस्लाम गरजता-तरजता, न हिन्दुत्व फ़नफनाता। बल्कि अब तो आलम यह था कि उड़ते पाखी की मानिंद हम जब तब महफ़िल की डाल पर झूलते नज़र आते। उसे मुझसे क्या मिलता राम जाने, पर मुझे उसकी जीवटता, उनके अँधेरों से जैसे रोशनी मिलती। आत्मा की खुरचन तक में स्वाद और मिठास घुल जाती। इसीलिए फिर एक बार बकरीद के दौरान मैंने हिम्मत कर पूछा, "क्या तुमने भी की क़ुर्बानी?" सलमा के जवाब ने प्रभावित किया मुझे।

उसने कहा, "नहीं आंटी, न तो मेरे पास इतना पैसा है और न ही मुझे इस प्रकार की क़ुर्बानी पसन्द है।" लेकिन फातिमा के जवाब ने मुझे चौंका दिया।

उसने कहा, "आंटी, मैंने इस बार अपने हाथों से बकरे की बलि दी।"

"अपने हाथों से? क्या मतलब?"

"मतलब ख़ुद मैंने उसे हलाल किया।"

"बाप रे! कैसे कर सकी तुम?"

"आंटी, हमारे यहाँ कहीं-कहीं बच्चों को भी क़ुर्बानी के समय खड़ा रखा जाता है, जिससे वे मर्द बन सकें, नहीं तो वे कभी भी बकरे को काट ही नहीं पाएँगे।"

"तो क्या तुमको भी?"

"नहीं, मुझे अब्बू ने उस प्रकार मर्द नहीं बनाया लेकिन मैं ख़ुद ही मर्द बन गई।"

मुझे एकाएक याद आई अपने यूनिवर्सिटी के मित्र दीपक सेन की, जिसे सब मेरी मित्रता के चलते दीपक जैन कहकर चिढ़ाते थे। कारण? जब वह क़रीब बारह साल का था, तब एक बार रास्ते से गुज़र रहा था कि बां-बां की चीरती आवाज़ कानों में पड़ी, आवाज़ की ओर नज़र घुमाई तो गश खा गया, तीन मिलकर ज़िन्दा बकरे को काट रहे थे, यह दृश्य देखकर ही उसे चक्कर आ गया। उसके बाद ही बंगाली होते हुए भी, मांसाहारी होते हुए भी उसने निरामिष रहने का संकल्प ले लिया था।

15

ग़ज़ल के साज़ उठाओ बड़ी उदास है रात
नवा-ए-मीर सुनाओ बड़ी उदास है रात।

—फ़िराक़ गोरखपुरी

आत्मा का आँगन सूना है आज। हवाएँ रुकी हुई हैं। झगड़ा और बीमारी दोनों से ही मुझे बहुत डर लगता है, ईश्वर की कृपा से आज दोनों ही मेरे स्वप्न घर में सम्पन्न हो गए। देखते-देखते रमज़ान अपने आख़िरी चरण में था, पूरा ढाका रमज़ानमय था कि सलमा की तबीयत अचानक बिगड़ गई। मई की सात तारीख़ थी। उसका बीपी काफ़ी कम हो गया था। वह मुश्किल से खड़ी हो पा रही थी। अपने कमरे में जाकर वह लेट गई। मैंने उसे समझाया, "क्यों न रोज़ा वह कुछ दिनों के लिए स्थगित कर दे, बाद में उसकी भरपाई कर ले। मुझे पता था कि रोज़ा में यह छूट है कि स्त्रियाँ यदि रोज़ा के बीच रजस्वला हो जाए, तो कुछ दिन पवित्र रोज़ा रोककर बाद में इसे शुरू कर सकती हैं।" मैंने सलमा को आश्वस्त करने के लिए पूछा, "मैं सही कह रही हूँ न कि बाद में भी इसे किया जा सकता है।"

"हाँ, एकदम।"

"अच्छा एक बात बताओ, मान लो बाद में भी न कर पाए तो?"

"तो भी आंटी उसका रास्ता है, आप किसी और को पैसा देकर उससे मेरे लिए रोज़ा रखवा सकते हो। बस, आपको ख़र्चा देना होगा।"

"क्या? ऐसा भी हो सकता है?"

"हाँ आंटी। बस, आपको तीन टाइम खाने का ख़र्चा और हज़ार के क़रीब टाका देना होगा।"

क्या बात है! उसके रोज़ा ने मुझे अपनी एक पड़ोसिन के एकादशी के उपवास की स्मृति दिला दी। पड़ोसिन के पति गुज़र गए थे। वह ख़ुद भी एकादशी का व्रत रखती थी और अपने पति के लिए अपनी बहू से व्रत रखवाती थी इस विश्वास के चलते कि उस व्रत का पुण्य उसके दिवंगत पति को मिलेगा। सलमा की नाज़ुक हालत देख मेरी स्मृति में मेरे बचपन की सखी मंजू घूम गई, जिसने अठाई (आठ दिनों की तपस्या) के दौरान सातवें दिन दम तोड़ दिया था। रात को तबीयत बिगड़ गई थी, पर रात को पानी देना तक निषिद्ध था। यदि तुरन्त ही उसे आहार और जल दे दिया जाता, तो धर्म के जाल में फँसी वह गौरैया दम नहीं तोड़ती। उस समय तो मैं ख़ुद बच्ची थी, लेकिन आज तो मैं बच्ची नहीं, नहीं मैं सलमा को अभी ही आहार, जल खिला दूँगी। मैंने फिर उससे अनुरोध किया कि एक बार वह कुछ ले ले। सलमा तैयार हो गई—"अच्छा आंटी थोड़ी देर बाद ले लूँगी।"

मैंने उस थोड़ी देर को लम्बा नहीं टाना। मेरे घर की सुबह तो उन्हीं दोनों से होती थी। इसलिए मैं ख़ुद ही उसके लिए चाय बिस्कुट लेकर हाज़िर हो गई। वह लज्जा से सिकुड़ गई और मुझे इसका इनाम दे दिया। उसने चाय पी ली।

मैं अपनी ख़ुशी का क़ायदे से इज़हार भी न कर पाई थी कि बिन दीवाली ही पटाखा फूट गया। सामने मेरी अम्मा, जो उन दिनों मेरे पास आई हुई थीं। वे बेहद धर्मात्मा थीं। हर किसी के धर्म की रखवाली। वे एकाएक तवे की तरह गर्म हो गईं। ललाट पर तीन बल। ऐसे मुबारक मौक़ों पर उन विदुषी की दबी हुई तेजस्विता अक्सर उभर आती है, जो उनकी बड़ी-बड़ी आँखों से छटक-छटक छूटती चिंगारियों की शक्ल में बाहर निकलती है। वे फनफनाईं, "यह ठीक नहीं है। किसी के निजी धार्मिक मामलो में इतनी दख़लअन्दाज़ी? ठीक है तुमने उसे सलाह दी, पर यह क्या कि आम्रपाली बन ख़ुद ही चाय लेकर हाज़िर हो गई। यह ठीक नहीं। हो सकता है कि वह तुमसे डर कर चाय पी ले, आख़िर हो तो तुम उसकी मालकिन ही न! उनके लिए रोज़ा तोड़ना पाप है। फिर तुम्हीं ने तो बताया था कि मोदी जी के नये नागरिकता नियमों के चलते अभी राजनीतिक गर्मी बढ़ी हुई है उधर भी और इधर भी।"

"अरे गर्मी आज है तो कल चली भी जाएगी। अख़बारों की ख़बरों पर न जाओ तो क्या कभी हमें लगा कि मुस्लिम देश में हैं, बताइए? रही बात इन दोनों की तो हम तीनों जोगी आत्माएँ हैं, न हिन्दू हैं, न मुसलमान।" गृह युद्ध की आशंका के मद्देनज़र मन-ही-मन हनुमान चालीसा का पाठ करते हुए मैंने हल्ला बोल हमले को हल्के में उड़ाना चाहा।

उन्होंने माथा पीट लिया और बड़बड़ाईं, "कभी ख़ुद भी डूबेगी और बेटे-बहू को भी डुबोएगी। एकाएक उनमें बुद्ध की आत्मा प्रविष्ट कर गई, मुझे ज्ञान दिया, लिखना है तो जीवन के बुनियादी सवाल पर चिन्तन करो कि जीवन क्या है, क्या है उसकी सार्थकता, क्या इनके खाने-पीने और धर्म के पीछे पड़ी हो। पीछे से कॉफी के घूँट लेते बेटा चिंचिनाया, उसकी जुबान पर भी डंक बैठ गया था चला दिया उसने भी हुकुम का इक्का, सोशल सर्विस जितनी भी करनी हो घर के बाहर करो अम्मा, घर के अन्दर नहीं। भूल गई मुम्बई की घटना, बचाने गई थी मेड की सैलरी, लिया पंगा पड़ोसिन से ही और हुआ क्या तुम पर ही अनुशासनहीनता और हस्तक्षेप का आरोप लग गया..."

और भी जो अनकहा रह गया, वह कह गई उसकी वक्र दृष्टि!

देखते-देखते घर संसद बन गई। हो ही गया टंटा! घर हो या देश, ताक़त हमेशा अर्जित करनेवालों के हाथों में ही रहती है। यहाँ भी सत्ता शक्तिशाली थी, विपक्ष शक्तिहीन था। उनसे बहस करना चलते तीर को हाथों से थामना था। फिर भी वीरतापूर्वक उसका मुक़ाबला करने के बाद मुम्बई वाली घटना की स्मृति से मैं कच्ची पड़ गई। विचार थकने लगे। ढह गई। बेटा नहीं जैसे मुग़ले आज़म हो!

जाने मेरी कुंडली में कैसा योग है कि घर में सब को ही लगता है जैसे मैं सबका धर्म भ्रष्ट करने पर ही तुली हुई हूँ। चौराहे पर बन गया इज़्ज़त का फालूदा, लेकिन मैंने भी हथियार नहीं डाले! अपनी पतंग न उड़ा पाई तो उसी की उड़ती पतंग में लगा दिया पेच, अवरुद्ध कंठ से किसी प्रकार घरघराते निकले शब्द, "बेकार का मत हिनहिनाओ, एक बार यदि मिसकैरेज हो जाए, तो क्या औरतें गर्भधारण करना छोड़ देती हैं? अभी कितनी गरमागरम बहसें हुईं, लेकिन हमारी महफ़िल इंशाअल्लाह आज तक कभी नहीं बनी पानीपत का मैदान, बनी क्या? क्योंकि यह हम औरतों की दुनिया है, जहाँ नदियों की तरह न कोई देश है न जातीय दम्भ। न तंगदिली है, न असहिष्णुता और न ही सत्य के साथ कोई मिलावट है।"

"वाह! क्या आत्मविश्वास! जुम्मा-जुम्मा चार दिन की गोष्ठी और इतना विश्वास!" मेरी सफ़ाई ने गर्म तवे पर छींटे का काम किया। पाँव पटकता मेरा जवाब पूरा सुने ही फिर से अदृश्य बन्दिशें मुझ पर ठोक कर अपने कमरे में चला गया वह।

जिस तेवर से गया वह कि मेरा सारा अमन चैन भी साथ चला गया उसके। गर्म तवे पर पड़े मक्के के दानों-सी जाने कब तक तड़तड़ाती रही। गर्म-गर्म साँस भरती घायल शेरनी-सी अपने बन्द कमरे में जाने कितनी देर तक चक्कर काटती रही मैं। मर गया मन मेरा। दिन-भर अपने से लड़ती रही—क्यों बोली? एक चुप सौ सुख! उगते सूरज की सुर्ख साक्षी में प्रतिज्ञा करी कि आगे से कभी बाइयों के निजी मामलों में नहीं पड़ूँगी, दुनिया से उतना ही जुड़ूँगी जितना ज़रूरी है, लेकिन फिर मन ने समझाया कि मैंने तो वही किया जो उचित था, मैं क्यों रोकूँ ख़ुद को। ख़ुद को रोक भी लूँ तो क्या होगा। उगते सूरज का उजास आत्मा में भरता गया, चिन्तन की दिशा बदली—जब बुद्ध और गांधी तक यहाँ चैन से नहीं मर पाए, तो मेरी क्या बिसात!

पर एक बात तय थी, यहाँ, चाहे घर हो या बाहर, यदि शान्ति से रहना है, मुझे तो बुद्ध बनकर ही रहा जा सकता है—निर्लिप्त, निरासक्त, निरपेक्ष, निस्संग! आज बल्कि इसी मुहूर्त से ख़ुद को बुद्ध बनाने की कवायद शुरू करनी होगी।

तभी भीतर से जैसे किसी ने ठिठोली की—बुद्ध या बैल?

चिराग दिल के जलाओ कि ईद का दिन है
तराने झूम के गाओ कि ईद का दिन है।

—क़तील शिफ़ाई

ज़िन्दगी की खोज में और क़तरा-क़तरा जीने की ख़्वाहिश में मैं अक्सर बाहर निकल पड़ती। उन दिनों रमज़ान चल रहे थे। रमज़ान के महीने को बहुत पवित्र महीना

माना जाता है। हदीस में लिखा है कि रमज़ान के महीने में शैतान क़ैद में रहते हैं। यह विश्वास किया जाता है कि इस पवित्र महीने में की गई इबादत, नमाज़ और अल्लाह स्मरण का पुण्य कई गुना बढ़कर मिलता है। इस कारण अधिकांश मुस्लिम रमज़ान के महीने जितना सम्भव हो उतनी इबादत करते हैं। एक बार इफ़्तार के समय सभ्यता और प्रगति के दृश्य देखते-देखते शाम सवा छह बजे के क़रीब पार्क में घूमने निकली, तो मैं हैरान रह गई, रोज़ की तुलना में सड़क ख़ाली थी, आवाज़ों का सफ़र आरोही से अवरोही मोड़ ले चुका था। पार्क में मेरे सिवाय इक्का-दुक्का ही कोई युवा था। जैसे ही मस्जिद से आई अज़ान की आवाज़, जो जहाँ था वहीं इफ़्तार की तैयारी करने लगा। पूरा ढाका अल्लाहमय और इफ़्तारमय था। फुटपाथ पर खड़े खोमचेवाले, रेहड़ी वाले, फलवाले और डाववाले सभी प्लास्टिक की बोतल से पानी पीकर झाल-मूड़ी और खजूर खाकर रोज़ा खोलने लगे। भूख-ग़रीबी और हड्डी तोड़ थकावट से बेहाल लोगों को अल्लाह की रोशनी के दो पल नसीब हुए। ड्राइवर महमूद भाई ने भी गाड़ी किनारे पार्क की और रोज़ा खोला। कुछ देर बाद वे कहने लगे—"आंटी, इस्लाम में वक़्त की बहुत पाबन्दी है। ठीक समय पर अज़ान के साथ-साथ रोज़ा तोड़ने का आदेश है। मैं जब सऊदी में था, तो वहाँ तो इफ़्तार के समय लोग सड़क किनारे बोतल और खजूर लिए खड़े रहते हैं कि जो घर न जा सके, वह सड़क पर रोज़ा खोल लें। आंटी, वहाँ तो बहुत सख़्ती थी, वहाँ तो नमाज़ के दौरान आपको दुकान भी बन्द करनी होती है, लेकिन अब वह नियम हट गया है।"

एक ट्रैफ़िक पुलिस वाले को देख मन करुणा से भर गया। वह एक हाथ से ट्रैफ़िक को नियंत्रित कर रहा था और दूसरे हाथ से रोज़ा खोलते हुए बोतल से पानी के घूँट भर रहा था। कुछ पुलिस वालों ने अपनी जीप किनारे लगाई और रोज़ा खोलने लगे। एक जगह देखा दो आदमी आते-जाते लोगों को इफ़्तार के पैकेट बाँट रहे थे। पास खड़ा एक रिक्शावाला निस्संग और निरपेक्ष भाव से यह सब देख रहा था, मुझे लगा शायद हिन्दू है, मैंने हिम्मत कर पूछ ही डाला—"भैया आपने रोज़ा नहीं खोला", उसने उदास जवाब दिया—"जब रोज़ा रखा ही नहीं तो खोलूँगा कैसे?" "पर क्यों नहीं रखा रोजा?" "भूखे पेट रिक्शा कैसे टानूँगा"...संक्षिप्त-सा जवाब देकर वह घूम गया।

...सच, दुनिया कितनी बहुरंगी है। मुस्लिम सभ्यता में रमज़ान के दौरान दिन में खाना, यहाँ तक एक बूँद पानी तक पीना पाप माना जाता है, जबकि हमारे यहाँ तपस्या के दौरान रात में खाना-पीना पूरी तरह निषिद्ध है। बहरहाल इसी महीने मैं बाज़ार गई तो भी मुझे ताज्जुब हुआ, किसी दुकानदार ने मुझसे अनाप-सनाप पैसे नहीं माँगे, क्योंकि रमज़ान का पवित्र महीना चल रहा था।

आज ईद है। अनूठा धर्म और कर्म का त्योहार है ईद। इस्लामिक आस्थाओं वालों के यहाँ ईद के सप्ताह में धर्म बढ़ जाता है, तो जो मुस्लिम नहीं हैं, उनके यहाँ कर्म बढ़ जाता है। अछूता इससे कोई नहीं रह सकता। हमारे घर में भी घुस आई थी थोड़ी सी ईद। किसी मुस्लिम देश में रमज़ान को महसूस करना अपने आप में एक विलक्षण अनुभव था। ढाका में ईद के दो-तीन दिन पहले से ही छुट्टियाँ शुरू हो जाती हैं। काम काज ठप्प हो जाते हैं। गारमेंट फैक्ट्री पूरे दस दिनों के लिए बन्द हो जाती हैं। दूध, सब्ज़ियों और कई दूसरे खाने के सामानों की होम डिलिवरी तीन-चार दिनों के लिए, और कहीं-कहीं तो पाँच-छह दिनों तक के लिए ठप्प हो जाती है। बाज़ार इफ़्तार के खाने के पैकेट से पटे रहते हैं। ड्राइवर, घर की सहायिका सब छुट्टी के मूड में। किसी का काम में दिल नहीं लगता। सब चाहते हैं कि अधिक-से-अधिक समय तक इबादत की जाए। रमज़ान के दौरान सभी रेस्तराँ में इफ़्तार मनाया जाता है। कई मुसलमानों ने हमें भी इफ़्तार के लिए आमंत्रित किया। हमने भी अपने घर में दो बार इफ़्तार रखा। पूरे दिन निराहार और निर्जल रहकर इफ़्तार पार्टी में शाम को रोज़ा तोड़ते हुए देखना भी एक रोमांचक अनुभव होता है।

फातिमा ने अपना रमज़ान हमारे यहाँ ही रहकर पूरा किया था। उसने कहा, "आपके घर में मैं जो रमज़ान कर रही हूँ न देखिएगा कि इसका लाभ आपको भी मिलेगा।" मुझे याद आए अपने मामा जी, जो बड़े सन्तुष्ट रहते थे मामीजी के व्रत, उपवास, भजन और कीर्तन करने से। उनका भी यही मत था कि मामीजी के धर्म कीर्तन से परिवार सुरक्षित था। कभी मामीजी व्रत-उपवास नहीं रख पातीं, तो मामाजी बेचैन हो जाते। मेरी एक मौसेरी बहन थी, उसके पति की दोनों किडनी ख़राब थी। शुरू में पति की सेहत के लिए उसने ढेरों व्रत-उपवास, पूजा-पाठ और मन्नत की, लेकिन बाद में पति की बढ़ती बीमारी, बढ़ती भाग-दौड़ और बढ़ते ख़र्चे के चलते जब वह व्रत-उपवास नहीं रख पाती थी, तो उसकी सास ने ताने मार-मार कर उसका जीना दुश्वार कर दिया था।

हर धर्म के रंग एक जैसे। रमज़ान हो या जैनियों की तपस्या या वैष्णवों के व्रत-उपवास, किसी का भी आत्मा के सत्य, सौन्दर्य और मन की शुद्धता से कुछ लेना-देना नहीं था। बस एक तयशुदा कार्यक्रम की खानापूर्ति भर थी। इसका फिर शिद्दत से अहसास हुआ जब मेरी सहेली शकीना से मैंने कहा—चलो कल स्विमिंग के लिए चलते हैं, इंटरनेशनल क्लब में मेरे बेटे की मेम्बरशिप है और मैं एक अतिथि सदस्य की हैसियत से तुम्हें भी ले जा सकती हूँ। दोपहर के समय वहाँ सिर्फ़ महिलाएँ ही रहती हैं, हमें कोई असुविधा नहीं होगी। इतनी गर्मी में उसका मन भी मचल गया—उसने कहा, "कल पक्का चलते हैं।" लेकिन तभी उसे ख़याल आया कि कल से तो रमज़ान शुरू हो रहे हैं। उसने कहा, "रुक,

एक बार मैं इमाम को फ़ोन कर पता करती हूँ कि रमज़ान में मैं तैर सकती हूँ या नहीं।"

"तैरने में क्या बुराई है?" मैं हैरान थी।

रमज़ान में ताश, चौपड़, कैरम सब वर्जित है उसने कहा और फ़ोन लगाया। इमाम ने कहा, "तैर सकते हो, पर मुँह में पानी नहीं जाना चाहिए।"

शकीना ने फिर तैरने के ख़याल को ही तिलांजलि दे दी।

मेरे यहाँ काम करनेवाली बाई की बहन हापशा की नाक में तकलीफ़ एकाएक बढ़ गई थी। नाक से ख़ून भी बहने लगा था। मैंने कहा, "तुरन्त डॉक्टर को दिखाओ।" उसने कहा, "रमज़ान निकल जाए तो दिखाऊँगी।" मैंने कहा, "ऐसा क्यों?"

उसने जवाब दिया, "आंटी, डॉक्टर नाक में डालनेवाली दवाई देगा।"

"तो, नाक में ही तो डालना है, मुँह में तो नहीं न!"

"आंटी, कई बार दवाई नाक से गले में चली जाती है, ऐसा होने से रोज़ा टूट जाएगा, फिर उसके ससुर हाजी हैं, उनके सामने वह इतनी हिम्मत नहीं कर पाएगी।"

मैं अवाक् थी।

मैंने कई बार लक्ष्य किया कि बांग्लादेशी युवक और युवती कई बार बांग्ला कल्चर और इस्लाम के बीच कन्फ्यूज्ड रहते झूलते रहते हैं, बांग्ला कल्चर उन्हें खुलापन देता है, तो इस्लाम दरवाज़े बन्द कर देता है। मेरी कई बांग्लादेशी सहेलियाँ नाचना, गाना, यहाँ तक कि शराब तक का आनन्द लेना चाहती हैं, पर जैसे ही वे शुरू करती हैं, कोई दूसरी सहेली इस्लाम का वास्ता देकर नाचने और शराब के घूँट लेने से रोक देती हैं। बहरहाल, घर जाने के पहले शकीना ने मेरे घर में ही दोपहर की नमाज़ पढ़ी, मैंने पूछा, "तुम क्या कहीं भी बैठकर पढ़ सकती हो नमाज़?"

"हाँ, स्थान कहीं भी हो, हमें बस काबा की दिशा में नमाज़ पढ़ना होता है।"

"काबा की दिशा? कैसे पता करते हो?"

"यदि मैं ढाका में हूँ, तो मुझे वेस्ट की तरफ़ मुँह करके नमाज़ पढ़ना होता है।" उसने अपने मोबाइल से पिलर एप में देखा और काबा की तरफ़ मुँह कर नमाज़ पढ़ने लगी।

एक बार मैंने खाने के बाद सलमा को थाली धोकर उसका पानी पीते हुए देखा, तो मुझे बेहद आश्चर्य और सुखद अनुभूति हुई। मुझे अपने नाना जी की याद आई। अन्न ही ब्रह्म है के अनुसार वे अन्न का एक भी दाना व्यर्थ नहीं करते थे और थाली धोकर पीने को भी पुण्य मानते थे। वे हमें भी प्रोत्साहित करते थे ऐसा करने

को, एकाध बार मैंने किया भी, पर घर में सब लोग मुझे ऐसे देखने लगे, जैसे मैं किसी अजायबघर से आई हूँ, इसके बाद मेरी हिम्मत पिछले दरवाज़े से भाग खड़ी हुई। लेकिन सलमा? वह क्यों कर रही थी ऐसा? मैंने पूछा—"अरे तुम लोग भी थाली धोकर पीती हो?"

"हाँ, आंटी मेरे अब्बू ने ही मुझे ऐसा करना सिखाया है। हमारे मज़हब में ऐसा करने को कहा गया है।"

"सही, अन्न की बर्बादी की निंदा हर धर्म ने की है।"

सलमा को उस दिन छुट्टी चाहिए थी, उसके बेटे की परीक्षा थी। मैंने पूछा—"क्या तुम्हारे यहाँ भी बच्चों को परीक्षा के पहले दही खिलाकर भेजा जाता है? हमारे यहाँ कहीं-कहीं माताएँ दही चटाकर भेजती हैं कि परीक्षाएँ अच्छी हों।"

"आंटी, मैं दही तो नहीं चटाती, पर परीक्षा के दौरान मैं उन्हें अंडे नहीं खाने देती हूँ।"

"अरे। अंडे में क्या ख़राबी है?"

"आंटी, कहते हैं कि 'अंडा खेये अंडा पावे' (यानी अंडा खाओगे तो अंडा ही पाओगे)"

मैं सोचने लगी, इस सोच के पीछे क्या कारण हो सकते हैं!

मुझे जाने क्यों लगता था कि भारतीय होने के चलते सलमा और फातिमा को हमारे यहाँ ज़रूर कुछ असुविधा होती होगी, विशेषकर हमारे निरामिष आहार के चलते। पर मैं आसमान से गिरी जब सलमा ने कहा, "आमी कोनो दिन लोकल बंगाली घोरे काज कोरबो ना!" (मैं कभी भी स्थानीय बंगाली के घर में काम नहीं करूँगी)

"अरे! रे! रे ऐसा क्यों?"

"बहुत अपमान सहा है उनके यहाँ काम करते।"

"कैसे?"

"मैडम आप नहीं समझेंगी, एक बार मैं लिफ़्ट में किसी मैडम के साथ चढ़ गई, उसने मुझे लिफ़्ट से निकलने को कहा, मैं भी कम नहीं, मैंने कहा मैं आपके घर काम नहीं करती, आप की क्यों सुनूँ? उसने मेरी मैडम से शिकायत की, मेरी मैडम ने भी उनका पक्ष लिया और आइंदा मुझे ऐसा करने से मना किया, आप ही बताएँ, कैसे लोग हैं अपने घर काम करवा सकते हैं, लेकिन अपने साथ एक लिफ़्ट में जाने नहीं दे सकते। मेरी मैडम कई बार सब्ज़ी बाज़ार ले जाती थी, मुझे पर आपकी तरह मुझे अपने साथ नहीं बैठाती थी, शुरू में मैं नहीं जानती थी, अब गाड़ी में जगह ही कितनी होती है, सामने ड्राइवर बैठा था, तो मैं पीछे मैडम के साथ बैठ गई, तो उसने मुझे डाँटकर आगे बैठाया।"

उसकी बातों में दम था, ढाका में सामन्ती प्रवृत्ति भारत जैसी ही थी। मुम्बई में हमारी सोसाइटी में भी बाइयों और सामान के लिए अलग सर्विस लिफ़्ट थी। सुबह के समय उन्हें लम्बा इन्तज़ार करना पड़ता था, जबकि बाशिंदों की लिफ़्ट खाली पड़ी रहती थी। मैं कई बार बाइयों के लिए झगड़ा मोल लेते हुए उन्हें अपनी लिफ़्ट में ले जाती थी। लेकिन फिर भी मैं कायल थी उनकी जीवटता को देख। कोलकाता के के.सी. दास के रसगुल्ला की तरह इन्हें जितना चाहो निचोड़ो, मोड़ो कुछ देर बाद ही वे वापस अपने स्वरूप में आ जाती थीं।

यहाँ ड्राइवर चुस्त कमांडो की तरह आपकी कार के दरवाज़े ही नहीं आपके लिए लिफ़्ट तक के बटन दबाने को आतुर रहेगा। और क्या मज़ाल कि आप अपना सामान ख़ुद ढो लें। बड़ी मुश्किल से उन्हें लाइन पर लाना पड़ा।

पहली बार अहसास हुआ हम सचमुच एक थे और अभी भी एक हैं!

पचपन वर्षीय नासिरा हबीब ढाका विश्वविद्यालय में बॉटनी की प्रोफ़ेसर है। पहली बार मुझे ढाका में ऐसी मुस्लिम महिला मिली, जिसने कहा कि उसके पति हिजाब और बुर्क़ा दोनों से घृणा करते हैं। उसने न कभी हिजाब पहना और न कभी बुर्क़ा। उसने कहा कि आप बांग्लादेश को इस्लाम के जरिये समझने की भूल न करें। यहाँ का इस्लाम थोड़ा-थोड़ा सूफ़ियाने अन्दाज़ का है। आप देखिए यहाँ औरत आपको बुर्क़ा में ढकी भी मिलेगी और जींस-टॉप में भी। क्योंकि वे विश्वास करती हैं उन पाँच बुनियादी बातों पर जिस पर इस्लाम टिका हुआ है। वे हैं—(1) ईमान (यानी अल्लाह में विश्वास), (2) नमाज़ (पाँच बार), (3) रोजा, (4) जकात (दान), (5) हज।

उसने कहा अब मान लीजिए कि यदि आप सच्चे मुस्लिम हैं, तो आपको इन पाँच बातों पर अमल करना होगा, लेकिन आप ही बताइए इस्लाम में कहाँ लिखा है कि औरतों को पर्दे में रहना चाहिए।

उससे बात कर फिर लगा कि इस शहर का ताना-बाना सही में लेखकों और बुद्धिजीवियों से बना हुआ है।

इस्लाम सामूहिकता में यक़ीन करता है, इसलिए लगभग हर सरकारी दफ्तरों में, होटलों में, पार्कों में यहाँ तक कि बहुराष्ट्रीय कम्पनियों में भी नमाज़ अदा करने के लिए अलग से कमरा बना हुआ है जहाँ बिना किसी भेदभाव के, ऊँच-नीच के, धनी ग़रीब के, एक साथ नमाज़ अदा किया जाता है। जबकि भारतीय धर्म दर्शन बुनियादी रूप से एकान्त साधना की माँग करता है। इसीलिए वेदों की, ऋचायों की रचना जंगलों के एकान्त में हुई। इसीलिए यहाँ के ऋषि-मुनि ने पहाड़ों, जंगलों को

अपना ध्यान एवं अध्ययन का केन्द्र बनाया। यह अलग बात है कि समय के साथ भारतीय धर्म दर्शन में भी कुम्भ स्नान, गंगासागर मेले, सामूहिक दीक्षा, सामूहिक प्रवचन, सामूहिक मंत्र जाप जैसी न सिर्फ़ सामूहिकता वरन सारे कर्मकांड शामिल हो गए।

फातिमा, मोबाइल और चोर : एक पृष्ठ उन ईमानदार चोरों के नाम।

मुझे किसी काम से कोलकाता अचानक जाना पड़ गया था। मुझे बाज़ार से कुछ मँगवाना था। मैंने कई बार फ़ोन घुमाया फातिमा को, घंटी बजती रही, लेकिन फातिमा ने नहीं उठाया। मुझे बहुत ग़ुस्सा आया—हद है लापरवाही की। दूसरे दिन जब वह आई, तो मैंने डपटा, "यह क्या, इतनी बार फ़ोन मिला रही हूँ और तुम्हारे कानों पर जूँ तक नहीं रेंगी?"

"आंटी, मेरा मोबाइल चोरी हो गया था, कल सारा दिन चोर के साथ माथापच्ची में निकल गया।"

"चोर के साथ?"

"जी, आंटी। मैंने चोर को अपने ही मोबाइल पर भाई के मोबाइल से मैसेज भेजा, सलाम वालेकुम चोर भैया, आमि एक ग़रीब मानुष, प्लीज़ आमार मोबाइल फेरोट दिये दाऊ, जा किछु तूमी बोलवे तुमाके दिये दिवो। ओर मोबाइल भीतरे आमार अनेक दोरकारी नम्बर। (चोर भाई, मोबाइल के भीतर बहुत ज़रूरी नम्बर है, आप जितने में इसे बेचोगे, उतने मुझसे ले लो, मैं एक बहुत ग़रीब महिला हूँ।) चोर ने पाँच हज़ार टाका माँगा। मैंने फिर उसे लिखा कि भाई ओतो पारवो ना। कई बार की माथापच्ची के बाद सौदा टिका साढ़े तीन हज़ार पर। उसने मुझे साईड नगर की किसी मस्जिद के बाहर बुलाया टाका लेकर। मैं शाम वहाँ गई और फिर से टाका देकर अपना ही मोबाइल ख़रीदा।"

बोलते-बोलते फातिमा हँस दी, एक उज्ज्वल खुली हँसी। मैं मुग्ध थी उस पर—कुछ तो ख़ास था उसमें पर दुखद यही था कि उस खास के फूल सिर्फ़ लोगों के चौके में ही खिल रहे थे। बहरहाल ऐसे दयालु चोर के प्रति मन कृतज्ञता से भर गया!

ऐसा ही एक वाकया मेरी ममेरी बहन के साथ हुआ था। उसके बेटे का दिल्ली में लोक सेवा आयोग में इंटरव्यू होना था। सारे सर्टिफिकेट एक सूटकेस में रख वे ट्रेन से सफ़र कर रही थीं। गहरी रात के जाने किन पलों में सूटकेस चोरी हो गया। बहन पर तो आसमान टूट पड़ा, पैरों से ज़मीन खिसक गई, दो दिन बाद इंटरव्यू, अब क्या होगा, इतनी जल्दी तो डुप्लीकेट सर्टिफिकेट भी नहीं मिल सकते। लेकिन दूसरी ही शाम किसी चमत्कार की तरह उन्हें एक कूरियर मिला, जिसमें बच्चे के सारे सर्टिफिकेट थे। चोर न सिर्फ़ पढ़ा-लिखा था वरन संवेदनशील भी था।

दोनों ने चोर को ख़ूब आशीषा! सामने होता तो गले लगा लेते उसे! धरती अभी भी पूरी तरह दयाविहीन नहीं हुई है।

कोरोना समय में भी एक ख़बर ने ख़ासा मनोरंजन किया और यह अहसास भी कराया कि गिरे हुए लोगों में भी इनसानियत की लौ कई बार जग जाती है।

घटना जींद के एक अस्पताल की थी। वहाँ एक चोर ने ढेर सारी दवाएँ चुरा ली थीं। लेकिन जब उसे मालूम पड़ा कि ये दवाएँ कोरोना से लड़ने के लिए हैं तो उसने इस नोट के साथ कि 'सॉरी, मुझे मालूम नहीं था कि ये कोरोना की दवाएँ हैं, मैं इन्हें वापस कर रहा हूँ।' वापस भेज दिया।

रुक-रुककर ही सही फिर तार जुड़े और चल पड़ी हमारी बतकही, एक दिन सलमा ने छुट्टी माँगी, "आंटी मैं आज जल्दी घर चली जाऊँगी, मेरी बहन को लड़की हुई है।"

"माशाल्लाह! मुबारक हो! बेटी आई है घर में।"

"आंटी हमें तो शुरू से ही पता था।"

"पता था?" और तभी ध्यान आया कि बांग्लादेश में जहाँ सभ्यता के सारे ताजिये स्त्री देह के इर्द-गिर्द हैं, वहीं गर्भवती महिला के भ्रूण की जानकारी प्राप्त करना वैध है। सेक्स डिटर्मिनेशन पर यहाँ कोई पाबन्दी नहीं है। मैंने उमंगित होते हुए कहा, "तब तो जश्न की तैयारी तभी से शुरू हो गई होगी।" इस बार उसके होंठ विकृत हुए।

"आंटी, आपा की यह तीसरी बेटी है। डॉक्टर अफ़ज़ल के चलते बच गई बेटी, वरना हम तो शक्ल भी न देख पाते उसकी।"

"अरे ऐसा कैसे?"

"हलाल का खाती हूँ आंटी, झूठ नहीं बोलूँगी। उसकी दादीजान नहीं चाहती थी फिर बेटी घर में आए, तो हमने पहले से ही डॉक्टर को बता दिया। पहले तो डॉक्टर ने मना ही कर दिया था, तब मेरे भाई जान ने उन्हें अपने ढंग से समझाया। 'बी ए सोल्जर डॉक्टर! इस झूठी दुनिया का झूठ से सामना करो!' बहुत मुश्किल से डॉक्टर राजी हुआ और जब दादीजान ने पूछा आनेवाला बेटा है या बेटी, तो डॉक्टर एक बार हिचकिचाए पर समझ गए कि अजन्मे शिशु की नियति उनके जवाब पर टिकी हुई है, इसलिए आँखें नीची कर हल्के-से मुस्कराते हुए कहा, 'आनेवाला वही है जो आप चाह रही हैं।'"

"बाप रे! इस मामले में सचमुच हिन्दू-मुस्लिम सब भाई-भाई हैं", मैंने व्यंग्य से कहा। लेकिन मैं उसकी भाषा 'हलाल का खाती हूँ', पर भी चौंकी। बाद के दिनों में मैंने नोट किया कि यहाँ हर कॉस्मेटिक और खाने के पैकेट्स पर 'हलाल सर्टिफाइड' लिखा रहता था।

मैं कुछ पूछती कि फातिमा फिर से फट पड़ी, "आंटी, यहाँ लड़का होते ही ज़ोर-ज़ोर से अज़ान गायी जाती है, अक़ीक़ा (नामकरण समारोह) में दो खासी की क़ुर्बानी दी जाती है, जबकि लड़की होने पर सिर्फ़ एक खासी की क़ुर्बानी दी जाती है। लड़की होने पर उसके कान में धीरे से अज़ान के शब्द डाल दिये जाते हैं।"

"पर क़ुर्बानी दी ही क्यों जाती है?"

"क्योंकि हम यह मानते हैं कि अल्लाह ने हमें कुछ दिया है तो हम भी उसे कुछ लौटाएँ। आपके यहाँ भी कुछ ऐसा होता है क्या?"

"हाँ, हमारे यहाँ भी लड़का होने पर थाली बजाई जाती है।"

"और लड़की होने पर?"

"घोड़े का डीम!"

और हम सब खिलखिलाकर हँस पड़े।

16

नोआखाली और गांधी

धरती फिर सात रंगों से सज गई। एक धनक के साथ जीवन में फिर जीवन लौटा। दिनों पूर्व देखा स्वप्न पूरा हुआ आज। मैं अन्तत: नोआखाली में। पीढ़ी-दर-पीढ़ी की स्मृतियों का पिटारा खुलता जा रहा था। चौतरफ़ा फैली हरीतिमा के बीच बसा छोटा सा टाउन नोआखाली। कतार में लगे बाँस, नारियल, फूलों की लतरें और केलों के पेड़ों से घिरा गांधी आश्रम ट्रस्ट नोआखाली का। ढेरों छोटी-छोटी दुकानें, बच्चों के खिलौने से लेकर बिजली के पंखे, झाड़ू, फूलों फलों...सब चीज़ों की। विश्वास नहीं हो रहा था कि मैं उसी नोआखाली में हूँ, जहाँ गांधी जी दंगे, ख़ून-खराबे, मारकाट और क़त्लेआम के बीच ठीक उसी दिन आए थे, जिस दिन देश स्वाधीन हुआ था। वह उनकी अन्तिम यात्रा थी। आत्म से परे की भी अन्तिम यात्रा। उसके पूर्व नवम्बर 1946 से लेकर फ़रवरी 1947 के बीच तक गांधी जी नोआखाली के 249 गाँवों में गए थे, वहाँ के स्थानीय लोगों से संवाद करने और भाईचारा स्थापित करने।

हम सिर्फ़ जगहों की यात्रा नहीं करते, हम काल की भी यात्रा करते हैं। मैं चल रही थी और इतिहास मेरे भीतर सरसरा रहा था। नोआखाली का बेहद रोमांचक और दिल दहला देनेवाला इतिहास। देश विभाजन के पूर्व नोआखाली में तीन चौथाई से अधिक आबादी मुसलमानों की थी। फिर भी वहाँ सामाजिक सद्भाव था, क्योंकि

सामाजिक ढाँचा मजबूत था। लेकिन विभाजन के दौरान जान-बूझकर इस्लाम के धार्मिक गुरुओं द्वारा इस सामाजिक ढाँचे को नष्ट किया गया। वहाँ इस्लाम के धार्मिक गुरु उपदेश देने कम, मुस्लिम लीग का प्रचार करने अधिक आते थे।

गांधी जी के साथ रहे निर्मल कुमार बसु ने अपनी पुस्तक 'माई डेज विद गांधी' में विस्तार से नोआखाली के दंगों की घटनाओं का विवरण दिया है। नोआखाली के दंगों के मूल में हिन्दू-मुस्लिम विद्वेष तो था ही, साथ ही एक बड़ा कारण ज़मीन और सम्पत्ति का असमान वितरण भी था। जूट मिलों, उद्योग, व्यापारों, सिनेमा घर... सब पर मारवाड़ियों का क़ब्ज़ा था, मुसलमान मज़दूर थे या कारीगर। 82 प्रतिशत मुसलमान और 18 प्रतिशत हिन्दुओं की आबादी वाले नोआखाली में 64 प्रतिशत से अधिक ज़मीनें हिन्दुओं के पास थीं। तो बहुसंख्यक आबादी के लिए यह अच्छा अवसर था कि वे इन सम्पत्तियों के मालिकों को मार-पीट, डरा-धमकाकर भगा दें।

बहरहाल सिर पर गीला गमछा बाँध और नंगे पाँव गांधी जी जब महज़ चार पाँच आदमियों के साथ यहाँ पहुँचे, तो नोआखाली बारूद के ढेर पर था। बस एक चिनगारी की ज़रूरत थी जिसे मुहैया करवा दिया गया। वहाँ की घटनाओं ने; ख़ून-ख़राबे, बलात्कार, उफनती-उबलती नफ़रत, लूटपाट, लालच और फरेब से लथपथ नोआखाली के ज़ख़्मी चेहरे ने गांधी जी की आन्तरिक सत्ता को हिला कर रख दिया था। दिल्ली से नोआखाली के लिए निकलते वक़्त गांधी जी ने कहा था—मेरी अहिंसा की यह अग्निपरीक्षा है।

99 वर्ष के जीतू मियाँ को गांधी जी की प्रार्थना सभा की स्मृति आज भी कौंधती है, जिसमें उन्होंने *रघुपति राघव राजा राम* के साथ क़ुरान की कुछ आयतों का भी पाठ किया था। गांधी आश्रम में लगी गांधी की प्रतिमा, जिसमें लाठी हाथ में लिए खड़े हैं गांधी जी, को देखते हुए जीतू कहते हैं, "उन्होंने कहा था कि हिन्दू-मुस्लिम एक ही माँ की सन्तान हैं।"

वहाँ ख़ून-ख़राबा और क़त्लेआम देख गांधी जी ने नंगे पाँव यात्रा करने का संकल्प लिया था। उनके आहत मन की पुकार थी, हम मन्दिर, मस्जिद या गिरजे में जाते हैं, तो चप्पल नहीं पहनते। मुझे दरिद्र नारायण के पास जाना है, जिस भूमि के स्वजन लुट गए हैं, जहाँ स्त्रियों और बच्चों की हत्या हुई है, जहाँ के लोगों के पास लाज ढकने को कपड़े भी नहीं हैं, जहाँ अनेक निर्दोषों की पवित्र हड्डियाँ पड़ी हुई हैं, ऐसी भूमि पर चलना और ऐसे लोगों से मिलने जाना है। यह मेरे लिए पवित्र यात्रा है, ऐसी हालत में चप्पल कैसे पहन सकता हूँ।

नोआखाली के लोग आज भी याद करते हैं गांधी की उस समझावन को, जो कुष्टिया जाते वक़्त उन्होंने वहाँ के लोगों से कहा था, 'यदि तुम मुसलमान हो तो मुस्लिम लीग की मत सुनो, यदि तुम हिन्दू हो तो हिन्दुओं की तरफ़ मत देखो कि

वे मिटा सकते हैं तुम्हारी तकलीफ़ों को। क्या जानते हैं वे लोग तुम्हारी तकलीफ़ों के बारे में? सिर्फ़ तुम जानते हो कि तुम्हारे पड़ोसी को क्या चाहिए। कि तुम्हारे पड़ोसी को किस चीज़ से तकलीफ़ है। इसलिए अपने पड़ोसी की सुनो, उसका ख़याल रखो, चाहे वह हिन्दू हो या मुसलमान, उसे भाई समझो।'

गांधी जी की इस पदयात्रा के बाद नोआखाली शान्त हो गया था। जिस हिंसा को तीस-पैंतीस हज़ार की सेना और पुलिस भी नियंत्रित न कर पाई थी, उसे उस इकलौते इनसान ने कर दिखाया था, इसीलिए लॉर्ड माउंटबेटन ने उन्हें 'वन मैन आर्मी' कहा था।

यह कुष्टिया बाघा जतिन की जन्मभूमि भी है और ललन फ़क़ीर की कर्मभूमि भी, जहाँ उनके बाउल गान लोगों को समय और सृष्टि के परे ले जाते हुए हवा में गूँजते रहते थे, जहाँ लोगों को धर्म से नहीं लोगों से रोमांस था। ललन फ़क़ीर के गीत जैसे पुकार-पुकार कहते थे—हम सब एक हैं, क्योंकि हम सब एक ही माटी, पानी और हवा के हिस्सेदार हैं।

गांधी जी की यादों में रचे-बसे नोआखाली के गांधी आश्रम में गांधी जी की चरखा चलाती तसवीर के साथ जगह-जगह पोस्टर लगे हैं उनके अमृत वचनों के। एक पोस्टर पर लिखा हुआ था—आमि मानुषेर विश्वास करि तार एकमात्र कारण आमि सृष्टिकर्ता के विश्वास करि। (मैं इनसान पर विश्वास करता हूँ इसका एकमात्र कारण है कि मैं ईश्वर पर विश्वास करता हूँ।) एक और पोस्टर जिस पर लिखा था—अहिंसा दिये हिंसार मुक़ाबला करून। (हिंसा का मुक़ाबला अहिंसा से करें)

धूप चखते हुए, अपनी बेचैनियों को थामे हुए मैं श्री रामपुर से लौट रही थी कि फिर एक पोस्टर पर नज़र पड़ी, लिखा था—यूज़ हैंड्स नॉट फॉर डिस्ट्रक्शन बट फॉर कंस्ट्रक्शन। सही, गांधी जी के लिए देशभक्ति लोगों के सुख-दुख के साथ एकाकार होने में थी, इसीलिए अफ्रीका से भारत लौटने के बाद उन्होंने एक महीने तक लगातार थर्ड क्लास के डिब्बे में यात्रा की थी और अन्तत: लंगोट धारण कर लिया था। इसीलिए उस लंगोटधारी से टोपीधारी, तिलकधारी और चोटीधारी... सब डरते थे।

दूसरे दिन ढाका से नोआखाली आनेवाली ट्रेन की भीड़ देखकर मैं गश खा गई। जितने लोग ट्रेन के अन्दर नहीं उससे ज़्यादा ट्रेन के बाहर। हैंडिल पकड़कर लटकते लोग, ट्रेन की खिड़की से झूलते लोग, ट्रेन के दो डिब्बों को जोड़नेवाली पटरी पर बैठे, ट्रेन की छत पर बैठे लोग। ट्रेन की इंच-इंच पर जमे लोग। उन्हें देख लगा—ये भूमि पुत्र नहीं ट्रेन पुत्र हैं ट्रेन के देह की इंच-इंच से परिचित।

ट्रेन के विचलित करनेवाले दृश्य से मन को हटा कर वापस गांधी आश्रम की तरफ़ मोड़ने लगी मैं, जिसने मुझे आज सौगात में ख़ुशी के चन्द कतरे दिए थे।

ज़िन्दगी तू ने मुझे क़ब्र से कम दी है ज़मीं
पाँव फैलाऊँ तो दीवार में सर लगता है।

—बशीर बद्र

नोआखाली से आने के चन्द दिनों बाद ही हिरण की तरह दौड़ते मन को लगाम देने और ढाका देखने-समझने की ख़्वाहिश मुझे पुराने ढाका में ले गई। कई बार लगता जैसे फाहियान, ह्वेन सांग और इब्ने बतूता की आत्माएँ मुझमें प्रवेश कर गई हैं, जो किस्से खोजते थे, अनदेखा ढूँढ़ते और फिर उनको दर्ज करते थे। मैंने भी वहाँ दुनिया के आठवें आश्चर्य की तरह ताँगे वाले देखे, सड़क के बीचोबीच खरामा-खरामा चलते हुए। एक जगह शान से पगुराती गाय भी देखी, वैसे यहाँ गाय सड़कों से ज़्यादा ट्रकों में दिखती हैं। थोड़ी देर बाद ही हम सबसे घने बसे इलाक़े इस्लामपुर में पहुँचे। इतना जाम और बेलन के आकार की इतनी संकरी गलियाँ तो मैंने बनारस और कोलकाता के बाँसतल्ला, बड़तल्ला, कोल्हूटोला, चितपुर रोड, अहिरीटोला, मुँशी छत्ता लेन और पगिया पट्टी जैसे भयंकर घनी आबादी वाले इलाक़ों में भी नहीं देखी थीं। लोग चल नहीं रेंग रहे थे, बल्कि उन्हें चलना भी नहीं पड़ रहा था, भीड़ का रैला ख़ुद ब ख़ुद ही आगे की ओर ठेल रहा था। गर्दो गुबार से भरी सड़कों के दोनों ओर दुकानें, कहीं-कहीं बाँस के बड़े से गट्ठर, बीच में साइकिल रिक्शों की भरमार (गाड़ी तो ऐसी गलियों में अपनी भीमकाया के चलते घुस ही नहीं सकती), हर चेहरा इतना घिसा और कुम्हलाया हुआ जैसे सदियों से ढो रहा हो बोझा। ढाका का सारा जादू बिखर गया। एक सत्य आत्मा में धुएँ की तरह फैल गया कि अँधेरा और अकेलापन पृथ्वी के कोने-कोने में मौजूद है।

वहीं आगे सदर घाट पर थी बूढ़ी गंगा। ढाका में नौकाएँ आज भी यातायात के एक महत्त्वपूर्ण साधन के रूप में कारगर हैं। गंगा नाम का आकर्षण, मैं हिम्मत कर उतर गई गाड़ी से। उफ़ फटे मैले कपड़ों-सी ये ज़िन्दगियाँ और बदबू का ऐसा भभका! मुझे लगा उलटी हो जाएगी, मैं तुरन्त गाड़ी में बैठ गई और उदासी से किनारे के काले-काले पानी में बदहवास और पीले चेहरे वाले मल्लाहों द्वारा इस पार से उस पार ले जाते हुए नौकाओं को देखती रही। लगा, नदी को नहीं, मरती हुई सभ्यता को देख रही हूँ।

पहली बार ढाका मरी हुई मछली की आँख की तरह रिसता और डबडबाता लगा। दूसरे जगहों की ढकी-मुँदी ज़िन्दगियाँ यहाँ पूरी तरह उघड़ी पड़ी थीं। खाली और बेजान आँखों वाले लोग, जिनकी मन की धरती अब इतनी बंजर हो गई थी कि शायद ही स्वप्नों के बीज बोए जा सकें। कहते हैं, सभ्यता सबसे पहले नदियों के किनारे ही बसी थी। पर यहाँ इस नदी किनारे बसी बस्तियाँ आबाद नहीं, बर्बाद थीं। ऐसे लू, गू और बू भरे इलाक़े में काले धब्बों-से फैले ढेरों कच्चे-पक्के दस

बाई छह के छोटे-छोटे घर और छोटी-छोटी दुकानें थीं जहाँ दिन में भी इतना अँधेरा था कि मरियल से लट्टू का उजाला भी सँकुचा रहा था। ये बस्तियाँ और दुकानें शायद कंगाली और बदहाली के मामले में दुनिया के सबसे निचले पायदान पर टिकी हुई थीं। एक घर के अन्दर झाँका, तो लगा चक्कर आ जाएगा। यह घर थे, कि चूहे या कबूतर के रहने के पिंजरे! दिन में कभी सूरज और रात में कभी चाँद ने झाँका न होगा इन खोलीनुमा घरों में! घर के अन्दर रेलगाड़ी के टू टीयर डब्बे की तरह दीवार से लगी लकड़ी की पटरी थी, आधा घर ऊपर सो रहा था, आधा घर नीचे खाना पका रहा था। गर्द धूल से लिथड़े एक बच्चे के पैर का एक सिरा रस्सी से बँधा था, तो दूसरा सिरा दीवार पर लगी खूँटी से बँधा था। यहाँ दो जून चूल्हा जलना सबसे बड़ी रईसी थी। यहाँ कपड़े भी क़िस्तों पर ख़रीदे जाते और किसी का नया कपड़ा पहनना इलाक़े की ख़बर बन जाती। बू, उमस, गर्द, घुटन, बीमारी और कंगाली आबाद थी, मरे चूहे-सा उपेक्षित मनुष्य हर जगह बर्बाद था। कैसे रहते होंगे लोग...सोचने लगी तो दिमाग़ का बल्ब ही फ्यूज हो उठा। सही कहा था वॉटर बेंजामिन ने कि कोई चेहरा उतना अतियथार्थवादी नहीं होता, जितना किसी शहर का चेहरा।

बूढ़ी गंगा को देखने से बिगड़ा मन दो महीने बाद तब ठीक हुआ, जब मुझे किसी काम से गुलशन से क़रीब नौ किलोमीटर दूर एक गाँव में जाना पड़ा। जीवन के आश्वासन सी बहती बालू नदी और उसके किनारे बसा अधखिले फूल-सा छोटा-सा गाँव बेरॉयड, जहाँ अस्सी परिवार सिर्फ़ हिन्दुओं के थे, जो बिना किसी अशान्ति के सदियों से किसी अचम्भे की तरह प्रेम से रह रहे थे। नदी अपेक्षाकृत साफ़-सुथरी थी, किसी किनारे पर कुछ घास असभ्य ढंग से उगी हुई थीं, तो कुछ कोनों में कुछ सूखे हुए पत्ते पड़े हुए थे। सूरज सोना और आसमान चाँदी बरसा रहा था। बहते पानी को देखते-देखते मैंने दिनों बाद ख़ुद को ढीला छोड़ दिया और अपने भीतर बहने लगी। किनारे बैठ समय को गुज़रते देखना कैसा होता है! जाना उस शाम और महसूसा डूबते सूरज की लालिमा के बीच फूलों, हवाओं, नदी किनारों, दूर-दूर जाती नौकाओं, गाते हुए मछुआरों से भरपूर ठहरे हुए सात्विक पलों को!

इस बीच सिलहेट जाना हुआ, वहाँ के चाय बाग़ानों को बाहर से ही देख पाई। बहुत इच्छा थी चिटगाँव (चटगाँव) भी देखने की। बहुत पढ़ा था चिटगाँव विद्रोह के बारे में, जिसे 18 अप्रैल, 1930 को मास्टर सूर्य सेन के नेतृत्व में अंजाम दिया गया। योजना थी कि चिटगाँव के दो शस्त्रागारों को लूटा जाए और उसके बाद टेलीग्राफ और टेलीफ़ोन की लाइनें नष्ट कर दी जाएँ और बाक़ी देश से उसका सम्पर्क काट दिया

जाए। फिर यूरोपियन क्लब के सदस्यों को क़ैदी बना लिया जाए। मास्टर दा के इस काम में दो लड़कियाँ भी शामिल थीं—प्रीतिलता वद्देदार और कल्पना दत्ता।

लेकिन वैसा कुछ हो नहीं पाया। कुछ टेलीग्राफ और टेलीफ़ोन लाइनें तो काट दीं गईं, हथियार भी लूटे गए, मगर गोला-बारूद वे नहीं पा सके। उस दिन गुड फ्राइडे था, इसलिए यूरोपियन क्लब में ज़्यादा लोग भी नहीं थे। उन्होंने शस्त्रागार पर हिन्दोस्तानी झंडा फहराया और जलालाबाद की पहाड़ियों में जा छिपे। चार दिन बाद ब्रिटिश सैन्यदल ने इस दल पर हमला किया। वे हज़ारों की संख्या में थे और क्रान्तिकारी थोड़े। क्रान्तिकारियों के लिए जीवन की आस बहुत कम बची थी। 12 क्रान्तिकारी शहीद हुए, जिनमें से कई 17-18 साल के लड़के ही थे। मास्टर दा यानी सूर्य सेन जीवित पकड़ लिए गए, 12 जनवरी, 1934 को उन्हें फाँसी दी गई।

अभी हमारा देश आज़ादी का अमृत महोत्सव मना रहा है। बांग्लादेश भी आज़ादी की स्वर्ण जयंती मना चुका है, पर मास्टर दा का नाम कहीं भी मेरी नज़रों से नहीं गुज़रा। न इधर, न उधर!

नागरिकता अधिनियम एनआरसी और सीएए का दुष्प्रभाव बांग्लादेश में भी देखने को मिल रहा था। यहाँ के कुछ इस्लामिक संगठनों ने मोदी का तीखा विरोध किया था। जिन दिनों भारत में एनआरसी और सीएए क़ानून बना था, उन्हीं दिनों शेख हसीना ने वक्तव्य दिया था—ठीक है आप बांग्लादेश से गए बंगाली मुसलमानों की लिस्ट हमें सौंपिए, हम उन्हें वापस ले लेंगे। भारत के साथ बांग्लादेश का इसी तरह का नरम-गरम सम्बन्ध रहा है। उन दिनों मुझे रूरल साइड और ढाका के इंटीरियर, खाँटी मुस्लिम इलाक़ों में जाने से बच्चों ने रोक दिया था—बांग्लादेश के चैनल फैला रहे थे कि भारत भाग्य विधाता मोदी भारत में मुस्लिमों को मरवा रहे हैं। मोदी के इन नये क़ानूनों के चलते यहाँ भारतीय-विरोधी भावना में इज़ाफ़ा हो रहा था। उन्हीं दिनों भारत और न्यूजीलैंड के बीच क्रिकेट मैच हुआ, जिसमें भारत के हार जाने पर बांग्लादेश ने जश्न मनाया था।

हमारे घर एक बार ढाका के प्रतिष्ठित अख़बार 'प्रथम आलो' के सम्पादक और एनटीवी के डायरेक्टर ज़ाहिर आए थे। सार्त्र, टैगोर, कामू, मोदी और पिकासो की पेंटिंग पर बहस के बाद मैंने जब उन्हें खाने के लिए टेबल पर आने के लिए कहा, तो सम्पादक महोदय ने मुझसे धीमे से पूछा, 'वाइन हॉवे' (वाइन है?) मैं आसमान से गिरी, क्योंकि इस्लाम में शराब को हराम माना गया है। इस कारण ढाका में सार्वजनिक रूप से शराब की बिक्री निषिद्ध है। सिर्फ़ फाइव स्टार रेस्तराँ या बड़े-

बड़े क्लब में जाकर ही कोई पी सकता है (वहाँ भी स्थानीय बांग्लादेशियों को बिना लाइसेंस के शराब पेश नहीं की जा सकती है)। एयरपोर्ट पर वाइन कस्टम फ्री है और आप दो बोतल तक ला सकते हैं, पर यह सुविधा भी सिर्फ़ विदेशियों के लिए ही है। यहाँ हिन्दुस्तान लीवर जैसी बहुराष्ट्रीय कम्पनी भी अपने ढाका के आयोजनों में शराब नहीं रखती, कोई अपनी तरफ़ से ले आए तो मनाही नहीं है। मेरा बेटा भी अपने घर अपने ऑफ़िस के लोगों को जब बुलाता है तो खाने के पूर्व उनसे पूछ लेता है कि क्या वे वाइन लेना पसन्द करेंगे?

शायद मेरे शाकाहारी रवैये से खिन्न हो या मुझे आज़ाद ख़याल हिन्दुस्तानी महिला समझ उन्होंने मुझसे यह माँग की हो। यह अलग बात है कि हिन्दुस्तान में कभी मेरे घर में मेहमानों को शराब सिगरेट नहीं पेश की गई। हमारा परिवार सूफ़ी महात्माओं की तरह हर तरह के व्यसन से दूर ही रहा। और तो और मुम्बई आने के पहले तक तो मेरा बेटा भी शुद्ध वैष्णव की तरह दूध चाय पर ही चल रहा था। पर मुम्बई में कॉरपोरेट्स के संसर्ग में आने पर उसे अपनी भूल पर शर्मिंदगी महसूस हुई और बहुत शीघ्र ही वह भी उनकी जमात में शामिल हो जाम से जाम टकराने लगा।

बहरहाल मैंने पूछा मज़ाक़िया अन्दाज़ में—"क्या आप मुस्लिम नहीं? इस्लाम में तो शराब हराम है।"

वे भी मुस्कराए और जवाब दिया उन्होंने—"मैं आधा मुसलमान हूँ। शराब पीता हूँ, टीवी देखता हूँ पर सूअर मेरे लिए हराम है।"

"बढ़िया!"

मैंने बात को वहीं विराम दिया।

प्रथम आलो के सम्पादक पहला वैशाख के मौक़े पर मेरा एक विस्तृत साक्षात्कार अपने पत्र के लिए चाहते थे। गद्गद मैं सातवें आसमान पर थी। मैंने यह शुभ ख़बर अपने बेटे को दी। उसने कहा, "तुमसे वे क्या सवाल पूछेंगे।" मुझे थोड़ा बहुत अनुमान था क्योंकि हमारी उनसे इस्लाम, मोदी, नये बने नागरिकता क़ानून और भारत में बढ़ते हिन्दुत्व को लेकर काफ़ी बातें होती थीं। बेटे ने मुझे आगाह किया, "ममा, इनको तुम्हारे विचार को जानने या तुम्हें हाई लाइट करने में कोई दिलचस्पी नहीं है। उन्हें सिर्फ़ दिलचस्पी है अपने अख़बार के लिए सनसनी जैसी ख़बर जुगाड़ने में। वे तुम्हारे द्वारा यही सिद्ध करेंगे कि भारत के हिन्दू भी अपने देश की सरकार और बढ़ते हिन्दुत्व के ख़तरे से कितने परेशान हैं। अपने देश में मोदी की आलोचना करना और बात है लेकिन दूसरे देश में किसी के लिए मसालेदार ख़बर बनना कहाँ की अक्लमन्दी है? हम यहाँ भारत के प्रतिनिधि हैं, किसी पार्टी के नहीं, और यह भी तो सोचो यदि यह इंटरव्यू भारतीय दूतावास तक पहुँच गया, तो फिर मत बिसूरना कि मुझे वीज़ा क्यों नहीं मिल रहा? यहाँ के हिन्दुओं के बीच मोदी बहुत लोकप्रिय हैं। तुम भारतीय दूतावास और यहाँ के हिन्दुओं के बीच देशद्रोही की तरह प्रस्तुत की

जाओगी और मेरे सर पर जो बचे-खुचे बाल हैं वे भी उखड़ जाएँगे।" मैंने प्रतिवाद करते हुए कहा, "तुम राई का पहाड़ बना रहे हो, तुम्हें ख़ामख़्वाह शक करने की आदत हो गई है। वे तो सिर्फ़ मेरी रचनाओं पर बात करना चाहते हैं।"

बेटे ने कहा, "तो एक काम करो, तुम उन्हें कह दो कि राजनीति, हिन्दुत्व और इस्लाम को छोड़कर वे जो चाहे पूछें।"

"जो हुक्म!"

दूसरे दिन, जिस दिन मुझे साक्षात्कार देना था, मैंने कनखियों से देखा था कि आते ही उन्होंने अपने मोबाइल का वीडियो चालू कर दिया था, वे कुछ पूछते कि मैंने कह दिया कि मैं इस्लाम, धर्म और राजनीति से जुड़े किसी भी सवाल का जवाब नहीं दूँगी।

घनीभूत बादलों-सा उनका चेहरा एकाएक बुझ गया। एक बेजान-सी मुस्कराहट उन्होंने फेंकी मुझ पर और चल दिये। एक बार फिर उनसे मुलाक़ात हुई महिला मंच पर, सूखी-सूखी मुलाक़ात और वैसी ही बासी-बासी बातें हुईं, लेकिन इंटरव्यू की बात फिर कभी नहीं हुई।

खाते वक़्त लेकिन एक मज़ेदार बात हुई। उनकी थाली में भूल से कुछ पकौड़ियाँ ज़्यादा पड़ गई थीं। वे थोड़े परेशान हुए। मैंने कहा, "कोई बात नहीं इन्हें निकाल दीजिए, हम बाद में खा लेंगे।" उन्होंने थोड़ी हैरत से कहा, "लेकिन आप लोगों के हिसाब से तो ये पकौड़ियाँ जूठी हो गईं, क्योंकि ये जूठी थाली की हैं। आप हिन्दुओं के यहाँ तो जूठे खाने का बड़ा तामझाम होता है। मेरा एक हिन्दू दोस्त है, उसकी दादी तो ऐसी जूठी थाली की पकौड़ियों को कभी भी रसोई घर में नहीं ले जाती थीं। बाहर कौओं को डाल देती थीं।"

बात सही थी। उनकी दादी क्या, मेरी माँ भी यहाँ होती तो ये जूठी थाली की पकौड़ियों की सद्गति सीधे कचरे की पेटी में होती—एक तो मुसलमान, ऊपर से जूठी थाली।

बहरहाल बात बदलने के इरादे से मैंने पूछा, "क्या आपके यहाँ खाना जूठा नहीं होता?" वे मुस्कराए—"इस्लाम भाईचारे का मज़हब है। हमारे यहाँ आपकी तरह न छुआछूत है, न जूठे खाने को लेकर इतना हो-हंगामा। हम तो रोज़ा में गिलास का पानी और थाली का कौर तक साझा कर लेते हैं। आप देखिए ये सब विकृतियाँ सिर्फ़ हिन्दुओं में हैं, अंग्रेज़ी भाषा में आपको जूठा खाना के लिए कोई शब्द ही नहीं मिलेगा। क्या आप इसे अंग्रेज़ी में अनुवाद कर सकते हैं—मेरा खाना जूठा हो गया?"

विदेशियों के लिए दूतावास अहम स्थान रखता है। भारतीय दूतावास सभी भारतीयों को होली, दीपावली और पन्द्रह अगस्त पर आमंत्रित करता है। एक बार ढाका में

फिर एक छोटा-सा आतंकी हमला हो गया था, उस वक़्त मेरे बेटे ने हमें आगाह करते हुए कहा था, "कभी भी ऐसा हमला हो, जहाँ हिन्दुओं या विदेशियों को टारगेट किया जा रहा हो, तो पहला काम यह करना कि अपना पासपोर्ट लेकर दूतावास पहुँच जाना। एक बार उसके अन्दर घुस गए तो ख़ुद को सुरक्षित जानो।"

हालाँकि, प्रथम आलो के सम्पादक ने एक अच्छी बात मुझे बताई। मैंने पूछा था कि क्या कारण है कि मुजीब के समय जो बांग्लादेश अपने को लोकतांत्रिक मानने लगा था, आज 21वीं सदी में यहाँ आधुनिकता के साथ इस्लाम भी फैलता-फूलता जा रहा है?

उन्होंने जवाब दिया—"हर छोटा मुल्क अपने पड़ोसी बड़े मुल्क से प्रभावित होता है और उसका अनुकरण भी करता है। मुजीब के समय राजनीति के आकाश पर इंदिरा गांधी थीं, जेल में ही सही पर नेल्सन मंडेला की व्यापक मानवीय सोच थी, इसलिए मुजीब ने भी डेमोक्रेटिक बांग्लादेश की नींव डाली। आज शेख हसीना के सामने मोदी हैं, उनकी साम्प्रदायिक सोच है, वे सफलतापूर्वक हिन्दुत्व का कार्ड खेल रहे हैं, तो शेख हसीना भी उन्हीं का अनुकरण कर रही हैं। सिर्फ़ अनुकरण ही नहीं वे भारत की मदद भी कर रही हैं। असम में आज जो शान्ति है, उसका बहुत कुछ श्रेय शेख हसीना को भी जाता है। उन्होंने ही उल्फा के शीर्ष नेताओं को पकड़वाकर भारत के हवाले किया। बोडो उग्रवादी नेताओं और मणिपुर के उग्रवादियों को भी पकड़वाकर भारत के हवाले किया। भारत में बढ़ते हिन्दुत्व की लहर का राजनीतिक जवाब है हमारे यहाँ का बढ़ता इस्लाम। सचाई यही है कि हमारे नेताओं के दिलोदिमाग़ पर हर समय भारत ही छाया रहता है। यही नहीं भारत की तरह बड़ा से बड़ा आर्थिक घोटाला हमारे यहाँ के लोगों की भी नींद नहीं उड़ाता। आपके लोगों की तरह हमारे यहाँ के लोग भी शायद मान चुके हैं कि सत्ता और घोटालों का चोली दामन का रिश्ता है विशेषकर पूँजी की राह पर चलते तीसरी दुनिया के देशों के लिए।"

तो क्या स्वतंत्रता से ज़्यादा ज़रूरत समाज को नैतिक मूल्यों की होती है? शायद ऐसे ही किसी युग सन्धि पर तोल्स्तोय भी इसी निष्कर्ष पर पहुँचे थे कि मनुष्य के लिए राजनीतिक स्वतंत्रता नहीं आत्मिक विकास की ज़रूरत है।

या बिना आन्तरिक परिवर्तन के तत्कालीन प्रवाह में बह जाने का ही अंजाम है यह?

पहला वैशाख

सांस्कृतिक नगरी ढाका में पहला वैशाख की अपनी छटा है। यह बंगाली कैलेंडर का पहला दिन होता है। जो बांग्लादेश में 14 अप्रैल और पश्चिम बंगाल, त्रिपुरा,

असम, झारखंड और ओडिसा आदि राज्यों में 15 अप्रैल को मनाया जाता है। उस दिन बांग्लादेश में छुट्टी होती है। जगह-जगह सांस्कृतिक कार्यक्रम, नृत्य और गान का आयोजन होता है। रंग-बिरंगे परिधान में लोग शामिल होते हैं इन आयोजनों में। घरों में भी भरपूर ख़रीदारी की जाती है इस विश्वास के तहत कि घर आज ख़ुशहाली और समृद्धि से भरा है तो वर्ष भर ऐसा ही रहेगा। सुबह के नाश्ते में प्राय: सभी परम्परागत घरों में इलिस मांस, सुखना मिर्च और भाजा के साथ पान्ता भात दिया जाता है। विवाहित लड़कियों को दामाद के साथ आमंत्रित किया जाता है।

कोलकाता में रहते हुए पहला वैशाख का महत्त्व मैं भी जानती थी। यह इकलौता ऐसा पर्व था, जिसमें हिन्दू-मुस्लिम सभी खुलकर भाग लेते, क्योंकि इसमें धर्म का कोई दख़ल नहीं था। लेकिन ढाका में इस सांस्कृतिक पर्व में भी मज़हब की दख़लन्दाज़ी हो गई जब 14 अप्रैल, 2001 के दिन सुबह आठ बजे के क़रीब रमना बटमूल के पास एकाएक एक बम फटा, फिर कई बम फटे उन युवकों पर जो प्रेम से पहला वैशाख मना रहे थे। इस बम विस्फोट में दस लोगों की जान गई और पचास लोग घायल हुए।

बाद में प्रतिबन्धित कट्टरवादी इस्लामिक संगठन हरकत-उल-जिहाद-अल-इस्लामी ने इसकी ज़िम्मेदारी ली। वे विरुद्ध थे इस प्रकार के नाच-गान के क्योंकि इस्लाम इसकी इजाज़त नहीं देता। बहरहाल इन सब पर बाद में मुक़दमा चला और 2014 में ढाका की एक अदालत में उस संगठन के आठ लोगों को मौत की सज़ा दी गई और छह लोगों को आजीवन कारावास की सज़ा सुनाई गई।

रमना पार्क ढाका का सबसे पुराना पार्क है, जिसकी नींव 1610 में जहाँगीर के शासन काल में डाली गई थी। सत्ताएँ आती-जाती रहीं, लेकिन रमना पार्क का वैभव बरकरार रहा। 25 मार्च, 1971 को रमना पार्क फिर एकाएक सुर्खियों में आया, जब पाकिस्तानी आर्मी ने रमना काली मन्दिर और उसके पड़ोस में बसे माँ आनन्दमयी आश्रम को ध्वस्त कर दिया और उसमें छिपे 200 हिन्दुओं को मौत के घाट उतार डाला। कालान्तर में ये मन्दिर फिर से बनाए गए। बांग्लादेश के पचासवें विजय दिवस के अवसर पर भारत के तत्कालीन राष्ट्रपति कोविंद भी इस मन्दिर की यात्रा कर चुके हैं।

बहरहाल इसी पार्क में टहल रही थी मैं कि एकाएक मेरी नज़र दो युवतियों पर पड़ी, पहली नज़र ही उनके माथे पर लगे सिन्दूर, बिन्दी और हाथों में सफ़ेद लाल शाँखा पोला पर पड़ी। मैंने मुस्कराते हुए पूछा, "आप क्या भारतीय हैं?"

उन्होंने भी मुस्कराते हुए जवाब दिया, "नहीं हम बांग्लादेशी हैं।"

मुझे भूल महसूस हुई। मैंने भूल सुधारते हुए पूछा, "क्या आप हिन्दू हैं?"

"जी।"

बातों बातों में मैंने पूछा, "कहाँ रहती हैं?"

"रामपुरा टीवी सेंटर के पास जो हिन्दुपाड़ा है वहीं रहते हैं हम लोग। वैसे अब उसका नाम नया पाड़ा हो गया है, लेकिन हमारी ज़ुबान पर वही पुराना नाम है।"

"हिन्दुपाड़ा? क्या और भी हिन्दू मोहल्ला हैं यहाँ?"

"एक नीम टोला भी है।"

"क्या वहाँ सब हिन्दू परिवार ही रहते हैं?"

"लगभग। वैसे हमारे हिन्दुपाड़ा में दस-बारह हिन्दू परिवार हैं, दो मुस्लिम परिवार भी हैं। दरअसल पहले सभी हिन्दू परिवार थे, लेकिन दो परिवार छोड़ के चले गए, तो उनकी जगह मुस्लिम परिवार आ गए।"

"क्यों छोड़कर चले गए?"

उदास स्वर में कहा उसने, "असुरक्षा की भावना के चलते, पर यही चीज़ तो हमें कमज़ोर बना रही है, जैसे ही कोई अवसर मिलता है बड़े लोग चले जाते हैं।"

"कारण?"

"देखिए सबसे बड़ा कारण तो हिन्दू होना ही है जो मन और रूह को ज़ख़्म देता रहता है। पर सचाई यह भी है कि हम सिर्फ़ 9 प्रतिशत हैं फिर भी हमें अच्छी सरकारी नौकरी मिली हुई है। यूँ कोई भेदभाव नहीं है लेकिन फिर भी पिछले कई सालों से एक अन्तर हम देख पा रहे हैं।"

"कैसा अन्तर?"

"मुसलमानों के साथ अब पहले जैसा मेल-मिलाप और भाईचारा नहीं रहा। पहले हम होली खेलते थे तो सड़क पर रंग उड़ाते-गाते हुए एक मोहल्ला से दूसरे मोहल्ला में चले जाते थे। पर इन वर्षों में ऐसा नहीं हो रहा है। हम अपने ही मोहल्ले तक सीमित हो गए हैं। न किसी ने रोका न किसी ने टोका, बस हम ही रुक गए।"

"ऐसा क्यों हुआ?"

अतल गहराई से उदास स्वर में आया जवाब, "बस हो गया। शायद अब हमारा आत्मविश्वास खो गया है।" दूसरी महिला जो अभी तक चुप थी, वह एकाएक बोलने लगी जैसे उसे कुछ याद आ गया हो, "मैं जब कक्षा सात में थी तो एक मुस्लिम लड़के ने मुझसे छेड़छाड़ की थी, तो मैंने उसकी पीठ पर तगड़ा घूँसा जमा दिया था, उसके बाल तक नोंच डाले थे, पर आज मेरी बेटी के साथ ऐसा कुछ हो तो मैं उसे मुस्लिम लड़के पर हाथ उठाने से रोकूँगी। आज मज़हब बीच में आ जाएगा।"

"क्या ढाका में बढ़ते इस्लाम के चलते आप ऐसा सोच रही हैं?"

वह एकाएक बांग्ला बोलने लगी, "ऐटा ठीक इस्लाम बोड़छे किन्तु आपनी

देखून कि मिक्स्ड संस्कृति ओ बोड़छे (देखिए एक तरफ़ इस्लाम बढ़ रहा है तो दूसरी तरफ़ मिक्स्ड संस्कृति भी तो बढ़ रही है), आप देखिए पहले इनके निकाह में मेहँदी की रस्म होती ही नहीं थी, पर अब हमारे देखा-देखी हो रही है। हिन्दी गानों पर ये झूमते हैं, नाचते भी हैं, लेकिन जब इनको कहिये कि अपनी बेटियों को गाना सिखा दें, तो इनका धर्म आड़े आ जाता है। यहाँ के मुसलमान हिन्दी सिनेमा के लिए पागल हैं लेकिन खुलकर हिन्दी सिनेमा के समर्थन में कभी नहीं आएँगे। चीज़ें बहुत जटिल हैं आंटी!"

पहेली आधी ही हल हुई थी फिर भी अटक-अटककर पूछ लिया मैंने, "क्या आपके साथ कभी कोई अप्रिय अनुभव हुआ?"

"झूठ काहे को बोलना..." सर खुजलाते हुए कहने लगी वो—"ऐसा तो कुछ भी नहीं है बताने को। लोकेरा भालो ही आच्छे (लोग अच्छे ही हैं) पर हमें दुख होता है कि हम कभी अपने को हिन्दू नहीं बोलते हैं, जबकि ये हमें हिन्दू महिला या हिन्दू परिवार कहते हैं। मतलब आज भी हमारी पहली पहचान बांग्लादेशी नहीं हिन्दू है जबकि हम सदियों से यहीं रह रहे हैं।"

पार्क में अच्छी-खासी भीड़ थी इसलिए वे बहुत धीमे स्वर में लगभग फुसफुसाते हुए हमसे बात कर रही थीं। यह प्रवृत्ति सभी हिन्दुओं में देखी थी, सार्वजनिक स्थलों पर कोई भी हिन्दू हिन्दू-मुस्लिम विषय पर खुलकर ज़ोर से नहीं बोलता था। जाते-जाते मैंने पूछा, "बकरीद पर यहाँ तकलीफ़ होती होगी।"

"बस, हम खिड़की दरवाज़े बन्द कर रखते हैं। उन तीन दिनों घर से बाहर नहीं निकलते हैं।"

"मोदी के बारे में क्या विचार है?"

"ठीक नहीं कर रहे हैं, यदि वे अपने अल्पसंख्यकों को परेशान करेंगे, तो ख़ुदा की मार हम पर भी पड़ेगी, उसका कई गुना फल हमें भुगतना पड़ेगा। बाबरी मस्जिद वहाँ टूटी तो यहाँ के मुसलमानों ने मन्दिरों पर आक्रमण किये। मैंने अपनी आँखों से देखा था हथियारों के साथ उन्हें मन्दिर की ओर आते हुए।"

"क्या भारत कभी बसना चाहेंगी?"

"नहीं, आमरा बांग्लादेश के भालोबासी (नहीं हम बांग्लादेश को प्यार करते हैं)। हम इसी हवा माटी के हैं, यद्यपि अल्पसंख्यक हैं, पर इसके बावजूद हमें यहाँ अच्छी सरकारी नौकरी मिली हुई है। हमारा कोई वोट बैंक नहीं, फिर भी हमें लगभग सभी सुरक्षा प्राप्त है। हम बस यही चाहते हैं कि सभी सरकार अपने-अपने अल्पसंख्यकों का ख़याल रखे। मैं तो यहाँ के हिन्दुओं को भी यही कहती हूँ कि जिस देश का खा रहे हो वहीं का होकर रहो। यह पलायन ही तो कमज़ोर बना रहा है हमें। भारत की तरह काश हम भी बीस प्रतिशत होते।

कहते-कहते वे उठ गईं।

एक आम दृश्य जो पिछले दिनों हिन्दुस्तान की असली कहानी कह रहा था। हज़ारों की संख्या में प्रवासी मज़दूर घरों की ओर लौट रहे थे। टूट चुके भरोसे, भूखे पेट, थके पैर और मुर्दा मन लिये जिनमें वृद्ध, बच्चे और गर्भवती महिलाएँ तक शामिल थीं। जिनमें से अधिकांश निरक्षर और बहुत कम पढ़े-लिखे थे। जिनकी बेइन्तिहा पीड़ा से हमारा कथित उदारवादी वर्ग और मीडिया लगभग अनछुआ रहा। इतना ही नहीं, उन्होंने इन मज़दूरों को अविवेकी, रोग के वैज्ञानिक आधार को न समझनेवाली एक अराजक भीड़ के रूप में देखा, जो सिर्फ़ उनकी दया की पात्र हो सकती थी। वे इनके लिए समान अधिकारों से सम्पन्न नागरिक थे ही नहीं।

इनमें से चलते-चलते एक माँ स्टेशन पर मर गई और उसका अबोध बच्चा ऊपर पड़े कपड़े को खींचकर उसे उठाने की कोशिश करता रहा।

एक गर्भवती महिला ने रास्ते में ही बच्चा जना, थोड़ी देर सुस्ताई और फिर चल पड़ी अपने नवजात को गोद में लेकर।

कुछ हज़ार लोग पहुँचे अपनी मंजिल तक, कइयों ने बीच रास्तों में ही दम तोड़ दिया। मीलों की लम्बी यात्रा के बाद ज़ख़्मी पैरों, आहत तन और उजड़ा मन लिए भूखे-प्यासे जब कुछ कामगार पहुँचे अपने आँगन में, तो अपने ही लोगों ने उन्हें अपने गाँव के भीतर घुसने से मना कर दिया।

लोग देख रहे थे, गुज़र रहे थे! ज़िन्दगी ने अपनी न्यूनतम शर्मिंदगी भी खो दी थी।

वर्ष 2020 मुजीब का शताब्दी वर्ष है और आज यानी 15 अगस्त को मुजीब का शहादत दिवस। इसलिए मुजीब-प्रेम का हाई पावर नशा फ़िज़ा में है। आसमान से पानी बरस रहा है और ढाका के कंठ से मुजीब का नाम। सुबह से ही माईक से शोक गीत और मुजीबुर रहमान के ओजस्वी भाषण प्रसारित किये जा रहे हैं। सभी अख़बारों ने आज के दिन को मुजीबुर रहमान की बड़ी सी तसवीर के साथ 'राष्ट्रीय शोक दिवस' घोषित किया है। मुझे मुजीब म्यूजियम देखना था जो धानमंडी में था। पूरा रास्ता ही मुजीब के आदमक़द पोस्टरों, बैनरों और होर्डिंगों से अटा पड़ा था। जगह-जगह लिखा था—गवीर श्रद्धांजलि (गहरी श्रद्धांजलि)। एक पोस्टर के नीचे लिखा था—मुजीब माने मुक्ति। बड़े आकर्षक नारे। एक जगह लिखा था—दिनटि शोकेर/नामटि साहसेर (दिन शोक का है पर यह साहस का नाम है।) कोरोना काल में भी मुजीब म्यूजियम में लोग अच्छे-ख़ासे जमा थे। गुलशन 2 से धानमंडी तक का पूरा रास्ता मुजीबमय था। जैसे टापुर-टुपुर बारिश में टीन की छत बूँदों से हर

पल बजती रहती है वैसे ही उस दिन हर गली, कूँचे से मुजीब-मुजीब की बूँदे लोगों के मन की छत पर जलतरंग-सी बज रही थीं।

जो आज म्यूजियम है, वही हत्या से पहले मुजीब का निवास स्थल था। एक साधारण-सा तिमंज़िला मकान, जहाँ मुजीब की ही नहीं उनके पूरे परिवार की हत्या हुई थी। हमें उस मकान में घुसने की अनुमति नहीं थी। पुलिस के घेरेबन्दी में किसी एकान्त संन्यासी की कुटीर-सा मुजीब का वह मकान! मकान के बाहर के प्रांगण में ही मुजीब के चित्रों की प्रदर्शनी लगी हुई थी। दीवारों पर जगह-जगह लिखा हुआ है 'जातीय शोक दिवस'। प्रांगण के बीच मुजीब की बड़ी-सी कलात्मक तसवीर लगी हुई थी, जिसके आसपास अनगिनत मालाएँ रखी हुई थीं। स्थानीय लोगों ने काले कपड़े पहने हुए थे। महिलाओं ने काला बुर्क़ा डाला हुआ था।

इतने शोरगुल और भीड़भाड़ के चलते मैं चाहकर भी उस समय में दाख़िल नहीं हो पाई, जिस समय बंगबंधु बंगबंधु थे, जिस समय उनके स्वप्नों में महासागर की अनंतता थी। चाहती थी कि उस इमारत के पार्श्व में ही उस समय के इतिहास को सुनूँ, उन ख़ामोश और अदृश्य ध्वनियों से गुज़रूँ, पर अफ़सोस ऐसा कुछ भी हो न पाया और मैं बस औपचारिकता निभा लौट आई।

17

कोरोना का क़हर : यहाँ भी वहाँ भी

साधो! यह मुर्दों का गाँव!

यूनाइटेड हॉस्पिटल ढाका का सबसे बड़ा हॉस्पिटल है। उसमें कोरोना के रोगियों के लिए एक स्पेशल वार्ड भी बना दिया गया था। वहाँ कल यानी 28 मई, 2020 की आधी रात को आग लग गई, जिसके चलते पाँच सीनियर कोरोना पीड़ित जलकर मर गए। कोरोना संक्रमित रोगियों के लिए जो यूनिट बनवाई गई थी वह जल्दीबाज़ी में बनवाई गई थी जिसमें कोई फायर सेफ्टी नहीं थी। फायर सर्विसेज एंड सिविल डिफेन्स के डिप्टी डायरेक्टर ने कहा कि उनसे फायर क्लियरेंस भी नहीं ली गई थी, उन्हें तो मालूम तक न था कि यूनाइटेड हॉस्पिटल का इस बीच विस्तार हुआ है। कोरोना संक्रमित रोगियों के लिए पाँच कमरे अलग से बनवाए गए थे। उन पाँच कमरों में से एक कमरे के एसी में आग लग गई। सभी रोगी इतने वृद्ध थे कि उठकर भाग भी नहीं सके। सब की वहीं अग्नि समाधि हो गई। वहाँ कोई फायर एग्जिट भी नहीं था।

ना जा बबुनी, वापस आजा बाबुल के द्वार

समय पंख लगाकर उड़ने लगा। देखते-देखते बीता एक साल।

फिर आई स्याह बादलों से घिरी 31 अगस्त, 2020 की वह रात जो अपशकुन-सी उतरी हमारे आँगन में, जिसमें ज़िन्दगी की सबसे उदास कविता लिखी गई। बहुरानी के पाँव भारी थे, उनकी तबीयत लगातार गिरती जा रही थी, पर कोरोना के चलते हम उन्हें कोलकाता नहीं ले जा पा रहे थे। तभी अल्ट्रासाउंड में पता चला बहूरानी की गर्भस्थ अठमासी बच्ची कुछ ठीक नहीं है। बहुत कुछ किया पर बचा न पाए उस नन्ही जान को। हमारी सारी निःशब्द प्रार्थनाओं को धता बताते हुए उस अठमासी ने, मेरी आत्मा के उस फड़फड़ाते टुकड़े ने, गर्भ में ही दम तोड़ दिया। जाने कितने स्वप्न उस अजन्मी ने दिखा दिये थे मुझे। बहू के ऊपर भी जान का संकट मंडरा रहा था। बच्ची को नॉर्मल डिलीवरी द्वारा ही निकालना था। उसी दौरान रक्त की ज़रूरत हुई। कौन दे रक्त? विदेश में बहुत कम जान-पहचान थी और उस पर कोरोना और रमज़ान। कोई ऐसा नज़र न आया, जो दुख और संकट की इस घड़ी में कन्धे पर हाथ रख दे। मैंने न फातिमा को बताया था, न ही सलमा को। जाने कैसे, घर के किस बिस्तर ने चुगली खा दी कि सूरज की पहली किरण के साथ ही दोनों की गुज़ारिश—हम देंगे रक्त।

ज़रूरत तो थी, कैसे करते इनकार। तीन दुख एक हुए। बदरी-सी बरसी आँखें! ले गए दोनों को। फातिमा का रक्त काम आ सकता था, पर उसका रमज़ान था। डॉक्टर ने मना कर दिया—रमज़ान में रक्त नहीं ले सकते। घायल पाखी की तरह वह फड़फड़ाई। फिर कुछ देर बाद दृढ स्वर में कहा फातिमा ने—"यदि ऐसा है तो इसी पल मैं रमज़ान तोड़ देती हूँ, पर मेरा रक्त ले लें।"

फातिमा का रक्त ले लिया गया।

सामान्य डिलीवरी से बाहर निकाला उस अठमासी को। अब समस्या थी उसे दफनाने की। हम चाहते थे कि हिन्दू संस्कार के अनुसार उसे भरपूर प्यार और सम्मान के साथ चार घंटे के भीतर ही दफ़ना दें। दिन-भर की अकथनीय थकावट और मरे मन के बचे-खुचे दमख़म के साथ बेटा उसे ले गया घर के सबसे क़रीब के क़ब्रिस्तान में जो कि बनानी में था। लेकिन वहाँ हम हिन्दू थे इसलिए हमें जगह नहीं मिली। वापस बच्ची को अस्पताल के मुर्दा घर में रखवाया, क्योंकि रात हो चुकी थी।

दूसरी सुबह अचेत और जर्रा-जर्रा बिखरी पत्नी को नर्सों के हवाले कर बेटा मृत बच्ची को लिये-लिये फिर एक और क़ब्रिस्तान में गया। वहाँ भी इजाज़त नहीं मिली। अपनी-अपनी जाति के अनुसार मुर्दों को लिटाने की रीति। एक विदेशी कहानी पढ़ी थी, जिसमें एक रूसी औरत अपने क्रान्तिकारी पति का शव लिए आधी रात के अँधेरे में गाँव-दर-गाँव भटकती रहती है, पर कहीं भी उसे दफ़नाने की इजाज़त

नहीं मिलती है। वह तो क्रान्तिकारी था पर यह तो अठमासी बच्ची! बहरहाल फिर किसी ने बूढ़ी गंगा किनारे बसे पोस्ता गोला श्मशान का नाम सुझाया। वहाँ कोई हिन्दू मन्दिर था, उसी के पिछवाड़े में खुला आँगन था। वहाँ हिन्दू पुरोहित भी था। वहीं भारी मन से विदा दी उसे। बहुत मन था उस मिट्टी को एक बार चूम लूँ, प्यार से हाथ फेर दूँ, जहाँ चिर निद्रा में सो रही थी मेरी पोती, पर ऐसा सम्भव न हो सका।

हम नहीं चाहते थे कि इस बच्ची का जन्म बांग्लादेश में हो और उसके जन्म सर्टिफिकेट पर जन्मस्थान 'ढाका' लिखा जाए, क्योंकि मुस्लिम देश का जन्मस्थान होने पर कई देशों का वीज़ा नहीं मिलता। मेरे बेटे के एक बांग्लादेशी मित्र की तबीयत अचानक बहुत ख़राब हो गई। वह इलाज़ के लिए भारत जाना चाहता था पर उसे वीजा नहीं मिला क्योंकि उसके पासपोर्ट पर कभी पाकिस्तान जाने का ठप्पा लगा हुआ था। तो वह शक के घेरे में आ चुका था, इसलिए भारतीय दूतावास ने उसे भारत जाने की इजाज़त नहीं दी थी। मेरे बेटे को यदि कभी किसी पाकिस्तानी सीईओ से मिलना भी होता, तो भी वे श्रीलंका में मिलते। पर कोरोना के चलते हम असमंजस में थे कि जाएँगे कैसे! बिटिया रानी ने जन्म लेने से इनकार कर हमें इस दुविधा से भी मुक्त किया।

उसके बाद हमारी गोष्ठी फिर कभी नहीं जमी। हमारे मुर्दा मन फिर कभी गोष्ठी के लिए इकट्ठे नहीं हुए। हमारे भीतर न जीवन का उल्लास बचा था और न ही मृत्यु के शोक का सुकून।

हम कम बोलने लगे थे। कम जीने लगे थे। शान्ति और अशान्ति के बीच भटकता हमारा मन एक सूखी नदी की मानिंद बहने लगा था।

ख़ामोश चाँदनी में जूता पहन सोने लगे थे हम कि जाने कब वतन लौट जाना पड़े!

तीन महीने बाद भी जब नहीं खुली बांग्लादेश की सीमाएँ तो हम लोगों ने निश्चय किया कि हम रोड से अगरतला (त्रिपुरा) जाएँगे और वहाँ से कोलकाता की उड़ान भरेंगे। पहली बार जब हम रोड से जानेवाले थे तो फ़िल्मों में देखे नो मेन्स लैंड के जाने कितने दृश्य आँखों के सामने घूम गए। लेकिन हक़ीक़त बहुत ही श्वेत श्याम थी। बांग्लादेश की सीमा जहाँ ख़त्म होती थी, वहाँ बीच सड़क के दोनों ओर क़तार में लगे छोटे-छोटे पेड़ों के बीच सड़क थी। एक ओर बांग्लादेश का झंडा था, एक छोटा-सा ऑफ़िस था, जहाँ हमारे सारे डाक्यूमेंट चेक किये गए। ऊपर में एक टीन का बैनर था जिसका रंग उड़ा हुआ था और अक्षर धूमिल पड़ गए थे जिस पर लिखा हुआ था 'रिपब्लिक ऑफ़ बांग्लादेश वेलकम्स यू'। नीचे शेख हसीना की तसवीर लगी हुई थी। हमें अपनी गाड़ी यहीं पर छोड़ देनी थी।

यहाँ बांग्लादेश की सीमा ख़त्म थी। उसके बाद क़रीब तीस-चालीस मीटर तक हम पैदल चले। ज़मीन पर खिंची एक सफ़ेद रेखा हमने पार की। अब हम भारत की सीमा में प्रवेश कर चुके थे। अब तसवीर थोड़ी ज़्यादा चमकीली थी। ऊपर टँगा बैनर नीले रंग का था जिस पर सफ़ेद अक्षर चमक रहे थे—'भारत गणतंत्र में आपका स्वागत है'। नीचे यही अभिनन्दन अंग्रेज़ी में भी लिखा हुआ। उससे दो क़दम आगे ईंटों का बना हुआ तिरंगा खम्भा और उसी के पास शान से इठलाते देश के प्रधानमंत्री मोदी जी।

वतन वापसी के इन पलों में सब कुछ याद आ रहा था मुझे। उमड़-घुमड़ रहा था मन मेरा। फातिमा और सलमा की भरी हुई आँखें देखीं न गईं मुझसे। जाते वक़्त इतना भर कह पाई—"रख लो ये पाज़ेब हिन्दुस्तान की बनी हुई है। मेरी तरफ़ से दे देना अपनी बेटियों को। यहाँ की हरियाली, रकम-रकम के चावल, यहाँ के लाल-लाल बेबी आलू, यहाँ के रुपाली आम, प्रार्थना-सा पवित्र तुम्हारा संग साथ, दूर-दूर जाती हुई नौकाएँ मुझे ख़ूब याद आएँगी।"

वे गले लग हिलग-हिलग रोने लगीं। मुझे दीदे फाड़ यूँ देखने लगीं, जैसे यही आख़िरी मुलाक़ात हो।

मैं उनसे लगकर उनके देखने को देखने लगी।

बेटे ने इशारा किया, "मैं थोड़ी दूरी बरतूँ, कोरोना का संक्रमण हो सकता है।"

आँख भर देख भी न पाई। जी भर गले भी न लग पाई।

पराजित समय!

दूर से हाथ हिलाया। पर आँखें तब तक पीछा करती रहीं उनका, जब तक वे ओझल न हो गईं।

18

कोलकाता

मौत का सौदागर कौन है/मेरे देश की संसद मौन है

भारत और बांग्लादेश...दोनों एक चीज़ में बराबर हैं—दोनों ही जगह आम आदमी की ज़िन्दगी की सूरत डरावनी है। कोरोना ने सारे पर्दे फाड़ दिये हैं। फ़िज़ाओं

में मौत की गूँज है। आसमान में अपशकुनी-सी काली चीलें उड़ रही हैं। कोरोना से युद्ध हम हार गए हैं, क्योंकि कमज़ोर घोड़ों पर चढ़कर युद्ध नहीं जीते जा सकते। सरकार की कमज़ोर इच्छाशक्ति ने कमज़ोर सरकारी कलाइयों के साथ मिलकर हाहाकार मचा रखा है। इस बीच मीडिया में आई एक ख़बर ने लोगों के आक्रोश की आग में घी का काम किया है। सरकार ने 2020-21 में 9294 मेट्रिक टन इंडस्ट्रियल ऑक्सीज़न और 12 मेट्रिक टन मेडिकल ऑक्सीजन का निर्यात किया है। सरकार बचाव में कह रही है कि हमने 9294 मेट्रिक टन इंडस्ट्रियल ऑक्सीजन गैस निर्यात की, मेडिकल ऑक्सीजन गैस नहीं। पर क्या सरकार को पता नहीं कि इंडस्ट्रियल ऑक्सीजन गैस को बहुत ही सरल ढंग से मेडिकल गैस में बदला जा सकता है? आज इन्हीं के चलते देश का ऑक्सीजन स्तर इतना गिर गया है। आज 22 अप्रैल, 2021 का आँकड़ा है, देश में कोरोना संक्रमितों की संख्या तीन लाख बत्तीस हज़ार तक पहुँच गई है, जबकि पिछले कोरोना की अधिकतम संख्या लाख तक थी।

सरकारी ग़ैर-ज़िम्मेदारी और असंवेदनशीलता की हद! देश के रक्षा मंत्री राजनाथ सिंह कह रहे हैं—कोरोना काल में बचाव का तरीक़ा है 'रामचरितमानस' का पाठ! 6-7 हज़ार का गैस सिलिंडर 45 हज़ार में मिल रहा है, एक हज़ार की दवा 20 हज़ार में मिल रही है। तीस रुपये का नारियल 120 रुपये तक पहुँच गया है। रेमडेसिविर इंजेक्शन की जगह ग्लूकोज़ का इंजेक्शन बीस-बीस हज़ार में बिक रहा है। ऑक्सीजन सिलिंडर की कालाबाज़ारी हो रही है।

25 अप्रैल की एक घटना : दिल्ली के जयपुर गोल्डन अस्पताल में ऑक्सीजन की किल्लत ने 25 मरीज़ों की जान ले ली।

लगता है जैसे इस देश की जनता नागरिक नहीं भेड़ बन गई हैं और नेता गड़ेरिये। नोटबन्दी, जीएसटी, सीएए—एनआरसी, लॉकडाउन, कृषि बिल...वटवृक्ष की शाखाओं की तरह सारी घटनाएँ एक दूसरी से जुड़ती गईं और जनता के लिए नारकीय स्थितियाँ पैदा होती गईं। कहीं सुनवाई नहीं हुई जनता की? हर बार बेमौत मारी गई निरीह जनता?

'जब अँधेरा घना होता है तो हम जुगनुओं की टिमटिमाहट में भी रोशनी ढूँढ़ने की कोशिश करते हैं'—जाने किसने कही थी ये बात। पर इन दिनों मिले कुछ जुगनुओं ने सचमुच मुझे बचा कर रखा।

लेकिन ऐसे घुप्प अँधेरों में भी कुछ दीपक ऐसे होते हैं, जो सामना करते हैं अँधेरों का अपने हौसलों और समर्पण से।

घटना बड़ौदा की

वड़ोदरा का शियाजी राव अस्पताल। दो युवा डॉक्टर, डॉक्टर शिल्पा पटेल एवं डॉक्टर राहुल परमार। जब दोनों ही कोरोना के गम्भीर मरीज़ों का जी लगाकर इलाज़ कर रहे थे तभी उन्हें ख़बर मिली कि उनकी अपनी माताएँ जो कोरोना से गुजरात के ही दो शहरों में संघर्ष कर रही थीं, नहीं रहीं। दोनों ही डॉक्टरों ने बेहद दुख की इस घड़ी में भी बहुत धैर्य से काम लिया और अपने मरीज़ों का पूरा इलाज़ करने के बाद अपने पैतृक शहर पहुँचे। अपनी माताओं का अन्तिम संस्कार किया और छह घंटे में ही वापस वड़ोदरा आ गए। उनका कहना था कि ख़बर सुनकर हम दहल गए थे, लेकिन फिर सोचा कि जो ज़िन्दा हैं उन्हें तो मरने न दिया जाए।

ऐसी ही एक और ख़बर। मुम्बई के हैं शाहनवाज़ शेख़ जो ख़ुदा बन उतरे हैं धरती पर जिन्हें 'ऑक्सीजन मैन' भी कहा जाने लगा है क्योंकि उन्होंने 22 लाख की अपनी एसयूवी गाड़ी बेचकर चार हज़ार लोगों को ऑक्सीजन सिलिंडर पहुँचाया।

लोनावला के एक डॉक्टर का एक प्रिस्क्रिप्शन : ठीक होने के बाद एक पेड़ लगाना तो ऑक्सीजन की कमी नहीं होगी।

जीवन की चरम परिस्थितियाँ या तो हमारा 'स्व' छीन हमें आत्मविहीन बना देती हैं या फिर हमें विश्व चेतना से जोड़ देती हैं। केरल के बीड़ी मज़दूरों ने अपनी सारी जमा-पूँजी कोविड मज़दूरों के हित में दान कर दी।

कोरोना महामारी के इस दौर में श्मशान सही अर्थों में समाजवादी बन गया है, जहाँ जाते ही सारी ऊँच-नीच और छुआछूत मिट गई है। सब अपनी औक़ात में आ गए हैं। कर्मकांड, नेकचार, अन्त्येष्टि, कपाल क्रिया, परिक्रमा, आटे का बना पिंड दान...सब कुछ अतीत की बातें हो गई हैं। चौतरफ़ा हाहाकार मचा हुआ है। अस्पतालकर्मी सीधे हॉस्पिटल से श्मशान ले जाकर शव को जला दे रहे हैं। अपने प्रियजन का अन्तिम दर्शन करने तक का मौक़ा नहीं दिया जा रहा है। प्रियजन श्मशान में काम करनेवालों से यही गुहार लगाते दिख रहे हैं कि भैया प्लीज, अन्तिम संस्कार ठीक से कर देना। जो भी लगे हम दे देंगे। दलित, ब्राह्मण, अछूत...सब एक साथ अन्तिम यात्रा पर निकल रहे हैं। शरीर के साथ ही जाति का अभिमान भी माटी में मिल रहा है।

मैं रोज़ मन एकाग्र करने और अपने को दोबारा खोजने के लिए कुछ पन्ने भर देती हूँ। शायद ख़ुद को ख़ाली होने से बचाने का यही उपाय है, भरते पन्ने कहीं न कहीं ख़ुद मुझे भी भर देते हैं।

मौत का ज़हर है फ़िज़ाओं में
अब कहाँ जाकर साँस ली जाए। —राहत इंदौरी

वापसी : ढाका में कोरोना
18.4.21

कोरोना की दूसरी लहर जानलेवा और डरावनी है। शहर की ख़ुशहाली, ज़िन्दादिली, चहल-पहल, उत्साह और उमंग पर जैसे बिल्ली ने पंजा मार दिया है। यहाँ ढाका में लोगों को हॉस्पिटल में जगह नहीं मिल रही है, बेड नहीं मिल रहे। हम यहाँ विदेशी हैं इसलिए हमें यहाँ वैक्सीनेशन की सुविधा भी सबसे अन्त में मिलेगी।

हमारे एक पड़ोसी जो कनाडा से थे, वे कनाडा गए सिर्फ़ वैक्सीन लगवाने के लिए। आए दिन की बुरी ख़बरों ने दिमाग़ को सुन्न कर दिया था। मेरी एक लेखिका मित्र के मुम्बई स्थित बेटे-बहू दोनों हॉस्पिटल में थे, उन्हें भी बड़ी मुश्किल से जगह मिल पाई थी। मौत के आँकड़े हर दिन उछाल पर थे। मेरा बेटा भी यहाँ से निकलने की सोच रहा था सिर्फ़ इसलिए कि यदि हो गया कोरोना तो इलाज़ की भी सुविधा नहीं मिलेगी। यहाँ एक कोरोनाग्रस्त भारतीय परिवार था, जिसे इन्तज़ार था उस जीवनदायी दवाई रेमडेसिविर और इंजेक्शन का जिसे भारत से पहुँचना था। दिन-भर लोग आँख फाड़े उस बन्दे का इन्तज़ार करते रहे, जो अगरतला से इंजेक्शन लेकर ढाका पहुँचने वाला था। वह पाँच बजे पहुँचा, सात बजे दिलीप जी की मृत्यु हो गई।

समय पर इंजेक्शन लग नहीं पाया।

यहाँ रहनेवाले प्रवासी भारतीय सहमे हुए हैं।

कोरोना ने बता दिया विदेश में रहना क्या होता है। विशेषकर एक ऐसा देश, जहाँ मेडिकल सुविधाएँ पूरी तरह से विकसित नहीं हैं।

बेटा दिल्ली जाने की योजना फिर बना रहा था और मेरा दिल बैठा जा रहा था। बार-बार तम्बू उखाड़ कर जाना। अभी दिल्ली से आए पन्द्रह दिन भी नहीं हुए, फिर नये सिरे से कोरोना टेस्ट, फिर सामान बाँधना। चीज़ों को सहेजना। मेरा नियतिवादी मन कहता था कि सिर्फ़ एक सम्भावना की ख़ातिर तम्बू उखाड़कर जाने का क्या तुक है। हमारा घर यूँ सुरक्षित है। बड़ा घर है। कल क्या होगा किसने देखा है। आज कोई ख़तरा नहीं। फिर ख़तरा कहाँ नहीं। यहाँ का सुरक्षित डेरा छोड़कर नया बसेरा बनाना? वहाँ नई मुसीबतों का सामना करना?

लेकिन मैं बोल नहीं सकती थी।

ढाका में 14 अप्रैल से 21 अप्रैल तक के लिए सम्पूर्ण लॉकडाउन लग चुका था।

आज के अख़बार कह रहे हैं कि पिछले महीने-भर में कोविड से मरनेवालों की संख्या में ग्यारह गुना ज़्यादा तेज़ी आई है। महीने-भर पहले हर दिन कोविड से मरनेवालों की दैनिक संख्या लगभग सात थी। आज वह संख्या लगभग 100 हो गई है। हर दिन यह संख्या बढ़ती जा रही है।

भारत में भी स्थिति भयावह है। मौत के तांडव के बीच असम और बंगाल में तूफ़ानी चुनावी रैलियाँ और रोड शो हो रहे हैं। एक तरफ़ शव जल रहे हैं, तो एक तरफ़ भाषण चल रहे हैं। हाल ही में वहाँ कुम्भ मेला भी लगा है। क्या कहा जाए, होना तो यह था कि कुम्भ मेला पर ही प्रतिबंध लगता पर धर्म को राजनीतिक हथियार की तरह इस्तेमाल करनेवाली हमारी सरकार, देवभूमि उत्तराखंड के होनहार दामाद तीरथ सिंह रावत ने कहा है कि शाही स्नान में माँ गंगा की अविरल धारा है, माँ गंगा का आशीर्वाद लेकर जाएँगे तो कोरोना नहीं फैलेगा। हिन्दू हृदय सम्राट नरेन्द्र मोदी और उनके उपप्रधान अमित शाह की प्राथमिकता आम आदमी के जीवन को बचाने की नहीं, वरन असम और बंगाल के चुनाव बचाने की है। सत्ता की भूख और विशाल भीड़ देखने की भूख में इन दोनों नेताओं ने कोरोना को ख़तरनाक ढंग से बेरोक-टोक बढ़ने दिया है। एक औरत को हराने के लिए आधा कैबिनेट पश्चिम बंगाल में जम गया है।

हॉस्पिटल में जगह नहीं है, बेड नहीं है, दवाएँ नहीं हैं, ऑक्सीजन सिलिंडर नहीं हैं, डॉक्टर्स नहीं हैं लेकिन इन सबसे बेपरवाह देश के शीर्ष नेता सारे नियमों को तोड़कर ताबड़-तोड़ तूफ़ानी रैलियाँ और रोड शो करने में व्यस्त हैं। रैलियों में जुटी अपार भीड़ देख गद्‌गद हैं।

भ्रष्टाचार का आलम यह है कि सरकारी अस्पताल के मुर्दाघर में मुर्दा का चेहरा दिखाने के लिए कर्मचारी घरवालों से पाँच सौ माँग रहे हैं। लखनऊ में एक वरिष्ठ पत्रकार की मौत अस्पताल में हो गई—उनके कमरे से पच्चीस हज़ार रुपये चोरी कर लिए गए। कोरोना से मरे लोगों के गहने उतारना तो प्राय: हो ही रहा है। दवाई की कालाबाज़ारी जारी है।

अस्पताल में इलाज़ केवल वीआईपी को नसीब है—यह बात इलाहाबाद हाईकोर्ट कह रही है।

लोग कोरोना से कम अव्यवस्था से ज़्यादा मर रहे हैं। कालाबाज़ारी, मुनाफ़ाख़ोरी, भ्रष्टाचार, संसाधनों पर ग़ैर-बराबरी की हिस्सेदारी और इनसान-इनसान में हैसियत के आधार पर भेदभाव जैसे चीख़-चीख़कर बता रहा है कि हमारी सभ्यता का सारा इतिहास असभ्यता, भूख और आँसुओं का इतिहास रहा है।

बांग्लादेश ने भारत से आनेवालों के लिए 14 दिनों के लिए सीमा सील कर दी है, क्योंकि चुनावों और कुम्भ के चलते भारत में कोविड-19 बेक़ाबू हो गया है। हवाई मार्ग तो 14 अप्रैल, 2021 से ही स्थगित है जब से मार्च के दूसरे सप्ताह से कोरोना की दूसरी लहर वापस आई है। मेरे एक सम्बन्धी को भाग्य से हॉस्पिटल में जगह मिल गई। उनको ऑक्सीजन पर रखा जा रहा था। कल उनकी कोरोना रिपोर्ट निगेटिव आ गई, तो हॉस्पिटल ने उन्हें बेड छोड़ देने को कहा। घरवालों ने कहा, "इनकी ऐसी हालत, ये तो हिल भी नहीं पा रहे, हम कैसे घर ले जाएँ?" डॉक्टर ने जवाब दिया—"अब ये मरेंगे नहीं, हमें दूसरों को बेड देना है, जो मर रहे हैं।"

मेरे दोस्त का भांजा आईसीयू में वेंटीलेटर पर है। बीस किलोमीटर दूर वेदांत हॉस्पिटल है। घरवाले इतनी भीषण गर्मी में किसी प्रकार हॉस्पिटल पहुँचते हैं तो भी डॉक्टर की एक झलक तक नहीं मिल पाती है, न सान्त्वना के दो शब्द। सिर्फ़ वार्ड बॉय से पता चलता है कि हालत में सुधार है या नहीं। दम मारने की फ़ुर्सत नहीं डॉक्टरों को।

एक ख़बर के अनुसार श्मशान में लगी भीड़ के चलते अब चिताएँ पहले से ही तैयार की जा रही हैं।

25.4.2021 : विचलित करनेवाली ख़बरें

विख्यात शास्त्रीय गायक पद्म-भूषण राजन मिश्र और एक विख्यात उपन्यासकार पद्मश्री मंज़ूर एहतेशाम!

दोनों तड़पते रहे, लेकिन एक को देश की राजधानी में और दूसरे को राज्य की राजधानी, भोपाल के अस्पताल में एक प्राणवायु-शय्या तक नहीं मिल सकी। अन्तिम समय साँस तक नहीं ले पाए, बोल नहीं पाए बस हाथ जोड़ दिये—अब यह धरती, यह दुनिया तुम्हारे हवाले दोस्तो!

महाराष्ट्र के नागपुर के एक बुजुर्ग नारायण भाऊराव दाभड़कर ने अस्पताल के अपने बेड को किसी नवयुवक के लिए ख़ाली कर दिया यह कहकर कि मैंने तो 85 वर्ष की अपनी ज़िन्दगी जी ली, लेकिन इस नवयुवक के सामने पूरी ज़िन्दगी और परिवार की ज़िम्मेदारियाँ हैं। उनके सामने ही एक महिला अपने चालीस वर्ष के पति को लेकर आई थी, अस्पताल ने उसके पति को भर्ती करने से इनकार कर दिया कि बेड ख़ाली नहीं है। महिला फफक कर रो पड़ी, यह देख नारायण भाऊराव ने अपना बेड उस महिला के पति के लिए ख़ाली कर दिया। वे ख़ुद कोरोना संक्रमित थे और तीन दिन बाद ही उनकी भी मृत्यु हो गई।

अगले तीन दिनों में भी उस वृद्ध के लिए बेड की व्यवस्था नहीं हो सकी और

राष्ट्रीय शर्म की इस घटना को राष्ट्रीय गर्व बनाकर प्रस्तुत किया गया और इस महानता को आरएसएस की पीठ पर स्थापित कर दिया गया।

मुझे कामू के उपन्यास 'प्लेग' की याद आ रही है, जिसमें महामारी बेकाबू साँड़ की तरह चौतरफ़ा तबाही सिर्फ़ इस कारण मचा देती है कि सरकार डॉक्टरों की सलाह नहीं मानती और अन्त तक जब तक कि महामारी के पंजे लोगों को दबोचने नहीं लग जाते, यह नहीं स्वीकारती कि शहर में प्लेग आ चुका है। सरकार चाहती थी कि लोग आशावादी (पॉज़िटिव) बने रहें, लेकिन प्लेग बेक़ाबू होता गया।

प्लेग से बढ़ती मौत को देख आख़िर में प्रशासन शहर के दरवाज़े बन्द (लॉकडाउन) करता है, भविष्यद्रष्टा लेखक के उपन्यास के पन्ने-पन्ने पर आप वर्तमान भारत की कोरोना से हुई मौतों के तांडव को और समय के सत्य को देख सकते हैं।

19

माँझी ही जब नाव डूबोए तो उसे कौन बचाए।

इंडियन मेडिकल एसोसिएशन के उपाध्यक्ष नवजोत दहिया ने कहा है कि भारत के प्रधानमंत्री ख़ुद कोरोना के सुपर स्प्रेडर हैं, कोरोना की दूसरी लहर के लिए ज़िम्मेदार!

बढ़ती चुनावी रैलियों के चलते बंगाल में कोरोना की रेट बढ़कर 13 प्रतिशत हो गई, जबकि शेष भारत की रेट है 7।

भोपाल के अनवर पठान और उमर असलम और जीशान ख़ान से मिलें—ये अभी तक सात ऐसे शवों का अन्तिम संस्कार कर चुके हैं, जिनको परिवारजन छूने को तैयार नहीं थे—ये लोग पंडित जी से वीडियो कॉल से जुड़ते हैं—उनसे श्लोक-कर्मकांड करवाते हैं और फिर अन्तिम संस्कार कर देते हैं।

यदि भोपाल में किसी मृतक का अन्तिम संस्कार करना हो तो ये नि:शुल्क सेवा के लिए हर समय तैयार हैं।

कल मेरठ के लिसाड़ी गेट से भी ऐसी तसवीर सामने आई। वहाँ 45 साल की सुषमा अग्रवाल की मौत हो गई। उनके घर वाले फ़ोन करते रहे, लेकिन कोई

रिश्तेदार मैयत को नहीं आया। आख़िरकार पड़ोसी मुस्लिम युवकों ने न केवल कन्धा दिया बल्कि सारे संस्कार करवाए।

इसमें शक नहीं कि बहुसंख्यक समाज भी हर जगह हर सम्भव सेवा कर रहा है, लेकिन एक मुस्लिम के लिए यह सब करना उतना सरल नहीं जितना एक हिन्दू के लिए। मुस्लिम समाज में बड़ी संख्या में ऐसे लोग हैं, जो मुर्दे को जलाने को ग़ैर इस्लामिक कहते हैं और इस कार्य में शामिल लोगों को धर्म विरुद्ध। इसके बावजूद बहुत ही औसत परिवार के मुस्लिम मानवता को धर्म मानकर यह सब कर रहे हैं, वह भी रमज़ान के भूखे-प्यासे उपवास में।

हम अभी तक अपनी अर्थव्यवस्था के आँकड़ों को छुपा रहे थे, अब सरकार मौत के आँकड़ों को छुपा रही है। कोरोना से मरनेवालों की संख्या सरकारी आँकड़ों से कहीं ज़्यादा है। सरकार द्वारा सोशल मीडिया पर यह भी दवाब डाला जा रहा है कि लोग कोरोना से सम्बन्धित सरकारी अव्यवस्था पर अपनी टिप्पणी द्वारा सवाल न उठाएँ। ट्विटर पर भी इस क़िस्म के ट्वीट हटा दिये गए। आख़िर सुप्रीम कोर्ट तक को लिखना पड़ गया,

"सोशल मीडिया पर जो लोग अपनी परेशानियाँ जता रहे हैं, उनके साथ बुरा व्यवहार नहीं होना चाहिए। अगर कोई नागरिक सोशल मीडिया या अन्य किसी प्लेटफॉर्म पर अपनी समस्या बताता है, तो इसका मतलब ये नहीं है कि वह ग़लत ही है। किसी भी तरह की इन्फॉर्मेशन को दबाया नहीं जा सकता। हर राज्य को यह कड़ा सन्देश जाना चाहिए कि अगर किसी नागरिक पर मदद की गुहार लगाने के लिए एक्शन लिया गया, तो उसे कोर्ट की अवमानना माना जाएगा। हम इस वक़्त राष्ट्रीय संकट की स्थिति में हैं, ऐसे में आम लोगों की बात सुनना बहुत ज़रूरी है।"

उत्तर प्रदेश में पंचायत चुनाव की ड्यूटी के दौरान संक्रमित होकर मरनेवालों शिक्षकों की संख्या 700 से ऊपर हो गई है। एक हज़ार से अधिक शिक्षक संक्रमित हैं। हज़ारों परिवार उजड़ गए कोरोना पेशेंट की सेवा में नहीं, बल्कि चुनाव करवाने में। सवाल है कि क्या पंचायत चुनाव इतने ज़रूरी थे? क्या यह हत्याएँ नहीं?

कोरोना की लहर को देखते हुए सभी देशों ने भारत से आनेवाली उड़ानों पर तीन सप्ताह के लिए रोक लगा दी है। दुनिया के ढेर सारे लोग, जिनमें बांग्लादेशी, चीनी, अमेरिकी, ऑस्ट्रेलियाई और पाकिस्तानी भी शामिल हैं, वे सभी भारत की मदद के लिए आगे आ रहे हैं।

भारत ने दिया बांग्लादेश को कोरोना वैक्सीन का उपहार : भारत के साथ बांग्लादेश का सम्बन्ध सदैव ही प्रेम और घृणा की ठंडी गर्म हवा जैसा रहा है। नागरिकता संशोधन क़ानून के चलते दोनों देशों के रिश्तों में जो तनातनी आ गई थी, वह फिर सामान्यता की ओर बढ़ने लगी।

एक पत्रकार ने लिखा है—यह भारत का आम आदमी है जो ज़िन्दा रहा तो नोटबन्दी की लाइन में लगा रहा और मर गया तो श्मशान की लाइन में लगा है। और फ़िलहाल हिन्दुस्तान एक ऐसे खाली कटोरा का नाम बन गया है, जिसके भीतर न दाना है, न दवा है और न हवा है। हर जगह यह कटोरा घूम रहा है कि कोई इसमें कुछ भर दे।

दिल्ली मैक्स हॉस्पिटल के रेज़ीडेंट डॉक्टर विवेक ने इसलिए आत्महत्या की, क्योंकि वे अपने मरीज़ों की जान नहीं बचा पा रहे थे। कुछ दिन पहले एक अधेड़ डॉक्टर ने इंटरव्यू के दौरान रोते हुए कहा, "वे हमारे मरीज़ हैं, ऑक्सीजन के बिना वे मर जाएँगे," उन्होंने फिर रोते हुए दोहराया, "वे हमारे मरीज़ हैं, यह बात कहीं दर्ज ही नहीं हुई कि डॉक्टर, नर्स, सफ़ाई कर्मचारी, एम्बुलेंस चालक आदि पर क्या गुज़र रही है।

सुना है पहले भी ऐसे में बुझ गए हैं चिराग़
दिलों की ख़ैर मनाओ बड़ी उदास है रात

2.5.21 : आज भारत में 3 लाख 92 हज़ार 488 नये केस आए हैं।

विश्वगुरु भारत को चीन, अमेरिका, रूस, ब्रिटेन के बाद अब भूटान, थाईलैंड और पाकिस्तान तक से मदद लेनी पड़ रही है।

आज कोरोना ने सबको एकात्म कर दिया है चाहे इनसान हो या शक्तिशाली देशों के प्रचंड ध्वज! हर धर्म, देश, ध्वज, ईश्वर, मन्दिर-मस्जिद-गिरजे, गुरुद्वारे सबको उनकी असलियत, उनका चेहरा दिखा दिया है कि वे इनसान को राहत देने की नहीं बल्कि सिर्फ़ शोक सभाएँ करने और आँसू बहाने की जगहें भर हैं!

आज सारी महाशक्तियाँ, बड़े-बड़े प्रचंड ध्वज, सेनाएँ, दम्भ में अकड़ी सरकारें, हर सम्प्रभु, हर महाशक्ति, हर महाद्वीप, हर उपमहाद्वीप, हर शहर, गाँव, सड़क, राजमहल, झोंपड़ी बेबस है, लाचार है।

कोरोना सेकुलर है और साम्यवादी भी। उस ने समझा दिया है कि केवल एक ही धर्म है। न कोई जाति है, न उपजाति, न कोई धर्म है, न कोई वर्ण है, न कोई सन्त है, न कोई गोत्र है, है तो बस एक ही प्रचंड शक्ति, एक ही ईश्वर,

एक ही शरणदाता, एक ही धर्म, एक ही देश और एक ही नागरिकता, एक ही योनि और एक ही रिश्ता और वह है एक ही धरती और योनि में जन्म लेनेवाली मानव जाति!

गांधी जी ने सच ही कहा था कि हमारी धरती के पास हर मनुष्य के लिये आवश्यक संसाधन हैं, लेकिन धरती के सारे संसाधन भी एक व्यक्ति के लोभ के लिए पर्याप्त नहीं होंगे।

आज देश का, दुनिया का सत्यानाश किया है मुट्ठी भर लोगों के लालच ने।

जल, जंगल और अन्य प्राकृतिक संसाधनों पर हर नागरिक का अधिकार है। किसने हक़ दिया लोगों को कि धरती की छाती में सैकड़ों फीट गहरे गड्ढे कर पानी खींच लें?

जहाँ तीस फीट पर पानी था, वहाँ डेढ़ सौ फीट गिर गया जलस्तर।

जंगलों की अन्धाधुंध कटाई हुई। प्रकृति का सन्तुलन बिगड़ता जा रहा है।

छोटे दुकानदारों की क़ीमत पर बड़े कॉरपोरेट घरानों को आगे बढ़ाया जा रहा है। ये सर्वभक्षी भूख कहाँ जा कर ख़त्म होगी?

इस सर्वभक्षी भूख का नमूना देखिए कि लोग झड़ते पत्तों की तरह मर रहे हैं। देश में वैक्सीन नहीं, ऑक्सीजन, अस्पतालों की किल्लत है, दवाइयाँ नहीं, नर्स नहीं, बेड नहीं, एम्बुलेंस नहीं। एक-एक डॉक्टर 50 की जगह 250 मरीजों को रात-दिन एक कर सँभाल रहे हैं...सब चीज़ों का टोटा पड़ा हुआ है लेकिन प्रधानमंत्री आवास के लिए 13,450 करोड़ का महल बन रहा है। भिखमंगों के राजा का आलीशान महल बन रहा है।

और क्या चाहिए।

ऐसे महाकाल में भी धनी लोग भावी आशंका के मद्देनज़र हॉर्डिंग करने से बाज नहीं आ रहे हैं। कोई ऑक्सीजन सिलिंडर की हॉर्डिंग कर रहा है। एक्स्ट्रा ऑक्सीजन ख़रीदना है। डिस्चार्ज के बाद का हॉस्पिटल बेड बैकअप तैयार रखना है।

इधर देश के कई धनाढ्य उद्योगपति, कॉरपोरेट्स, पूँजीपति देश छोड़ विदेशों में चले गए हैं।

29 मैच खेलने के बाद 2021 का आई पी एल टूर्नामेंट कैंसिल हुआ। यद्यपि इसकी शुरुआत में ही ऑस्ट्रेलिया के खिलाड़ियों ने आपत्ति जताई थी कि ऐसी महामारी के दौरान जब लोगों को ऑक्सीजन सिलिंडर तक नहीं मिल पा रहे, ऐसे टूर्नामेंट का क्या औचित्य है। लेकिन BCCI की नींद तब टूटी जब खिलाडी संक्रमित पाए गए।

6.5.21 : आज कोरोना से संक्रमण की संख्या 4 लाख 12 हज़ार हुई।

26 साल के एक भावी डॉक्टर, जो एमबीबीएस के पाँचवें साल का विद्यार्थी था, ने अपने अनुभव साझा करते हुए कहा—मुझे एक साथ 27 घंटे की ड्यूटी करने का आदेश मिला। मुझे 4 वेंटीलेटर और आठ मरते हुए मरीज़ दिये गए, जिनके बीच मुझे जान बचानेवाले भगवान का रोल करना था।

एक डॉक्टर ने बताया कि मैं जिस हॉस्पिटल में था, वहाँ आठ मरीज़ थे और ऑक्सीजन सिर्फ़ घंटे-भर की थी। हम सब समझ रहे थे कि घंटे-भर बाद ही जब ये सब मरीज़ दम तोड़ देंगे, तो इनके घरवाले हमें ज़िन्दा नहीं छोड़ेंगे। इन दिनों कई डॉक्टरों और नर्सों की भी पिटाई की ख़बरें थीं। उस अस्पताल के सभी डॉक्टर और नर्सें वहाँ से भाग खड़े हुए। दूसरे दिन जब पुलिस आई, तो वे भीतर घुसे।

कोरोना और लोगों से खचाखच भरे जेल

भारत में इस समय क़रीब पाँच लाख क़ैदी 1412 जेलों में क़ैद हैं। क्षमता से ज़्यादा क़ैदी हैं हर एक जेल में। 100 की क्षमता वाले जेल में 175 क़ैदी हैं। कोरोना काल में इन क़ैदियों की हालत बदतर है, इनके बीच दहशत है, क्योंकि ऐसी खचाखच भरी बैरकों में कैसे रखी जाए दो गज दूरी? और सबसे बड़ी बात कि इन क़ैदियों में 75 प्रतिशत क़ैदी अंडर ट्रायल हैं। सुप्रीम कोर्ट ने निर्देश दिया है कि राज्य सरकार और पुलिस ऐसे अंडर ट्रायल क़ैदियों को छोड़ दें, जिनके अपराध संगीन नहीं हैं और जो अभी तक बिना ट्रायल और अंडर ट्रायल हैं कई-कई सालों से। बाद में कोरोना काल बीत जाने पर उन्हें फिर से बुला लिया जाए। एक बार उन्हें इमरजेंसी पर छोड़ दिया जाए।

श्मशान गुलज़ार हैं। दो-दो दिन वेटिंग है। विडम्बना कि इस अन्तिम यात्रा में भी कई घरवालों को झूठ बोलना पड़ रहा है। कोरोना की डेड बॉडी वाले रिश्तेदार देरी और परेशानियों से बचने के लिए कोरोना छिपा रहे हैं।

जब आज का इतिहास आनेवाले समय में लिखा जाएगा तो उसमें विपदाओं, बेबसी और संघर्ष के बीच मनुष्य के भीतर की ममता, प्रेम, लगाव, उत्सर्ग की बची भावनाओं और छिपी हुई मार्मिकताओं के महावृत्तांत होंगे। उन्हीं में हमारा इतिहास होगा। इस दौर के बहुत सारे सुने-अनसुने क़िस्से, प्रसंग, हाशिये की तमाम सचाइयाँ, और उनके छूटे हुए अन्तराल लिखे जाएँगे। यह लिखा जाएगा कि कैसे हज़ारों मील तक एक औरत सड़क पर अपने सूटकेस पर छोटे से मासूम सोए हुए थके हुए बच्चे को लादे हुए चली जा रही थी। उस स्त्री के भीतर उमड़ रहे संसार और

उसके धीरज को लिखा जाएगा। यह याद किया जाएगा कि कैसे एक प्लेटफ़ॉर्म पर लाश पड़ी हुई थी माँ की और एक अबोध बच्चा अपनी उस माँ की चुनरी से खेल रहा था। यह लिखा जाएगा कि जब न एम्बुलेंस मिल रही थी, न शव वाहिका और कैसे एक पुरुष अपनी स्त्री की लाश को साइकिल पर लादे लिए चला जा रहा था। यह लिखा जाएगा कि कैसे एक पिता की चिता में एक लड़की अचानक कूद पड़ी थी। उसके भीतर उमड़ते हुए भावावेश को याद किया जाएगा। ऐसे हज़ारों हज़ार क़िस्से। वे अनगिनत प्रसंग, जिनमें व्यथाओं के सागर हिलोरे ले रहे थे और कहीं मनुष्यता का राग बचा हुआ था। वही हमारे समय का इतिहास होगा। शासकों के चेहरे, उनके प्रवचन, उनकी काली करतूतें भुला दी जाएँगी। उनकी गढ़ी हुई छवियाँ धूल में मिल जाएँगी। शक्ति तंत्र की अमानुषिकता के क़िस्से और उनकी राजनीति हमारा इतिहास नहीं होगा। टीवी की ख़बरें, बहसें और हेडलाइन्स से इतिहास नहीं बनता। मनुष्यता का कोई कातर रुदन, कोई जिजीविषा और उसके बचे रहने का इतिहास ही हमारा वास्तविक इतिहास होगा।

इतिहास में यह भी लिखा जाएगा कि हमने चाँद पर जीवन की खोज कर ली, इतना बड़ा काम किया, पर धरती पर जीवन को बचाने का छोटा-सा काम नहीं कर सके

10.5.21 : तीन लाख 66 हज़ार आज नये केस। अभी तक हुई 2,46,116 मौतें। कोरोना से लड़ने में देश के ट्रक भी पीछे नहीं रहे। कुछ ट्रकों पर मिले सन्देश, 'देखो मगर प्यार से, कोरोना डरता है वैक्सीन की मार से'।

किसी और ट्रक के पीछे लिखा था,

टीका लगवाओगे तो बार-बार मिलेंगे
लापरवाही करोगे तो हरिद्वार में मिलेंगे।

यदि दुनिया को किसी दम तोड़नेवाले व्यक्ति के अन्तिम वाक्य से समझना हो, तो यूट्यूबर आई राहुल वोहरा (@irahulvohra) के अन्तिम वाक्य थे—"मुझे भी अच्छा ट्रीटमेंट मिल जाता तो मैं भी बच जाता...जल्द जन्म लूँगा और अच्छा काम करूँगा, अब हिम्मत हार चुका हूँ।" वोहरा को चाहनेवाले लाखों में थे, उसने बीती रात यह लिखा और आज दम तोड़ दिया। आई. राहुल की तरह लाखों युवा ऐसे ही चले गए, जिन्हें बचाया जा सकता था।

सामूहिक चिताएँ, कई पार्किंग स्थलों को श्मशान में बदल दिया गया है। बक्सर में गंगा नदी में ढेर सारे, 2 हज़ार तक शव मिले हैं तैरते हुए।

कोरोना काल में लोगों की अपील

झूठे मुकदमों में बन्द लोगों को रिहा करो, जिससे वे महामारी के दौर में परिवार के साथ रह सकें।

जीने-मरने के साथ को, माता-पिता की देखभाल के मानवीय हक़ को बहाल करो। गुलफ़िशा, देवांगना कलिता, उमर ख़ालिद, सुधा भारद्वाज, गौतम नवलखा, आनन्द तेलतुम्बड़े सहित सभी मानवाधिकार कार्यकर्ता, बुद्धिजीवी और छात्रों को तुरन्त रिहा करो।

अलीगढ़ यूनिवर्सिटी के अनेक छात्र जेल में थे, उनमें से अधिकतर के ख़िलाफ़ कोई चार्जशीट भी प्रस्तुत नहीं की गई थी।

नताशा नरवाल आख़िर अपने पिता के अन्तिम दर्शन नहीं कर सकी।

कृषि विज्ञानी महावीर नरवाल कोविड-19 से जूझते हुए दुनिया को अलविदा कहने से पहले अपनी बेटी से फ़ोन पर दो बातें भी नहीं कर सके। नताशा नरवाल जैसी स्वप्नदर्शी लड़कियाँ और लड़के दिल्ली दंगों की साज़िश में शामिल होने के झूठे आरोप में साल-भर से जेल में बन्द थे। एक दिन पहले वह अदालत में आई थी।

उसके वकील ने गुज़ारिश की थी
उसे दो पल दे दें
वह अपने पिता को देख सके
उनसे कुछ बात कर सके
वे बीमार हैं
वह तेरह बरस की थी
जब उसकी माँ मर गई थीं
उसके पिता ही उसकी माँ हैं
छाँव देनेवाले दरख़्त थे वे

कोर्ट ने वकील की अपील ठुकरा दी।

14.5.21 : आज ईद है। मेरे दोस्त ने लिखा है,

हद्दे निगाह लाशों का मंज़र शदीद है
कैसे भला मैं बोलूँ मुबारक ये ईद है!

रोज़-रोज़ ऐसी विचलित करनेवाली ख़बरें आ रही हैं। कभी इस अस्पताल में लापरवाही से लोग मर गए, कभी उस अस्पताल में! गोवा के मेडिकल कॉलेज अस्पताल में सत्तर से ज़्यादा लोगों की मौत की ख़बर के आघात से उबरे भी नहीं थे कि आज राजस्थान के सबसे बड़े कोविड अस्पताल RUHS में ऑक्सीजन रुकने से दो मिनट में तीन लोगों की जान जाने की ख़बर आ गई है! ये हमारे अस्पताल हैं या वध-गृह! क्या कोई अदालत इन हत्याओं का भी संज्ञान लेगी या हम ऊपर वाले की बेआवाज़ लाठी का ही इन्तज़ार करते रहेंगे?

सत्यमेव जयते वाले भारत में झूठ के ध्वज लहरा रहे हैं। भारत सरकार कोविड से होनेवाली मौत का आँकड़ा 3 लाख बता रही है, जबकि इसी सरकारी दावे की पोल खोलती न्यूयॉर्क टाइम्स का दावा है कि भारत में कोरोना से हुई मौतों का आँकड़ा 42 लाख के क़रीब है। गुजरात के 'सन्देश' जैसे अख़बारों समेत ख़ुद भारत के अख़बार इन सरकारी दावों की पोल खोल रहे हैं।

कुछ समय पहले तक हम लोग कहते थे कि दिल्ली पुलिस सबसे स्मार्ट, सबसे कुशल और सबसे अच्छी पुलिस है। दुर्भाग्य से अब इस एजेंसी को अपने ही निर्दोष नागरिकों को प्रताड़ित करने और सरकारी बदला लेने जैसे दुष्कृत्य के लिए इस्तेमाल किया जा रहा है।

यह सिर्फ़ तानाशाही नहीं है, यह घनघोर अत्याचार है। लोगों को गिरफ़्तार करने से यह सचाई नहीं बदल जाएगी कि देश में जो हुआ है, वह पूर्वनियोजित जनसंहार है।

भीमा कोरेगाँव केस में 81 साल के एक्टिविस्ट, शिक्षक, कवि और लेखक वरवर राव जेल में मरते-मरते बचे फ़िलहाल छह महीने के लिए इलाज़ करवाने को अन्तरिम ज़मानत पर हैं।

पुनश्च : 11 अगस्त, 2022 को मेडिकल आधार पर वरवर राव को ज़मानत मिल गई इस शर्त पर कि वे अपनी आज़ादी का दुरुपयोग नहीं करेंगे!

आदिवासियों के अधिकारों के लिए लड़नेवाले भारतीय कैथोलिक पादरी 83 साल के स्टेन स्वामी की हालत बहुत ख़राब है। महीनों अर्जी देने के बाद कल कोर्ट राज़ी हुई कि उनकी जाँच हो। वे भारत में सबसे वृद्ध आरोपित आतंकवादी हैं।

पुनश्च : 5 जुलाई 2021 को स्टेन स्वामी की मृत्यु हो गई।

सबसे भयानक तो दिल्ली यूनिवर्सिटी के प्रोफ़ेसर हनी बाबू के साथ हुआ, उनको कोविड हुआ, बमुश्किल ठीक हुआ। दस दिन तक वे चीख़ते रहे, कोई सुननेवाला

नहीं। अब पता चला उन्हें ब्लैक फंगस हो गया। अब अदालत ने उनके परिवार के ख़र्चे पर उन्हें ब्रीच कैंडी अस्पताल में इलाज की अनुमति दी।

छत्तीसगढ़ मुक्ति मोर्चा की एक्टिविस्ट, मज़दूर आन्दोलनकर्ता और वकील सुधा भारद्वाज को हार्ट की समस्या है, सुप्रीम कोर्ट उनकी बेल एप्लिकेशन को यह कहकर वापस कर चुका है कि हाईकोर्ट में मेरिट पर लगाएँ।

पुनश्च : तीन साल जेल में गुजारने के बाद 11 जनवरी, 2022 को ज़मानत मिली है इस शर्त पर कि वे केस समाप्त होने तक मुम्बई नहीं छोड़ेंगी।

इसी केस में कबीर कला मंच की ज्योति जाधव भी कोविड की शिकार हो चुकी हैं।

महाराष्ट्र की तलोजा जेल यूएपीए में निरुद्ध लोगों का काल बन रही है। ये लोग दोषी हैं यह अदालत तय करेगी, लेकिन दो साल से ट्रायल शुरू नहीं हुआ और ऊपर से मानवाधिकार की धज्जियाँ।

किससे की जाए गुहार?

25.6.21 बांग्लादेश में कोरोना

कल बांग्लादेश में कोरोना से 108 मौतें हुईं। 5700 नये केस सामने आए हैं। महामारी की आशंका के मद्देनज़र आर्मी को सहायता के लिए बुलाया गया है। ढाका में 15 दिनों का कठोर लॉकडाउन लग गया है।

2007 में बांग्लादेश की प्रति व्यक्ति आय भारत से आधी थी। लेकिन इस वर्ष बांग्लादेश की प्रति व्यक्ति आय भारत से अधिक है। बांग्लादेश की है 2227 अमेरिकी डॉलर जबकि भारत की है 1947 अमेरिकी डॉलर। 70 सालों में मोदी देश के पहले ऐसे प्रधानमंत्री हैं, जिनके नेतृत्व में भारत की प्रति व्यक्ति आय बांग्लादेश से भी नीचे चली गई। अब बांग्लादेश से मज़दूरों का पलायन लगभग बन्द हो चुका है। 2022 के ग्लोबल हंगर इंडेक्स के 121 देशों में भारत खिसककर 107वें स्थान पर पहुँच गया है। बांग्लादेश (84), पाकिस्तान (99), श्रीलंका (64), नेपाल (81) ये सभी देश भुखमरी से निपटने में भारत से बेहतर हैं। दक्षिण एशिया में अब एकमात्र अफ़ग़ानिस्तान ही ऐसा देश है, जिससे हम ऊपर हैं। यानी कभी इथोपिया, दुनिया का सबसे भूखा देश कहा जाता था, उसकी भी रैंकिंग 104 है। रवांडा, कांगो, नाइजीरिया, सूडान जैसे देश भी हमसे ऊपर हैं। सार्क देशों में सभी भूख सूचकांक में हमसे अच्छे हैं। हम गम्भीर श्रेणी में शामिल हो चुके हैं।

20

उठ-उठ के मस्जिदों से नमाज़ी चले गए
दहशतगरों के हाथ में इस्लाम रह गया।

—निदा फ़ाज़ली

17 अगस्त, 2021 : अफ़ग़ानिस्तान पर तालिबान की हुकूमत

कट्टरता और धर्म की बुनियाद पर खड़ी सभ्यता किस प्रकार धीरे-धीरे जीवन विरोधी और स्त्री विरोधी होती जाती है, अफ़ग़ानिस्तान इसका जीता-जागता उदाहरण है। अफ़ग़ानिस्तान में जिस प्रकार अशरफ गनी की सरकार और उनकी साढ़े तीन लाख की फ़ौज ने बिना लड़े ही (तालिबान लड़ाके सिर्फ़ सत्तर हज़ार थे) हथियार डाल दिये और जिस प्रकार काबुल सूखे पत्ते की तरह टूट कर तालिबान के हाथ में आ गया, आज पूरी दुनिया सदमे में है। इतिहास गवाह है कि सिकन्दर हो, तैमूर हो, बाबर हो या मध्य एशिया से निकला अन्य कोई लुटेरा, अफ़ग़ानिस्तान की धरती पर कभी किसी का प्रतिरोध नहीं हुआ। हर बार कथित योद्धा अफ़ग़ानों ने 'हुजूर का इक़बाल बुलन्द रहे' कहते हुए सर झुका लिया।

इतिहास का पहला और अन्तिम सत्य यही है कि जिसके पास बन्दूक़ें अधिक हों, सत्ता उसी की होती है।

ख़ौफ़ का आलम यह कि तालिबान से डर कर लोग प्लेन से लटक गए। प्लेन उड़ा और कई ऊपर से नीचे गिर कर मर गए। ख़तरा मोल लेने की इतनी भयावह मजबूरी इतिहास में इसके पहले शायद ही कभी देखी गई हो। बस एक ही उफनती उबलती बेक़ाबू जद्दोजहद कि किसी तरह काबुल से बाहर निकल जाएँ। बीस साल पहले का मंजर लोग शायद अभी तक भूले नहीं थे कि किस प्रकार शरीयत के अन्तर्गत संगसार, संगकलम किया जाता था और चौराहे पर फाँसी दी जाती थी।

21 साल बाद वापस लौटा तालिबान।

1998 में सत्ता में आया था।

तालिबान और अफ़ग़ान से जुड़ी एक और याद कल से रह-रह कर ज़ेहन में कौंध रही है। शायद 2000 का साल रहा होगा। मेरा पहला उपन्यास 'खुले गगन के लाल सितारे' राजकमल से आ रहा था। कोलकाता पुस्तक मेला चल रहा था। मैं राजकमल के स्टॉल पर थी तभी वहाँ पर मुलाक़ात हुई बंगाली लेखिका सुस्मिता बंद्योपाध्याय से। थुल-थुल और हँसमुख उस लेखिका के विषय में मैं तब उतना

नहीं जानती थी। उन्होंने ही मुझे बताया कि उनकी भी एक किताब 'काबुलीवाला की बंगाली पत्नी' नाम से बंगाली से अनूदित होकर हिन्दी में राजकमल से आई है। संक्षेप में उन्होंने अपने काबुल के अनुभव के बारे में भी बताया कि किस प्रकार एक अफ़ग़ान व्यापारी के प्रेम में पड़कर 1988 में वे काबुल पहुँची। वहाँ छिड़ा गृहयुद्ध और तालिबान ने किस प्रकार महिलाओं का जीवन जहन्नुम बना दिया था और किस प्रकार नस तोड़ तनाव और बेकाबू बेचैनी और नारकीय यातनाएँ उन्होंने भुगतीं, जब उन्हें मालूम चला कि उनका पति जांबाज़ पहले से ही शादीशुदा है। पति का एक ही कमरे में दो पत्नियों के साथ सोना वहाँ के समाज में आम बात थी।

लेकिन किसी प्रकार जान पर खेलकर अगस्त 1995 में वे भारत लौट आईं।

मेरी उनसे वही आख़िरी मुलाक़ात थी। उन पर फ़िल्म भी बनी। दि एपिक चैनल ने 'दी ग्रेट एस्केप' सीरीज के अन्तर्गत उन पर एक एपिसोड भी निकाला। इन सबने शायद उन्हें और भी सघन अनुभव बटोरने की चाहत पैदा की हो। 2013 में वे वापस काबुल गईं। कोई कहता है कि जांबाज़ के ही परिवार की एक नन्ही बच्ची से मिलने जिससे उन्हें गहरा लगाव था। पर इस बार वे वहाँ जी न सकीं। 2013 में तालिबानी द्वारा उनके पति की उपस्थिति में ही उन्हें मार डाला गया।

मेरी माँ अपने ज़माने की मशहूर क्रीम अफ़ग़ान स्नो का उपयोग करती थी। उसकी गमक अब भी याद है। अफ़ग़ान स्नो स्त्रियों का पहला सौन्दर्य साधन था। इस स्नो की कथा भी अलग है। 1919 में जब अफ़ग़ानिस्तान के बादशाह हिन्दुस्तान आए, यहाँ के युवा उद्यमियों से मुलाक़ात की, उनमें से एक ने उन्हें एक सफ़ेद क्रीम उपहार में दिया, उन्होंने कहा कि यह क्रीम अफ़ग़ानिस्तान के बर्फ़ीले पहाड़ों की याद दिलाती है। इस तरह यह क्रीम अफ़ग़ान स्नो के नाम से मशहूर हुआ, लम्बे समय तक बाजार पर उसका एकाधिकार बना रहा।

लेकिन जब बहुराष्ट्रीय कम्पनियों की आमद हुई, यह क्रीम बाज़ार के साथ-साथ हमारी स्मृति से भी ग़ायब होने लगा। लेकिन यह क्रीम अब भी मेरी स्मृति का हिस्सा बना हुआ है और वह माँ की याद दिलाता रहता है।

माँ ने ही रवीन्द्रनाथ टैगोर की मार्मिक कहानी 'काबुलीवाला' से मेरा परिचय कराया था और बताया था कि काबुल के मेवे जग प्रसिद्ध हैं। धीरे-धीरे मैं अफ़ग़ानिस्तान के बारे में जानने लगी।

यह भी कि महाभारत के खलनायक गांधार के रहवासी थे। दशरथ वहाँ की राजकुमारी कैकेयी से अपना दिल हार गए थे।

राम के वनगमन के बीज इसी घटना से पड़े थे।

शकुनि और कैकेयी ने इस देश के इतिहास को बदलने का काम किया है। आज अफ़ग़ानिस्तान में आग लगी हुई है, तालिबान का शासन लौट आया है। स्त्रियाँ पर्दे और पुरानी कट्टर परम्पराओं में क़ैद हैं।

किसी दौर में बौद्ध धर्म वहाँ का प्रचलित धर्म था। घुमन्तू पुरा यात्रियों के विवरणों में बुद्ध का उल्लेख मिलता है। कभी बामियान अफ़ग़ानिस्तान की राजधानी थी, इसी शहर में बुद्ध की सबसे बड़ी प्रतिमा स्थापित थी, लेकिन बर्बर आततायियों ने उसे ढहा दिया था।

अफ़ग़ानिस्तान एक देश नहीं युद्ध का मैदान बन गया, दुनिया के तमाम देश अपने-अपने दाँव खेल रहे हैं। कोई उसे बचाने के लिए आगे नहीं बढ़ रहा है। यह मुल्क रूस, अमेरिका और तालिबान के बीच एक गेंद की तरह खेला जा रहा है।

शहर के चाइनीज समुदाय को 'कोरोना' नाम से बुलाया जाने लगा है और चीनी सामानों के बहिष्कार की भी माँग होने लगी है।

26.3.21 : 26 मार्च को बांग्लादेश अपना स्वाधीनता दिवस मनाता है, उसी उपलक्ष्य में मोदी जी ढाका पहुँचे। बांग्लादेश की 50वीं जयंती के अवसर पर। ढाका को सजाया गया, विजय के पचास वर्ष पूर्ण होने के उपलक्ष्य में। मोदी जी का भाषण हुआ, मोदी जी ने बताया कि बांग्लादेश के स्वाधीनता संग्राम में उनकी भी भूमिका थी। पर जिनके कारण बांग्लादेश अस्तित्व में आया, उस इंदिरा गांधी का मोदी जी के भाषण में कहीं उल्लेख भी न था।

बहरहाल मोदी जी का विरोध हुआ, एनआरसी और सीएए के चलते। दस लोग मारे गए।

21

दर्द की धूप ढले ग़म के ज़माने जाएँ
देखिए रूह से कब दाग़ पुराने जाएँ।

—ज़िया ज़मीर

जून 2021 : वापस कोलकाता

ख़तरों को देखते हुए हम वापस कोलकाता। जाने क्यों लग रहा था कि यह समय नहीं गुज़रा तो हम गुज़र जाएँगे। ढाका में हम विदेशी थे इस कारण हमें वैक्सीन

नहीं लग सकता था। इसलिए हम कोलकाता लौट गए लम्बे समय के लिए। कम-से-कम तब तक के लिए जब तक हमें दोनों वैक्सीन नहीं लग जाते।

कोरोना की दूसरी लहर के दौरान तीन महीने हमने कोलकाता में बिताए। वैसा ही आत्मीय था कोलकाता, लेकिन फिर भी हर शाम जाने कैसे तो खुल जाते यादों के सिम-सिम और मन पर उग आता ढाका। यहाँ कोलकाता में हमारी सोसाइटी के बाहर मटमैली बस्तियाँ फैली थीं जिनको देख अक्सर आँखों में कौंध जाते ढाका की बस्तियों के धूल भरे पाँव और शाम की सर्द में ठिठुरते-काँपते उनके बदन। भीग जाती है मन की कोर। मन को झटकती हूँ कि जो हुआ वह बीत जाए पर बीतकर भी बीतता कुछ भी नहीं है, सब कुछ ठहर जाता है स्मृति में या हमारी चेतना में।

ऐसी ही एक उदास शाम मेरी मुलाक़ात हुई पड़ोसी रेणुका दी से। महीने भर पूर्व ही उनके माता-पिता दोनों ही पकी उम्र में कोरोना की भेंट चढ़ गए थे। जब मैं मिली उनसे, तो वे बुद्ध की तरह जीवन के बुनियादी सवालों से उलझ रही थीं, जीवन क्या है? दुख क्यों है?

अजीब माहौल था। ज़िन्दगी से थकी हुई वे उखड़ रही थीं। मैंने समझा कि अभी तक वे अपने माता-पिता के मृत्यु शोक से उबर नहीं पाई हैं, इसलिए मैं उन्हें सान्त्वना देने लगी। लेकिन मैं ग़लत थी। दरअसल वे दुखी थीं बंगालियों की नई पीढ़ी के सांस्कृतिक पतन पर। उनके पराभव पर। उनकी 28 वर्षीय रूपवती बिटिया पारुल टाटा मोटर्स में इंजीनियर थी और कई सालों तक अमेरिका में रह चुकी थी। मैंने सोचा कि सांस्कृतिक झटका उनको उनकी बेटी से लगा इसलिए मैं उन्हें समझाने लगी कि आजकल के बच्चों से ज़्यादा पंगा लेना ठीक नहीं।

मेरी बात पर अपनी बड़ी-बड़ी चमकीली आँखों में आँसू लाते हुए उन्होंने कहा—अरे, मुझे नहीं मेरी बेटी को लगा है यह झटका और झटका भी ऐसा वैसा नहीं इतना पावरफुल लगा कि मेरी बेटी को वापस सामान्य करवाने के लिए मुझे उसकी मनोवैज्ञानिक काउंसिलिंग तक करवानी पड़ गई। कहते-कहते वे फिर सुबक पड़ीं।

मैं हैरान! पिछली शाम ही मैं मिली थी अजंता की मूरत-सी रूपवती और किसी फ़िल्मी तारिका-सी अत्याधुनिक बिटिया पारुल से। शॉर्ट्स और टॉप में। चेहरा जैसे चहकती चिड़िया। देह जैसे वसन्त का उद्यान। ऐसी बोल्ड लड़की को भी ऐसा सांस्कृतिक झटका लगा, वह भी अपने ही देश में? मैं गोबर गणेश की तरह उनका मुँह ताकने लगी।

जाने मेरी बात का असर था या अव्यक्त का दवाब, इस बार वे खुलीं। ख़ाली जेब की तरह ख़ाली भावहीन से उनके चेहरे पर थोड़ी-सी हरकत हुई। उनकी दिलकश आवाज़ गूँज उठी!

"पहले मैं सोचती थी कि कोलकाता संस्कृति और संवेदना का शहर है, जो अपने विचारों की ख़ुशबू से दुनिया को महकाता है। यहाँ की गली-गली में काव्य, साहित्य, संगीत और कला साँस लेती है। वह सौ साल आगे सोचता है। पर इस बार कोलकाता के युवाओं को देखकर तो लगा जैसे कोलकाता बस एक ही चीज़ पर आँखें टिकाए हुए है—स्त्री की मांसलता पर। मुझे कोलकाता आज भी बेहद सांस्कृतिक और बौद्धिक नगरी लगती है।"

कोलकाता के लिए यह सुनना मुझे अखर गया। मैंने प्रतिवाद करते हुआ कहा, "रेणुका दी, मैं भी इसी कोलकाता में जन्मी, पली और बड़ी हुई हूँ, मुझे तो कभी ऐसा नहीं महसूस हुआ।"

उनकी आँखें भर आईं, बिसूरते हुए कहने लगीं, "आपने लड़की का दुख नहीं देखा न, इसीलिए ऐसा कह रही हैं। मैंने पारुल के लिए मैट्रिमोनियल कॉलम में विज्ञापन दिया था और मेरे पास कई अच्छे-अच्छे लड़कों के ऑफर भी आए। मैंने उन्हें अपनी बेटी को फॉरवर्ड कर दिया कि शादी तो उसे ही करनी है, वही समझे कि कौन उसके लिए उपयुक्त रहेगा। एक बंगाली लड़का उसे जँचा, वह भी हाल-फ़िलहाल ही कैलिफोर्निया से कोलकाता लौटा था। मेरी बेटी अकेली ही उससे किसी पंच सितारा होटल में मिलने चली गई। पहली मुलाक़ात ठीक-ठाक रही। उसे मेरी बेटी जँच गई। फ़ोन पर बात होने लगी। दूसरी मुलाक़ात में पारुल को थोड़ा अटपटा लगा। वह उस लड़के से अपने बचपन की, अपने दोस्तों की, ऑफ़िस की बातें, टैगोर की, संगीत की, अपने करियर की बातें करना चाहती थी लेकिन लड़का था कि उसे घुमा-फिराकर सेक्स पर ले आता।

मैली-सी पिछली मुलाक़ात के बाद अगले दिन वह नहीं मिली। रात उसका फ़ोन आया। पारुल ने अच्छे से ही उससे बात की, क्योंकि अभी तक परख ही रही थी। बातों ही बातों में उस लड़के ने पारुल से कहा, 'स्वीट हार्ट! बहुत जल्दी ही हम शादी करनेवाले हैं, हैव यू थॉट हाउ विल यू अनड्रेस मी ऑन फर्स्ट नाईट?'

पहले तो उसे यक़ीन ही नहीं हुआ कि जो उसने सुना, वह ठीक सुना। ऐ माँगो ऐ की? लड़के ने जब अपनी बात दोहराई, तो उसने उसे डपटना चाहा, पर यह क्या? मुँह पर तो जैसे ताले जड़ गए थे, गला अवरुद्ध जैसे किसी ने गला ही दबोच लिया हो। उसने बिना कुछ जवाब दिये ही लाइन काट दी।

शायद वह उसका पहला स्वप्न था!

उसका पहला आँसू!

उसका पहला यथार्थ!

उसकी पहली पीड़ा!

रूहानी रूप से बिखर चुकी थी वह। बिलखती रही रात भर। सुबह आई मेरे पास, आवाज़ आँसुओं से लथपथ—'आमी ओई छेले के किछूटे ही बिए कोरबो ना!' (मैं उस लड़के से विवाह नहीं करूँगी)

'केनो? ओ तो भालो छेले!' उसकी जवाँ फूल-सी लाल-लाल आँख देख मेरा तो कलेजा चाक हो गया। बड़ी मुश्किल से उसका मुँह खुला—'मेरी प्रतिभा, मेरा पद, मेरी शिक्षा, मेरी योग्यता...किसी से उसको कुछ मतलब नहीं। तीसरी मुलाक़ात में मुझसे यह पूछा। हे भगवान कैसे लड़के हैं? कैसी उनकी कल्चर है, लड़की के लिए कोई मान-सम्मान नहीं, कोई नेह-अनुराग नहीं। जैसे लड़की न हुई पांडे जी के तबेले की भैंस हो गई, जो मन आया बोल दिया, जो मन चाहा कर लिया। लड़की मात्र उनके लिए एक सेक्स ऑब्जेक्ट है, एक मादा है, चाट का दोना है'..." और वह फिर बिसूरने लगी, कुछ दिनों बाद उसकी माँ का फ़ोन आया कि सगाई की कौन-सी तारीख़ ठीक रहेगी? मुझे भी ऐसे बोल्ड को कोल्ड करना ख़ूब आता था, मैंने ग़ुस्से में कहा—पहले अपने बेटे का इलाज करवाओ, वह लड़का नहीं सेक्स का नंगा तार है, गधा यह भी नहीं जानता कि सेक्स का सुख प्रेम में है। मन से मन मिलता है तभी सेक्स सम्भोग है, परमानन्द है, कला है, नहीं तो सिर्फ़ जानवरों का मैथुन है। मुझे ऐसे जानवर से नहीं ब्याहनी अपनी बेटी!

उसके बाद छह महीने तक हमने उसके लिए कहीं कोई बात नहीं चलाई। लेकिन हम कब तक बैठे रहते। आख़िर 28 साल की हो रही थी वह। फिर विज्ञापन दिया। इस बार लड़का कोलकाता के ही बंगाली परिवार का था।

इस बार हम थोड़े सावधान थे, इसलिए पहले परिवार परिवार से मिला।

फिर लड़का-लड़की आपस में मिले। पहली मुलाक़ात में लड़का ठीक लगा। तीन मुलाक़ात के बाद लड़के ने पारुल से कहा—मैं जब ऑफ़िस से लौटकर आऊँ, तब तुम स्लीवलेस और लौ कट ब्लाउज में बिना पेटीकोट पहने लाल बॉर्डर की झीनी-झीनी साड़ी में मुझे मिलना, फिर हम एक साथ शावर लेंगे।

पारुल फिर बिदक गई, अपमान से तिलमिला उठी—'तुम मर्दों को औरत का मन मिज़ाज नहीं दिखता, दिखता सिर्फ़ बिस्तर है। मैं तुम्हारी पत्नी रहूँगी, मुझे तुम्हें आकर्षित करने की ज़रूरत क्यों होनी चाहिए? मैं क्या कोई कॉल गर्ल हूँ? शावर की बौछार क्या करेगी, जब ज़िन्दगी में प्रेम की बौछार ही नदारद हो।'

'माथे पर हाथ देकर फिर बोली रेणुका दी, "माँ गो की होए गियेछे कोलकतार छेलेदेर के (क्या हो गया है कोलकाता के बंगाली युवकों को)? एक समय कोलकाता को अपनी समृद्ध संस्कृति पर गर्व था। इस पश्चिमी हवा ने सब नष्ट कर दिया। वासना की चाशनी में लिपटी, पिज्जा, बर्गर, टैबलेट और स्मार्टफ़ोन की यह पीढ़ी! लड़की को देखते ही जिनके भीतर अश्लील इच्छाएँ नाचने लगती हैं, क्या कभी लड़की के देह से परे उसके अन्त:मन और उसकी आत्मा के सत्य तक पहुँच

पाएगी? क्या कभी समझ पाएगी कि दैहिक आकर्षण के बीज मन की गहराइयों में ही फूटते हैं। मेरी लड़की ने तो अब फाइल ही बन्द कर दी। कह दिया कि 'आमी बीए ही कोरबो ना" (मैं विवाह ही नहीं करूँगी)

रेणुका दी का चेहरा मरी चिड़िया-सा हो गया। आँखें भर-भर आईं उनकी। गहरी साँस खींचती हुई बोली, "बहुत कठिन है डगर पनघट की। मेरी लड़की मिस इंडिया की दौड़ में दसवें नम्बर पर थी, लेकिन बाद में हम लोगों ने ही उसे आगे भाग लेने से मना कर दिया था कि हम जैसे घरों की लड़कियों के लिए ऐसी प्रतियोगिता ठीक नहीं है। एक बार वो मॉल में घूम रही थी, तो संजय लीला भंसाली ने उसे अपनी फ़िल्म के लिए ऑफर दिया था, लेकिन उसने वहीं विनम्रतापूर्वक मना कर दिया था। ऐसी प्रतिभाशाली लड़की के लिए योग्य वर तक नहीं मिल पा रहा था। हम लोगों का बीपी हाई हो रहा था कि कन्या की जन्मपत्री में विवाह योग है भी या नहीं? कुछ महीने बीते फिर वर की खोज शुरू कर दी हम लोगों ने। हम दोनों ने सोचा कि इस बार ख़ालिस देसी वर ही खोजेंगे, ऐसा वर जिसे विदेश की हवा न लगी हो, जिसका व्यक्तित्व इसी हवा-माटी से फूटा हो। और मज़ा देखिए कि हमें सचमुच एक योग्य और सौम्य वर मिल भी गया। मेरी बेटी ने कहा—'यह तो जेम है। सब कुछ ठीक हो गया।' एक दिन लड़के ने कहा—'मेरी माँ से मिलवा देता हूँ।' लड़के को माँ से बहुत लगाव था। पिता बचपन में ही गुज़र गए थे, माँ ने ही उसे नौकरी कर पढ़ाया-लिखाया था।

"हम उम्मीद में थे कि अन्तत: यह कहानी तो ज़रूर ही अपने अंजाम तक पहुँचेगी, लेकिन यह कहानी भी सपनों का बादल निकली, हाथ लगाते ही उड़न छू!

उसके बाद से जीवन कम होता गया। फूल, तितलियाँ सब कुछ चले गए उसकी ज़िन्दगी से, बस रह गया रूखा-सूखा काम और ऑफ़िस।

"लेकिन इस बार हुआ क्या?" मैं मरी जा रही थी जानने को।

"लड़के की माँ ने देखा-देखी के दौरान उसके बालों में अंगुली धंसा के चेक किया था कि वे असली हैं या नक़ली। माँ की इस हरकत पर उस सौम्य लड़के ने बार-बार माफ़ी माँगी थी। हम लोगों ने भी इस घटना को नज़रअन्दाज़ किया और जश्न की तैयारी में जुट गए कि एक दिन लड़के की माँ का पारुल के पास फ़ोन आया। उसने छूटते ही कहा, "तूमी जानो आमार छेले इम्पोटेंट।" (तुम्हें पता है कि मेरा लड़का नपुंसक है)

हम सब आसमान से गिरे। बित्ता भर कामनाओं का बचा-खुचा आकाश भी धराशायी हुआ। पारुल ने बाद में जब लड़के से बात की, तो बात सामने आई कि माँ को बीच-बीच में ऐसी ही असुरक्षा की भावना घेर लेती है। वह मानसिक रोगी है और उसके डिप्रेशन का इलाज भी चल रहा है।

हम सब को लड़का बेहद पसन्द था। लेकिन दूध की जली पारुल ने लड़के को मना कर दिया। अब वह उसे लड़के की माँ नहीं, वरन जीती जागती ओडिपस

कॉम्प्लेक्स नज़र आती। उसकी एक ममेरी बहन मणि के अनुभव ने भी आग में घी का काम किया। उसका अनुभव था कि बेटे पर जान छिड़कनेवाली माँ बहू के लिए क़यामत साबित होती है। जब तक मणि की सास जीती रही, उसने कभी बेटे-बहू को एक न होने दिया। न बहू को बेटे के लिए कुछ करने ही दिया। बेटे को कई बार भोर-भोर ही जाना होता, बहू की जवानी की नींद पूरी भी न हो पाती कि माँ हाज़िर टिफ़िन बॉक्स के साथ। बेटा अन्त तक राजा बेटा ही बना रहा। मणि उतनी उदारमना न थी, उसे लगता कि उसके पति के दिल में उसके लिए जगह उसकी माँ के बाद ही आती है। वह दूसरे नम्बर पर रहने को तैयार न थी, जबकि माँ सब कुछ स्वाभाविक लगाव और चिन्ता के चलते करती। आख़िर अन्त में उसने वो रार मचाई, वो महाभारत छेड़ा कि माँ-बेटे दोनों को छठी का दूध याद आ गया। अन्तिम हथियार के रूप में तम्बू उखाड़कर चली गई अपनी अम्मा के घर—तुम घुसे रहो अम्मा के आँचल में। वापस वह तभी लौटी, जब बेटे ने माँ का दामन छोड़ अलग फ्लैट लिया। उसके बाद भी उस महाभारत का अन्त न हुआ। स्लेट साफ़ न हुई। माँ बेटे से मिलने कभी कभार उसके फ्लैट में आ जाती, तो भी बहू अपने नुकीले तीरों से सास को वो लहूलुहान करती कि तीन दिन तक सास बिस्तर से न उठ पाती।

बहरहाल पारुल ने भी मणि की चेतावनी को मद्देनज़र रखते हुए कहा—तुम शानदार युवक हो, लेकिन तुम्हारे घर मुझे चोंच भर शान्ति और सुकून नहीं नसीब होनेवाला। प्रेम प्यार तो दूर की बात है, क्योंकि तुम्हारी माँ किसी दूसरी स्त्री को तुम्हारे क़रीब देख ही न पाएगी। वे मुझे तुम्हारे साथ अन्तरंग होते देख सदैव असुरक्षित रहेंगी, चोंचबाज़ी करती रहेंगी। हर वक़्त मैं उनकी रडार पर रहूँगी। एक समय फिर ऐसा आएगा कि तुम्हें माँ और पत्नी के बीच एक को चुनना पड़ेगा। मैं ऐसा नहीं चाहूँगी।"

इस प्रकार सम्भावनाओं से भरपूर वह कहानी भी अधूरी और अनकही ही रह गई। बाहर से पारुल ने हिम्मतवाली का मुखौटा ओढ़ लिया था, पर सबकुछ सह कर भी कुछ भी नहीं सह पा रही थी वह। बेमतलब की आशंकाओं ने जैसे उनकी आत्मा में डेरा डाल लिया था। एक डर यह भी था कि बढ़ती उम्र कहीं असर न दिखाने लगे बिटिया की क़द-काठी पर कि कहीं फैलते-फैलते बिटिया चबूतरा ही न बन जाए, हर महीने वज़न बढ़ने जो लगा था।

घायल चुप्पी फ़िज़ा में तैर रही थी। टप टप टपक रहा था दुख उनकी ख़ामोशी से।

लेकिन एक बात चक्रवात की तरह मेरे दिमाग़ में चक्कर काटने लगी—लड़के की अवसादग्रस्त माँ का पारुल के बालों में अंगुली धंसा कर चेक करना कि उसके बाल कहीं नक़ली तो नहीं? इस घटना ने मुझे लगभग चालीस साल पहले की एक घटना की याद दिला दी। मेरी ममेरी बहन को लड़के वाले देखने आए थे। मेरी बहन बेहद कमसीन और छरहरी थी, ऐसी कि नज़र एक बार भी पड़े तो वहीं ठहर

जाए। मेरी मामी जी ने उस दिन मेरी बहन को एकदम नई साड़ी पहना दी। साड़ी के नीचे एकदम कड़क लगी चौड़ी-सी फॉल लगी हुई थी। उस फॉल के चलते बहन लड़के वालों के सामने आते वक़्त थोड़ी सी लड़खड़ा गई थी। लड़के की माँ ने अपनी स्वीकृति देने के पहले मेरी बहन को एक बार चलवाकर देखा कि कहीं उसकी टाँगों में कोई खोट तो नहीं?

मेरे साथ भी इससे मिलती-जुलती ही कॉमेडी हुई। मुझे चलवाया तो नहीं गया था, लेकिन एक लड़केवालों ने मेरा रिश्ता इसलिए मना कर दिया था कि जब पूरे कुनबे के एक वरिष्ठ सदस्य ने मेरी अंग्रेज़ी जाँचने के लिए मुझसे ग़लत अंग्रेज़ी में कुछ पूछा, तो मुझे हँसी आ गई थी। बस इसी बात पर कि लड़की में शर्म लिहाज़ नहीं, मेरे रिश्ते की बात आगे नहीं बढ़ी।

बहरहाल, बात आज की हो या चालीस साल पहले की, शादी के बाज़ार में लड़की के प्रति समाज के नज़रिये में विशेष अन्तर तो नहीं ही आया है।

22

ढाका वापसी : अक्टूबर 2021

होता है शबो रोज़ तमाशा मेरे आगे

इस बार एयरपोर्ट पर एक दिलचस्प नज़ारा देखने को मिला। दो बुर्क़ानशीन महिलाएँ गुत्थम गुत्था हो गईं। मुझे लगा दोनों किसी ट्रॉली को लेकर झगड़ रही हैं, क्योंकि दोनों ही ट्रॉली को अपनी ओर खींच रही थीं, साथ ही एक-दूसरे को धकेल भी रही थीं। एकाएक नीले बुर्क़ेवाली ट्राली से सामान उठाने लगी, तो काले बुर्क़ेवाली ने हाथों के ज़ोर से उसे ऐसा धक्का दिया कि बेचारी गिर गई। यह देख, आसपास कुछ लोग दौड़ आए। एयरपोर्ट पुलिस भी वहाँ आ गई बीच-बचाव करने। तभी मैंने सुना, कोई कह रहा था—दोनों अब्दुल मियाँ की बीवियाँ हैं। दोनों ही उसे अपने घर ले जाना चाहती हैं, इसलिए उसके सामान को अपने क़ब्ज़े में करना चाह रही हैं। इसलिए ट्रॉली को दोनों ही अपनी ओर खींच रही हैं। कोई कह रहा था, दो-दो बीवियाँ लाएगा तो यही होगा। यह सब हो ही रहा था कि तेज़ चाल से चलता हुआ एक युवक आया, जो उन दोनों का शौहर था। उसने दोनों को अलग किया।

आज ढाका लौटते ही एक ख़बर ने फिर उदास कर दिया मुझे। फातिमा सऊदी अरब चली गई थी, स्वप्नों की बिखरी हुई ईंटों को जुटाकर ज़िन्दगी की इमारत को दोबारा खड़ी करने की कोशिश में। जब हम लोग कोलकाता में थे वह तभी चली गई थी। यहाँ भाई के साथ रहना पड़ रहा था उसको। भाई की आँख उसकी आमदनी पर गड़ी रहती थी। पूर्व पति नहीं चाहता था कि वह फिर से अपना घर बसाए। कई बार कहती भी थी—आंटी, अभी तो हाथ-पैर चल रहे हैं, पर कौन देखेगा मुझे बुढ़ापे में? न पति, न पुत्र, भाई है भी तो लूटनेवाला। मन करता है कि दुबई या सऊदी चली जाऊँ, वहाँ पैसा अच्छा मिलता है, कुछ बचा लूँ तो हो जाए बुढ़ापे का इन्तज़ाम, पर इस बेटी का क्या करूँ? उसकी असुरक्षा की शिकार उसकी सोलह वर्षीया प्यारी सी बेटी नूरजहाँ को होना पड़ा। जाने के पहले उसने अपनी बेटी का निकाह रेडीमेड गारमेंट्स में कार्यरत ढाका के ही एक युवक से रचा दिया, जिससे पुत्री की चिन्ता से बेफ़िक्र हो विदेश जा सके रोज़ी-रोटी कमाने के लिए। काश! जाते वक़्त मिल पाती मैं उससे। मैं यदि उन दिनों उसके क़रीब होती, तो कौन जाने शायद उसे रोक पाती, अपनी नाबालिग लड़की को निकाह पढ़वाने से। पर कोलकाता में ख़ुद मेरा परिवार कोरोना में घिरा हुआ था, इस कारण उससे संवाद सिर्फ़ उसे पैसे भेजने और हाल-चाल जानने तक सीमित रह गया था।

सारा दिन फातिमा नज़रों के आगे घूमती रही। ज़िन्दगी भर पिंजरे में ही रही। यह ज़रूर हुआ कि नौकरी के बाद पिंजरा थोड़ा बड़ा ज़रूर हुआ उसका पर, आज़ादी का खुला आसमान ताज़िन्दगी नसीब न हुआ उसे। ख़ुद उसका तेरह साल की उम्र में निकाह हुआ, ख़ुद धोखा खायी, पति के आतंक के चलते दूसरा निकाह तक नहीं कर पाई। बुढ़ापे में माँ को असहाय छोड़, बेटी को भी बिना आत्मनिर्भर बनाए पराये घर के हवाले कर विदेश चली गई। याद आ रहे हैं रसूल हमजातोव, कहा था उन्होंने—दुनिया बहुत बड़ी तश्तरी है और तुम छोटा-सा चम्मच!

यह सोच कर आँखें भर आईं कि वह छोटा-सा चम्मच कैसे दुनिया की चुनौतियों का जवाब देगा। मन यह सोचकर एकदम ही मर गया कि जिसने ज़िन्दगी के स्याह समय में मेरा साथ निभाया उससे अब ताज़िन्दगी मैं मिल नहीं पाऊँगी। मन में सिर्फ़ एक प्रार्थना भर है कि उसने जो ठान रखा है—अपनी टूटी-फूटी ज़िन्दगी की मरम्मत करना, कम-से-कम उसमें तो कामयाबी मिले उसे।

सभ्यता के इतिहास की स्त्री गाथा : ट्रैफ़िकिंग

बांग्लादेश में औरतों की ख़रीद-फ़रोख़्त इतने स्वाभाविक ढंग से होती है कि बाहर से लगेगा ही नहीं कि किसी औरत को बिना उसकी जानकारी के वेश्यावृत्ति की ओर

खदेड़ा जा रहा है। अमीरन से उमराव बनाया जा रहा है। सब कुछ ओट में खेला जाता है। आमतौर पर इस नेक काम में लगी 'महान आत्माएँ' मासूम लड़कियों की उनके तथाकथित प्रेमियों से शादी करवा देती हैं, कई बार नौकरी दिलवाने का प्रलोभन भी। जब ऐसी कुछ लड़कियाँ इकट्ठी हो जाती हैं, तो उन्हें बस से जेसोर बॉर्डर ले जाया जाता है। टिकट लड़कियाँ नहीं ख़रीदती हैं। एक ही आदमी बार-बार जाकर ख़रीद लेता है टिकट। फिर जेसोर में उन लड़कियों को किसी आउट हाउस में रखा जाता है। फिर नदी मार्ग से उन्हें पश्चिम बंगाल की सीमा में घुसाने के लिए किसी घाट मालिक से बात की जाती है। घाट मालिक के तैयार होते ही, उन्हें जैसोर से बेनापुर लाया जाता है, पूरी सुरक्षा निगरानी में। यहाँ फिर उन्हें कुछ दिन किसी बहाने से आउट हाउस में रखा जाता है, जहाँ परिन्दे भी पर नहीं मार सकते।

अधिकतर तो यही कहा जाता है कि नौकरी या घर मिलने तक वहीं रहना है। लड़कियाँ विश्वास कर लेती हैं और अधीरता से उस शुभ घड़ी का इन्तज़ार करती हैं। सब कुछ इतना चाक-चौबन्द रहता है कि सिवाय उन लड़कियों के सब को पता रहता है कि वे बाज़ार बनने जा रही हैं, प्यार के बाज़ार में बिकने के लिए जा रही हैं। फिर जब ग्राहक मिल जाता है, तो लड़की से कहा जाता है—तुम्हें नौकरी मिल गई है, चलो मिलवाते हैं तुम्हें तुम्हारे मालिक से। फिर उस दल्ले मालिक द्वारा वह ख़रीद ली जाती अगली बिक्री के लिए।

बांग्लादेश से आई इन लड़कियों को कभी भी पश्चिम बंगाल में नहीं रखा जाता है। क़रीब होने से उनके भागने या फिर पहचाने जाने का ख़तरा रहता है। इसलिए इन्हें मुम्बई, दिल्ली या फिर सीधे नेपाल या सऊदी अरब जैसे देशों में भेज दिया जाता है।

व्यवस्था का महाजाल यही करता है कि जो कुछ तुम होते हो, तुम्हें रहने नहीं दिया जाता

ढाका में रहते हुए यह दूसरी दुर्गा पूजा थी। इस बार कोरोना के चलते पूजा की रंगत ढाका में फीकी-सी रही। हम लोग थोड़ी देर के लिए बिनानी का पूजा पंडाल देखकर लौट आए। अतिसाधारण पूजा पंडाल को देख कोलकाता के पूजा पंडाल आँखों के आगे घूम गए। वहाँ मौलिक रचनात्मकता के साथ पूजा पंडाल और मूर्तियाँ बनाई जाती हैं। वहाँ पार्क स्ट्रीट में एक प्रतिमा सिर्फ़ चॉकलेट की बनाई गई थी। उसी प्रकार नॉर्थ कोलकाता के सन्तोष मित्र स्क्वायर कमिटी ने इस बार 50 किलो सोने की माँ दुर्गा की प्रतिमा बनाकर ज़बरदस्त धमाका मचाया था। पंडाल भी सोने के रंग का ही था। यह हर बार नई-नई थीम के साथ आता है। पिछली बार इसने चाँदी की प्रतिमा बनाई थी। इस कनक प्रतिमा के लिए सर्राफे बाज़ार के बड़े-बड़े

सोने-चाँदी के दुकानदारों ने भारी-भरकम चन्दा दिया था। यह सम्पूर्ण प्रतिमा हाथों से बनाई गई थी। बिनानी का पूजा पंडाल चाहे साधारण था, पर व्यवस्था चाक-चौबन्द थी। चुस्त कमांडो की तरह हर जगह सिक्यूरिटी तैनात थी। हर आनेवाले का बैग चेक किया जा रहा था। प्रसाद के डिब्बे दिये जा रहे थे।

दूसरे दिन ढाका इंडियंस व्हाट्सएप ग्रुप ने लल्लनटॉप के हवाले से जो ख़बर भेजी, उसे पढ़ मैं अवाक् रह गई। ख़बर थी, बांग्लादेश : दुर्गापूजा पंडाल को कट्टरपंथियों ने तहस-नहस किया, मूर्तियाँ तोड़ी, 3 लोगों की मौत। घटना ढाका से 100 किलोमीटर दूर चाँदपुर ज़िले की है। मीडिया रिपोर्ट के मुताबिक 3 लोगों की मौत हुई है और 50 लोगों के घायल होने की ख़बर भी है, जिनमें कई पुलिसकर्मी भी शामिल हैं।

इंडिया टुडे में छपी ख़बर के मुताबिक़, ज़िले के कोमिला इलाक़े में क़ुरान के अपमान की अफ़वाह फैली थी, अफ़वाह थी कि एक दुर्गा पंडाल में क़ुरान का अपमान किया गया है। दावा किया गया कि पूजा पंडाल में कथित तौर पर हनुमान के चरणों पर क़ुरान रखी गई। यह अफ़वाह सोशल मीडिया पर वायरल हुई। दुर्गंध फैली, तेज़ी से फैला बवाल। मच गया धमाल और उसकी परिणति हुई हिंसा में।

बांग्लादेशी न्यूज़ चैनल बीडी न्यूज़ 24 की रिपोर्ट के मुताबिक़ बांग्लादेश के गृह मंत्री असदुज्जमां ख़ान ने कहा कि सरकार मामले की जाँच कर रही है। गृहमंत्री ने यह भी कहा कि मैं नहीं मानता कि कोई हिन्दू व्यक्ति क़ुरान को अपमानित करने की हिम्मत जुटा सकता है।

यहाँ के प्रतिष्ठित अख़बार 'दि डेली स्टार' ने मुख्य पृष्ठ पर ही इस ख़बर को प्राथमिकता के साथ छापा, जिसमें शेख हसीना यहाँ के हिन्दुओं को भरोसा दिला रही हैं कि वे ख़ुद को अल्पसंख्यक न समझें, वरन अपने सारे धार्मिक कर्मकांड पूरी तरह से आनन्दित होकर करें। ऐसी हरकत करनेवालों पर कठोर क़ानूनी कार्रवाई होगी, जिससे भविष्य में किसी की हिम्मत न हो किसी भी मन्दिर को ध्वस्त करने की। यही नहीं, शेख हसीना ने तुरन्त ही आसपास के 22 ज़िलों में अर्द्धसैनिक बलों की नियुक्तियाँ भी करवा दी।

इन सबके बावजूद नोआखाली में पूजा समारोह के दौरान आज एक और हिन्दू की छुरा भोंककर हत्या कर दी गई। उपद्रव उस समय शुरू हुआ, जब जुमा की नमाज़ के बाद मस्जिद से एक जुलूस निकाला गया, कमीला की घटना के विरोध में। इस जुलूस ने आग में घी का काम किया और हज़ारों की भीड़ ने नोआखाली के विजय दुर्गा टेम्पल को तहस-नहस कर दिया, पूजा कमिटी के 38 वर्षीय सदस्य जतन कुमार साहा को पीटा और फिर छुरा भोंक दिया, बाद में नोआखाली सदर अस्पताल में उनकी मौत हो गई।

'पवित्र क़ुरान का अपमान किया गया' की रिपोर्ट के बाद पाँच लोगों की जान चली गई है। कम-से-कम दस हिन्दू मन्दिरों को नुक़सान पहुँचाया गया। गृह मंत्री ने फिर हिन्दुओं को भरोसा दिया कि इस घटना के लिए ज़िम्मेदार लोगों को बख़्शा नहीं जाएगा।

जाँच आयोग बैठा दिया गया है जिससे कि दोषियों को बख़्शा न जाए। लेकिन मायावी महलों की तरह होते हैं, जो दिखते हैं वे होते नहीं हैं। दिखता है थल होता है जल। नहीं लगता मुझे कि सही अपराधी कभी धरा जाएगा।

कल ग्यारह घंटों के लिए इंटरनेट सेवाएँ भी ठप्प थीं।

त्वरित कार्रवाई के रूप में शेख हसीना ने तुरन्त ही आसपास के 22 ज़िलों में अर्द्धसैनिक बलों की नियुक्तियाँ भी करवा दीं। वे ख़ुद घटना स्थल पर पहुँचीं। उन्होंने मोदी के सामने एक बड़ी लकीर खींचते हुए कहा, "यह देश सबका है, लेकिन भारत में भी ऐसा कुछ नहीं होना चाहिए जिससे यहाँ के हिन्दू प्रभावित हों।" ज़ाहिर है भारत में गाय, राम और एन आर सी के नाम पर हो रहे मुसलमानों से दुर्व्यवहार की ओर उनका इशारा था।

जब मैंने अपनी काम करनेवाली बाई सलमा से पूछा, क्या सचमुच किसी हिन्दू ने क़ुरान को हनुमान जी के पाँव पर रख दिया था? उसने बहुत सुन्दर जवाब दिया। उसने कहा, "जिसने भी क़ुरान को हनुमान के पाँव पर रखा वह न हिन्दू था न मुसलमान, वह बदमाश था।" सलमा के जवाब ने मुझे फिर इतिहास घुमा दिया—अकबर का सेनापति हिन्दू था और महाराणा प्रताप का सेनापति मुस्लिम था। आम जनता नहीं ये सत्ताएँ ही हैं, जो लड़ती हैं और लड़वाती हैं।

बांग्लादेश के हिन्दू एकता मंच ने भी इस पर विरोध जताया। यहाँ के मुख्य अख़बार *दि डेली स्टार* ने भी नोआखाली दंगे की विस्तृत रिपोर्ट छापी और अन्तिम पृष्ठ पर दुर्गा विसर्जन की तसवीर भी छापी।

भारत के अख़बारों में भी उक्त घटना की व्यापक प्रतिक्रिया हुई। मेरे कई मित्रों और रिश्तेदारों के फ़ोन आए। वे घबराए हुए थे। एनडीटीवी की ख़बर थी—बांग्लादेश में ढाका से क़रीब 255 किलोमीटर दूर पूजा की हिंसा के बाद 20 हिन्दुओं के घर जला दिये गए। घंटों लग गए आग को बुझाने में।

ऐसे में अफ़वाहों का बाज़ार गर्म था। व्हाट्सएप यूनिवर्सिटी ने ज़हर उगलना शुरू कर दिया था। ढाका इंडियंस के एक ग्रुप ने मुझे झूठ से गँधाता एक मैसेज फॉरवर्ड किया—'बांग्लादेश में हिन्दुओं को मारा जा रहा है, उसके प्रतिवाद में भारत ने बांग्लादेश का 'मेडिकल वीज़ा' रद्द कर दिया। टाइगर जानता है कैसे और कहाँ हिट करना है।'

एक फॉरवर्ड मेरे पास यह भी आया कि बांग्लादेश के मुसलमान हिन्दू धर्मस्थलों की रक्षा के लिए मन्दिरों के बाहर तैनात हैं। तसवीरें भी साथ में थीं, दाढ़ी, टोपीधारी मुसलमानों की मन्दिरों के बाहर खड़े होने की।

लेकिन 'डेली स्टार' ने आज मुख्यपृष्ठ पर एक तसवीर छापी, जिसमें यहाँ के कलाकार, बौद्धिक, पत्रकार, छात्र और लेखक नुक्कड़ नाटकों द्वारा हाल ही में हिन्दुओं पर हुए आक्रमण का विरोध कर रहे हैं।

इस सुअवसर पर कइयों ने गड़े मुर्दे भी उखाड़े, हमारे फैमिली डॉक्टर जो अन्यथा अच्छे इनसान हैं, पर मोदी के आने के बाद उन्हें भी हिन्दू धर्म ख़तरे में दिखने लगा है, उन्होंने फिर से याद दिलाया कि बांग्लादेश में आज हिन्दू सिर्फ़ 9 प्रतिशत रह गए हैं, पिछले सालों में हिन्दुओं की जनसंख्या 13 प्रतिशत से घटकर 9 प्रतिशत हो गई है।

हमारे लिए अख़बारों की ख़बरें बेअसर थीं, क्योंकि हम वी आई पी इलाक़े गुलशन में थे, जहाँ हवाएँ भी देखकर चलती थीं। हम जिन इनसानों के बीच थे, उनमें कोई हिन्दू-मुसलमान नहीं था। सब इनसान थे, हमारी पूरी सोसाइटी ही महफ़ूज़ थी, लेकिन अख़बारी ख़बरों का इतना असर तो था ही कि उक्त घटना के दस दिन बाद भी मुझे दीपावली के लिए दीये ख़रीदने जाना था, तो मेरे बेटे ने मुझे न इस्कॉन मन्दिर जाने दिया, न ही ढाकेश्वरी मन्दिर। उसने कहा, "मम्मा, अभी जब समुद्र में तूफ़ान आया हुआ है, तो ज़रूरी है क्या उसके क़रीब जाना। बाद में सलमा ने अपने घर के पास बने बाटारा मन्दिर से हमारी पूजा के लिए दीपक और दूसरे ज़रूरी सामान ख़रीदे।

उसके अगले के अगले दिन शाम को मैं थोड़ी दूर स्थित पार्क में घूमने निकली। बूँदा-बाँदी हो रही थी, भीतर भी और बाहर भी। एकाएक अँधेरा घिर आया था और मैं पार्क के सबसे अँधेरे हिस्से में खड़ी थी। अकेली। एकाएक मेरे सामने से कई मुस्लिम युवा गुज़रे और सामने बने प्रार्थना-कक्ष में घुस गए, वहाँ शाम की नमाज़ अदा की जा रही थी। मुझे अज़ान के बोल बहुत आकर्षक लग रहे थे। मैं भी पास की ही एक बेंच पर बैठ उन्हें ध्यान से देखने-सुनने लगी। जो आता, बाहर लगे नल से हाथ धोता और फिर नमाज़ में शामिल हो जाता। तभी एक युवक मुझे गौर से देखने लगा। उसे देखते देख जाने कैसे मुझे दुर्गा-पूजा पर हुए दंगों की याद आ गई और पल-भर में अपनी ही देह की दर्शक बनी अपने माथे पर लगी बिन्दी पोंछने लगे, जो मेरे हिन्दू होने की गवाह थी। एकाएक मैं स्प्रिंग की तरह उठी। मेरे क़दम और तेज़ हो गए, यदि किसी ने हिन्दू जान मुझ पर आक्रमण कर दिया तो? यद्यपि ऐसा कुछ नहीं था, माहौल पूरा शान्त था और मैं पिछले साल-भर से वहाँ घूमने के लिए आ रही थी। मैं जो घने जंगलों में माओवादियों से उनके डेरे में जाकर साक्षात्कार लेते नहीं डरी (सिर्फ़ एक मित्र मेरे साथ थे), जो अकेले रेड लाइट एरिया में घुस गई, वह क्यों उस दिन डर गई? ग़ैर-मुल्क में होने की वजह से या बढ़ती उम्र का असर? रहस्यमय मन!

किसी मुस्लिम देश में साम्प्रदायिक डर से मेरा वह पहला साक्षात्कार था।

उन्हीं दिनों बच्चों ने एआईएसडी (अमेरिकन इंटरनेशनल स्कूल ढाका) में नविका के दाख़िले के लिए आवेदन पत्र भरा। दुनिया के महँगे स्कूलों में एक है, जिसकी फ़ीस सुनकर किसी मध्यवर्गीय या खाते-पीते इनसान को हार्ट अटैक आ जाए। बहरहाल, आवेदन पत्र भरने के बाद नविका को इंटरव्यू के लिए घर में तैयार किया जाने लगा। बेटे, बहू को डर था कि कहीं नविका इंटरव्यू में ही अयोग्य न ठहरा दी जाए। मेरे हिन्दी प्रेम के मद्देनज़र उन्होंने मुझे भी हिदायत दी कि मैं कुछ दिनों के लिए अपना हिन्दी प्रेम ठंडे बक्से में डाल दूँ और उससे अंग्रेज़ी में ही संवाद करूँ।

मेरे बेटे-बहू दोनों ही कॉरपोरेट में हैं, इस कारण कई बार यह सोचकर मेरी नींद उड़ जाती कि मेरे मरने के बाद इस घर में हिन्दी का कोई नामलेवा भी बचेगा या नहीं। यद्यपि मेरा बेटा अच्छी हिन्दी बोलता है और हिन्दी को लेकर उसके मन में सम्मान न भी हो तो कम-से-कम कोई हीनभावना नहीं है। मैंने बचपन से ही उसके मासूम मन में हिन्दी का बिरवा रोप दिया था। यद्यपि ज़माने को और उसके भविष्य को ध्यान में रखते हुए मैंने उसका दाख़िला भी कोलकाता के अच्छे स्कूल डॉनबोस्को में ही करवाया था।

वही प्रयोग मैं अपनी पोती के साथ भी कर रही थी। उसकी हिन्दी मज़बूत हो, इसलिए मैं हर दिन उसे मज़ेदार कहानियाँ सुनाती। अपने सपनों के बीज को उसकी कच्ची ज़मीन में रोपने का प्रयास करती। मुम्बई में ऐसे-ऐसे माँ-बाप को देखा था मैंने जो अपने दुधमुँहों से भी अंग्रेज़ी में बात करते कि बाद में किसी भी अच्छे स्कूल में उनके दाख़िले में समस्या न आए। इसके चलते बच्चे थोड़े बड़े होने के बाद घुटन महसूस करते। वे न अच्छी तरह से हिन्दी बोल पाते न अंग्रेज़ी। ढाका में ही एक बड़े रसूख वाला परिवार था। परिवार के मुखिया नामी-गिरामी बहुराष्ट्रीय कम्पनियों के सीईओ थे। हर तीन-चार साल बाद ट्रांसफ़र होता, कभी जर्मनी, कभी ढाका तो कभी पेरिस। परिवार हिन्दीभाषी था, पर उनके बच्चे सामान्य हिन्दी तक समझ नहीं पाते थे। मैंने एक बार उनकी माँ से बातचीत के दौरान 'मंगलवार', 'त्योहार' और 'शुक्रिया' शब्दों के प्रयोग किये तो उनकी 15 वर्षीय बच्ची ने पूछा, 'मंगलवार' क्या होता है? 'शुक्रिया' क्या होता है? 'त्योहार' क्या होता है? उनकी हिन्दी सुन मुझे चक्कर आ गया। एक नमूना—मॉर्निंग से बेबी पोटियाँ कर रहा है। मेरी टी में मिल्क एक स्पून एंड शुगर नो। उनकी माँ ने बाद में मुझसे बहुत आग्रह किया कि मैं उन्हें हिन्दी सिखा दिया करूँ।

बहरहाल, नविका की माँ को ऐसी मनुहार न करनी पड़े, इसलिए नविका के नवजात हिन्दी के पौधे को मैं हर दिन सींचती।

कुछ दिन मुझे अपनी मुहीम ढीली छोड़नी पड़ी। डर यह भी लगा कि कहीं मेरे हिन्दी प्रेम के चलते ही उसका दाख़िला न रुक जाए। फिर भी स्कूल की इतनी ऊँची फ़ीस सुन मैं निश्चिन्त थी कि उसका दाख़िला होना तय है। पर जागरूक माँ-बाप के चलते मुझे भी कुछ दिन उससे अंग्रेज़ी ही बोलनी पड़ी।

इस बार ढाका आने पर मेरी बहुत इच्छा थी उसके स्कूल को भीतर से देखने की। दरअसल मैं जानना चाहती थी कि वह क्या चीज़ है, जो इन स्कूलों के प्रति युवा पीढ़ी में इतना सम्मोहन जगाती है। मैं दुखी हुई जब मुझे पता चला कि मुझे स्कूल प्रेमिसेस के भीतर जाने की अनुमति नहीं है। बच्चों की सुरक्षा को ध्यान में रखते हुए सिर्फ़ माँ-बाप को ही भीतर जाने की इजाज़त थी। इनके परिवार की अवधारणा में दादी माँ की जगह थी ही नहीं!

बहरहाल, एक और फॉर्म भरने पर मुझे दरवाज़े तक जाने की अनुमति मिल गई थी। चूँकि इस स्कूल में 70 प्रतिशत बच्चे राजनेताओं के, हाई कमिश्नरों के, उच्च अधिकारियों के होते हैं, इस कारण स्कूल का पूरा अहाता ही ज़बरदस्त पुलिस की घेराबन्दी से घिरा हुआ था। बड़े से अहाते में फैले एआईएसडी के तीन दरवाज़े थे। एक दरवाज़ा स्विमिंग पूल में जाने के लिए था। बारह कक्षा तक के स्कूल में महज़ 450 के लगभग बच्चे पढ़ते थे। पूरा स्कूल सेंट्रली हीटेड और वातानुकूलित था। हर सप्ताह यहाँ के बच्चों का कोविड टेस्ट होता। बड़े से हॉल के ऊपर लटकते मुख्य-मुख्य देशों के झंडे। सबसे आगे बांग्लादेश का झंडा, फिर अमेरिका, कुछ झंडों के बाद हमारा तिरंगा। फिर यूके का झंडा। और भी कई देशों के झंडे थे जिनकी जानकारी मुझे नहीं थी। पाँच साल के बच्चों के लिए अलग लाइब्रेरी, उससे बड़े बच्चों के लिए अलग। अलग-अलग उम्र के बच्चों के लिए अलग-अलग लंच हॉल। एकदम छोटे बच्चों के लिए अलग से स्नैक रूम। कॉफी शॉप भी एक कोने में दमकती हुई। नविका की कक्षा में महज़ 10 बच्चे! जगह-जगह दीवारों पर दमकते चित्र। एक डिजिटल पर्दे पर उन बच्चों के नाम दमकते हुए जिनके जन्मदिन आनेवाले थे। दुनिया के सबसे मशहूर स्कूलों में एक एआईएसडी का तामझाम देख मेरा बल्ब ही फ्यूज़ हो गया।

इनकी स्कूल-बस एकदम अनूठी, निराली। वातानुकूलित स्कूल-बस की हर सीट पर हवाई जहाज़ की तरह बेल्ट। चौड़ी-चौड़ी सीट। पूरी बस में मुश्किल से पाँच-सात बच्चे। हर स्कूल बस के पीछे-पीछे चलती एक मोटरबाइक जिस पर हरी वर्दी पहने दो पुलिस मैन। एक के हाथ में एके सैंतालिस। हाई प्रोफ़ाइल बच्चों की सुरक्षा के मद्देनज़र। स्कूल बच्चों को बाहर ले जाने के पहले प्रदूषण का स्तर (एयर क्वालिटी इंडेक्स) चेक करती है, वह यदि लाल निशान दिखाता है तो नहीं

ले जाती है। मैं तो गश खा गई कि ज़बरदस्त समृद्धि, सुरक्षा और सुविधाओं के इन्द्रलोक में पले ये बच्चे क्या कभी ज़िन्दगी के योद्धा बन पाएँगे? सुन्दर सुरक्षित गमलों के ये बच्चे, आम ज़िन्दगी की वास्तविकताओं से कटे हुए ये बच्चे क्या अपने देश के लिए कुछ करने का जज़्बा रख पाएँगे? कैसा हिन्दुस्तान बनाएँगे ये? ढाका के सबसे सम्भ्रान्त वर्ग के बच्चे ही आते थे वहाँ। नविका की सहेली की माँ स्वीडन की अम्बेस्डर थीं।

मुझे अनायास ही नारायणमूर्ति का अपनी पत्नी को लिखा एक पत्र याद आ गया। वे लिखते हैं—'तुम अपनी बेटी को घर की गाड़ी के बजाय स्कूल की बस में ही भेजना, जिससे वह दूसरे आम बच्चों के साथ घुल-मिल सके। जब तक बच्ची बड़ी नहीं हो जाती, यदि सम्भव हो तो तुम टीवी के चैनल्स कटवा देना।"

शब्द हू-ब-हू मुझे याद नहीं पर शब्दों के भाव लगभग यही थे। मैंने अपने बेटे को भी बताई नारायणमूर्ति की बात! नहीं समझ पाई कि उसने कितना समझा पर मैं समझ गई ग़रीबी की ही तरह एक सीमा के बाद समृद्धि भी इनसान की मजबूरी बन जाती है।

23

विदेश में देश!

चार दिन बाद दीपावली थी। मेहमानों का मौसम। पिछली बार हम कोलकाता में थे। यह पहली दीवाली थी ढाका में। मेरा मन था यहाँ के शाँखारी बाज़ार से दीवाली-पूजा की ख़रीदारी करने का। शाँखारी बाज़ार को यहाँ छोटा हिन्दुस्तान भी कहा जाता है। पूरी तरह से हिन्दूबहुल इलाक़ा है यह।

पिछले दिनों कोमिला और नोआखाली में हुए हिन्दुओं के आक्रमण के चलते घर के लोग नहीं चाहते थे कि मैं शाँखारी बाज़ार जाऊँ।

बेटे ने कहा, "अभी वहाँ जाना ठीक नहीं!"

"अरे अब तक तो वो दंगा बासी पड़ चुका है। कुछ नहीं होगा, मैं जाऊँगी!"

संकरी गलियों में बसा है शाँखारी बाज़ार। यहाँ भी हिन्दुओं ने अपना छोटा हिन्दुस्तान बसा लिया था, जैसे भारत में यूपी और बिहार वाले मुम्बई, कोलकाता और दिल्ली जैसी जगहों पर भी किसी भी छोटी नदी या झील या पोखर किनारे ही अपना छोटा-सा यूपी, बिहार बसा लेते हैं, विशेषकर छठ पूजा के अवसर पर। पहली नज़र में लगा जैसे कोलकाता के दक्षिणेश्वर मन्दिर के बाहर खड़ी हूँ। वैसी

ही शाँखा पोला, ग्रह की छोटी-बड़ी अँगूठियाँ, घोड़े के नाल की अँगूठियाँ। ताँबे के कलशों, पीतल के बर्तन, घड़ों की दुकानें। सारे स्टार भगवानों की मूर्तियाँ, राधा-कृष्णा की, गणेश-लक्ष्मी की, शिव-पार्वती की। सड़क पर बिकते ढेरों ढेर दीये, अगरबत्ती, कपूर, कुमकुम, बिन्दी, सिन्दूर।

वातावरण में एक ख़ामोश-सी स्निग्ध आत्मीयता! त्योहार की कोई भीड़-भाड़ नहीं।

जीवन जगत की अनेक अन्तर्धाराएँ हैं, कहीं आग की तो कहीं राग की, जिनसे मिलकर हम, हमारा समय और हमारा सूफ़ियाना मिज़ाज बनता है। ढाका में हमने देखा एक रंग राग का, हमारे त्योहार का, हमारी आस्था का।

सबसे मौजूँ लगा एक किलोमीटर के अन्दर बने तीन मन्दिर, शनि देवी का मन्दिर, राधा-कृष्ण का मन्दिर। एक और मन्दिर था, लेकिन मैं समझ नहीं पाई कि वे कौन से भगवान थे।

यहाँ पर कोलकाता के कुम्हार टोले की तरह आप ऑर्डर देकर मूर्ति भी बनवा सकते हैं। पटाखे यहाँ पूरी तरह निषिद्ध थे। एक दुकानदार ने मुझे कहा, "ठीक दीवाली के दिन आप आ जाइएगा, एक बन्दा आता है, बैग में पटाखे भर कर, चोरी-छिपे वह बेचता है। आप उससे ले सकती हैं।" मैंने कहा, "मुझे चोरी-छिपे नहीं ख़रीदना।"

मुझे अपनी मित्र के लिए लकड़ी का मन्दिर ख़रीदना था, जो शाँखारी पट्टी से थोड़ा आगे सामीबाग़ में मिलता था। उस ओर बढ़ी, तो छोटी-सी 'मेहतर पट्टी' देख दंग रह गई। बाप रे! कितना अकल्पनीय है ढाका—मस्जिद में हैं निर्गुण निराकार अल्लाह और बाहर है सबसे अलग-थलग फीकी, बेरंग, उजड़ी 'मेहतर पट्टी'।

बस एक ही चीज़ यहाँ नहीं दिखी, भिखारियों की जमात। जिस प्रकार दक्षिणेश्वर मन्दिर के बाहर दुनिया-भर के भिखारियों की जमात खड़ी रहती है वह यहाँ सिरे से नदारद थी। एक सीएनजी के पीछे लिखा था—फि:अमान निल्लाह! यानी अल्लाह पर भरोसा रख। यह अरबी का शब्द था।

ढाकाई मलमल ढाका आने के बाद से ही सपने में भी मेरा पीछा नहीं छोड़ रहा था। सुना था कि ऐसे हुनरमन्द कारीगर थे, जिनकी बनी हुई मलमल की पूरी साड़ी अंगूठी के घेरे से निकल जाती थी, लेकिन अंग्रेज़ों ने उस कारीगरी को पनपने नहीं दिया। आज़ाद ढाका में मैंने कई जगह वैसी मलमल ख़रीदने की इच्छा ज़ाहिर की। लेकिन अब समय बदल गया था, बाज़ार अब कॉरपोरेट्स के हवाले था, बांग्लादेश अब कॉटन रेडीमेड्स का सबसे बड़ा निर्यात करनेवाला देश बन गया था। ग्लोबल शॉपिंग सेंटर, नूरजहाँ मार्किट, न्यू मार्किट...सब कॉटन रेडीमेड शर्ट और पैंट से लदे हुए थे। उसके बाद ढाका के बाज़ार ढाकाई साड़ियों के हवाले थे। बड़ी मुश्किल से बंग मार्किट में ढाकाई मलमल के दर्शन हुए, पर वह भी चलताऊ क़िस्म की थी।

मेरे भीतर भी चाँदनी बरस गई जब बेटे ने कहा कि उसके दो मुस्लिम मित्र हमारे यहाँ दीपावली की पूजा देखने आ रहे हैं। मुझे अच्छा लगा—कट्टरता ऐसे ही ख़त्म होगी। याद आया, हम लोग एक बार मन्दिर गए थे तो हमारे साथ की दो महिलाएँ मन्दिर में घुसी ही नहीं, मैंने समझा पीरियड में होंगी। लेकिन नहीं वे इसलिए नहीं घुसीं कि उनके गुरुदेव ने उन्हें शपथ दिलवा दी थी कि वे मन्दिर नहीं जाएँगी, क्योंकि जैन होते हुए भी वे साधु मार्ग की अनुयायी थीं, मन्दिर मार्गी नहीं थीं, साधु ही उनके लिए ईश्वरतुल्य थे। उनकी कट्टरता देख मैं हैरान थी। एक ही धर्म का होते हुए भी एक-दूसरे के प्रति इतना अलगाव।

मेरे बेटे को बहुत-बहुत चाव था, अपनी बेटी के हाथों फूलझड़ी छुड़वाने का। उसने किसी को पकड़ा, वह ग़ैर-क़ानूनी तरीक़े से भारत से लाया था कुछ पटाखे। बहू की सहेली ने ली थी बेहद ऊँचे दामों में उससे डिलीवरी, लेकिन वह ख़ुद भी बहुत डर रही थी।

शाम को दीवाली पूजन। दिन-भर सफ़ाई का सफ़र जारी रहा। मैंने भी हर बार की तरह मन में बसे कबाड़, कचरा और धूल-गर्द की सफ़ाई कर मन को सहलाया, सँवारा। आत्मा की देह पर लगी कालिमा को पोंछा। बहुरानी को फूल चाहिए था। मैं बिनानी के फूल बाज़ार से ले आई। विदेश का फ़ायदा, दीवाली की कोई भीड़-भाड़ नहीं। फिर भी फूल बेहद महँगे थे। मन किया बोलूँ बहुरानी को—'हम जैन हैं और जैन धर्म में फूलों को छूना भी पाप माना जाता है, क्योंकि जैन सिद्धान्त किसी भी रूप में प्रकृति को कोई कष्ट नहीं पहुँचाते हैं। वैसे भी जैन धर्म कर्मकांडों और मूर्ति पूजा के विरुद्ध ही जन्मा था। लेकिन युग सत्य यह कि हम सुविधानुसार कभी जैन तो कभी वैष्णव बन जाते हैं।

सब गोलमाल है!

पूरे साजो-सामान के साथ आ गई दीपावली, कल्पना में घूम गई दरवाज़े पर अल्पना सजातीं महिलाएँ। पर क्या करूँ इस मन का जो दीपावली के आने से पहले ही सिकुड़ना शुरू कर देता है। पर्दा बीच में टँग जाता है। सपनों के दीप चौतरफ़ा महक उठते हैं, लेकिन मेरे मन में घिर आता है वही सदियों पुराना अँधेरा, आँखों में वही सदियों पुराने आँसू। दीपावली साथ भी बख़ूबी निभाती है। होश सँभालने के बाद आज तक कोई ऐसी दीवाली नहीं गुज़री जब कि मेरी आँखों में आँसुओं के दीप न जले हों। दीप आज भी जले। घर में गतिविधियाँ एकाएक बढ़ गई थीं और मैं इस घर में घर खोज रही थी। कहीं पढ़ा था—त्रासदी घर का न होना ही नहीं है, घर का

होना उससे भी बड़ी त्रासदी है। घर में अपनी जगह खोज रही हूँ। एक कोना खोज रही हूँ जहाँ सबसे नज़र छुपाकर ख़ुद को सँभालकर रख सकूँ! सामान्य रख सकूँ। हर पल डर लगता है कि बलात रोके आँसू कहीं लोगों के सामने छलक ही न पड़ें।

लम्हा-लम्हा दीवाली गुज़र रही है या मैं गुज़र रही हूँ!

घर होते हुए भी बेघर होना कितना त्रासद है!

अब मैंने घर की तरफ़ पीठ कर बैठना सीख लिया है। उत्सव और उत्साह की उत्ताल लहरें उठ रही हैं और मैं किनारे खड़ी हूँ। निस्संग! निर्विकार!

24

कुछ घर की तो कुछ जग की : 21वीं सदी की महिला मंडली

यहाँ विदेश में आत्मीयता की भूख हमेशा दबोचे रखती है। कोई भारतीय मिल जाता है तो ऐसी अनुभूति होती है, जैसे कोई सात समन्दर पार से मिलने आया हो। दीपावली-मिलन के अवसर पर घर में हम भारतीयों की छोटी-सी पार्टी हुई, जिसमें अधिकतर बहुराष्ट्रीय कम्पनियों के सीईओ ही थे। ढाका में तीस से चालीस ऐसी बहुराष्ट्रीय कम्पनियाँ हैं, जिनके नाम सुनकर ही लोग श्रद्धा से सिर झुका लेते हैं। उनमें से अधिकांश के सीईओ भारतीय ही हैं, शायद इसलिए कि नये बने देश बांग्लादेश के स्थानीय लोगों में प्रबन्धन की कार्य-कुशलता उस प्रकार विकसित हुई ही नहीं है जैसे कि उनकी अपेक्षा रहती है। एक बार हिन्दुस्तान लीवर के कुछ अफ़सरों को सिर्फ़ दो सप्ताह की नोटिस पर मुम्बई से ढाका बुलाया गया था।

ऐसी पार्टियों से घर की एकरसता भंग होती। सभी रोशन दिमाग़ सीईओ—अपनी-अपनी कम्पनी के कोहिनूर जब चलते हैं, तो धरती से डेढ़-दो इंच ऊपर होते हैं। ज़ाहिर है, जब इतने सारे कोहिनूर एक जगह इकट्ठे हों, तो वह जगह कितनी जग-मग होगी। उस पर इत्र सी महकती महिलाएँ, फर-फर फहराती उनकी डिजाइनर पोशाकें, जानदार अदाएँ, हवा में उड़ते रेशमी बाल, ब्यूटी पार्लर से तराशा ताज़ा लिपा-पुता सौन्दर्य, लोगों की फर्राटेदार अंग्रेज़ी और खिल-खिल हँसी...! ऐसी पार्टियाँ ख़ुशनसीबों के घर पर ही आयोजित होतीं। ये सभी भारतीय सिर्फ़ अपनी काया के रंग और ख़ून से 'मेड इन इंडिया' थे, पर अपनी सोच, राय, निष्ठा और जीवन-मूल्यों में पक्के अंग्रेज़ थे। 'मी', 'माय' और 'माइसेल्फ' की दुनिया के ये नागरिक! एक ही साँचे में ढले हुए सब, एक ही तरह हँसते, एक ही तरह सोचते, समय की मशीन के ज़ेरॉक्स। मनी, मीडिया और मार्केटिंग जिनका जीवन-दर्शन।

संस्कृति जिनकी—उपभोक्ता संस्कृति। एथिक्स जिनके—प्रोफेशनल एथिक्स। मानसिकता जिनकी—अफ़सरी, दफ़्तरी और औपनिवेशिक। इतना सुरक्षित और क़वच-कुंडल से सजा-ढका इनका जीवन कि इनके ख़ुद का जीवन भी इनको छू नहीं पाता था। यहाँ भाषा का भी अपना ऐश्वर्य था। इनकी भाषा आम लोगों की भाषा से एकदम अलग और परिष्कृत होती थी। यहाँ 'संडास' के लिए 'वाशरूम' शब्द का व्यवहार होता था। नहाने के लिए 'फ्रेश होना' कहा जाता। एक बार मेरी सहेली की छह महीने की पोती के मल-मूत्र विसर्जन के लिए उसके मुँह से असावधानीवश 'हगना-मूतना' निकल गया, तो उसकी बहूरानी ने बड़ी विनम्रता से उसे समझाते हुए कहा, "मम्मीजी, आप प्लीज़ हगना-मूतना मत बोलो, कितने फूहड़ शब्द हैं!"

उसने सॉरी बोलते हुए तुरन्त कहा, "ठीक है आगे से मैं मल-मूत्र कहूँगी।"

उसने मुँडी हिलाते हुए कहा, "आप तुलसीदास जैसी हिन्दी मत बोलिए प्लीज़, अब वो जमाना नहीं रहा।"

"तो क्या मैं शेक्सपीयर जैसी अंग्रेज़ी बोलूँ?" वह भड़क गई।

"नहीं मम्मीजी, आप सूसू पॉटी कहेंगी।" उसने कहा।

"तथास्तु।" उसके बाद हगना-मूतना जैसे असभ्य शब्दों को उसने देश निकाला दे दिया।

भोजन के पहले यहाँ स्टार्टर होना अनिवार्य होता है। मुझे भाती थी ऐसी पार्टियाँ, बस दिक़्क़त एक ही थी कि इन पार्टियों में आम आदमी और विचार दोनों ही पालतू कुत्ते की तरह दूर से ही दुम हिलाते नज़र आते थे। वरिष्ठ इन्हें गरिष्ठ लगते थे। मैं बस मेहमानों से रामा-श्यामा करके अपने कमरे में लौट जाती इस तीखे अहसास के साथ—यह दुनिया अपनी नहीं। ऐसे मारक पलों में मुझे अहसास होता जैसे मैं एक ऐसा पेड़ बन चुकी हूँ, जिसकी जड़ें ग़ायब हैं। पिछले दिनों फ़ैज़ की जीवनी पढ़ रही थी, जिसे उनके नवासे अली मदीह हाशमी ने लिखी है। उसमें इंग्लैंड-प्रवास के दौरान फ़ैज़ एक जगह राल्फ रसेल से कहते हैं—'यहाँ अलगाव का अहसास इतना है कि कुछ करने का दिल नहीं करता। और सबसे बुरी बात है कि यहाँ ज़िन्दगी बड़ी बनावटी है।' मैं फ़ैज़ का दर्द समझ सकती थी। कॉरपोरेट सर्किल की तेज़ रफ़्तार भागती, कृत्रिम रूप से लादी गई विदेशी सभ्यता, व्यक्ति निरपेक्ष और अलगाव का अहसास देनेवाली यह ज़िन्दगी मुझे भी तोड़ रही थी।

उस दिन भी मैं सबसे मिलकर अपने कमरे की तरफ़ मुड़ ही रही थी कि 'भए प्रकट कृपाला' की तरह अचानक से भंडारी जी प्रकट हो गए। वे क़रीब साल-भर बाद ज्यूरिक (स्विट्ज़रलैंड) से आए थे। वहाँ की साफ़ हवा और पानी का असर उनके स्वास्थ्य पर भी दिख रहा था। गाल भर गए थे, शरीर भी थोड़ा गोल-मटोल हो गया था। मैंने जब उनसे पूछा कि अब कैसा लग रहा है ढाका? ठंडा-सा आया जवाब, "और तो सब ठीक है, लेकिन जैसे ही मैं उतरा विमान से, मैंने साँस ली

ढाका में तो जाने कैसी एक गंध, एक केमिकल गंध-सी नथुनों में घुसी, तो मुझे ताज्जुब हुआ कि इतने सालों तक मैं कैसे इस हवा में साँस लेता रहा। उतरा तो आसमान धुंध और धुएँ से भरा था। मुझे याद आया पिछले दिनों ही ढाका के 'डेली स्टार' में एक ख़बर छपी थी कि पिछले चार सालों से बांग्लादेश की हवा दुनिया की सबसे ख़राब हवा है। और 2021 की वर्ल्ड एयर क्वालिटी रिपोर्ट के अनुसार दिल्ली के बाद ढाका दुनिया का सबसे ज़्यादा प्रदूषित शहर है। मेरे एक हिन्दुस्तानी मित्र ने भी कहा कि ढाका के पेट में ज़हर भरा है क्योंकि यहाँ के पानी में आर्सेनिक बहुत ज़्यादा है। बाहर से आए लोग शायद हवा के इस प्रदूषण को ज़्यादा महसूस करते हों।" उनकी बात सुन मैं मायूस-सी हो रही थी कि तभी जैसे उन्होंने हमें इस नये नवेले दुख से उबार लिया यह कहते हुए कि, "लेकिन फिर भी मैं कहूँगा कि जीवन यहीं है, मौज-मस्ती यहीं है, मन का सुख यहीं है, वहाँ तो इतनी महँगाई और औपचारिकता है कि घर में इतने लोगों को बुलाने की हम कल्पना भी नहीं कर सकते। कोई स्टाफ रखना भी बूते के बाहर। यहाँ कभी पानी तक लेकर नहीं पिया और वहाँ तो सारे काम ख़ुद को करने पड़ते हैं। अपनी गाड़ी, अपना बाथरूम तक मैं ख़ुद साफ़ करता हूँ।"

मैं सोचने लगी, इतनी बड़ी कम्पनी, मैरिको के सीईओ भंडारी जी, यहाँ ढाका में इनका जीवन किसी राजा-महाराजा से कम नहीं था, घर के अन्दर ही उनके यहाँ सोना बाथ, फाउंटेन, होम थिएटर मैंने पहली बार देखा था और वे परेशान थे ज्यूरिक की महँगाई से। मेरी परेशानी को और बढ़ाते हुए कहा उन्होंने, "बस साल-भर और रहूँगा, फिर वापस भारत। मन भर गया स्विट्ज़रलैंड से। होली के दिन तो अपना घर बहुत ही याद आता है कितना मस्त समाँ बंधता था।"

"लेकिन वहाँ हिन्दुस्तानियों के साथ तो आप खेल ही सकते हैं जैसे हम यहाँ ढाका में खेलते हैं।"

उन्होंने कहा, "ढाका की बात अलग है यहाँ की संस्कृति में इतनी अजनबियत नहीं है बल्कि हमारी जैसी ही है, वहाँ सड़क पर तो खेला नहीं जा सकता और घर में खेलें तो बाद में सफ़ाई कौन करे? यहाँ तो होली खेला, रंग बिखेर दिया और सफ़ाई का काम नौकरों के हवाले कर दिया। वहाँ सारी सामाजिकता और पारिवारिकता अपने दम पर निभानी होती है। माँ-बाप तक को सिर्फ़ टूरिस्ट वीज़ा मिलता है वह भी बस तीन महीनों के लिए, क्योंकि वहाँ की कल्चर में तो माँ-बाप को घर में रखते ही कहाँ हैं, उनके लिए तो ओल्ड होम है। साउथ ईस्ट एशिया के देशों को छोड़ दें, तो पूरे यूरोप और अमेरिका में माँ-बाप को परिवार की इकाई में नहीं रखा जाता, और तो और वहाँ तो बच्चों को भी सोलह-सत्तरह साल के बाद माँ-बाप घर में नहीं रखते हैं। मेरे स्विस पड़ोसी ने कहा—आपने अपने बच्चों को घर में क्यों रखा हुआ है।" बोलकर वे हँस दिये उस सभ्यता पर। कुछ देर ख़ामोश

रहने के बाद फिर अपने प्रवाह में बहने लगे वे, "किसी को किसी से कोई मतलब ही नहीं है। अच्छी बात यह है कि वहाँ वर्क कल्चर शानदार है, लोग अपने काम के प्रति ज़बरदस्त ढंग से समर्पित हैं, यहाँ की तरह स्वार्थी नहीं हैं, न एक-दूसरे को नीचा दिखाने में उन्हें कोई रुचि है। इसीलिए देश ने इतना विकास कर लिया है कि लोगों के वेतन में बहुत अन्तर नहीं है। लगभग सभी के वेतन समान समान। अफ़सर और क्लर्क के वेतन में भी हमारे जैसे ज़मीन-आसमान का अन्तर नहीं? इसीलिए वहाँ सभी का जीवन लगभग एक जैसा नदी की शान्त धारा-सा बहता रहता है। वहाँ हमारे यहाँ जो सफ़ाई कर्मचारी आती हैं उनका घंटे के हिसाब से भारतीय मुद्रा के हिसाब से हम छह हज़ार देते हैं। एक घंटे का छह हज़ार!"

"क्या आप सोच सकते हैं कि मेरा मकान मालिक एक कारपेंटर है। और सबसे बड़ी अड़चन है कि वहाँ रहने के लिए आपको स्विस जर्मन भाषा जाननी ही होगी, उसकी परीक्षा पास करनी ही होगी, नहीं तो वे हमारा वीज़ा रिन्यू नहीं करेंगे, हम पूरा परिवार वहाँ स्विस जर्मन सीख रहे हैं।" हम सभी भौंचक्क थे यह सुनकर।

लंच लग चुका था। हम सभी कोलकाता से आए हल्दीराम भुजिया के गुलाब जामुन उड़ाते हुए भारत की समस्या और स्विस जर्मन भाषा की दुरूहता पर बात करने लगे। मेरे दिमाग़ में आया कि इसी अनुशासन के कारण ही तो यूरोप के देशों की भाषा बची हुई है। जिसके पास अपनी भाषा नहीं वह तो इनसान भी आधा ही है क्योंकि अपनी भाषा के मरते ही आपके दिमाग़ का एक हिस्सा भी मर जाता है। इनसान और जानवर में यही तो अन्तर होता है कि इनसान के पास भाषा होती है, जानवर के पास नहीं होती! मैं उन्हें कहना चाहती थी कि अपनी भाषा को बचाने के लिए उन्होंने सही क़दम उठाया, नहीं तो हमारे देश की तरह वहाँ भी अंग्रेज़ी छा जाती!

पर मैं कह नहीं पाई। इतने अंग्रेज़ीदाँ लोगों के बीच कहने की हिम्मत जुटाने में ही पार्टी शेष हो गई!

इसी दीपावली-मिलन ने मुझे ढाका में बसे छोटे हिन्दुस्तान की उस क्रीमी लेयर से मिलवाया...जो यहाँ तक पहुँचने की मुहिम में जो कुछ भी अनूठा, मौलिक और विशिष्ट था उसके भीतर, उसे गँवा चुका था। आटा मैदे में रूपान्तरित हो चुका था। ज़िन्दगी की गुणवत्ता ढलान पर थी। सबकी ज़िन्दगी उपभोक्तावाद के दबाव में थी। विकसित राष्ट्रों की छत्रच्छाया में पला यह तबक़ा विकसित हुआ था सिर्फ़ आर्थिक रूप से, सांस्कृतिक रूप से यह नीचे ही लुढ़का था। ज़िन्दगी का अनूठापन सिरे से ग़ायब था। समृद्धि का नरक यहाँ देखने को मिला। बातें भी लगभग वैसी ही। एक बानगी :

मेरे बेटे के दोस्त ने मज़ाक़ में कहा, "हमारे ग्लोबल सीईओ की सैलरी (60 करोड़ प्रति वर्ष) इतनी है कि कभी उसका पेट ख़राब हो जाए और उसे पॉटी पर घंटा-भर बैठना पड़ जाए, तो उस घंटे-भर में उसके किसी जूनियर मैनेजर की साल-भर की तनख़्वाह निकल जाए।"

सब हो-हो कर हँसने लगे। जवाब में बेटे ने दोस्त से कहा, "तुम्हारी एक दिन की सैलरी से भी तो तीन सेल्समैन की महीने भर की सैलरी निकल जाए!"

बाप रे! मैं गश खा गई! कैसी दुनिया! अल्प और अति की मारी! कालाहाँडी और कैलिफोर्निया को साथ-साथ निभानेवाली यह दुनिया!

इस दीपावली-मिलन पार्टी में बहुरानी ने अपनी सहेली पूनम से मिलाया। पूनम दिल्ली के पास के ही किसी बहुत छोटे से गाँव से थी। बिना किसी के साथ और बिना सर पर पल्लू डाले घर से कभी बाहर तक नहीं निकली थी। बीस की भी पूरी नहीं हुई कि शादी हो गई। सात साल बड़े वर को जी भर देखा भी न था कि सगाई पक्की हो गई। लेकिन उसकी ख़ुशनसीबी कि होनेवाले वर अंकित ने उसे फ़ोन कर कॉलेज की क्लास के बीच ही उसे मिलने को बुला लिया। दोनों ने जी भर एक-दूसरे को देखा सुना। फिर तो सिलसिला चल निकला और साथ ही भाग खड़ा हुआ पूनम का डर भी।

फिर आया सगाई का दिन। छुई-मुई गुड़िया-सी उसे सजा-धजा कर घर के सभी छोटे-बड़े रिश्तेदारों के बीच बैठा दिया गया था। माँ ने उलाहना दिया, "अंकित जी को तो फ़ुर्सत ही नहीं मिलती, कल अँगूठी का माप चेक करने को फ़ोन किया तो भी मना कर दिये।" माँ बात पूरी भी नहीं कर पाई थी कि सास शुरू हो गई, "मेरे बेटे को तो मरने तक की फ़ुर्सत नहीं, इतनी बड़ी पोस्ट पर जो है, कल तो दिन-भर ऑफ़िस में मीटिंग में रहा, टिफ़िन तक बिना खुले ही वापस आ गया।"

बकौल पूनम, "सास का तो यह कहना कि तभी मेरी आँख अंकित से मिली और मुझे ज़ोर की हँसी आ गई। कल तो पूरे दिन मेरे साथ जो था अंकित।

"मेरी सास तो गुस्से में कमरे के अन्दर चली गई। सगाई की रस्म तक रुकवा दी गई। कहलवा दिया—ऐसी बेहया नहीं चलेगी हमारे घर।

बाप रे! पसीने छूट गए अंकित के, टूटी हुई सगाई को वापस पटरी पर लाने में।"

आज भी ज़ोर से हँसने के पहले मुँह खुलते-खुलते रुक जाता है।

वही पूनम आज किसी बहुराष्ट्रीय कम्पनी में न सिर्फ़ एचआरए है बल्कि पार्ट टाइम मॉडल भी है।

"इतने अँधेरों को कैसे पार किया तुमने? कहाँ से चलकर कहाँ तक पहुँची तुम, कैसे? ऐसे परिवार के बावजूद!" पूछा मैंने तो जवाब और भी मौज़ूँ मिला, "आंटी,

हर नई शुरुआत का बस पहली बार ही भरपूर विरोध होता है, धीरे-धीरे लोग आदि हो जाते हैं। मैंने कहीं पढ़ा था कि 19वीं सदी के ढलते वर्षों तक शारीरिकता का हौवा किसी मनोरोगी की तरह समाज में व्याप्त था। इजाडोरा डंकन ने जब पहली बार पारम्परिक चप्पलों को छोड़ अपने पैरों का तलवा दिखाया था तो हॉल में बेहिसाब खलबली मच गई थी। मेरे मॉडल बनने पर भी लगा जैसे घर में भूकम्प आ गया है, लेकिन धीरे-धीरे सब अभ्यस्त हो गए।"

दूसरे दिन बहूरानी ने अपनी कुछ सहेलियों को खाने पर आमंत्रित किया था। संयोग कि अधिकांश उच्च वर्ग की थीं, सभी के पति बहुराष्ट्रीय कम्पनियों में उच्च पदों पर थे, सीईओ या उसके आसपास। सब खाने की ग़ज़ब की शौक़ीन, खाने के बाद फिर खाने के स्वप्न देखनेवाली; केक, पिज्जा और बर्गर वाली पीढ़ी। लेकिन सबके पारिवारिक और सामाजिक अनुभव मज़ेदार थे। उनके अनुभवों को सुनकर लगा कि इनका जीवन सचमुच कितनी स्थूलताओं से भरा है। कि इस जीवन में छिलका ही गूदा हो गया है। समझ में यह भी आया कि ग़रीबी ही नहीं, कई बार अत्यधिक समृद्धि भी निगल जाती है जीवन की स्वाभाविक लय-ताल। भोग के रोग में लिप्त इन स्त्रियों के भीतर सच कहा जाए तो न राग बचा था न आग। ये सब आधुनिकता से उपजे एकान्त की मारी थीं। और तो और इनके भीतर कोई स्थायी देश भी नहीं था। ये कहीं भी रोपी जा सकती थीं और कहीं से भी उखाड़ी जा सकती थीं। इन सबकी चिन्ता अपने स्वास्थ्य और इकलौते सन्तान के विकास, शिक्षा और स्वास्थ्य को लेकर थी। सबके बच्चे यहाँ के सबसे प्रतिष्ठित अमेरिकन इंटरनेशनल स्कूल, ढाका में पढ़ रहे थे, जिनकी फ़ीस सुनकर मैं गश खा गई थी। धरती से उगे बच्चे की सालाना फ़ीस थी—अठारह लाख। ज़ाहिर है स्कूल की पढ़ाई में बच्चों के व्यावहारिक ज्ञान पर ज़ोर ज़्यादा था। एक के पैरेंट को चिन्ता थी कि भारत में पोस्टिंग हो गई तो ये बच्चे वहाँ की शिक्षा-पद्धति से कैसे ताल मेल बिठा पाएँगे? मिसेज गुप्ता कह रही थीं—मेरी मित्र की लड़की की तो हालत ख़राब हो गई, उसकी माँ ने उसे सीबीएसई बोर्ड में डाल दिया वहाँ उसे, जब परीक्षा हॉल में बैठाया गया तो वह भौचक्क? उसने तो अमेरिकन इंटरनेशनल स्कूल, ढाका में कभी परीक्षा दी ही नहीं थी। जो बच्ची यहाँ टॉपर थीं, वहाँ वह औसत भी नहीं रही थी। क्योंकि अमेरिकन इंटरनेशनल स्कूल, ढाका में छोटी कक्षाओं में ग्रेड्स होते थे, भारत की तरह उतने तनावदायक परीक्षा—पेपर नहीं होते थे।

सबकी दूसरी बड़ी चिन्ता उनके स्वास्थ्य को लेकर थी। टाटा मोटर्स की पीआरओ मिसेज संकलीना चिन्तित थीं—"मैं सदैव इस अपराधबोध से घिरी रहती हूँ कि मैं अपने बेटे की सही परवरिश कर पा रही हूँ कि नहीं? आजकल जिस प्रकार दुनिया-भर के कोर्स चल रहे हैं, अब आठ साल के बच्चे को क्या-क्या ज्वाइन करवाऊँ? स्विमिंग, ड्रॉइंग, मेंटल मैथ और फ़ोनेटिक्स की क्लास तो उसने पहले से ही ज्वाइन कर रखी है।"

"फ़ोनेटिक्स? यह क्या?" नहीं चाहते हुए भी मैंने अपनी अज्ञानता ज़ाहिर कर ही दी।

"आंटी, इसमें बताया जाता है कि ध्वनि किस प्रकार उच्चारित की जाती है और क्यों? हेल्थ को लेकर भी मेरी चिन्ता जाने कब ख़त्म होगी? पानी भी कई बार रात को पिलाना भूल जाती हूँ, तो सुबह उसकी पोटी सही नहीं होती है। उसे प्रोटीन तो पूरा जा रहा है पर कर्बोहाइड्रेट्स पूरा नहीं हो पा रहा है। साइट्रस फ्रूट भी नहीं लेता है। क्या करूँ?"

लगभग इन सभी टाइगर मदर की चिन्ता के केन्द्र में उनके बच्चे थे। कई अपनी गारा (बच्चों की देखभाल के लिए नियुक्त की गई खासी जनजाति की आया) से असन्तुष्ट थीं। मेरी चिन्ता के केन्द्र में ये बच्चे थे, जो ज़िन्दगी की वास्तविकता से कटे हुए थे। कैसा भारत बनाएँगे ये। इनके पिताओं ने ज़िन्दगी को उसकी धूल के साथ उठाया था इसलिए उसकी ताक़त और उसका सौन्दर्य अलग था। लेकिन ये बच्चे!?

सभ्यता के इतिहास की स्त्री गाथा वाया ढाका

पारसी दम्पति दिलवर तथा भारी शरीर, ताँबई रंग, माथे के पिछले भाग से झाँकते छोटे-से चाँद और मोटे पपोटे वाले जुबैन के अनुभवों को सुनकर तो मेरे होश ही फ़ाख्ता हो गए। आज के समय भी क्या सम्भव है ऐसा होना? ऐसे झगड़तीं दोनों सास-बहुएँ कि हिन्दुस्तान-पाकिस्तान भी क्या झगड़ते होंगे। समय दोनों पर मेहरबान था, इसलिए दोनों कर्महीन दोपहर में बोरियत को दूर करने और जीवन को जीवंत बनाने के लिए ख़ूब मिल-जुलकर दिल से, दिमाग़ से, अपनी सारी शक्तियों से झगड़तीं, कभी दिलवर अपनी सास से आक्रान्त रहती, तो कभी सास दिलवर से असहाय-असहाय खेलती। दुबली-पतली और छरहरे बदन की छुई-मुई सी युवती दिलवर का अनुभव बेहद ही ख़ौफ़नाक था। उसके एक बच्चे का गर्भपात तक उसकी सास के चलते हुआ। सास झाड़ू लेकर उसे मारने दौड़ी, बचने के लिए वह इतनी तेज़ दौड़ी की सीढ़ियों से टकराकर गिर गई और नतीजा गर्भपात! उसे सन्तोष था कि पति ने उसकी बात सुनी। उसका पूरा ख़याल भी रखा पर दुख है कि उसने बस सुना भर पर सास को न तो कठघरे में खड़ा किया और न ही कोई

अनुशासनात्मक कार्रवाई ही की। हाँ, जब डॉक्टर ने कहा कि पत्नी के लिए दोबारा गर्भधारण करना ख़तरनाक हो सकता है तो पति ने भावुक होते हुए कहा, "मुझे सन्तान से ज़्यादा तुम प्यारी हो और यदि ज़रूरत पड़ी तो हम दूसरा बच्चा गोद ले लेंगे पर तुम्हारी जान को जोखिम में नहीं डालेंगे।"

आज जबकि उम्र के पचास बसन्त देख चुकी है वह, उसकी आत्मा का सरोवर दिन पर दिन घटता जा रहा है। भीतर का सारा उल्लास और जीने की उमंग सूखती जा रही है। सामान्य रहने के लिए उसे एंटी डिप्रेशन और नींद की गोलियाँ खानी पड़ रही हैं। उसकी सास उसकी चौदह वर्षीय बेटी के सामने उसे जलील करने से नहीं चूकती। टेसुए बहाते हुए उससे कहती है, "मेरा बेटा तेरा बाप नहीं है। तू तो न जाने किसकी औलाद है। तेरी माँ तो मर्दों से घिरी रहती थी।"

"लेकिन ऐसा कैसे सोच सकती हैं वे कि उनकी पोती उनके बेटे की नहीं?" मैं हैरान थी।

"आंटी, उन्हें लगता था कि मुझमें औरतपना कम है। उनके दौर का समाज चाहता भी यही था कि लड़कियाँ बुद्धू ही बनी रहे। शिक्षित तो हो मगर मासूम भी रहे। जिज्ञासु तो हो मगर शर्मीली भी बनी रहें। मतलब औरत न केवल शारीरिक रूप से अनछुई हो बल्कि आत्मा के स्तर पर भी पूरी तरह शुद्ध हो जो शायद मैं नहीं थी। तो जनाबे आली को मेरी शुद्धता और कौमार्य पर सन्देह था।"

अपने दुख के सरोवर में रमती-बहती दुपट्टे से आँखें पोंछती बतलाती जा रही थी वह, "यही नहीं आंटी, वह मेरे दोस्तों और रिश्तेदारों के सामने भी मेरी इज़्ज़त का फालूदा बनाने से नहीं चूकती थीं। चूँकि हमारी कम्युनिटी बहुत छोटी है इसलिए बात घूम-फिरकर आ ही जाती थी मेरे पास। नहीं आंटी, पति कुछ नहीं कहते, उनके भीतर गहरा मौन है। मैं बहुत कहती हूँ, रोती-कलपती हूँ तो कहते हैं कि मेरी माँ तो पागल है उसका क्यों बुरा मानती हो। लेकिन कोई पूछे उनसे कि उनकी पागल माँ का पागलपन सिर्फ़ मुझे और मेरे माँ-बाप को ही क्यों जलील करता है? उनसे ही क्यों हाथापाई तक पर उतर आता है, कभी अपने बेटे और बेटी-दामाद को लपेटे में क्यों नहीं लेता? ग़ुस्सा और नफ़रत तो हमेशा सिर पर सवार रहती है उनके। जाने कितनी नकारात्मकता और राग-द्वेष भरा हुआ है आंटी उनमें कि एक बार अपनी शादी की पचीसवीं सालगिरह पर हम लोगों ने सोचा कि चलो मनाया जाए, पहली बार मना रहे हैं तो जरा तबीयत से ही मना लेते हैं, हम लोगों ने हॉल बुक करवाया, कार्ड भी छपवा लिये, जैसे ही सास की नज़र गई कार्ड पर, उन्होंने दो दिन पहले से ही अपनी दवाइयाँ खानी बन्द कर दीं, फिर साँस उखड़ गई, दमा बिगड़ गया, ख़ास तबीयत बिगड़ी भी नहीं थी फिर भी रोने लगीं—मुझे अस्पताल में भर्ती करवा दो, ऐसे में क्या तो सालगिरह मनाते। दूसरे दिन से रट लगाने लगीं—मुझे घर ले चलो!"

"हालात यह है आंटी कि कई बार हाथापाई तक की नौबत आ जाती है। एक बार मेरा भी हाथ उठ गया और एक झन्नाटेदार थप्पड़ पड़ गया उनके गाल पर। उस दिन मेरे तो ग्रह ही ख़राब थे, मेरे थप्पड़ के निशान उनके गालों पर जुबैन के आने तक सही सलामत थे। उस दिन जुबैन बहुत बेचैन और आहत हो गया था। माँ ने मारा सो नहीं दिखा, मेरा मारना उसे मार गया, मैंने भी अपनी बाँह के जहाँ-जहाँ नोंचा था उसकी माँ ने, फ़ोटो मोबाइल से ले रखे थे पर उसने ठीक से देखी तक नहीं। बेटा तो आख़िर माँ का ही था न। देखते-देखते वह छह फुटिया कद्दावर जुबैन एक नन्हे-मुन्ने में तब्दील हो गया और फूट-फूट कर रोने लगा—कैसी दुर्दशा हो गई मेरी माँ की। मेरी बेटी ने जब सचाई बतानी चाही, तो कहने लगा—तुम मेरी बेटी को भी ज़हर पिला रही हो। मेरी 90 साला माँ आख़िर कितना मार देगी तुम्हें। वह तो पागल है पर तुम्हें तो भगवान ने बुद्धि दी है, कुत्ता तुम्हें काटेगा तो क्या तुम भी कुत्ते को काटोगी? मानसिक सहारे के लिए बेटी की तरफ़ ताका तो बेटी ने भी दे दिया दो टुक जवाब पिता को—तुम अपनी माँ को सँभालो, मुझे अपनी माँ को सँभालने दो!"

वह चाहती थी कि मैं कुछ मलहम लगा दूँ उसके घावों पर। पर क्या कहती मैं? घर नरक बन चुका था क्योंकि प्रेम करने की क़ुव्वत सभी खो चुके थे। संस्कारों का अकाल तो दोनों ही तरफ़ था। प्रत्यंचा दोनों ही तरफ़ से चढ़ी हुई थी। विदेशी पूँजी की संस्कृति देसी संस्कृति की पूँजी को निगल रही थी। काश! कोई भी अपनी तरफ़ से रस्सी ढीली छोड़ देता, तो रिश्तों की डोर इस क़दर जर्जर नहीं होती। समस्या यह भी थी कि जब तक जुबैन घर में रहता सब अपनी सीमा में रहते। पर जुबैन सिर्फ़ पार्ट टाइम पति था जबकि सास फुल टाइम सास थी। मेरा मन किया कि समझाऊँ दिलवर को कि तुम्हारी सास का ज़मीर मर चुका है, मन, शरीर, आत्मा सब तरह से वे अकेली हैं, ऐसे मरे हुए को क्या तो मारना! माफ़ कर दो उसे। हमारे राजस्थान में एक कहावत है—बूढ़ों की गाली, घी की नाली, पर मैं जानती थी कि भीतर उसके इतनी कड़वाहट भर चुकी है कि मेरी बात कुछ भी असर नहीं करनेवाली है!

कई बार बेहद दुखी होकर कहती, "आंटी क्या आप मेरी नज़र उतार दोगे? हम दोनों के बीच बहुत प्रेम था..." अपने दाम्पत्य का बख़ान करते-करते वह कविता पर उतर आई थी, जिससे मैं उसके अतीत के सुखी दाम्पत्य की झलक पा सकूँ। आँसू भरी हुई अपनी आँखें मुझ पर टिकाते हुए कहने लगी वह, "कभी ख़त्म न होनेवाले झरने-सा था हमारा दाम्पत्य। मैं ख़ुद को दुनिया की भाग्यशाली औरत में गिनती थी, लेकिन जब से जुबैन के पिता मरे और यह लड़ाका सास हमारे साथ रहने आ मरी, तभी से ग्रहण लग गया है हमारे दाम्पत्य को। मैं इतनी बीमार रहती हूँ, पर मजाल हो जो कभी मेरे लिए दवा लेकर खड़ा हो, उधर सास खाँस भी दे

तो स्प्रिंग की तरह उछल कर सास के मुँह में होम्योपैथी दवाई के दाने डालेंगे। तब सारी नींद और थकावट हिरन हो जाएगी। सारी चमक, उदारता माँ के आगे, मैं तो जैसे ठेके का माल हूँ, आंटी उतार देंगी न मेरी नज़र?"

मुझे ताज्जुब होता, एमबीए दिलवर, देश दुनिया घूम चुकी और दुबई में नौकरी भी कर चुकी दिलवर, लेकिन आज भी पाल कर रखती है ऐसे अन्धविश्वास! वैसे अन्धविश्वासों के मामले में यह पढ़ी-लिखी पीढ़ी किसी से कम नहीं थी। सारी आधुनिकता और प्रगतिशीलता के बावजूद खाल के नीचे सब वैसी ही थी 'पढ़िए गीता बनिए सीता' मार्का।

मेरी सहेली ने अपनी कॉरपोरेट बहूरानी को एक बार घर में हरे धनिया का पौधा लगाने को कहा तो उसने मना कर दिया, "मम्मा, मेरे मायके में धनिया का पौधा नहीं लगाते हैं, क्योंकि ऐसा विश्वास है कि धनिया का पौधा लगाने से वह घर छूट जाता है, जब हम ढाका से निकलनेवाले होंगे न तब लगाएँगे धनिया का पौधा!"

उसने सर पीट लिया। आईआईटियन बहूरानी! और यह अन्धविश्वास! मानसिक रूप से पिछड़ापन और भौतिक रूप से अमेरिकीकरण! मैंने मज़ा लेते हुए कहा, "तब तो विपक्षी सबसे पहले प्रधानमंत्री निवास में लगवाएँगे धनिया के पौधे!"

एक बार फिर कहा दिलवर ने, "आंटी, आपको तो ज्योतिष आती है न! देखकर बताओ न कब शान्ति मिलेगी मुझे?"

उसकी बात का जवाब न देकर मैंने पूछा, "अब कैसी है तुम्हारी सास?"

उसने कहा, "पता नहीं माँ-बेटे में क्या खिचड़ी पक रही है, शायद जुबैन उन्हें वापस मुम्बई भेजने की सोच रहा है।"

"मुम्बई? अकेले? इस उम्र में?" हे भगवान जैसे बुजुर्ग न हुए घर के आउटडेटेड फर्नीचर हो गए, किसी भी ख़ाली जगह पर उठाकर पटक दो। फिर समस्या तो दिमाग़ में है, सिर्फ़ जगह बदल देने से क्या होगा?

मेरे पूछने पर उसने फुसफुसाते हुए बताया, "आंटी, मैंने कई बार उन्हें नींद और जागरण के बीच की अवस्था में किसी का नाम लेकर बुदबुदाते हुए सुना है, मुझे लगता है इनकी 'आमची मुम्बई' में इनका कोई प्रेमी रहता है, वहाँ उससे बतियाकर ये शान्त हो जाती थीं, इसलिए उनका वहाँ रहना ही उनके लिए ठीक था। एक बार अपमानित होकर वे अकेली ही नीचे बेसमेंट में रखी गाड़ी में बैठ गईं और ड्राइवर से कहने लगीं कि वह उन्हें मुम्बई की ट्रेन में बैठा दे। बड़ी मुश्किल से ड्राइवर ने जुबैन को फ़ोन कर ऑफ़िस से घर बुलाया।"

मैं कुछ भी नहीं समझ पाई। लेकिन मुझे यह ज़रूर लगा कि जीवन की संध्या में इस आधुनिक जीवनशैली से वे तालमेल नहीं बिठा पा रही हैं, बेटे-बहू से लम्बे अबोले के चलते भयानक अकेलेपन में ठिठुर रही हैं, इसलिए ही यह झल्लाहट और असन्तुलन है। अकेलेपन की ऐसी मर्मांतक कचोट उन्हें सारे परिवेश के

प्रति विद्रोही बना रही है। बहरहाल, इन सास-बहू का झगड़ा इतने भयानक और बदशक्ल मोड़ पर पहुँच चुका था कि जुबैन को पत्नी और माँ दोनों में से एक को अपने से दूर रखने का निर्णय लेना पड़ गया। पत्नी के मायके वाले भी इस संग्राम में पीछे न थे। प्राणों से प्यारी उसकी बेटी भी इस संग्राम में उसके विरुद्ध खड़ी थी। थका-मांदा जुबैन घर लौटता, तो घर हल्दीघाटी के मैदान में तब्दील मिलता। वह सुख में सूख रहा था। कई रातों तक फूट-फूटकर रो चुकने के बाद अन्ततः उसे अपनी माँ को वापस मुम्बई के फ्लैट में भेजना पड़ा। दुखी मन से माँ से माफ़ी माँगी उसने, और मिचमिची आँखों से अपनी गंज पर हाथ फेरते हुए बड़बड़ाया—इत्ता बड़ा घर कुत्ते बिल्ली तक की समाई यहाँ (उसकी बेटी ने कुत्ता पाल रखा था और अब बिल्ली पालने की सोच रही थी) लेकिन जन्म देनेवाली माँ की समाई नहीं। उसने माँ के लिए एक फुलटाइम केयर टेकर रख दी वहाँ। घर में सीसीटीवी कैमरा लगवा दिया। एक डॉक्टर को भी उनकी सेवा में लगवा दिया, जो हर शाम उसकी माँ को देख आया करेगा। जो कुछ कर सकता था वह अपनी माँ के लिए उसने किया, बस अपनी नब्बे वर्षीया माँ को घर का बिस्तर और अपने चूल्हे की रोटी नहीं दे पाया।

इसी खंडहर में कहीं कुछ दीये हैं टूटे हुए
इन्हीं से काम चलाओ बड़ी उदास है रात

भंडारी जी की पत्नी मीरा के अनुभव भी बड़े ही दर्दनाक थे। वे एक बेहद समृद्ध परिवार से थीं। शादी के समय एमबीए के फ़ाइनल साल में थीं, सपनों से भरपूर थी। फिर धूमधाम से शादी हुई। उनके पिता ने होनेवाले जमाई से वादा ले लिया था कि वे उसकी पढ़ाई पूरी करवा देंगे। लेकिन ससुराल की ड्योढ़ी में पाँव क्या रखा ज़िन्दगी ने सारे उजाले ही छीन लिए। उस संयुक्त परिवार में निजता मानो एकदम वर्जित फल! यहाँ तक की शादी के बाद हनीमून के लिए भी गई तो उनके दाम्पत्य की चिन्ता में दिन-रात चिन्तित रहनेवाली सास ने उसकी ननन्द और जमाई को साथ लगा दिया और चाँदनी रात में पिया के साथ हाथ में हाथ डाल, आँखों ही आँखों में बात करने के उसके कुँआरे सपनों पर गोबर पोत दिया। न आँखें उन्हें पूरा देख पाईं न कान प्रेम की बतियाँ सुन पाए। जो मिल न सका उसकी कसक दिन पर दिन बढ़ने लगी। उस घाव जले पर नमक यह छिड़का सासु माँ ने कि शादी के बाद जैसे ही लौटी बहू रानी हनीमून से, उन्होंने दोनों गारों मेड की छुट्टी कर दी।

"गारो मेड?"

"जी आंटी, मेरी ससुराल तो असम में थी न! वहाँ खासी जनजाति की गारो मेड ही ज़्यादा मिलती थी।"

बहरहाल, दयालु सास ने घर-गृहस्थी के बन्धन में ही उसे इतना जकड़ दिया कि उसे कभी अधूरी पढ़ाई पूरी करने की हूक ही पैदा नहीं हुई। पर इसी गोरखधंधे ने उसे पति से दूर भी कर दिया। पति से कभी इस ज़्यादती का ज़िक्र भी करती तो मातृभक्त पति उससे उसके इस अपराध के लिए कई दिन तक बात तक नहीं करते। वे उसी पारिवारिक परम्परा के सफल उत्तराधिकारी थे, जहाँ बच्चे हो जाने तक पति-पत्नी एक-दूसरे का मुँह तक नहीं देख पाते थे, बात-संवाद तो दूर की बात! सास भी ग़ज़ब की बहुरूपिया, जब तक भंडारी जी घर में रहते, बहू के लिए मुँह से फूल बरसते रहते, जैसे ही बेटा बाहर, फूल अंगारे बन जाते।

उस चिपचिपे, बनावटी और उमस भरे वातावरण में दिन-भर गहनों-कपड़ों से सजी-धजी, सिर पर आँचल डाले मीरा बहुत जल्दी गर्भवती हो गई जिससे सास दादी की पदवी पा सके। चार साल के भीतर वह दो पुत्रियों की माँ बन गई। बच्चियों के साथ कुछ साल गुज़रे, लेकिन भीतर का अवसाद, घर के गोरखधंधे और भावशून्यता का दवाब इतना बढ़ गया कि वह अवसाद में रहने लगी। अतृप्त कामनाओं के चमगादड़ भीतर फड़फड़ाते रहते। सहेलियों को प्रेम से रंगरेलियाँ मनाते देखती, तो वो हूक उठती कि नसें झनझना उठतीं। आधे-अधूरे पति से जी उचट गया। मिले तो पूरा मिले, नहीं तो नहीं। नानी की कही एक राजस्थानी कहावत अक्सर भेजे में चोंच मारने लगती—खाऊँ तो घी से, नहीं तो जाऊँ जी से। पति मिले तो पूरा, नहीं तो नहीं। वह तलाक़ तक लेने की सोचने लगी। पिता, भाई सभी बेहद सम्पन्न थे, विचारों से आधुनिक भी थे और उसके साथ भी थे—अब इससे बुरा क्या होगा? कई साल फिर इसी द्वंद्व में गुज़र गए कि अपने भीतर की औरत को जीवित रखा जाए या माँ को। एक बार अपना द्वंद्व अपनी बुआ के सामने रखा जो संयोग से ख़ुद भी तलाक़शुदा थी और वकील भी। उसने उसे परामर्श दिया—यदि ये चार कारण नहीं हैं और तुम अपने पाँव पर नहीं खड़ी हो, तो तलाक़ लेकर भी तुम फ़ायदे में नहीं रहोगी। बात बराबर ही रहेगी।

कौन से चार कारण?

1. क्या पति दारूबाज है?
2. क्या औरतबाज है?
3. क्या निखट्टू है? घर में पैसा नहीं देता?
4. क्या मारपीट या गाली-गलौज करता है?

यदि ये कारण नहीं हैं तो मायके में रहकर बच्चों की परवरिश तो तुम कर पाओगी, शायद तुम्हारे दंश का अंश भी कम हो जाए, पर बच्चे ख़ुद को शरणार्थी महसूस करेंगे। फिर इस बात की भी क्या गारंटी कि दूसरा पति भी प्यार करनेवाला ही मिले? औरत का सौन्दर्य और कमनीयता भी इस बात की गारंटी कहाँ देती है कि प्रेम उसके आँगन में बरसेगा ही। फिर एक बात और, एक बार पत्ता शाख

से टूट जाए तो फिर हवा के भरोसे रहना ही उसकी नियति बन जाती है। इसलिए पहले अपने पाँवों पर खड़ी हो जाओ फिर अलग राह की सोचो, इससे पहले तक एक तरफ़ कुँआ तो दूसरी तरफ़ खाई वाली ही स्थिति रहेगी।

स्वभाव से ही शान्त और सौम्य मीरा की सोच की दिशा थोड़ी बदली—क्या अपने भावनात्मक शून्य को भरने के लिए बच्चों के करियर को दाँव पर लगाना ठीक होगा? वह पति चाहे प्रेमविहीन है पर एक ज़िम्मेदार पिता है। कमाऊ है, न दारूबाज है और न ही औरतबाज, गाली-गलौज तो दूर कभी ज़ोर से बोलता तक ही नहीं, बल्कि उससे तो वह बोलता ही बहुत कम है। कितना चाहती है मीरा कि वह उससे कुछ तो बोले, भले ही झगड़ा ही करे, लेकिन वह तो एकदम चुप्पा। जहाँ बैठता है, ख़ामोशी उसके चारों तरफ़ उगने लगती है। शादी के तुरन्त बाद मीरा ने एक बार कहा था पति से—चलो एक साथ पूनम का चाँद और धरती पर सोई चाँदनी देखते हैं। जाने कैसी ठंडी निगाहों से देखा था भंडारी जी ने उसकी तरफ़ कि वह ख़ुद भी संकोच से भर उठी थी। उसके भीतर की महबूबा उसी दिन आधी दफ़न हो गई थी।

शान्तिप्रिय मीरा ने बुआ की बात पर ग़ौर फ़रमाया और कुछ दिन और इन्तज़ार करना उचित समझा। पंगा लेने के बजाय मन की शान्ति के लिए वह योग और ध्यान की शरण में चली गई। घंटों-घंटों तक वह अपना ध्यान आती-जाती साँस और बाहरी आवाज़ों पर केन्द्रित करने लगी। उसकी जोगन की इस छवि ने भंडारी जी के दिमाग़ में ख़तरे की घंटी जैसे बजा दी। धीरे-धीरे उन्होंने भी अपनी भूल महसूस की। पत्नी के भीतर कसकती अधमरी औरत को समझा, सहेजा। और इस प्रकार बचा, टूटने के कगार पर खड़ा एक दाम्पत्य।

मीरा की दास्ताँ सुनकर पूनम के दर्द भी हरे हो गए। उसने भी अपनी गाँठ से जोड़ते हुए स्त्री कथा को आगे बढ़ाते हुए कहा, "शादी के शुरुआती दिनों में जब भी मेरे पति शहर से बाहर जाते, मेरा मन करता उन्हें बाई-बाई करने का, पर पुत्र भक्त सासु माँ मुझे विदा की बेला में पास ही न फटकने दे, जाने किन-किन कामों में लगा दे। मैंने फिर पति से कहा कि आप मुझे जाते वक़्त आवाज़ दे दिया करो। पति यूँ भी संकोची स्वभाव के, फिर संयुक्त परिवार में पत्नी के प्रति प्रेम दिखाने का मतलब, ज़ोरू का ग़ुलाम, सो पति के मुँह से मुश्किल से आवाज़ निकलती कि सास बाई-बाई करने हाज़िर हो जाती। क्या बताऊँ? अब तो वह उमंग ही न रही।

एक बार सास की इन्हीं हरकतों से कुढ़कर मैंने सासु माँ से बिना पूछे ही बाई को चाय पिला दी, सर्दी का मौसम था, बाई सिकुड़ रही थी। दूसरी बड़ी ग़लती

यह करी कि उसे भी अपने ही कप में पीने को दे दी। ध्यान में बैठी माला फेरती सासु माँ ने जाने कब मेरी यह करतूत देख ली। बाद में जब मुझे लताड़ा अपनी इस करतूत के लिए, तो तीसरी ग़लती मैंने यह की कि उनसे पंगा ले उन्हें ही 'सब इनसान बराबर हैं' का ज्ञान पिला दिया। बाप रे! उसी समय घर के सारे काम रोक दिये गए और मामला सुप्रीम कोर्ट तक पहुँच गया कि कल की आई छोकरी सास को नसीहत दे रही है। मुझसे बिना सफ़ाई माँगे पति देव ने इन तथाकथित तीन ग़लतियों के लिए तीन दिनों तक मुझसे बात तक नहीं की। तब तक मेरी शादी को महज़ दस दिन ही हुए थे।

मैं जब गर्भवती थी, तो मेरी सास उमगी-उमगी फिरती कि बस अब तो कुलदीपक आनेवाला ही है। लेकिन जब नर्सिंग होम से फ़ोन गया कि लड़की हुई है, तो ख़ुश होने के बजाय अपने बेटे को सान्त्वना देते हुए कहती है, 'कोई बात नहीं, यह बेटी ही अगली बार हाथ पकड़कर भाई ले आएगी।' "

ये कहानियाँ स्त्रियों ने स्त्रियों से कही। कई स्त्रियों ने अपनी अन्त:ध्वनि इसमें सुनी और अन्त हुआ एक खिलखिलाहट में, क्योंकि थोड़ी ही सही दुनिया उनकी भी अब बदल रही थी।

उस गोष्ठी में मैंने एक नया शब्द सुना—ट्रेलिंग हस्बैंड। जो पत्नियाँ पतियों से कहीं ऊँची हैसियत की नौकरी पा जाती हैं, उनके पति अपनी पत्नी के ट्रांसफ़र के साथ ख़ुद का भी ट्रांसफ़र करवा लेते हैं या फिर पत्नी के शहर में ही कोई छोटी-मोटी नौकरी ढूँढ़ लेते हैं। ऐसे कई ट्रेलिंग पतियों से भी मुलाक़ात इस दौरान मेरी हुई, जो अपनी पत्नियों के साथ लगे होते थे घर में लगी बालकनी की तरह।

इस गोष्ठी के बाद के बाद वाले दिन सलमा मेरे पीछे पड़ गई, "आंटी, मेरा भी हाथ देखिए न!"

"अरे मुझे नहीं आता हाथ-वाथ देखना।" मैंने पीछा छुड़ाते हुए कहा।

"तो उस दिन आप दिलवर आंटी का हाथ कैसे देख रही थीं?"

मैंने कहा, "देखो, उसने जाने किससे सुन लिया था, पर मुझे सचमुच हाथ देखना नहीं आता है और न ही मेरा इसमें विश्वास है।"

उसने गम्भीर होते हुए कहा, "जानती हैं आंटी, हमारे इस्लाम में तो भविष्य बताना या हाथ देखना पाप माना गया है, अल्लाह की शान के ख़िलाफ़ माना गया है। मेरे एक चाचू थे। उन्होंने अपने पड़ोसी के हाथ को देखकर मेरी दादी को कह दिया था कि यह छह महीने के भीतर मर जाएगा। मेरी दादी ने तारीख़ नोट कर

ली और वह हट्टा-कट्टा पड़ोसी ठीक छह महीने के भीतर दुर्घटना में मारा गया, उसके बाद मेरी दादी ने क़ुरान उसके हाथ में देकर उससे क़सम लेनी चाही कि वह आगे से भविष्यवाणी नहीं करेगा।"

मैंने बेसब्र होकर पूछा, "फिर ली शपथ तुम्हारे चाचू ने?"

"नहीं आंटी, उनका बहुत नाम हो गया था, नेता लोग उनके पास आने लगे थे, इसलिए उन्होंने शपथ तो नहीं ली, पर इतना वादा किया कि वे आगे से किसी की मौत की भविष्यवाणी नहीं करेंगे।"

25

वही दाना देना प्रभु,
जिस पर मेरा नाम हो
वही बूँद पानी मिले
जिसमें मेरी प्यास हो।

—गगन गिल

21वीं सदी की महिला-मंडली की कहानी अधूरी ही रहेगी, यदि मैं नुसरत की कहानी आपको न सुना पाऊँ।

सोवियत संघ के विघटन के बाद के दिनों में बांग्लादेशी नुसरत का जन्म 1993 में रूस के अजरबैजान शहर में हुआ था। उसके माता-पिता दोनों को ही स्कॉलरशिप मिली थी। केमिकल इंजीनियर उसकी माँ ने उसके पिता के साथ भागकर शादी की थी। वह अढ़ाई साल की ही थी कि उसकी माँ ने छत से कूदकर आत्महत्या कर ली थी। उसकी नानी की इच्छा थी कि नुसरत की माँ की अन्त्येष्टि मुस्लिम रिवाजों के अनुरूप हो, इस कारण नुसरत अपनी माँ की मृत देह को लेकर ढाका जा रहे पिता के साथ वह भी ढाका पहुँची, फिर कभी पिता के आँगन वापस न लौटने के लिए। जिन रहस्यमयी परिस्थितियों में उसकी माँ की मौत हुई थी, ज़रूरत थी कि उसकी माँ की मृत देह का फिर से पोस्टमॉर्टम करवाया जाए, पर मुस्लिम आस्थाओं में भरपूर यक़ीन रखनेवाली उसकी नानी ने इसकी सहमति नहीं दी।

अम्मी की अन्त्येष्टि के बाद उसके पिता उसे वापस ले जाना चाहते थे, पर उसकी धर्मपरायण नानी चाहती थी कि नुसरत एक मुकम्मल मुसलमान बने। इसलिए नानी ने नुसरत को अपने अब्बू के साथ रूस नहीं जाने दिया, क्योंकि उसके अब्बू एथीस्ट (नास्तिक) थे।

नुसरत की ज़िन्दगी में सबसे बड़ा भूचाल यह आया कि वह एकदम ख़ामोश हो गई। उसे बांग्ला भाषा आती नहीं थी। उसकी नानी रूसी नहीं बोल सकती थी। वह दिन-भर अपनी माँ को खोजती पर समझ न पाती, न कह पाती, न सह पाती बस घूँट-घूँट रोती रहती। एक बात और थी।

आत्महत्या के कुछ दिन पहले नुसरत की माँ ने नानी से कुछ आर्थिक मदद भी चाही थी। वह वापस ढाका में बसना चाहती थी। यह दुर्भाग्यपूर्ण था कि नानी उस समय फिलीपींस में थी इस कारण कुछ मदद न कर सकी। अपनी नन्ही बेटी के लिए वह बेहद ममतालू थी। उसे लगता था कि बेटी के रूप में उसे अपने जीवन का मक़सद मिल गया है, फिर वह आत्महत्या क्यों करेगी?

ज़ाहिर है अपनी बेटी की एकमात्र निशानी नुसरत को उन्होंने अपनी छत्रच्छाया में ही रखा। अपने तीसरे जन्मदिन के दौरान नुसरत को अहसास-सा हुआ कि अब उसकी अम्मी कभी लौट कर नहीं आएगी। लेकिन उसकी नानी और नानू की ममता ने बहुत जल्दी उसकी अम्मी की जगह ले ली और नुसरत नानी को अनायास ही अम्मी कहने लगी। शीघ्र ही नानी ने नुसरत को किसी स्थानीय बांग्ला मीडियम स्कूल में भर्ती करवा दिया, जहाँ टीचर ने उसे बांग्ला बोलना सिखाया।

लेकिन नानी का घर भी नुसरत के लिए क़यामत साबित हुआ। कारण था नुसरत का मामू, जो एक प्रॉब्लम चाइल्ड था। जब नुसरत महज़ साढ़े छह साल की थी, तभी उसके मामू ने उस पर कोई नुकीली चीज़ से इतना मारा कि उसके नाना को उसे हॉस्पिटल ले जाना पड़ा। ठीक उन्हीं दिनों उसके पापा का फ़ोन आया उसके पास, उसके पापा तब तक कनाडा बस चुके थे, उन्होंने उसे कनाडा की ख़ूबसूरत तसवीरें भेजी और उससे कहा—तेरे नाना-नानी सही लोग नहीं हैं, तुम्हें उन्हें छोड़ कनाडा आ जाना चाहिए।

उस समय भी उसके मन में एक सवाल घुमड़ रहा था कि एकाएक क्या हुआ उसकी अम्मी को? जब वह दो या अढ़ाई वर्ष की थी, तब की एक याद पिटारे में सुरक्षित थी, वक़्त ने उस पर धूल नहीं डाली थी। उसे ख़ूब अच्छे से याद था कि एक बार जब उसकी अम्मी और अब्बू में किसी बात पर तीखी बहस हो रही थी, तो उसने अपने अब्बू के हाथों को बड़े ज़ोर से काट लिया था। फिर उसके अब्बू का यह कहना कि उसके नाना-नानी सही लोग नहीं हैं, उसे रास नहीं आ रहा था, क्योंकि उसने अपने नाना की तसवीर बंगबंधु मुजीब के साथ देखी और यह भी जाना था कि उसके नाना भी किसी न किसी रूप में बंगाल के स्वाधीनता आन्दोलन से जुड़े हुए थे और इस सिलसिले में एक बार जेल भी जा चुके थे। ऐसे में उसके अब्बू का यह कहना कि वे लोग सही नहीं हैं, नुसरत को लगा उसके अब्बू ही सही नहीं हैं।

उसने इनकार कर दिया अब्बू को—मुझे नाना-नानी के साथ ही रहना है।

2003 में जब वह नौ साल की थी, उसके पिता ने अपने एक दोस्त को उससे मिलने भेजा। पिता ने उसके लिए ढेर सारे उपहार भी भिजवाए थे। पिता का दोस्त धीरे-धीरे उससे आग्रह करने लगा कि वह अपने पिता के पास कनाडा चली जाए। वह जब नहीं राज़ी हुई, तो उसके दोस्त ने उसे धमकाया कि अगर वह कनाडा नहीं जाएगी, तो उसके पापा उसे ग़ायब कर ले जाएँगे कनाडा। उसके नाना ने तुरन्त उसके अब्बू के विरुद्ध पुलिस कम्प्लेन कराई। उधर घर में मामू उस पर लगातार हमलावर हो रहे थे, उन्हें तकलीफ़ थी कि नाना-नानी का इतना पैसा और ऊर्जा उस पर क्यों जाया हो रही है। वह ख़ुद इतनी डरी हुई रहती कि उसके नाना ने हाथ जोड़कर उसके अब्बू के मित्र से कहा कि नुसरत जिस प्रकार डरी हुई है, उसे कुछ हो न जाए, इसलिए नुसरत के अब्बा कृपा कर अपनी बेटी से बात करें और नुसरत को यह आश्वासन दें कि नुसरत को नाना-नानी से दूर नहीं किया जाएगा।

आज तक नहीं आया वह फ़ोन!

कई बार नुसरत मामू के हिंसक स्वभाव के चलते नानू के घर में भी नहीं रह पाती। धरती सपनों में खोई रहती और वह जागती रहती। एक बार उसकी परीक्षाएँ चल रही थीं, जैसे ही वह मकान में घुसी, सीढ़ी पर खड़े नानू ने उससे कहा, "तूमी घरे न घुसो, मामू तोमाके मरिबे, तुमि दू दिने जनयो आपनार बन्धु बाड़ी चले जाओ...(तुम घर में मत घुसो, तुम्हारा मामू कहीं तुम्हारी पिटाई न कर दें, तुम अपनी सहेली के घर चली जाओ) जल्दी-जल्दी में कुछ ज़रूरी किताबें और नानू के हाथ का पत्र लेकर वह दो दिन तक घर से बाहर ही रही। मामू को कई डॉक्टरों से भी दिखाया गया, पर बेअसर! कई बार नानी ने मामू के डर से उसे छिपाकर मिठाई खिलाई। कई बार उसके तकिये के नीचे नानी ने बिस्किट का पैकेट रखा।

बहरहाल ऐसे हालात में उसे लगता, काश! उसके जीवन में भी कोई फादरली फिगर होता, जिससे वह सिर्फ़ अपने मन की बात कर पाती! भादों की अँधेरी रातों में हर रात बिजली की तरह कौंध जाते थे अब्बू! और ऐसे ही कमज़ोर लम्हों में पिता के प्रति नफ़रत की आग राग में तब्दील हो जाती। ख़याल उसी के ख़यालों से भर जाते। एक बार उसने बहुत गूगल सर्च कर अपने अब्बू की मेल आई डी खोज निकाली और जाने किन भावुक पलों में अपने अब्बू को एक लम्बी ई-मेल लिखी, अपने बारे में विस्तार से बताया भी। उसे लगता उसने जो भी सुना अपने अब्बू के बारे में दूसरों से सुना, उसे लगता उसे अपने अब्बू को उस प्रकार नहीं त्यागना था, कम-से-कम अपने अनुभव में उन्हें जानकर एक चांस तो देना ही था।

बहरहाल उसके बाद उसके जीवन में ई-मेल के जरिये फिर एक बार लौटे उसके अब्बू। जितने मिले, जिस हाल मिले, वह सन्तुष्ट थी। कई बार उसे यह अहसास तकलीफ़ देता कि कभी उसके पिता ने उससे यह तक नहीं कहा कि मैं तुम्हें देखना चाहता हूँ, यहाँ तक कि कभी मेल से तसवीर भेजने को भी नहीं कहा।

बाद में जब फेसबुक का ज़माना आया, तब शायद उसके अब्बू ने बिछुड़ने के बाद पहली बार देखा था उसका फेस फेसबुक पर।

कई महीनों तक, क़रीब साल-भर तक मेल का आदान-प्रदान चला। वह अपने बारे में, अपनी पढ़ाई के बारे में अब्बू को बताती रहती। इस बीच उसने बच्चों को पढ़ाकर कुछ आमदनी करनी भी शुरू कर दी थी। 2010 में जब वह कक्षा दस में थी, तब तक उसके सभी साथियों के हाथों में लैपटॉप था। उसे अपने पास लैपटॉप नहीं होने की वजह से अक्सर नहीं चाहते हुए भी अपने दोस्तों के घर जाकर पढ़ाई करनी पड़ती, इसमें उसका ढेर सारा समय जाया हो जाता। इसलिए सोच समझकर उसने अपने अब्बू से पहली बार एक चीज़ माँगी, पूरी तरह अपनी आर्थिक और पारिवारिक परिस्थितियों का हवाला देते हुए उनसे पूछा कि क्या वे उसे एक लैपटॉप दे सकेंगे, जिसका दाम भी उसने खोज कर बता दिया था—बीस हज़ार।

आशा निराशा के झोंके के बीच बीते दो दिन। बेताबी से इन्तज़ार करती रही वह मेल के जवाब का। उम्मीद एक ज़िन्दा शब्द था, जिसकी उम्मीद पर ज़िन्दा थी वह! फिर उस सजी सुन्दर शाम लाख-लाख उम्मीद से खोला उसने लैपटॉप। जवाब हाज़िर था—सिर्फ़ एक शब्द—नहीं।

वह एक शब्द कटार बन आज तक धँसा है उसके भीतर। समय के आर-पार खिंच गया था वह शब्द! सारी पृथ्वी की पीड़ा जैसे उतर आई थी उसकी आँखों में। रहम कर मौला! बेकार ही ढोती रही वह रिश्ते की यह बोरी! रिश्ता कहीं और है! काश! अम्मी की जगह अब्बू को बुला लेता मौला! माँ में क़ुव्वत होती है बाप बनने की, पर बिना अम्मी के तो बाप भी बाप नहीं रहता।

मन को समझा लिया उसने। वही अन्तिम संवाद रहा उसका अपने अब्बू के साथ। फिर मुड़कर देखना और दुखी होना छोड़ दिया उसने। दुख दुख के पार चला गया था।

मन के काग़ज़ पर बनी-अधबनी जो भी, जैसी भी तसवीर थी उसके अब्बू की, मिटा दी उसने। समझा लिया मन को कि इस तसवीर को अधूरी ही रहना था। इस बीच उसे स्कूल में बच्चों को पढ़ाने की नौकरी मिल गई। घर में उसकी इज़्ज़त अब बढ़ने लगी, अब वह नानू-नानी की सिर्फ़ लाड़ली ही नहीं रही, बल्कि एक ज़िम्मेदार पारिवारिक सदस्य थी, जिसकी सलाह मशविरा भी ली जाने लगी घरेलू मामलों में।

बहरहाल 2014 में उसे एक बहुराष्ट्रीय कम्पनी में सेल्समैन की एक अच्छी नौकरी मिल गई। अब वह हाथ फैलानेवाला नहीं, बल्कि अर्जन करनेवाला हाथ थी। उसी समय उसके मामू ने नानी का घर छोड़ दिया।

अब वह पूरे सुकून के साथ नाना-नानी के साथ रहने लगी। उसके नानू के पास दो मकान थे। वे चाहते थे कि एक मकान वे नुसरत के नाम कर दें, लेकिन सम्पत्ति और विवाह के मामले में बांग्लादेश में आज भी शरीयत के नियम ही लागू

होते हैं, जिसके अनुसार लड़की की लड़की को सम्पत्ति में अधिकार नहीं मिल सकता था। इसलिए नानू को बड़े ही ख़ुफ़िया तरीक़े से, गुप्त तरीक़े से उस मकान को नुसरत के नाम करना पड़ा।

कुछ समय शान्ति और सुकून से गुज़रा कि 2020 में उसके नाना चल बसे। प्रतिरोध के रसायन से निर्मित नुसरत की असली परीक्षा तो अब होनी थी।

नाना जब हॉस्पिटल में थे तब तक नुसरत ने और उसकी नानी तक ने कभी भी हिजाब नहीं पहना था, पर नाना की तीमारदारी के दौरान इस्लाम के मारे उसके किसी आत्मीय ने कहा—तुम हिजाब पहन लो, देखना अल्लाह तुम्हारी दुआ क़बूल कर लेंगे। नाना के प्रेम में डूबी, वैज्ञानिक तार्किकता से लैस नुसरत भी हैमलेट की तरह दोराहे पर खड़ी थी। दूसरे दिन नानू की तबीयत अचानक और बिगड़ गई, रहस्यमय मन अब और ख़तरा लेने को तैयार नहीं था, मन ने कहा—क़बूल है हिजाब पहनना भी, बस ठीक हो जाएँ मेरे नानू!

हिजाब चढ़ गया पर नानू मौत की घात से नहीं बच सके।

और अब शुरू हुए सारे कर्मकांड!

नाना के मृत शरीर को नहलाकर ताबूत में डालकर जनाज़ा मस्जिद में ले जाया गया। उसकी और नानी की बहुत इच्छा थी—इस अन्तिम यात्रा में साथ निभाने की, विशेषकर जनाज़े की प्रार्थना में शामिल होने की।

पर वे नहीं जा सके।

क़ब्रिस्तान में भी जाने की इज़ाज़त नहीं थी महिलाओं को, इसलिए नुसरत और उसकी नानी मिट्टी डालने भी नहीं जा सकीं।

यहाँ तक तो फिर भी ग़नीमत थी।

समस्या शुरू हुई इसके बाद। साँकल में कसा नानी का मन कसमसा रहा था! वे चाहती थीं घर से बाहर निकलना। क़ब्रिस्तान जाकर नानू की क़ब्र के पास कुछ देर बैठना, पर इस्लामी रिवाज के अनुसार नानी को चालीस दिन तक घर में ही रहना था और यदि वे बाहर निकलतीं, तो नानू को तकलीफ़ होती। इस प्रथा को इद्दत कहा जाता है। नानी का अवसाद बढ़ता जा रहा था। जीवन का भार ढोने के लिए, गम के प्यालों को पीने के लिए नानी को आत्मा की संगत की भी आवश्यकता थी। सवाल यह भी था कि नुसरत यह संगत कहाँ से प्राप्त करे? प्रकृति से? ख़ुदा से? नानू की रूह से कि परिन्दों से?

भीतर-ही-भीतर कुछ कसमसा रहा था उनके।

चिड़िया को उड़ने से रोका जा रहा था!

सुरमई उदास शाम में वे बड़बड़ातीं, "मुझे तुम्हारे नानू से मिलने जाना है!"

सत्य ने नुसरत की साँकल खटखटाई। फिर से पढ़ा उसने इद्दत और पढ़कर आसमान से गिरी कि इद्दत का भी कितना ग़लत अर्थ लगा रहे थे लोग। दरअसल

यह पति से तलाक़ के बाद का निर्देश है कि पत्नी चालीस दिन (कहीं-कहीं तीन महीनों का भी ज़िक्र है) तक बाहर न निकले, जिससे यदि पत्नी गर्भवती हो, तो पता चल सके कि गर्भ में पलते शिशु का पिता कौन है, जिससे उत्तराधिकार पर ग़लतफ़हमी न हो।

उफ़! यह धर्म है या बँधुआ बनाने का फन्दा!

संसार की किसी भी चीज़ से अधिक क़ीमती चीज़ थी नुसरत के लिए नानी की शान्ति। इसलिए इसे पढ़ते ही उसने नानी को घर की क़ैद से बाहर निकाला और ले गई नानू की क़ब्र के पास, वहाँ नानी घंटे-भर तक नानू से बतियाती रही। रोती गाती रहीं।

दसवें दिन उसने नानू के लिए दुआख़ैर रखी। उसने मस्जिद और घर दोनों जगह दुआख़ैर रखी, जिससे मर्द और औरत दोनों नानू के लिए दुआ दे सकें। उसके एक रिश्तेदार ने ऐसे मौक़े पर भी उसे नहीं छोड़ा, उससे कहा, "तुम्हें सिर्फ़ मस्जिद में ही दुआख़ैर रखनी चाहिए थी। तुम लड़की हो तुम्हारी दुआख़ैर कैसे मंजूर होगी?"

तमतमायी नुसरत ने जवाब दिया, "यह तो सुना था कि जिसने क़र्ज़ ले रखा है, उसकी दुआ अल्लाह क़बूल नहीं करते, इसलिए मैंने कल सारा क़र्ज़ उतार दिया। पर मैं यह नहीं मान सकती कि मैं बेटा नहीं हूँ इसलिए मेरी दुआ क़बूल नहीं होगी। मोहम्मद साहब के तो ख़ुद की तीन बेटियाँ थीं, यह कैसे हो सकता है कि वे अपनी बेटियों की दुआ क़बूल न करें?"

लोग चुप हो गए। उसके चेहरे पर विजयिनी का भाव-सा फैला।

कहीं पढ़ा था उसने कि जब आप किसी स्त्री को उसके हिस्से का पूरा प्यार, सम्मान और आज़ादी देते हैं, तो ज़िन्दगी सबके लिए थोड़ी और ख़ूबसूरत हो जाती है। लेकिन जब इसका उल्टा होता है, तो ज़िन्दगी सबके लिए बेहद उदास हो जाती है।

यही उसके साथ भी हुआ। असली उदासी तो उसकी ज़िन्दगी को अब देखनी थी। आँसू बन उसे अब बहना था।

दूसरे दिन देखा, उसके अब्बू की फेसबुक पोस्टिंग में उसे भी टैग किया गया था। वाह, वर्षों बाद थाप पड़ी इन बन्द किवाड़ों पर! क़ायदे से वह हुलसित हो भी न पाई थी कि पढ़ा उसने—सही और सत्य बात तो यह है नुसरत कि तुम मेरी जैविक बेटी भी नहीं हो, अपना डीएनए टेस्ट कराओ तो तुम्हें पता चल जाएगा, मैं तो बस मानवता के नाते तुम्हें अपने पास रखना चाहता था।

...जैसे आसमान से ज़मीन की ओर लपकती कोई बिजली हो, जो गिर पड़ी हो एक इन्द्रधनुष पर, एक आह भरी नुसरत ने, परिन्दे की तरह रूह फड़फड़ाई। कुछ लम्हों के लिए आत्मा सुन्न हुई, फिर निकली भीतर से एक आवाज़—चलो मुक्ति मिली, नाम भर के एक बाप ने नाम भी वापस ले लिया। थोड़ा दुख हुआ अपनी प्यारी अम्मी के लिए!

उस शाम जब वह फिर गई अपने नानू की क़ब्र पर, उसने देखा नानू की क़ब्र पर फूल खिलने लगे थे।

26

उन दिनों दिल्ली से हमारे समधी-समधन जी आए हुए थे। शाम की तरंग में बेटे के साथ हम लोग गुलशन क्लब पहुँचे। गुलशन क्लब यहाँ के अमीरों के भी अमीरों का क्लब है, जिसकी सदस्यता शुल्क है एक करोड़ रुपया। ज़ाहिर है बेटे ने संकेत दिया कि मैं थोड़े ढंग के कपड़े पहन लूँ।

कोलकाता के कोलकाता क्लब जैसा ही क्लब था वह, जहाँ पहुँचते ही 'मैं' का तापमान जरा ऊँचा चढ़ जाता है। पर मेरे लेखक का तापमान धड़ाम से नीचे गिर गया था। लगा ही नहीं यह वही ढाका था जिसका दीदार मैंने पिछले के पिछले दिन इस्लामपुर या ढाका यूनिवर्सिटी में किया था। गाड़ी से उतरे नहीं कि नज़र पड़ी पत्थर की मूरत से खड़े सजे-धजे दरबान जी पर। हमें देखते ही कड़क सलाम ठोकी उन्होंने। भव्य स्विमिंग पुल, ब्यूटी पार्लर, स्पा, कार्ड रूम, बिलियड्र्स रूम, बैंडमिंटन रैकेट, टेबल टेनिस, रेस्तराँ सब कुछ भव्य, बल्कि अतिभव्य। शराब पीने के लिए भव्य बार-रूम भी जहाँ बच्चों का प्रवेश निषिद्ध था, लेकिन बार रूम के बाहर के रेस्तराँ में बच्चों के साथ भी वाइन या बीयर का सेवन किया जा सकता था। रूफ टॉप से पूरे ढाका के जीवंत नज़ारे। भीतर एकदम भव्य कपड़ों और चटक मेकअप में मखमली स्त्री-पुरुष।

सारे नियम-क़ानून अंग्रेज़ों के समय के। हमारे किसी परिचित ने सेंडल पहन लिए थे, तो उनको घुसने से रोक दिया गया था। हाफ पैंट, चप्पल, बर्मुडास भी पहन कर जाने की अनुमति नहीं थी। कुछ भी ऐसा नहीं, जो अशालीन दिखे, जो अमीर होने के अहसास के बीच कंकड़ का काम करे। मुझे जाने क्यों काठमांडू के कसीनो की याद आ गई जहाँ की भव्य सजावट और चौतरफ़ा बिखरी अमीरी को देख मैं आतंकित हो गई थी और दरवाज़े पर लिखी इस सूचना ने 'यहाँ नेपालियों का आना निषिद्ध है' पढ़कर मैं गश खा गई थी। उफ़ कैसी सभ्यता, जहाँ सारी तहज़ीब, सारी शालीनता सिर्फ़ पॉकेट और कपड़ों तक ही सीमित थी। थोड़ी देर में ही मेरा दम घुटने लगा और मैं साँकल खोल भागने की सोचने लगी।

आज तसलीमा नसरीन ने अपनी नई पुस्तक के लोकार्पण के अवसर पर कहा—पिछले दिनों बांग्लादेश में हिन्दुओं के ख़िलाफ़ हिंसा की घटनाओं के ख़िलाफ़

लिखा, तो कल रात मुझे फेसबुक ने ब्लॉक कर दिया। मैं 27 सालों से निर्वासित जीवन गुज़ार रही हूँ। न मेरा कोई देश है, न मेरा कोई घर। न बांग्लादेश लौट सकती हूँ और न ही पश्चिम बंगाल में रह सकती हूँ। अब तो 'प्रेम' ही मेरा 'घर' है। जहाँ प्रेम मिलता है, वहीं मेरा घर हो जाता है। उन्होंने कहा कि मुझे अमेरिका की भी नागरिकता मिली है, लेकिन दुनिया घूमने के बाद भारत में ही लौटकर रहती हूँ, क्योंकि यहाँ मुझे प्रेम मिलता है और यहाँ मेरी भाषा है और अपनी भाषा ही मेरा घर है।

महमूद भाई की लड़की सायमा की सगाई आज हो गई। उन्होंने आज छुट्टी ली हुई थी। दूसरे दिन आते ही बोले—आंटी, अगले सोमवार को निकाह है।

"इतनी जल्दी मुहूर्त भी निकल गया?" मैं चकराई।

"आंटी, हमारे यहाँ अच्छा मुहूर्त बोलकर कुछ नहीं होता है, इनसान क्या मुहूर्त देखकर जन्म लेता है या मुहूर्त देखकर मरता है? हर पल ख़ुदा का पल होता है आंटी। इसलिए हमारे यहाँ किसी भी दिन, किसी भी महीने, किसी भी लम्हा निकाह हो सकता है, बस क़ाज़ी और हुज़ूर (वकील) की उपस्थिति चाहिए। क़ाज़ी निकाह करवाएगा और वकील क़बूलनामा बनाएगा।"

"क़बूलनामा?"

"जी आंटी हमारे यहाँ शादी एक प्रकार का कॉंट्रैक्ट ही होता है, जिस पर दूल्हा-दुल्हन दोनों के सिग्नेचर होते हैं, जिसमें मेहर की रक़म निश्चित होती है जिसे लड़के या उसके परिवार को देना होता है।"

"आपने माँगा मेहर?"

"अपनी हैसियत के अनुसार हमने पाँच लाख कहा, वे मान गए। दो लाख जेवर देंगे और बाक़ी नक़द।"

"दानमोहर क्या देना ज़रूरी है?"

"हाँ, नहीं तो यह इस्लाम के ख़िलाफ़ होगा।"

सायमा की शादी में हम सपरिवार गए। हमारी शादियों की तरह न दुनिया-भर के तामझाम, न व्यर्थ का दिखावा, न बैंड-बाजा, न महँगी सजावट, न छप्पन भोग व्यंजन, न फूलों के दरवाज़े, न तीन-तीन पीढ़ी का जमावड़ा, न आरती, न नज़र उतराई, न हाथों में रुपयों से भरी लाल थैली लिए घूमते मामाजी, न दरवाज़े पर तोरण मारने से लेकर कन्या विदाई तक बात-बात में कोई रस्म, न देन-लेन, न विशेष मान-मनुहार। सिर्फ़ पैंतालिस मिनट में सम्पन्न हुई शादी। हाँ, वर के घुसने से पहले ज़रूर वर पक्ष और कन्या पक्ष में हुई थी थोड़ी चुहुलबाजी, सालियों ने कुछ रुपये वसूले और फिर घुसने दिया वर को भीतर।

इस शादी के पहले मेरी कल्पना में थी फ़िल्मों में देखी गई शादियाँ, जिनमें वर-वधू के बीच झिलमिलाता पारदर्शी पर्दा टँगा रहता है, एक तरफ़ वर पक्ष और एक तरफ़ वधू पक्ष। क़ाज़ी पहले वधू के पास जाकर तीन बार क़बूलनामा पढ़कर सुनाता है, वधू के हाँ भरने पर फिर वह वर के पास जाकर सुनाता है।

लेकिन महमूद भाई के यहाँ दोनों ही वर-वधू सोफ़े पर विराजमान थे। साथ में विराजमान थे दोनों के पिता, मामा, हुज़ूर और क़ाज़ी। हमारे यहाँ शादी को जिस प्रकार गणेश पूजन, कन्या दान, जन्म-जन्मांतर के सम्बन्ध, दो परिवारों के मिलन, समधियों की मिलनी, मामा का मायरा, धर्म, वरमाला, अग्नि की साक्षी में फेरे, विदाई, रात्रि जागरण, आत्मा का मिलन, पवित्रता जैसी धार्मिकता और अलौकिकता से जोड़कर देखा जाता है, वैसी किसी भी भावना का यहाँ नितांत अभाव था।

क़बूलनामे के बाद मैंने हठात देखा कि सायमा ने अपने श्वसुर जी के पाँव छूए। मुझे ताज्जुब हुआ, क्योंकि मैं जानती थी कि चरण स्पर्श की परम्परा सिर्फ़ हमारे यहाँ ही है, उनके यहाँ ज़्यादा से ज़्यादा घुटने तक झुकने और घुटने को छूने का रिवाज है। बाद में महमूद भाई ने बताया कि यह क़ुरान के अनुसार है। क़ुरान में निर्देश है कि बुजुर्गों के पाँव छूए जाएँ।

अब मुड़ते हैं शादी की ओर! क़ाज़ी ने पहले वधू को वकीलनामा पढ़कर तीन बार सुनाया और वधू के हाँ भरने पर वर को सुनाया। वर के हाँ भरने पर दोनों ने उस क़बूलनामे पर संयुक्त रूप से हस्ताक्षर किये। फिर सामूहिक बधाई और खजूर खिलाने की रस्म!

मुझे अचानक ढेरों गीत और लोक गीत याद आने लगे, जिनको हमारे यहाँ हर रस्म पर गाया जाता है, विशेषकर विदाई के मौक़ों पर, जिससे पूरा माहौल ही भावपूर्ण और सौन्दर्यपूर्ण हो उठता है। मेरे भतीजे की सुहागरात के अवसर पर उसकी बिहार से आई साली ने अचानक अपने सुरीले कंठ से लोक गीत की यह तान छेड़ माहौल को एकदम कवित्वपूर्ण बना डाला था,

आज सुहाग की रात/चन्ना तुम धीरे से उगिहो...

एक चीज़ और नोट की, यहाँ जितनी भी महिलाएँ थीं सबने हिजाब डाला हुआ था, यहाँ तक कि साड़ी के ऊपर भी। लेकिन उसी सप्ताह मुझे एक और शादी में जाने का मौक़ा मिला, यह ऊँचे तबके की शादी थी, किसी रेडीमेड गारमेंट्स एक्सपोर्टर की, यहाँ मैंने बहुत कम औरतों को हिजाब में देखा। यहाँ कुछ अतिरिक्त रस्में ज़रूर थीं—जैसे मेहँदी की रस्म और गीत संध्या। लेकिन इनके यहाँ शादी का बुनियादी ढाँचा ही इतना सरल और सादगीपूर्ण है कि चाहकर भी इसे हमारे

यहाँ की शादी जैसा रस्मों रिवाज़ से भरपूर, विविधतापूर्ण, गीतों और कर्मकांड से भरा नहीं बनाया जा सकता है। सबसे नवीनतम और युवा धर्म (1400 साल पुराने) इस्लाम के इतनी जल्दी दुनिया-भर में फैलने का एक कारण क्या यह नहीं कि यह आम और ग़रीब जनता को कहीं ज़्यादा राहत देता है। उन्हीं दिनों मुझे अपने रिश्तेदार, भारत के एक उद्योगपति की बेटी की शादी का निमंत्रण कार्ड मिला, जिसकी क़ीमत पचीस हज़ार थी, जिसके अन्दर नौ हज़ार के चाँदी के गणेश जी विराजमान थे। हमसे संवाद और मान-मनुहार भी अधिकतर उनका इवेंट मैनेजर ही करता।

भारतीय दूतावास

13 नवम्बर को भारतीय दूतावास की तरफ़ से दीपावली का आमंत्रण मिला हमें। यह आमंत्रण उन सभी के लिए था जो भारतीय नागरिक हैं। निमंत्रण उन अभारतीय नागरिकों के लिए भी था जिन्होंने भारतीय नागरिक से विवाह किया है।

निमंत्रण ई-मेल के जरिये मिला, जिसमें हमसे उम्मीद की गई थी कि जाने के पूर्व हम अपना रजिस्ट्रेशन करवा लें और अपना पासपोर्ट साथ रखें। अपने साथ बैग जैसी कोई भी चीज़ न लाएँ।

सुरक्षा के सभी घेरों से निकलते हुए एम्बेसी के अन्दर क़दम रखते ही अहसास हुआ जैसे भारत की भूमि पर पहुँच गए हैं। शानदार एम्बेसी इलाक़ा। चायनीज बत्तियों से झिलमिलाता। भारत के सबसे शक्तिशाली दूतावासों में से एक है बांग्लादेश का हाई कमीशन क्योंकि बांग्लादेश में भारत का ख़ासा प्रभाव है। ढाका का सबसे रसूखदार तबक़ा मौजूद था वहाँ। कई बहुराष्ट्रीय कम्पनियों के सीईओ से मिली मैं। वे मेरे बेटे के मित्र थे। भारतीय आर्मी के एक डिफेंस अटैची भी थे वहाँ, संयोग से वे सरदार जी थे, ढाका में मैंने पहला सरदार जी उन्हीं को देखा था।

भारत के हाई कमीशनर के अंग्रेज़ी में दिये संक्षिप्त सम्भाषण के बाद सांस्कृतिक कार्यक्रम हुआ, जो सचमुच देखने लायक था। उस कार्यक्रम में भारत के कुछेक राज्यों की सांस्कृतिक झाँकियाँ प्रस्तुत की गई थीं। असम का बिहू, राजस्थान का घूमर मुझे विशेष रूप से पसन्द आया। इसके अलावा भरतनाट्यम और ओडिशा और केरल के नृत्य भी बेजोड़ थे।

खाने के तरह-तरह के स्टॉल थे, मुझे लगा खाना भी एम्बेसी की तरफ़ से है। मैं बिना पर्स रखे इडली-बड़ा के स्टॉल पर खड़ी इडली की फरमाइश कर रही थी कि बेटे ने धीरे से कान में कहा—पैसे देने होंगे। एकाएक मेरे मुँह का जायका बिगड़ गया। खाने का स्वाद जाता रहा। भारतीय को मुफ़्त का खाना ही ज़्यादा

आनन्द देता है। बाद में बेटे ने बताया कि यहाँ पर जो आइसक्रीम ऑफ़र की जा रही है, वह दूतावास की तरफ़ से है।

मैं और दुखी हो गई। काश! यह सूचना पहले मिल गई होती।

होली में भी हाई कमीशन की तरफ़ से भारतीयों को आमंत्रित किया गया था। इस बार कोई सांस्कृतिक प्रोग्राम नहीं था, बस खाना-पीना था और लोगों को होली खेलने के लिए एक जगह दे दी गई थी। अलग-अलग द्वीप की तरह लोग अपने-अपने घेरे में रंग खेल रहे थे। मैं निरपेक्ष-सी देख रही थी उन्हें—मन में रंग हो तो होली, नहीं तो काहे की होली! मुम्बई में थी, तो मन में रंग हो न हो, थोड़ी-सी होली घर के अन्दर आ ही जाती थी, यहाँ तो सब कुछ बाहर ही बाहर था।

खरामा-खरामा दिन बीत रहे थे कि कल एक ख़बर ने विचलित कर दिया। कोलकाता में रहनेवाली मेरी एक सहेली ने बहुत घबराते हुए मुझे फ़ोन किया—मेरे बेटे को ढाका पुलिस ने ड्रग ट्रैफ़िकिंग में गिरफ़्तार कर लिया है। पुलिस ने ख़ुद ही उसकी गाड़ी में ड्रग रख दिया और आगे जाकर गाड़ी की चेकिंग की और ड्रग ट्रैफ़िकिंग में पकड़ लिया और मनमानी घूस वसूल ली।

कुछ दिनों पूर्व ही मैंने भी इस आशय की एक ख़बर पढ़ी थी। पुलिस ने एक भारतीय की गाड़ी रोकी। उसकी चेकिंग की और चेकिंग के दौरान ही ड्रग का एक छोटा-सा पैकेट डिग्गी में सबकी आँख बचाकर रख दिया। फिर अगली चेक पोस्ट पर उसी पुलिस के सहयोगी ने फिर रोका उन्हें और छिपी हुई ड्रग निकाल बाहर की और धमकी दी कि सबको अन्दर कर देंगे।

कैसे निजात पाएँ इस बेदिल, गर्द और दर्द भरे समय से!

नवम्बर : 2021

ढाका यूनिवर्सिटी में डिपार्टमेंट ऑफ लेंग्वेज के पास स्थित गुरुद्वारा नानकशाही सिखों के लिए बहुत पवित्र और ऐतिहासिक स्थल है। यहाँ बाबा नानक 1504 के दौरान अपनी उदासी के समय भाई मरदाना के साथ रुके थे। यह गुरुद्वारा भाई नत्था ने बनाया था, जो छठवें सिख गुरु के समय ढाका आए थे। इसे 1630 में पूरा किया गया।

बांग्लादेश के ढाका में बमुश्किल 10 सिख परिवार होंगे, इसलिए सालों तक इसकी देखभाल ठीक से नहीं हुई। 1971 में बांग्लादेश बनने के बाद इसकी मरम्मत का काम और इसका रख-रखाव शुरू हुआ। 2011 में जब मनमोहन सिंह बतौर प्रधानमंत्री ढाका आए थे, तो उनकी पत्नी गुरशरण कौर मत्था टेकने नानकशाही

गुरुद्वारे आई थीं। इस बार गुरुपर्व पर भारतीय दूतावास ने यहाँ पूजा और लंगर किया था।

आज बेटे का मैसेज मिला—गुलशन के बाहर मत जाना। जगह-जगह छात्रों और बुद्धिजीवियों द्वारा प्रदर्शन, नारेबाजी और आगजनी की जा रही है।

पिछले कई दिनों से एक के बाद एक छात्र और युवा, कभी साउथ सिटी कॉरपोरेशन की कचरे की ट्रक द्वारा तो कभी नार्थ सिटी कॉरपोरेशन की कचरे की ट्रक द्वारा सड़क दुर्घटना में दम तोड़ रहे थे। विचारणीय बात यह है कि दोनों ही मामलों में दोनों ही ट्रकों के ड्राइवर रजिस्टर्ड ड्राइवर तक नहीं थे। इन दोनों निगमों के कचरा ढोनेवाली गाड़ियों के 60 प्रतिशत ड्राइवर प्रॉक्सी ड्राइवर हैं और इनकी अधिकांश गाड़ियाँ बांग्लादेश रोड ट्रांसपोर्ट अथॉरिटी के अधीन रजिस्टर्ड भी नहीं है।

ढाका के प्रतिष्ठित समाचार पत्र, दि डेली स्टार के मुख्य पृष्ठ पर छपी एक वृद्धा की रोती हुई करुण तसवीर को देख कलेजा मुँह को आ गया। ख़बर इतनी भयानक और दुखद थी कि बहुत देर तक सुन्न-सी बैठी रही—उस वृद्धा, मनु बाला शील के पाँच युवा बेटे एक पिकअप ट्रक द्वारा कुचल दिये गए जब वे चट्टोग्राम कॉक्स बाज़ार के हाई वे को पार कर रहे थे। उसके ये पाँचों पुत्र दस दिन पूर्व दिवंगत हुए अपने पिता के लिए श्राद्ध कार्यक्रम के आयोजन की व्यवस्था कर रहे थे।

सदियों की ग़ुलामी ग़ुलाम को ग़ुलामी में ही आनन्द खोजने का अभ्यस्त बना देती है। सुदीर्घ समय तक किसी को अँधेरे में रखा जाए, तो फिर उसे आपत्ति अँधेरे से नहीं वरन रोशनी से होने लगती है। यह मनोवैज्ञानिक सत्य है।

हमारे घर के सामनेवाले घर की छत पर एक पीजन हाउस है। पहली बार देखा था मैंने कबूतरों का घर। आयताकार अलमारीनुमा जालीदार घर, जिसमें छोटे-छोटे सोलह चौकोर खाने बने हुए हैं। हर खाने में कबूतर, सुन्दर-सुन्दर सफ़ेद कबूतर। सुबह-सुबह ये कबूतर आसपास के मकानों की छत पर उड़ते हुए दिख जाते हैं। पंख फैला छोटी-सी उड़ान भरते कबूतर। लेकिन मज़े की बात कि घंटे-दो घंटे की संक्षिप्त उड़ान के बाद सब लौट आते हैं अपने बसेरे पर। मुझे लगता है कि पिंजरे में रहते-रहते और सीमित आज़ादी के अभ्यस्त ये कबूतर अब मुक्त होने की चाहत ही खो बैठे हैं। शायद यह अहसास भी इनमें नहीं बचा है कि वे ग़ुलाम हैं।

आज जब अपनी पूर्ववर्ती पीढ़ी पर नज़र डालती हूँ, अपनी नानी, दादी, बुआ और माँ पर तो समझ में आता है कि वे भी तो इसी प्रकार के पीजन हाउस की कबूतरनियाँ थीं।

हमारी पीढ़ी इससे बाहर निकल पाई, तो सिर्फ़ इस कारण कि समय के प्रवाह और गति ने हमें अपनी ग़ुलामी का अहसास करवा दिया था।

27

जब टाइटैनिक डूब रहा था, तब भी जहाज़ का ऑर्केस्ट्रा अन्तिम क्षण तक बजता रहा था।

आपके साहस का परिचय तब होता है, जब आप अल्पसंख्यक समूह में होते हैं। आपकी सहिष्णुता का परिचय तब होता है, जब आप बहुसंख्यक समूह में होते हैं। राल्फ डब्ल्यू सॉकमैन को उद्धृत करते हुए कहते हैं सन्दीप दा। कुमिल्ला में जन्मे सन्दीप दा से नहीं मिल पाती, तो शायद ढाका को पूरी तरह समझ भी न पाती। पिछले बीस सालों से वे मोहम्मदपुर में ही रह रहे थे। ढाका यूनिवर्सिटी में वे अंग्रेज़ी के प्रोफ़ेसर थे। उनके भी कई रिश्तेदार कोलकाता में रहते थे, उन्हें उनके लिए कुछ सामान भिजवाना था।

मैंने नोट किया था कि जब भी हम मिलते थे, चाहे वे भारतीय हों या यहाँ बसे हुए हिन्दू, थोड़ी देर के बाद ही बातें गोल-गोल घेरे में घूम फिरकर हिन्दू-मुस्लिम या हिन्दुस्तान बांग्लादेश पर आ कर ठहर जाती थी। एक चीज़ जो यहाँ कॉमन थी, यहाँ बसे हिन्दुओं को मोदी बहुत लुभाते थे, अपने हिन्दू कार्ड के चलते, क्योंकि यहाँ बसे हर हिन्दू को कभी भूलने ही शायद नहीं दिया जाता था कि वह हिन्दू हैं। यहाँ बसे हिन्दुओं को लगता था कि हिन्दू होने यानी कमतर नागरिक होने की जो फाँस उनके अन्दर धँसी है, मोदी उसका समुचित उत्तर है।

बांग्लादेश में ही जन्मे, बढ़े सन्दीप दा ने आज यहाँ अपना वह स्टेटस बना लिया है कि आम हिन्दुओं की तरह उन्हें न तो अपने जीवन का ख़तरा है और न ही यह डर कि उनकी सम्पत्ति कहीं लुट जाएगी, उनका धर्म कहीं विलुप्त हो जाएगा। यद्यपि उनके दादा की थोड़ी बहुत कृषि भूमि बहुत पहले जब वे कुमिल्ला में रहते थे, तब बड़े ही सुनियोजित ढंग से कुमिल्ला के बाहर से आए मुसलमानों द्वारा लूट ली गई थी। बाहर से आकर पहले उन मुसलमानों ने अपने लिए कच्चे घर बनाने शुरू किये। उनके दादा कुमिल्ला में रहते थे, पर उनकी कृषि भूमि कुमिल्ला से दूर

थी। धीरे-धीरे उन्होंने उनके दादा की भूमि को भी जोतना शुरू कर दिया। जब तक दादा चेतते भूमि उनके हाथों से निकल गई थी। दादा अकेले पड़ गए थे। ताक़त उनके साथ थी। धीरे-धीरे ढेरों हिन्दू परिवार वहाँ से निकल गए थे, सिर्फ़ आठ दस परिवार बचे रह गए थे। कुछ एक ने तो बांग्लादेश संग्राम के दौरान ही जान बचाने के लिए इस्लाम तक क़बूल कर लिया था। अचल सम्पत्ति को बेचकर निकल पाना तो आज की तारीख़ में भी बांग्लादेश में बहुत मुश्किल है। जैसे ही आप विज्ञापन करेंगे अपनी सम्पत्ति को बेचने के लिए, दलाल से बात करेंगे, मुहल्ले के दादा टाइप लोग आपकी सम्पत्ति को हथियाने के दाँव-पेच शुरू कर देंगे।

जानथन वेल्स लिखते हैं कि नाजियों के कैम्प में यदि कोई गार्ड ग़लती से किसी को 'आदमी' कह देता तो उसके साथी और अफ़सर तुरन्त उसे सुधारते ये आदमी नहीं क़ैदी हैं।

वैसे ही वे दिन थे, बांग्लादेश बनने के पूर्व पूर्वी पाकिस्तान में। चौतरफ़ा फैली नफ़रत ने हिन्दुओं को आदमी नहीं रहने दिया था, हिन्दू बना दिया था।

ख़ौफ़ के ऐसे ही मंज़र और ऐसे ही एक परिवार की कहानी सन्दीप दा की जुबानी :

मुक्ति-संग्राम के दौरान बांग्लादेश में बहुत से हिन्दुओं को अपनी जान बचाने के लिये धर्मांतरण को मजबूर होना पड़ा था। जान के डर से ही उन्हें अपने वे दिन मुस्लिम पहचान के साथ बिताने पड़े थे। सचिन्द्रचन्द्र के परिवार को 1971 में ऐसे ही भयानक अनुभव से गुज़रना पड़ा। अंग्रेज़ी के शिक्षक सचिन्द्र को शहर में सभी सचिन सर के नाम से पहचानते थे। उस समय वे मैमनसिंह सिटी कॉलेज में अंग्रेज़ी के शिक्षक थे।

सचिन्द्रचन्द्र ने बीबीसी बांग्ला को बताया—"25 मार्च, 1971 के बाद उनके शहर में भी हिन्दुओं और अवामी लीग के सदस्यों की हत्या और उनके घरों में आगज़नी शुरू हो गई। हिन्दू समुदाय के सभी सदस्य इससे पीड़ित थे। फिर वे गाँवों में चले गए। युद्ध की शुरुआत में 31 मार्च को हम सभी शिवरामपुर गाँव में चले गए। गाँव में काफ़ी दिन रहने के बाद पैसे ख़त्म हो गए। तब अपने मुस्लिम दोस्तों की मदद से मैं शहर लौट आया। मैं मुस्लिम छात्रों के घर पर ठहरा। जीवन और नौकरी बचाने के लिये हमें धर्मान्तरण करना पड़ा।"

सिटी कॉलेज में कार्यरत होने के बावजूद हिन्दू होने के कारण सचिन्द्र वहाँ नहीं जा पा रहे थे। उस समय वहाँ जो प्रधानाध्यापक थे, उन्होंने कहा कि आप स्कूल

में आएँगे कैसे? जो स्थानीय हैं, जो बिहारी हैं, वे तो हिन्दुओं को बर्दाश्त नहीं कर सकते। इसलिये किसी के मजबूर न करने पर भी, हमें अपनी जान और नौकरी बचाने के लिये मजबूरन बड़ी मस्जिद जाकर सपरिवार इस्लाम धर्म अपनाना पड़ा। इसके बाद मैंने नौकरी पर जाना शुरू किया।

सब कुछ रुक गया था। दुनिया में और कुछ नहीं है, कहीं कुछ नहीं है। हमारा सारा संसार जैसे उस धर्मांतरण पर ठहर गया था और ज़िन्दगी सवालों के नोक पर टँग गई थी। लग रहा था जैसे अब फिर कभी इस घर में न सूरज उगेगा, न चाँद चमकेगा। एक अन्तहीन रात की शुरुआत हो चुकी थी।

'यदि मैं वह नहीं जो मैं हूँ तो मैं कुछ नहीं'—कहा था वर्जीनिया वुल्फ ने। आज मैं कुछ नहीं रह गया था। आत्मा की खुरचन तक में ज़हर खुल गया था।

उनकी बहन कानन सरकार ने बीबीसी बांग्ला को बताया, "धर्म परिवर्तन के बाद भी हमें कुछ समस्याओं का सामना करना पड़ा था। विभिन्न तरह के दबावों के कारण ही हमें अपना धर्म परिवर्तन करना पड़ा। दबाव का मतलब है कि किसी ने सीधे दबाव नहीं डाला, लेकिन आस-पास ऐसी परिस्थितियाँ पैदा हो गई थीं कि मजबूर हो कर धर्म परिवर्तन करना पड़ा। हमारे एक रिश्तेदार को पकड़ने के लिए पाकिस्तानियों ने पागलों की तरह उनकी तलाश की थी। उनसे मुलाक़ात होने पर उन्होंने कहा था कि अगर ज़िन्दा रहना चाहते हो तो मुसलमान बन जाओ, मैं भी मुसलमान बन गया हूँ।

तब हम गाँव में थे। बाद में हम गाँव से फिर वापस शहर में चले आए। शहर में आने के बाद भी घर से बाहर नहीं निकल पा रहे थे। मेरे बड़े भाई भी स्कूल की अपनी नौकरी पर नहीं जा पा रहे थे। चारों तरफ़ यही बताया जा रहा था कि इस्लामी कार्ड नहीं बनवाने पर घर से नहीं निकल सकते। हम घर के अन्दर ही फँसे हुए थे। फिर देखा कि कोई रास्ता नहीं है, कब तक इस तरह क़ैद में रहा जा सकता है?

इसके बाद माता-पिता को समझाया। पहले ज़िन्दा तो रहें, फिर धर्म का हिसाब-किताब देखा जाएगा। इसके बाद हमने धर्म परिवर्तन किया।

धर्मांतरण के बाद भी हम पर नज़र रखी जाती थी।

धर्म परिवर्तन के बाद भी उन लोगों को पूरी तरह शान्ति नहीं मिली। उसके बाद भी ऐसा नहीं है कि हम पूरी तरह शान्ति से रह पाए थे। तरह-तरह के दबाव पड़ते थे। जैसे कि एक बार ख़बर आई कि हमारे छोटे भाई को पकड़ ले जाएँगे। तब हमने बहुत से लोगों के पास दौड़ धूप की। रमज़ान के दौरान महिलाएँ झुंड बनाकर हमारे घर में घुस आती थीं। वे हमारा भोजन, चावल का बर्तन सब उलट-पलट कर देती थीं। कहती थीं—'अरे आप लोग तो रोज़ा नहीं रखते।'

विवाहित हिन्दू महिलाओं के लिए सिन्दूर पहनना बहुत ज़रूरी माना जाता है। लेकिन तब से लेकर जब तक देश आज़ाद नहीं हुआ, हम लोगों का सिन्दूर लगाना बन्द हो गया था।"

बक़ौल सचिन्द्रचन्द्र—"मुसलमान बनने के बाद भी हमें अलग-अलग जगहों पर घर बदल कर रहना पड़ा था। उस समय हमें विभिन्न मुस्लिम मित्रों के घर में छिपना पड़ता था। सोने के क़ीमती आभूषण उनके घरों में ही छिपाकर रखने पड़ते थे। अक्सर यह साबित करने के लिए मस्जिद में नमाज़ पढ़ने जाना पड़ता था कि हम मुसलमान हैं। हालाँकि, हमें इसके बारे में ज़्यादा जानकारी नहीं थी, लेकिन हम मस्जिद में दूसरों को देख-देखकर नमाज़ अदा करते थे। पहले दिन उन्होंने मुझे हाथ और पैर धोना सिखाया। कुछ मेरे छात्र थे, उन्होंने कहा, 'सर आप दूसरों को देख-देखकर उसी अनुसार उठ बैठ लिया करें।' तब हर शुक्रवार को तो मस्जिद जाता ही था, किसी किसी दिन पाँच बार भी नमाज़ पढ़ी है। रमज़ान के दौरान पहले कुछ दिन रोज़ा रखा। इसके बाद मुझसे हो नहीं पा रहा था। इसलिए जब मैं बाहर जाता था तो हमेशा बिना खाए रहता था।"

मुसलमान के रूप में नौकरी पर जाना शुरू करने के बाद उन्हें पहचान पत्र मिला। शहर के विभिन्न हिस्सों में चौकियों पर अक्सर उन्हें मुस्लिम पहचान का प्रमाण पत्र देना होता था।

उन्होंने बताया, "पंजाबियों के सामने पड़ते ही वे पूछते थे, 'तू हिन्दू है या मुस्लिम है?' मैं कहता था, मुस्लिम। तो वे कहते थे, सूरा सुनाओ। मैंने सूरा फ़ातिहा जबानी याद कर रखा था। मैं सूरा सुनाना शुरू कर देता था। तब वे कहते थे, आप जाइए। उन्हीं दिनों मैंने काफ़्का के संस्मरण पढ़ते हुए एक सुन्दर पंक्ति पढ़ी—जब टाइटैनिक डूब रहा था, तब भी जहाज़ का ऑर्केस्ट्रा अन्तिम क्षण तक बजता रहा था। डूबते जीवन में भी जीवन राग बज रहा था। इस पंक्ति ने बहुत सँभाला था मुझे..." याद करते हैं वे।

बहुत ऋणी हैं सचिन्द्रचन्द्र बंगबंधु मुजीब के, भावुक होकर कहते हैं वे, "जिस दिन 1971 को देश आज़ाद हुआ, उस दिन फिर लोगों को मनुष्य बनते देखा मैंने। ऐसा लगा मानो हमने अपना धर्म वापस पा लिया। देश के आज़ाद होते ही, आसपास जो मुस्लिम महिलाएँ थीं, वे दौड़ती हुई आईं और मेरी पत्नी, माँ और बहन के माथे पर सिन्दूर लगा दिया। हम फिर हिन्दू हो गए। हम जैसे कुछ पल के लिए धर्म परिवर्तन की ग्लानि को भूल गए थे। देश आज़ाद होने के साथ ही हमें अपना धर्म वापस मिल गया था। हिन्दू धर्म में वापस लौटने के लिए उन लोगों को कोई धार्मिक नियम क़ानून या किसी तरह के प्रायश्चित की कोई ज़रूरत नहीं पड़ी। अगर देश स्वतंत्र नहीं होता, तो शायद हमें अपना अस्तित्व ढूँढ़े नहीं मिलता।"

लौटते हैं वापस सन्दीप! आह भरते हुए कहते हैं, 'दुनिया में जहाँ जो बहुमत में है, उसने अल्पमत का जीना हराम किया हुआ है। बगल का श्रीलंका देखिए, म्यांमार देखिए, अफ़ग़ानिस्तान देखिए, पाकिस्तान देखिए, अपना देश देखिए। हर तरफ़ यही तमाशा।'

अपने दादा के निधन के बाद सन्दीप दा भी मोहम्मदपुर चले आए।

आज भी एक डर से मुक्त नहीं हो पाए हैं सन्दीप दा, बल्कि दिनोंदिन बढ़ ही रहा है वो डर। और वो डर है अपनी संस्कृति को खो देने का डर। जीवन के रोजमर्रा अनुभवों से निकला उनका यथार्थ बोध ढाका का एक नया चेहरा हमारे सम्मुख ला रहा था। अतीत के तहख़ाने में उतरते हुए बतलाते हैं सन्दीप दा, "आज से दस-पन्द्रह साल पहले तक यह डर नहीं था, क्योंकि तब बांग्लादेश में सूफ़ी मार्का इस्लाम था। ऐसा इस्लाम, जहाँ रवीन्द्र संगीत था, बाऊल गीत थे, नृत्य था, कला थी, कविताएँ थीं। सब धर्मों के प्रति आदर था। बुद्ध का मध्यम मार्ग था। सूफ़ी बाबा फ़रीद जब किसी को आशीष देते थे, तो कहते थे, 'जा, तुझे इश्क़ हो जाए'! इस इश्क़ का अर्थ सिर्फ़ ईश्वर से प्रेम न होकर संसार के सभी लोगों से प्रेम था, हिंसा से मुक्ति थी। सूफ़ियों ने जाति-व्यवस्था को शिथिल किया और स्वच्छ प्रेमपूर्ण जीवन का सन्देश दिया। अपने घर में काम करनेवाले बंगाली मुसलमान के गले में ख़ुद मैंने माँ दुर्गा का लॉकेट देखा था।

इसीलिए तब न इतने बुर्क़ा थे, न हिजाब। 1996 में बांग्लादेश टीवी पर एक सीरियल आता था—'कोथाय केउ नाहीं' आप देखिए उस सीरियल में आपको एक भी बुर्क़ा पहनी औरत नहीं मिलेगी। उन दिनों मुस्लिम समाज में भी हम नमस्ते, चरण स्पर्श जैसे शब्द सुनते थे। उन दिनों मुस्लिम नामों में भी आपको ढेरों हिन्दू नाम मिलते, जैसे मेरे यहाँ काम करनेवाली बाई का नाम था कविता, मेरे ड्राइवर के बेटे का नाम था मिट्ठू, मेरे मित्र की लड़की का घरेलू नाम था मुन्नी। उन दिनों ऐसे नाम भी रखे जाते, जिसमें नाम का एक भाग हिन्दी भाषा का मिलता, जैसे शकीना बानू सुषमा, हिन्दुओं में भी शंकर खान, किरण ख़ान जैसे नाम मिल जाते थे। तब न उतनी कट्टरता थी। न टोपी थी न दाढ़ी। बड़े बुजुर्ग ज़रूर रखते थे दाढ़ी। पहनते थे टोपी। लेकिन आम चलन में इतनी टोपी, बुर्क़ा नहीं था।

ऐसा नहीं है कि शेख हसीना की सरकार कला, साहित्य, संगीत और दूसरे धर्मों की संस्कृति को प्रोत्साहन नहीं दे रही है, वह दे रही है, कला-संस्कृति के पौधों को खाद-पानी भी दे रही है, लेकिन धार्मिक कठमुल्ले हमारी जड़ों में मट्ठा डाल रहे हैं। पता नहीं, हमारी संस्कृति की खुरचन भी बची रहेगी या नहीं? इतनी जनसंख्या बढ़ी लेकिन थियेटर कहाँ बढ़े? क्योंकि कट्टर इस्लाम में हराम है कला, सिनेमा और थिएटर। यही नहीं आजकल कोई भी इवेंट होता है तो ये शुरू हो जाते हैं क़ुरान लेकर और पढ़ना शुरू कर देते हैं उसमें से। यहाँ तक कि यूनिवर्सिटी में भी कोई कार्यक्रम हो, तो शुरू हो जाता है उनका बिस्मिल्लाह जबकि पहले ऐसा कहाँ था।"

मैंने भी अपनी बात रखी, "यह तो भारत में भी हो रहा है। भारत में भी मूर्ति पूजा और मुद्रा पूजा दोनों एक साथ बढ़ रही है। अयोध्या में इस बार दीपावली पर करोड़ों रुपयों के दीपक जलाये गए, थ्री डी रामलीला खेली गई, 90 लाख दीपक, पहले कब ऐसा हुआ। अब तो सरकारी कार्यक्रमों तक में 'जय श्री राम' के नारे लग रहे हैं। बहुत असुन्दर समय है। दोनों ही जगह कला हार रही है, मस्जिद-मन्दिर जीत रहे हैं, हम दोनों ही दुखी थे।"

सोचते हुए कहने लगे वे, "पहलेवाला सूफ़ियाना इस्लाम तो रहा ही कहाँ? दरअसल, आज प्रचार के साधन बहुत बढ़ गए हैं। आप देखिए, रोज़ नये-नये वीडियो यू-ट्यूब पर आ रहे हैं, लाखों की संख्या में हैं उनके दर्शक, ये सारे वीडियो बता रहे हैं क्या है असली इस्लाम? कैसे रहते थे पैगम्बर मोहम्मद? इस्लाम में क्या है हराम और क्या है हलाल? इसके अलावा एक और कारण है। यहाँ बांग्लादेश से लाखों की संख्या में लोग जा रहे हैं सऊदी अरब, तुर्की और क़तर जैसे देशों में। वहाँ से पैसा भी आ रहा है और वहाबी इस्लाम भी। सऊदी अरब की सरकार बांग्लादेश में मॉडल मस्जिद बनाने के लिए ढेर सारा फंड भेज रही है। हर ज़िले-उपज़िले में बन रही हैं ऐसी सरकारी मस्जिदें, जिनके इमाम, मौलवी भी सरकारी ही होते हैं। इन मस्जिदों के भीतर लाइब्रेरी भी है और गेस्ट हाउस भी हैं। सरकार का कहना है कि इन मॉडल मस्जिदों द्वारा हम इस्लाम का सही स्वरूप दिखाएँगे, जो शान्ति का मज़हब है। आप गाँवों की तरफ़ निकल जाइए, पिछले दस सालों में न स्कूल बढ़े हैं न हॉस्पिटल, बढ़े हैं सिर्फ़ मदरसा और मस्जिद। एक-एक गाँव में छह-छह मस्जिद मिल जाएँगी, पर छह गाँवों के बीच भी एक ढंग का अस्पताल या स्कूल नहीं मिलेगा। यह सब वहाबी इस्लाम की कृपा है।"

"वहावी इस्लाम?"

"हाँ, यह एक प्रकार का हार्ड कोर इस्लाम है। सूफ़ी वर्जन ऑफ़ इस्लाम से उलट। पाकिस्तान में तो सूफ़ी इस्लाम और अहमदिया इस्लाम को इस्लाम ही नहीं समझा जाता है, ऐसे सूफ़ी और अहमदिया मुसलमानों को वे हिन्दू ही मानते हैं। इस्लामिक कट्टरवादियों के जवाब में भुट्टो को अहमदियों को मुसलमान नहीं माने जाने का अध्यादेश लाना पड़ा, जबकि वे मानते थे कि अहमदियों के चलते ही पाकिस्तान तरक़्क़ी के रास्ते पर है। वहाँ से अहमदिया लोगों का पलायन होने लगा। कुछ अफ़ग़ानिस्तान, कुछ सोवियत, कुछ यूरोप, कुछ अमेरिका चले गए...।" बोलते-बोलते उन्हें जैसे अचानक याद आया, वह एकाएक जल्दी-जल्दी बोलने लगे, "अरे और तो और उन कठमुल्लों ने तो पाकिस्तान का पहला नोबेल पुरस्कार विजेता अब्दुस सलाम तक को नहीं छोड़ा, उन्हें 1979 में फिजिक्स के लिए नोबेल पुरस्कार मिला, वह एक समर्पित मुस्लिम थे लेकिन उनके नाम के आगे से मुसलमान शब्द हटा दिया गया, क्योंकि वह अहमदिया मुसलमान थे, अपने ही लोगों द्वारा बहिष्कृत थे। इसलिए उनके लिए लिखा गया—The First

****** Nobel laureate। ये जो छह* मार्क हैं ना ये मुसलमान लिखने के लिए लगाए गए थे, लेकिन अपने ही लोगों द्वारा उन्हें लगाने की अनुमति नहीं मिली।"

"बाप रे! इतनी कट्टरता!"

"इस्लामी कट्टरवादी सूफ़ी मत को इस्लाम की विकृति के रूप में देखते हैं और इसके प्रति असहिष्णु रहते हैं।"

सन्दीप दा की बातें मुझ पर मरी हुई छिपकली की तरह गिर रही थीं। मुझे ढाका सचमुच में ही सूफ़ियाना इस्लाम वाला ढाका लगा था। सन्दीप का कहना था कि नया बना ढाका ऐसा ही था, लेकिन आज यदि ढाका में आप किसी से कहें कि मैं सेक्युलर हूँ तो इसे अच्छे अर्थों में नहीं लिया जाता है। हालात यह है कि यहाँ भी पाठ्यक्रम से टैगोर को धीरे-धीरे परे सरकाया जा रहा है। दुखद स्थिति यह है कि अब मदरसे की डिग्री को भी सामान्य कॉलेज की डिग्री की तरह मान्यता मिलने लगी है, बहुत जल्दी ही इसका असर ब्यूरोक्रेसी पर देखने को मिलेगा।

मैं सन्दीप दा के उस डर को पकड़ना चाहती थी, जो किसी भी देश के अल्पसंख्यक को हो सकता है, आख़िर वह डर उनकी जुबान पर आ ही गया, "धीमे-धीमे ही सही, लेकिन जिस प्रकार बांग्लादेश वहाबी इस्लाम की ओर बढ़ रहा है, मुझे डर है कि कहीं एक दिन वह पाकिस्तान ही न हो जाए, यदि ऐसा हो गया तो हम क्या करेंगे?"

"लेकिन बांग्लादेशी तो ख़ुद वहाबी इस्लाम को थोड़ा क्रूर मानते हैं, मैंने तो कई ऐसे मुसलमानों से बात की, मुझे तो ऐसा नहीं लगा।"

"देखिए आप किनारे पर खड़ी हैं, आप लहरों के मिज़ाज को नहीं पकड़ पाएँगी। मैं नहीं कहता कि सारे मुस्लिम ऐसा चाहते हैं, लेकिन धीरे-धीरे ऐसी हवा बन तो रही है न! ऐसा हो गया तो हम कहाँ जाएँगे? हमारे लिए तो हमारी संस्कृति ही धर्म है।"

"और उनके लिए?"

"उनके लिए उनका धर्म ही उनकी संस्कृति है। सही है कि ज़िन्दगी की बुनियादी जरूरतों के पूरा होने के बाद किसी भी अल्पसंख्यक को सबसे बड़ा डर अपनी भाषा और संस्कृति के नष्ट होने का होता है।"

"आप किसी हिन्दू बहुल इलाक़े में क्यों नहीं चले जाते?"

झड़ते सूखे पत्तों की तरह उदासी झड़ रही थी उनके चेहरे से। अवरुद्ध कंठ से निकले कुछ शब्द, "पहली बात तो यह कि मेरा डर ख़ुद के लिए नहीं है वरन एक संस्कृति के लिए है। इस मरती हुई सभ्यता के लिए है। दूसरी बात यह कि भारत की तरह बांग्लादेश कोई थाली नहीं है कि अलग-अलग समुदाय के लोग अलग-अलग कटोरी में रह जाएँ, एक ही थाली का हिस्सा बनकर। ढाका अमेरिका

की तरह मेल्टिंग पॉट है, जहाँ सब इकट्ठे होकर रहते हैं। यहाँ ढाका में ऐसा कोई इलाक़ा नहीं है, जिसे हिन्दू बहुल इलाक़ा कहा जा सके। शाँखारी बाज़ार, रामपुरा, तांती बाज़ार, लक्ष्मी बाज़ार जैसे हिन्दू बहुल बाज़ार ज़रूर हैं, जहाँ हिन्दुओं के त्योहारों या आम दिनों में प्रयोग आनेवाले सामान मिल जाते हैं, लेकिन रहने के लिए ऐसे हिन्दू बहुल इलाक़े नहीं हैं, जो थोड़े बहुत हैं जैसे हिन्दूपाड़ा, नीमटोला पर वे उतने विकसित इलाक़े नहीं हैं।"

बोलते-बोलते उठ गए थे सन्दीप दा। देरी हो रही थी उन्हें। उनकी बातें सुन मैं तार-तार हो रही थी। एक नये आईने में देख रही थी मैं ढाका को। एकाएक ख़याल आया, ये ही सन्दीप दा भारत में हिन्दुत्व की उत्तल लहरों से बड़े ख़ुश नज़र आ रहे थे, जबकि बांग्लादेश में बढ़ते इस्लामीकरण से परेशान नज़र आ रहे हैं, पर क्या दोनों एक ही सिक्के के पहलू नहीं हैं?

ढाका को उसकी सम्पूर्णता में पकड़ पाना सम्भव नहीं है

रात मैंने अपनी डायरी में लिखा—

ढाका को उसकी सम्पूर्णता में पकड़ पाना सम्भव नहीं है। कई युगों की धड़कनों को एक साथ सुना जा सकता है यहाँ। अनेक अन्त:धाराएँ हैं इसकी, जिनसे मिलकर ढाका और ढाका का मिज़ाज बनता है। जो ढाका को मस्जिद की उठती अज़ान से जानते हैं, जान जाओ कि वे ढाका को आधा ही जानते हैं। बाक़ी जो आधा दिखता नहीं है उसे जानना ही मेरे लिए चुनौती है और रहस्य भी है। पर उस दूसरे आधे को जानने के लिए मुझे ढाका को ढाकायी आँखों से देखना होगा। बहरहाल केदारनाथ सिंह से शब्दों को उधार लेकर कह सकती हूँ कि, ढाका आधा अज़ान में है, तो आधा रवीन्द्र संगीत में है। आधा इमाम में है, तो आधा नज़रुल इस्लाम में है। आधा बुर्क़े में है, तो आधा लड़कों के साथ सालसा नृत्य करती लड़कियों के पाँवों की थिरकन में भी है। आधा रेडीमेड गारमेंट्स की फ़ैक्टरियों में है, तो आधा गुलशन क्लब में वाइन के घूँट भरती एलिट जेंट्री में भी है। यहाँ चारों काल एक साथ चलते हैं—आदिकाल, मध्यकाल, आधुनिककाल और उत्तर-आधुनिककाल।

हर शहर के कुछ अनसुने पदचाप होते हैं

दिसम्बर : 2021

आज का अख़बार पढ़कर सन्न रह गई। विश्वास नहीं हुआ कि ढाका की न्यायपालिका ऐसा कठोर क़दम भी उठा सकती है। एक ही केस में संलग्न 20 छात्रों को मृत्युदंड

और पाँच छात्रों को 30 साल का आजीवन कारावास ढाका कोर्ट द्वारा! याद कीजिए 6 अक्टूबर, 2019 को हुआ अबरार कांड जिसने पूरे देश को हिलाकर रख दिया था, जिसमें ढाका की सबसे प्रतिष्ठित यूनिवर्सिटी बूएट के दूसरे वर्ष के छात्र अबरार की उसी के हॉस्टल में हत्या कर दी गई थी।

अपनी फेसबुक पोस्ट में उसने सिर्फ़ शेख हसीना और भारत सरकार के बीच फेनी नदी के पानी को लेकर जो डील हुई थी, उसकी आलोचना की थी और उसे बांग्लादेश के हितों के विरुद्ध बताया था। बस इसी बात पर छात्र लीग को उस पर इतना ग़ुस्सा आया कि उसकी ज़िन्दगी ही खत्म कर दी।

ग़ौरतलब यह है कि अबरार हत्याकांड के दोषी 20 छात्रों में 12 छात्र सत्ताधारी पार्टी अवामी लीग की छात्र शाखा, छात्र लीग के सक्रिय सदस्य थे।

बहरहाल मन अवसन्न है, प्रतिभाओं का ऐसा हश्र? हक़ीक़त यही है कि ये 20 छात्र भी यूनिवर्सिटी में आने के पहले हत्यारे नहीं, प्रतिभाशाली युवा थे। देश की सबसे प्रतिष्ठित यूनिवर्सिटी के ये छात्र, देश की असंवेदनशील और ख़ूनी राजनीति के शिकार बन गए। आज के राजनीतिक दल छात्रों का सिर्फ़ अपने निहित राजनीतिक फ़ायदे के लिए इस्तेमाल कर रहे हैं। छात्र राजनीति के अपराधीकरण के लिए सभी राजनीतिक दल ज़िम्मेदार हैं।

यहाँ भी वहाँ भी!

आज हम यहाँ के एक रेस्तराँ में गए, 'यात्रा' नाम था उसका। सभी टेबल आधी-अधूरी भरी हुई थी। एक टेबल पर एक वृद्ध बैठे फ़ोन पर बतिया रहे थे। मेरा बेटा गया उनके पास और उनसे अनुरोध किया कि क्या वे अपनी टेबल बदल लेंगे। उन्होंने हाथ के इशारे से भगा दिया उसे। बाद में जब उन्होंने फ़ोन पर बात समाप्त की तो मेरे बेटे से पूछा, क्या बात थी, आप मुझसे कुछ पूछ रहे थे न! बेटे ने आदतन अंग्रेज़ी में फिर पूछा, 'कैन यू प्लीज़ चेंज योर टेबल?'

वह फिर भड़क गये 'बांग्लादेशे बांग्ला ते कथा बोलबे, अंग्रेज़ी निजेर पॉकेटे रखो' (बांग्लादेश में बांग्ला में बात करो, अपनी अंग्रेज़ी अपने पॉकेट में रखो)

मुझे एकाएक विलियम रेडी की याद आई। उन्होंने कहा था कि आपको अंग्रेज़ी सीखनी है, तो आप कोलकाता जाएँ और बांग्ला सीखनी है, तो बांग्लादेश जाएँ।

बाहर से आए हिन्दू अधिकारियों की सहानुभूति पाने के लिए यहाँ के हिन्दू कई बार हिन्दू कार्ड भी खेलने से नहीं चूकते। आदित्य के ऑफ़िस में एक पिउन था, लखन बनर्जी। एक बार उसकी माँ का ऑपरेशन था, उसने सहायता माँगी, आदित्य ने

दे दी। एक बार फिर उसने हाथ फैलाया, आदित्य ने देते हुए ऐसे ही पूछा, "अब आपकी माँ कैसी है।" जवाब देने के बाद उसने फुसफुसाते हुए कहा, "जानते हैं इस फ्लोर में सिर्फ़ आप और मैं ही हिन्दू हैं।" आदित्य के कान खड़े हो गए। उसने विरक्त होकर कहा, "तो इससे क्या फ़र्क़ पड़ता है?" उसने कहा, "आपको शायद नहीं पता इस देश के हिन्दुओं के साथ क्या हो रहा है?"

आदित्य ने कहा, "मेरे साथ तो कुछ अन्याय नहीं हो रहा है।"

मैंने कहा आदित्य से, "इसमें इतना भड़कने का भी क्या है? वो शायद अपनी तकलीफ़ आपसे शेयर करना चाहता हो!"

"अम्मा, इस प्रकार के हिन्दू-मुस्लिम खेल बहुत ख़तरनाक हो सकते हैं। आज जरा-सा भी उसको भाव देता न, तो कल तक सब जगह यही बात फैल जाती कि साहब हिन्दू कर्मचारी का विशेष ख़याल रखते हैं।"

एक-दूसरे में दुबके पड़े 2020 और 2021 एक जैसे ही बीते। सत्य और विस्थापित हुआ है। उम्मीद है कि 2022 मानवता के लिए नई उम्मीद लेकर आएगा। शान्ति की ख़ुशबू निकलेगी और सारी दुनिया में फैल जाएगी।

नववर्ष का आगाज़ फीका-फीका ही रहा। आज नई बात पता चली कि इस्लाम के कैलेंडर अर्थात हिजरी में नववर्ष मुहर्रम से शुरू होता है (अंग्रेज़ी का अगस्त महीना) इसलिए नव वर्ष पर बधाई देने का रिवाज नहीं है इस्लाम में, क्योंकि इसके प्रारम्भ में शोक पर्व है। इस माह को इस्लाम के चार पवित्र महीनों में शुमार किया जाता है।

अल्लाह के रसूल हज़रत मुहम्मद (सल्ल.) ने इस मास को अल्लाह का महीना कहा है।

मुहर्रम शब्द 'हराम' या 'हुरमत' से बना है जिसका अर्थ होता है 'रोका हुआ' या 'निषिद्ध' किया गया। मुहर्रम के महीने में युद्ध से रुकने और बुराइयों से बचने की सलाह दी गई है।

कल बच्चे नावीद कॉमेडी क्लब में जा रहे थे। गुलशन में है यह। जाने किस मूड में मैंने भी जाने के लिए हाँ कह दिया। वहाँ सभी वी.आई.पी. थे। कई बहुराष्ट्रीय कम्पनियों के सीईओ भी थे। एक चीज़ पर गौर किया था मैंने। यहाँ सभी सीईओ को वी.आई.पी. स्टेटस मिला हुआ था, भारत से कहीं ज़्यादा। शायद इसे ही कहते हैं बिग फिश इन स्मॉल पोंड। बहरहाल, अचानक किसी की नज़र भारतीय हाई कमिश्नर, विक्रम डोरेस्वामी पर पड़ गई, सबके नेत्र-कमल खिल गए। हम सब

मिले उनसे। उनकी पत्नी ने किसी बात पर कहा, "मुझे ऑनलाइन सब्ज़ी और फल लेना एकदम पसन्द नहीं है, बहुत मन करता है मेरा कि मैं भी गुलशन के सब्ज़ी-बाज़ार जाकर सब्ज़ी ख़रीदूँ। मैंने गोबर-गणेश की तरह कहा, "मैं तो जाती हूँ, चलिए, क्या दिक़्क़त है?" ज्ञानी बेटे ने मुझे ज्ञान के घूँट पिलाए, "अम्मा तुम हाई कमिश्नर की अम्मा नहीं हो। सोचो, यदि हाई कमिश्नर की पत्नी को किसी ने पहचान लिया, तो कितनी देर लगती है कठमुल्लों को इनकी किडनेपिंग करने में। सुरक्षा के कारणों से ये चाहकर भी नहीं जा सकतीं, क्योंकि बहुत आसान है इन्हें टारगेट करना।"

आज विचारपति शहाबुद्दीन पार्क में घूम रही थी। विचारपति यहाँ जज को कहते हैं, मुझे जज का यह अनुवाद बहुत मौज़ूं लगता है। घूमते-घूमते थककर मैं एक बेंच पर बैठी थी कि सलवार-कुर्ती में एक गोरी-सी महिला ने बड़ी शालीनता से पूछा, "क्या मैं यहाँ बैठ सकती हूँ?" मैंने अभिवादन किया और पूछा कि क्या वह बांग्लादेशी हैं? उन्होंने कहा कि वह अमेरिकी हैं और पिछले सत्ताईस सालों से ढाका के अमेरिकन स्कूल में एक टीचर हैं। मैंने पूछा, "ढाका में क्या अन्तर आप देख रही हैं पिछले सत्ताईस सालों से?" उन्होंने कहा, "आधुनिकता बढ़ी है, रोज़गार बढ़े हैं, पहले जैसी भुखमरी नहीं है, लेकिन एक सचाई यह भी है कि डेल्टा होने के कारण आज भी बांग्लादेश के पानी में आर्सेनिक का ज़हर मिला हुआ है, इसी कारण यहाँ के चालीस प्रतिशत बच्चे ऐनेमिक हैं और आयरन की कमी के शिकार हैं।"

"और क्या बदलाव आया है?"

"पहले यहाँ की हवा में एक तरह का मनमौजीपन और विद्रोह का मिज़ाज घुला हुआ था, अब उस पर इस्लामियत का पानी चढ़ता जा रहा है। नो डाउट, आधुनिकता और रोज़गार ढाका में बढ़े हैं, महिलाओं की संख्या भी आर्मी, पुलिस और रैपिड एक्शन पुलिस में बढ़ी है, पर इसके साथ ही बुर्क़ा और इस्लाम भी बढ़ा है। यानी एक तरफ़ महिलाएँ बुर्क़े में घुस रही हैं, तो दूसरी तरफ़ आर्मी, पुलिस और रैपिड एक्शन पुलिस में भर्ती होनेवाली महिलाएँ बुर्क़े से बाहर भी आ रही हैं।"

"बढ़ते इस्लाम का कारण?"

"कई कारण हैं। लेकिन जो मुझे समझ में आ रहा है वह है मदरसों की बढ़ती तादाद। माँ-बाप अपने नन्हों-मुन्नों को मदरसे में भेज रहे हैं। मेरे आसपास जितनी भी महिलाएँ हैं लगभग सभी के बच्चे मदरसे में जा रहे हैं, धार्मिक कारणों से नहीं बल्कि आर्थिक कारणों से। मदरसे में शिक्षा लगभग मुफ़्त है।"

"क्या आपको इस बढ़ते इस्लाम से कोई असुविधा हुई?"

"नहीं, मुझे कोई असुविधा नहीं हुई।" फिर कुछ देर ठहरकर उन्होंने थोड़ी दर्दनाक मुस्कान के साथ कहा, "मुझे तकलीफ़ अपने अकेलेपन से है।"

मैं ठीक से समझ नहीं पाई, मैंने हल्के से कुरेदते हुए पूछा, "कौन-कौन हैं आपके परिवार में?"

उन्होंने कहा, "कोई नहीं, मैं अकेली हूँ।"

मैं गोबर गणेश! फिर पूछ बैठी, "आपके पति? बच्चे?"

"कोई भी नहीं?" वह हँस पड़ी, वेदना भरी हँसी, "मेरी शादी ही नहीं हुई। हम एक ऐसी सभ्यता में रह रहे हैं, जहाँ आदमी अभिशप्त है अकेला रहने को। खंडित और निर्वासित रहने को। अकेला रहना मेरा चुनाव नहीं था, पर मुझे कोई योग्य बन्दा मिला ही नहीं, तो क्या करती। मैं साधारण परिवार से थी, तो जब यहाँ टीचर बनने का ऑफ़र मिला, तो मैं यहाँ आ गई यह सोचकर कि तीन साल बाद वापस लौट जाऊँगी अपने मुल्क में, लेकिन वे तीन साल अब सत्ताईस साल बन गए।"

"वहाँ क्यों नहीं चली जातीं?"

"अब वहाँ भी कौन बचा है मेरा। माँ-पिता दोनों गुज़र गए। एक हाफ भाई है, वो मुझे पसन्द नहीं करता है, बस एक बहन है, मेरी ही तरह अकेली और टीचर। हाँ, दो-तीन साल में चली जाती हूँ न्यूजर्सी। वहाँ भी थोड़े दिनों बाद ही उखड़ जाता है मन। यहाँ कम-से-कम हम अपने निजी सुख-दुख की बात फिर भी कर लेते हैं, वहाँ तो जिससे मिलो कुत्ते की ही बात करता है।"

"अरे ऐसा क्यों?" दिनों बाद मैं खुलकर हँसी।

"क्योंकि वही सबसे सेफ ज़ोन है।"

बहुत देर तक हम बतियाते रहे। बीच-बीच में ग़मगीन हो जाती थी वह। वह यानी जेनिफर। डैना टूटी गौरैया-सी फड़फड़ा उठती अपने उजड़े-उखड़े घोंसले में। न उड़ पा रही थी, न रह ही पा रही थी। मुझे उस शाम सचमुच ताज्जुब हुआ, दुनिया के सबसे आधुनिक, समृद्ध और प्रगतिशील देश में जन्म लेने के बावजूद उसकी समस्या बिलकुल हम जैसी थी, बल्कि उससे भी बदतर, क्योंकि वह भावशून्यता में जी रही थी। ज़िन्दगी की संध्या में उसे अफ़सोस था कि जिस पानी को झरना बन बह जाना था, वह इस छोटे से देश में छोटा-सा पोखर का ठहरा पानी बनकर रह गया है। काश! उसने अपने वतन को न छोड़ा होता!

आज अचानक कभी की मेरी बेहद आत्मीय सहेली उर्मिला अग्रवाल का फ़ोन आया। कभी हमने एक साथ जय श्री राम का नारा लगाया था। उनके साथ मैंने

अपने जीवन के ढेरों चित्र उतारे थे। कई बार सहायता की थी उन्होंने मेरी। झारखंड की अपनी पहली वनयात्रा भी मैंने उनके साथ ही की थी। उन्होनें मुझे पूर्वांचल कल्याण आश्रम की सदस्यता दिलवाई थी और काफ़ी वर्षों तक मैं कल्याण आश्रम के लिए चन्दा इकट्ठा करती रही थी। रामनवमी पर सांस्कृतिक कार्यक्रम का आयोजन भी करवाती थी। हिन्दू संस्कृति के भगवा रंग में पूरी तरह रंग चुकी थी मैं कि तभी गोधरा कांड और गुजरात दंगे हुए। गुजरात दंगों के बाद मेरे ज्ञान-चक्षु खुल गए थे और मैंने ख़ुद को राष्ट्रीय स्वयंसेवक संघ और उसकी सभी संस्थाओं से अलग कर लिया था। लेकिन उर्मिला जी से मेरे सम्बन्ध बेहद आत्मीय ही बने रहे। वे सचमुच एक संवेदनशील और स्नेही महिला थीं। हर वक़्त दूसरों की सहायता को तत्पर! आज अवसर मेरे जन्मदिन का था। उर्मिला जी ने बधाई देकर पूछा, "कहाँ हैं आप?" मैंने चुटकी लेते हुए कहा, "मैं भारत में भी हूँ, ढाका में भी हूँ, पाकिस्तान में भी हूँ और श्रीलंका में भी हूँ, जहाँ-जहाँ प्यार है इस धरती पर मैं उन सब जगहों पर हूँ।"

मेरे जवाब से वे बिदक गईं। मेरे बोलते-न-बोलते उनका हिन्दुत्व जागृत हो गया और मेरी लानत-मलामत करते हुए जवाब दिया उन्होंने, "कैसी हिन्दू हैं आप, और कैसी नागरिक कि मुस्लिम देश में भी आपको प्यार मिल रहा है।" मैं अवाक्, मैंने हलके से कहा भी कि शाखा सबके भीतर हिन्दू-मुस्लिम का ज़हर बो रहा है। लेकिन उनके कच्चे मन के भीतर बोया नफ़रत का बीज अब पौधा बन चुका था, उन्होंने फ़ोन ही काट दिया। मैं एकाएक बहुत ही उदास हो गई। चाय की प्याली की ठंडी और बेस्वाद आख़िरी बूँद की तरह हमारा संवाद शेष हुआ। हमारी आत्मीय दोस्ती पर भी नफ़रत की राजनीति का रंग चढ़ गया था।

संघ का रथ हाँकनेवालों में अच्छे-ख़ासे पढ़े-लिखे भी शामिल थे। अच्छे-अच्छे उद्योगपति और व्यापारी से लेकर चार्टर्ड अकाउंटेंट, डॉक्टर और इंजीनियर भी। जाने राष्ट्रवाद और हिन्दुत्व की कैसी घुट्टी पहले दिन से ही पिला दी जाती है या जाने कैसा डर समाज की नसों में इंजेक्शन की तरह प्रवाहित कर दिया जाता है कि डरे हुए समाज की तरह वह नित्य नये डर ही गढ़ता रहता है। मैं सोचती थी कि शिक्षा व्यक्ति को उन्मुक्त करती है, उसकी सोच और चिन्तन को विस्तार देती है। लेकिन मैं ग़लत थी। एक भी बन्दा मुझे ऐसा नहीं मिला, जिसने इस बात पर चिन्ता जताई हो कि उन्नीसवीं सदी से अब तक दुनिया में जो भी तरक्की हुई, उसमें पश्चिमी मुल्कों का ही हाथ है, क्योंकि हिन्दू-मुस्लिम दोनों ही 'जय श्री राम' और 'अल्लाह हो अकबर' में ही लगे रहे। अभी कुछ दिन पूर्व हमारे फैमिली डॉक्टर को मैंने यूँ ही सज्जनतावश ढाका आने का आमंत्रण दे डाला (मेरे पुत्र का तब साल-भर के लिए ढाका तबादला हो गया था और मैं ढाका में थी) वे बेहद मानवीय और उसूलों वाले डॉक्टर हैं। लेकिन ढाका का निमंत्रण सुनते ही वे अपना

आपा खो बैठे और ग़ुस्से में खौलते हुए नौ मिनट तक मुझे लानत भेजते रहे और कहते रहे, "जब तक भारत हिन्दू राष्ट्र नहीं हो जाता, मैं कभी किसी मुस्लिम राष्ट्र में नहीं जाऊँगा।" थोड़े से विवाद के बाद फिर मेरी ख़बर लेते हुए उन्होंने कहा, "यदि कोई औरंगज़ेब मुझ पर आक्रमण करने आएगा, तो आपके वामपंथी मुझे बचाने नहीं आएँगे, मुझे मोदी बचाएगा।"

ज़ाहिर था कि नफ़रत की राजनीति उन पर असर कर गई थी। ज़हर उनके दिमाग़ पर चढ़ चुका था। उदासियों ने दबोच लिया मुझे, क्योंकि वे एक बेहद नेक इनसान थे। जाने किस हादसे में सूख गई थी उनकी करुणा। ऐसे ही अनेक नेक और शरीफ़ लोग मुझे मिले, जो बेहद स्नेह के साथ मन्द-मन्द स्वर में मुझे मुसलमानों से होनेवाले ख़तरों के प्रति आगाह करते रहते थे। यहाँ ढाका में भी मुझे ऐसे ढेरों भारतीय मिले, जो ख़ासे पढ़े-लिखे हैं, लेकिन जिनमें संविधान की 'वी द पीपल ऑफ़ इंडिया' की कोई चेतना ही नहीं। वे मोदी जी के एनआरसी और सीएए के क़दम से बेहद ख़ुश हैं कि इस ज़हर से देश को जितनी जल्दी हो मुक्ति मिल ही जाए। ख़ुद मेरी चचेरी बहन ने मुझसे सवाल किया, जो अन्यथा बहुत समझदार और उदार विचारों की मानवीय महिला है, "ख़तरे का अहसास कब होगा आपको, जब वे एकदम पचास प्रतिशत हो जाएँगे? हमारा जीवन निकल जाएगा, पर हमारी आनेवाली पीढ़ी को सुरक्षित देश कौन देगा?"

मैं कहना चाहती थी कि मान लिया वे हिंसक और जाहिल हैं, पर क्या आपके लिए यह सम्भव है कि आप सारे मुसलमानों को ख़त्म कर दें या उन्हें निकाल दें? नहीं, तो जब हमें साथ-साथ रहना ही है, तो क्यों न मानवीय सोच की दिशा में क़दम बढ़ाए जाएँ, उन्हें शिक्षित किया जाए, उनकी बदहाली दूर की जाए, माना इसमें हमारा नुक़सान ज़्यादा होगा, पर दीर्घकालीन सुख-शान्ति के लिए क्या यह ज़रूरी नहीं?

मुझे याद आए रामधारी सिंह दिनकर, जिन्होंने 'संस्कृति के चार अध्याय' में हमें चेतावनी देते हुए कहा है, "अच्छे-से-अच्छे हिन्दू को भी यदि वर्षों तक यह समझाया जाए कि मुसलमान तुमसे घृणा करते हैं, तो इस ज़हरीले आघात से वह अविचलित नहीं रह सकता। हिन्दुओं में साम्प्रदायिकता की वृद्धि इसी प्रकार हुई है।"

बहरहाल, शुक्र मनाया मैंने कि समय रहते ही नफ़रत, दंगा और हमीं श्रेष्ठ की बैसाखियों पर टिके संघ के हिन्दुत्व और इनकी संस्थाओं को झटक उस अँधेरे कुएँ से बाहर निकल कर साहित्य की शरण में आ गई मैं। साहित्य जिसने ज़िन्दगी को ज़िन्दगी से मिलाते हुए मुझे यह अहसास कराया कि एक ही धरती और योनि में जन्म लेने के सम्बन्ध कितने गहरे होते हैं।

ढाका में आज भी ऐसे ढेरों परिवार हैं, जो भारतीय मूल के हैं और अब बांग्लादेशी हैं। नज़मा जी का परिवार ऐसा ही एक परिवार है। नज़मा का जन्म कोलकाता में हुआ था। जब विवाह योग्य हुईं, तो रिश्ता ढाका के एक ऐसे रईस परिवार से आया, जो तीन पीढ़ी पहले तक पश्चिम बंगाल में रहता था, बाद में रेडीमेड गारमेंट्स में कुछ कर दिखाने के लिए वह परिवार ढाका चला आया। तब तक बांग्लादेश का जन्म नहीं हुआ था। ऐसे ही रईस परिवार से जब रिश्ता आया, तो नज़मा के पिता संशय में थे कि परिवार जाना-पहचाना है, लेकिन देश दूसरा है, सम्बन्ध करें या न करें? फिर नज़मा के बड़े भाई ने मोर्चा सँभाला—अरे यह कौन-सी नई बात है, नया देश बन गया तो क्या हुआ, बेटी-रोटी का रिश्ता तो हमेशा से ही रहा है। कहा भी गया है—'बर्धमानेर छेले बोरिशालेर मेय' (यानी पश्चिम बंगाल के बर्धमान का लड़का ब्याहा जाता है बांग्लादेश में बोरिशाल की लड़की से) घर अच्छा, वर अच्छा, तो देश भी अच्छा होगा ही। घरों से ही तो बनता है देश। यादों की राख टटोलती हुई कहती हैं नज़मा, "जब 1991 में शादी हुई, तो लगा ढाका में नहीं किसी क़ैदखाने में हूँ। तब तक ओला, उबर भी नहीं निकले थे, चाहकर भी बाहर निकल नहीं पाती थी। पब्लिक बस और ऑटो में पति बैठने नहीं देते थे कि बहुत चोरी और छीना-झपटी होती है। तब तक आज जितने पार्क भी नहीं बने थे, कहीं भी आने-जाने की जगह ही नहीं थी।"

उन्हीं नज़मा के घर मैं आज आई हुई थी, नज़मा के भाई और मेरे भाई के बीच व्यावसायिक सम्बन्ध थे। मेरे भाई जब ढाका आए, तो दोनों भाइयों ने अपनी-अपनी बहनों को मिला दिया।

नज़मा के घर आज तीन हिन्दुस्तानी लड़कियों से मिलना हुआ—शबनम, नासिरा और नूरजहाँ। तीनों यहाँ मेडिकल की पढ़ाई करने आई थीं। शबनम और नासिरा लखनऊ से थीं, तो नूरजहाँ सम्बलपुर से थीं।

मैं हैरान! भारत से मेडिकल की पढ़ाई करने बांग्लादेश में?

"हाँ आंटी! भारत में तो पढ़ाई बहुत महँगी है। साठ-सत्तर लाख जेब में हों तभी आप बन सकते हैं डॉक्टर।"

"तो यहाँ कितना लग रहा है?"

"आंटी, हम लोग IBN SINA मेडिकल कॉलेज से पढ़ाई कर रही हैं। हमें पाँच साल का पैंतालीस लाख देना होगा, बांग्लादेशी टाका में। तो भी बीस-तीस लाख कम पड़ेगा। उस समय तो लगा, मुस्लिम देश है चला लेंगे, लेकिन यहाँ आकर लगा जैसे यहाँ भी हमें ठगा गया है।"

"ऐसा क्यों?"

"आंटी, हमने कोरोना के दौरान दाख़िला लिया। हमारे घरवाले आकर देख नहीं सके। हमें जो तसवीरें भेजी गई थीं हॉस्टल की, वे वास्तविकता से एकदम उलट थीं। यहाँ के हॉस्टल हमारे घर के सर्वेंट क्वार्टर से भी गन्दे हैं। मेरा तो खाना-पीना,

सोना, उठना-बैठना, नहाना-धोना, पोट्टी, नींद सब नदारद! कैसे गुज़ारूँगी पाँच साल? जब हमने शिकायत की, तो कहा गया कि ठीक है, छोड़ दो कॉलेज। वे भी जानते हैं कि साल-भर बर्बाद कर और एक साल की फिर से फ़ीस भर हम नहीं जानेवाले। टॉयलेट तो इतने गन्दे होते थे कि मैं सुबह रोककर रखती थी, फिर दोपहर में कॉलेज के हॉस्पिटल में जाती थी। इस प्रकार रोककर रखने से मुझे क़ब्ज़ रहने लगा। मेरे कई दोस्तों के साथ भी यही हुआ। कइयों ने तो मोशन होने के लिए सिगरेट भी लेने शुरू कर दिये, पर मेरी हिम्मत नहीं हुई। आख़िर हारकर मैंने कहा कि मैं अपने पैसों से कमोड लगवाना चाहती हूँ, अब जाकर मुझे अनुमति मिली है कि मैं ख़ुद कमोड ख़रीदकर लगवा सकती हूँ।"

"भारत में कहाँ-कहाँ से बच्चे आ रहे हैं?"

"आंटी, असम, दिल्ली, सम्बलपुर, कश्मीर और चेन्नई से आए हुए बच्चे हमारे साथ हैं।"

"लेकिन भारत में क्या मान्यता मिलेगी आपकी डिग्री को?"

वह मायूस हो गई, "आंटी, मुझे MCI (मेडिकल काउंसिल ऑफ़ इंडिया) की एक परीक्षा देनी होगी, इंशाअल्लाह पास हो जाऊँगी, तो फिर मान्यता मिल ही जाएगी।"

नज़मा के पति के पास अमेरिकी पासपोर्ट है। उन्हें अमेरिका और बांग्लादेश दोनों देशों की नागरिकता मिली हुई है। मज़े की बात है कि ख़ुद उनके दोनों बच्चे अमेरिका में शिक्षा ग्रहण कर रहे हैं, क्योंकि उनके अनुसार बांग्लादेश में पढ़ाई का स्तर बहुत ही निम्न कोटि का है।

अकेलेपन में ठिठुरती नज़मा को इतने सालों बाद भी ढाका में रहना बहुत अखरता है, उसके जीजू और खाला जान को '71 के युद्ध के दौरान भाषायी दुराग्रह के चलते ढाका से पाकिस्तान चले जाना पड़ा था। वे उर्दू-भाषी थे। नज़मा के पति की भाषा बांग्ला थी, इस कारण वे सुरक्षित थे। नज़मा आज भी अपनी अस्सी वर्षीया खाला की याद में बिसुरती हैं, उनसे मिलना चाहती हैं, लेकिन उनके शौहर उनको पाकिस्तान जाने की इज़ाज़त नहीं देते। कारण कि यदि उनके पासपोर्ट पर पाकिस्तान का ठप्पा लग गया तो फिर अमेरिका और दूसरे यूरोपीय देशों में उनका जाना बहुत मुश्किल हो जाएगा। वे सन्देह के घेरे में आ जाएँगी। उनको दुख है कि काश उनके पति इतने अमीर नहीं होते, तो दोनों बच्चे कम-से-कम साथ रह रहे होते।

बड़े लोगों के बड़े दुख!

नज़मा के साथ एक बार मैं अपनी कुछ भारतीय सहेलियों के साथ सुन्दरवन गई। खुलना के रास्ते टोंगीपारा में कुछ देर के लिए रुके। सामने ही मुजीबुर रहमान का म्यूजियम था। मेरी सभी सहेलियाँ उतरीं। मेरी उतरने की विशेष इच्छा नहीं थी, मन

था थोड़ा आराम किया जाए, वे ज़िद कर रही थीं तो मैंने ऐसे ही बात बना दी, "मुझे लग रहा है उल्टी होगी।" मज़ाक़ करते हुए बोली नज़मा, "अरे बाबा, तब तो एकदम मत जाओ कहीं भीतर राष्ट्रपिता की मूर्ति के सामने उल्टी हो गई, तो अख़बार की सुर्ख़ियों में ख़बर आ जाएगी कि एक हिन्दुस्तानी ने राष्ट्रपिता मुजीब की मूर्ति के सामने घृणा से उल्टी कर दी।"

हम सभी हो-हो कर हँस दिये।

हँसी मज़ाक़ का सिलसिला चलता रहा कि तभी वेटर बीफ़ के कुछ पकौड़े लेकर आ गया। ख़ुशमिज़ाज नज़मा ने कहा, "यदि मैं तुम्हें ज़बरदस्ती ये पकौड़े खिला दूँ तो क्या होगा?"

मैंने कहा, "कुछ नहीं, मैं फेसबुक में डाल दूँगी कि ढाका में मुझे गो-मांस खिलाकर ज़बरदस्ती मुस्लिम बनाने की कोशिश की गई, फिर देखना क्या होता है तुम्हारे साथ।"

हँसी के फव्वारे छूटते रहे और मैं सोचती रही कि ऐसे मज़ाक़ सिर्फ़ यहीं सम्भव थे।

ब्यूटी बोर्डिंग : इतिहास के बुझे हुए चिराग़!

ढाका में आज भी आज़ादी के समय का लहूलुहान ढाका साँस ले रहा है। पाकिस्तानी सेना द्वारा जिन इमारतों पर अचानक धावा बोलकर ख़ूनी खेल खेला गया, उनमें से एक है ब्यूटी बोर्डिंग, जहाँ बैठने पर आज भी समय ठिठक जाएगा और इतिहास आपके भीतर रेंगने लगेगा। 1949 में स्थापित ब्यूटी बोर्डिंग ढाका के लेखकों, कवियों, पत्रकारों, चित्रकारों, संगीतकारों, शिल्पकारों, एक्टिविस्टों के आकर्षण का केन्द्र था। हर शाम यहाँ जमावड़ा जमता। कला, साहित्य और देश की वर्तमान राजनीति पर गर्मागर्म बहसें होतीं।

बांग्लादेश मुक्ति-संग्राम के दौरान मुजीब भी यहाँ लोगों से मिलने और संवाद करने एकाध बार आए थे। लेकिन 1971 में 28 मार्च को एकाएक पाकिस्तानी सेना यहाँ आ पहुँची और धावा बोल ब्यूटी बोर्डिंग के संस्थापक प्रह्लादचन्द्र रॉय समेत सत्रह लोगों को पकड़कर ले गई। आज तक जिनकी कोई ख़बर नहीं लगी कि वे सेना द्वारा मार डाले गए हैं या जीवित हैं या क़ैद में हैं। प्रह्लादचन्द्र रॉय का परिवार बच गया, क्योंकि वे सभी ब्यूटी बोर्डिंग के पास में ही बने अपने गृह-निवास में रह रहे थे, जिसकी जानकारी पाकिस्तानी सेना को नहीं थी।

बाद में देश के आज़ाद हो जाने के बाद युग बदला और समय के साथ इसकी शक्ल भी बदली। अब वहाँ एक निपट वर्तमान है, जो बीत चुके समय के कुछ क़िस्सों, चिह्नों और स्मृतियों के साथ हम तक आता है। प्रह्लादचन्द्र रॉय की

विधवा प्रतिभा रानी साहा ने इसे मित्रों और शुभचिन्तकों की सहायता से फिर से जीवित किया और 4 अगस्त, 1995 को ब्यूटी बोर्डिंग सुधि संघ की स्थापना की। तब से यह बोर्डिंग कम रेस्तराँ गुलज़ार है। यह इकलौता किसी हिन्दू परिवार द्वारा अपनी तरह का चलाए जानेवाला बोर्डिंग और रेस्तराँ है, जहाँ की फ़िज़ा में, हवा में, धरती-आसमान में बंगालीपन महकता है। जहाँ का ठेठ बंगाली खाना खाते हुए लगेगा कि आप कोलकाता के किसी रेस्तराँ में खा रहे हैं।

फ़रवरी 2022

रूस ने यूक्रेन पर धावा बोल दिया है। शक्तिशाली व्यवस्थाएँ किसी को अपना ग़ुलाम बनाए बग़ैर कैसे मानेंगी, और कैसे चलेंगी...मन बेहद उदास है। मुझे चार्ली चैप्लिन की फ़िल्म 'द ग्रेट डिक्टेटर' की याद आ रही है, जिसमें हिटलर ग्लोब को अपने पैरों से नचा रहा है, उसे घुमा-घुमाकर देखता है कि कहाँ-कहाँ हमारा क़ब्ज़ा हो चुका है और आख़िर इस हरकत में मुँह के बल गिर जाता है। 'रैशनलिटी' का मतलब क्या है : दुनिया को समझने की एक बुनियादी विनम्रता, जो इन लोगों में नहीं है।

फ़िल्म निर्माता, कवि और चित्रकार योनस मेकस की ये कविता-पंक्तियाँ याद आती हैं :

ऐन इस मक़ाम पर सभ्यताएँ मरती हैं, क्योंकि वे अपने राजनीतिज्ञ को सुनती हैं और अपने कवियों को नहीं।

एक तसवीर आँखों के सामने बार-बार घूम रही है। सीरिया वाले युद्ध में एक बच्चा मृत पड़ा था समुद्र के किनारे, जैसे इस दुनिया के ख़ून-ख़राबे से थककर चुपचाप सो गया हो! दिल को चाक कर देनेवाले उस भयावह दृश्य को कभी भूल पाएँगे हम? ढाका में भी दिख रहा है इस युद्ध का प्रभाव, महँगाई आसमान पर है। कल किसी बात पर महमूद भाई ने कहा, "आंटी, महीने भर से ऊपर हो गए, दाल की शक्ल नहीं देखी है।"

28

शब्दों के मुरझाने का समय है यह

यह कैसी हवा चल रही है! मुम्बई में पैदा हुए और बुकर पुरस्कार से सम्मानित 75 वर्षीय सलमान रुश्दी पश्चिमी न्यूयॉर्क के चौटाउक्वा संस्थान में 12 अगस्त,

2022 को एक कार्यक्रम के दौरान अपना भाषण शुरू करनेवाले ही थे कि तभी एक व्यक्ति मंच पर चढ़ा, उनको घूँसे मारे और फिर उन पर चाकू से हमला कर दिया। रुश्दी की गर्दन पर चोट आई है। उस समय कार्यक्रम में उनका परिचय दिया जा रहा था। यह जानना दिलचस्प है कि वहाँ वे जिस विषय पर बोलने के लिए आमंत्रित थे वह था : अमेरिका, निर्वासित लेखकों और अन्य कलाकारों की शरणगाह और रचनात्मक अभिव्यक्ति की स्वतंत्रता प्रदान करनेवाला घर। उन्हें सुनने के लिए ढाई हज़ार लोग जमा थे। उन्हें एयरलिफ़्ट कर अस्पताल पहुँचाया गया है। हमलावर को गिरफ़्तार कर लिया गया है।

सलमान रुश्दी पर हमला करनेवाला 24 वर्षीय युवा हादी मेटर के नाम प्रसिद्ध अंग्रेज़ी लेखक अमिताव कुमार ने एक पत्र लिखा है। उस पत्र का हिन्दी अनुवाद सुनील ने किया है। इस पत्र को पढ़ा जाना चाहिए। प्रस्तुत है उसका हिन्दी अनुवाद :

> दुनिया को कल पता चला कि तुम 24 साल के हो। तुमने जिस आदमी को मारना चाहा, वह 75 साल का है। मैं तुम्हारे बारे में नहीं जानता, लेकिन जब मैं 24 साल का था, तो उस आदमी के लिखे को बड़ी श्रद्धा से पढ़ रहा था। तुम यह भी कह सकते हो कि मैं अपनी आदत के प्रति थोड़ा कट्टर था।
>
> अगले साल जब मैं 25 का था, अयातुल्ला खुमैनी ने 'द सैटेनिक वर्सेज' उपन्यास के लिए उस आदमी की मौत का फ़तवा जारी किया और वह मौत का फ़रमान 3 दशकों बाद तुम्हारी इस बर्बरतापूर्ण कोशिश के रूप में फलित हुआ। तुमने जिस आदमी को मारने की कोशिश की, वह तुम्हारे हमले को झेल गया है। मुझे उम्मीद है कि तुम्हें कोई इनाम नहीं मिलेगा, एक लम्बी क़ैद के सिवा।
>
> मुझे उस आदमी के शब्दों से बात शुरू करने दो, जिसे मारने की कोशिश तुमने की।
>
> उस दुखद फ़तवे के बाद, जो वैलेंटाइन दिवस के दिन जारी हुआ, वह लेखक अज्ञातवास में रहने लगा। वह गुप्त स्थलों पर पुलिस की सुरक्षा में रहने लगा। फ़तवे के एक साल होने पर उसने 'ग्रांटा' पत्रिका में प्रकाशित एक लघु कविता में लिखा कि वह चाहता है—"गाते रहना, हमलों के बावजूद/ गाते रहना (जबकि मेरे सपने यथार्थ के द्वारा मारे जा रहे हैं)/ नुची हुई तितलियों की प्रशस्तियाँ।"
>
> तुम शायद क्रूरता को समझते होगे, किन्तु क्या तुम सौन्दर्य को समझ पा रहे हो। यातना के द्वारा नुची हुई तितलियों का बिम्ब इतना शक्तिशाली और प्रभावकारी है कि मुझे तुरन्त समझ में आता है कि क्यों मशहूर आलोचक

एडवर्ड सईद ने कहा था कि जिस आदमी को तुमने मारने की कोशिश की, वह कल्पनाओं के विद्रोह (इन्तिफादा) का प्रतिनिधित्व करता है।

फ़तवे के दस साल के बाद उस आदमी ने, जिसे तुमने मारना चाहा, 'द न्यूयॉर्कर' में अपने 'माय अनफनी वैलेंटाइन' शीर्षक लेख में कहा कि अब वह सिर्फ़ प्रेम के बारे में लिखना चाहता है। "मुझे प्रेम ही एकमात्र विषय के रूप में महसूस हो रहा है। मेरे जीवन, मेरे नये कार्य, मेरी भावी योजनाओं के केन्द्र में और कोई विषय नहीं मिल रहा।"

क्या तुम कल्पना कर सकते हो कि एक युवा व्यक्ति, जो तुम्हारी उम्र से थोड़ा बड़ा है, अपने लेखकीय व्यक्तित्व को आकार देने के लिए ऐसे शब्दों को चुनता है, तो इसका क्या मतलब है।

क्या तुम पढ़ते हो? मैं ऐसा इसलिए नहीं पूछ रहा कि तुम्हें कम आँक रहा हूँ या तुम्हें नीचा दिखाना चाहता हूँ, बल्कि इसलिए कि मैं तुम्हें एक आमंत्रण देना चाहता हूँ। मुझे यह जानकर काफ़ी दुख हुआ कि भारत में एक हत्यारे ने एक लेखिका को मार दिया, जिसे उसने पढ़ा नहीं था। मृत महिला एक बेहद साहसी पत्रकार थीं। उनके हत्यारे को दस हज़ार रुपये दिये गए थे और इसके अलावा कुछ नहीं बताया गया था कि वह महिला उनके धर्म को नुक़सान पहुँचा रही है। उस लेखिका का नाम गौरी लंकेश था। हत्यारा परशुराम वाघमारे हत्या के समय तुमसे सिर्फ़ 2 साल बड़ा था। वह जेल में है। कट्टरपंथी आस्थावादी ताक़तें, जो जीवन को नष्ट करने के लिए धर्म का इस्तेमाल करती हैं, दुनिया के विभिन्न भागों में तेज़ी से फैलाई जा रही हैं। यह आधुनिक भू-राजनीति के विध्वंसकारी परिदृश्य की एक ख़तरनाक विशेषता है।

जिस आदमी को तुमने मारना चाहा, उसी की तरह मैं भी एक लेखक हूँ। चूँकि मेरा जीवन पुस्तकें पढ़ने और लिखने को समर्पित है, मेरा यह विश्वास है कि हम जितना अधिक और गहराई से पढ़ेंगे, हम ऐसे लोगों और जगहों से मिलेंगे, जो हमसे भिन्न हैं। यह भिन्नता का भाव, इसका आनन्द, इसकी मुश्किलें हमें असहिष्णुता से दूर रखेंगी। इस देश में मैलकॉम एक्स सहित कई लोगों ने जेल में ही पढ़ना शुरू किया और ख़ुद को परिवर्तित कर लिया। मुझे आशा है कि पढ़ने से तुम्हें भी ऐसी ही मुक्ति मिलेगी।

> हमने देखा कि जिस आदमी को तुमने मारने की कोशिश की, उसके प्रति दुनिया-भर से चिन्ता और दुख व्यक्त किये जा रहे हैं, लेकिन मैं कुछ और कहना चाहता हूँ। लोग सोशल मीडिया पर उसकी पंक्तियाँ पोस्ट कर रहे हैं, वे उसकी पुस्तकों पर चर्चा कर रहे हैं। पिछले 30–40 घंटों में मैंने उसके लेख, उपन्यास और साक्षात्कार के अलावा कुछ नहीं पढ़ा। (मेरे 12 साल के बेटे ने 'द सैटेनिक वर्सेज' की इच्छा ज़ाहिर की है। मुझे लगता है उसे थोड़ा और इन्तज़ार करना चाहिए)। तुम समझ रहे हो न, मैं क्या कहना चाहता हूँ? तुम असफल हो गए हो, क्योंकि इन स्थितियों में किसी भी हिंसक कार्रवाई को असफल ही होना है। तुम्हें सिर्फ़ यही सफलता मिली है कि तुमने हमें और ज़्यादा उसके शब्दों की तरफ़ लौटाया है।

1979 में सम्पन्न इस्लामी क्रान्ति ने ईरान को सदियों पीछे कर दिया था। 1979 से पहले लिंग भेद समाप्त करने की दिशा में ईरान तेज़ी से आगे बढ़ रहा था, लेकिन 1979 में सत्ता धार्मिक कट्टरपंथियों के हाथ में आने से यह प्रक्रिया अवरुद्ध हो गई। जब सत्ता धार्मिक कट्टरपंथियों के हाथ आ जाती है, तो सबसे पहले वह स्त्री विरोधी होती है। आज ईरान में प्रवेश करनेवाली प्रत्येक महिला को हिजाब पहनना अनिवार्य है, वह चाहे किसी देश की राष्ट्राध्यक्ष ही क्यों न हो। अयातुल्ला खुमैनी ने ईरान को ताक़तवर बनाया, लेकिन कट्टर इस्लाम को लागू किया, जिसमें महिलाओं को हिजाब और बुर्क़े में डाल दिया गया। 16 सितम्बर, 2022 को 22 वर्षीय महिला माहसा आमीनी को गिरफ़्तार कर मार डाला गया, केवल इसलिए कि उसने हिजाब नहीं पहना था। माहसा आमीनी की मॉरल पुलिस कस्टडी में मौत के बाद ईरान की महिलाओं ने अपने तरीक़े से जीने के लिए सरकार और व्यवस्था के ख़िलाफ़ संघर्ष छेड़ दिया है। ईरान में महिलाओं के अधिकारों में किस क़दर कटौती होती रही है, इसका उदाहरण एक फ़िल्म 'Offside' है। इस ईरानी फ़िल्म में दिखाया गया है कि ईरान में महिलाओं को फुटबॉल मैच देखने पर पाबन्दी है। कुछ जज़्बाती ईरानी लड़कियाँ फुटबॉल मैच देखने के लिए लड़कों का वेश धर स्टेडियम में घुस जाती हैं। लेकिन ईरानी पुलिस इन लड़कियों को पकड़ लेती है। इस फ़िल्म के निर्देशक को बाद में ईरान सरकार ने जेल में डाल दिया था।

बहरहाल, इस्लामी आदेश के ख़िलाफ़ हिजाब फाड़कर हवा में लहराकर कट्टरपंथ और सरकार दोनों को चुनौती दे रही हैं वे साहसी महिलाएँ। अब यह तूफ़ानी आन्दोलन ईरान के अस्सी शहरों में फैल चुका है। अब तक 41 लोग इस आन्दोलन में पुलिस की गोली से मारे जा चुके हैं।

आज रक्षाबन्धन है, राखी का त्योहार, कोलकाता से भाभी ने कहा, "आज मुहूर्त सही नहीं है, इसलिए कल बाँधेंगे राखी।" मैं ताज्जुब में! रक्षाबन्धन को भी सगुन और मुहूर्त के चक्कर में बाँध दिया!

बचपन में इस पर्व की एक कहानी—रानी कर्णावती और बादशाह हुमायूँ की कहानी के रूप में सुनी थी। हमने यह भी पढ़ा था कि रक्षाबन्धन को राष्ट्रीय पर्व बनाया था गुरुदेव रवीन्द्रनाथ ठाकुर ने। उन्होंने रक्षाबन्धन को जो रूप दिया था, वह हिन्दुओं और मुसलमानों को एक-दूसरे से अटूट बाँधनेवाला त्योहार था। कर्णावती-हुमायूँ की कहानी और राखी का त्योहार बंग-भंग और देश-विभाजन की औपनिवेशिक साज़िश को ध्वस्त करने का कवि गुरु का अपना तरीक़ा था। रक्षा बन्धन को राष्ट्र-निर्माण के रूप में लिया गया था। आज शास्त्रों में रक्षाबन्धन ढूँढ़ा जा रहा है। इसे रूढ़िवादी व्रत का रूप दिया जा रहा है। यह चिन्ताजनक है।

29

सबसे बड़ी देशभक्ति अपने देश को यह बताना है कि कब वह निंदनीय, मूर्खतापूर्ण और क्रूर व्यवहार कर रहा है।

—जूलियन बार्न्स

15 अगस्त, 2022

आज़ादी का अमृत महोत्सव

आज़ादी के अमृत महोत्सव के अवसर पर प्रधानमंत्री मोदी जी ने नारा दिया था—हर घर तिरंगा। दो करोड़ तिरंगे फहराने की योजना थी। यह समय होने में नहीं दिखने में विश्वास करता है। हर घर तिरंगा की जगह, हर दिल तिरंगा भी हो सकता था देश का नारा। दिल्ली में रहती मेरी सहेली ने मुझे कुछ तसवीरें भेजी हैं। जिनमें सोसाइटी के हर घर में तिरंगा है, कहीं आड़ा, कहीं तिरछा, कहीं टेढ़ा, कहीं बाँका। एक जगह एंटीना में अटका हुआ। यांत्रिक रूप से, अधूरे मन से लगाया गया तिरंगा। बस एक रस्म को पूरा कर लिया गया था। स्कूल के दिनों में तिरंगा को लहराते देख एक तराना फूट पड़ता था—अरुण यह मधुमय देश हमारा! आज खोज कर भी खोज नहीं पा रही प्राणों में वह उमंग, वह उत्साह!

मोदी जी, हर घर तिरंगा के साथ यदि 'हर घर मकान और हर पेट खाना' का भी आपका नारा रहता, तब आपकी शान भी बढ़ती और तिरंगे की भी। याद आ रहे हैं : अदम गोंडवी,

सौ में सत्तर आदमी फिलहाल जब नाशाद हैं
दिल पर रखकर हाथ कहिए देश क्या आज़ाद है?
कोठियों से मुल्क के मेआर को मत आँकिए
असली हिन्दुस्तान तो फुटपाथ पे आबाद है।

इंडियन हाई कमिशन में आज़ादी के अमृत महोत्सव पर आयोजित कार्यक्रम में आमंत्रित भारतीयों में हम भी थे। बच्चों के मन में उत्साह था। देशभक्ति का ज्वार उफान मार रहा था। स्कूल के बाद मेरे बेटे और पुत्रवधु ने शायद पहली बार झंडा फहराने के कार्यक्रम में भाग लिया होगा। भला हो मोदी जी का कि देशभक्ति का मार्ग इतना सुगम कर दिया। अब न भगत सिंह की तरह बर्फ़ की शिलाओं पर लेटना है, न चन्द्रशेखर आज़ाद की तरह गोलियाँ खानी हैं, न गांधी जी की तरह जेल जाना है, न कानपुर की अज़ीज़ुन्निसा बेगम की तरह तोप के मुँह से बँधकर टुकड़े-टुकड़े हो जाना तो मंज़ूर है, लेकिन अपने कोठे पर छिपे किसी क्रान्तिकारी का नाम अंगरेज हाकिमों को नहीं बताना है। अब तो बस घर में तिरंगा फहरा देना है, देश और आप दोनों अपने आप महान बन जाएँगे। अब देशभक्ति दिखाने की चीज़ है, सो हम भी गए अपनी देशभक्ति दिखाने। अपनी माटी से दूर एक लघु भारत रचने! बेटे के साथ उसके मित्र विजय और उनकी बेटी भी थी। विजय की पत्नी नादिया ढाका में ऑस्ट्रियन हाई कमिश्नर थीं। मैंने यूँ ही पूछा, "नदिया जी नहीं आईं, शायद प्रोटोकॉल हो, ऑस्ट्रियन हाई कमिश्नर भारत की आज़ादी के अमृत महोत्सव में!" बेटे ने बड़ा मौजूँ जवाब दिया, "मम्मा कितना अजीब लगेगा, जिस गोरे से लड़कर आज़ादी ली, वही हमारे आज़ादी के जश्न में?"

"हा! हा! लेकिन दिलो-दिमाग़ पर तो अभी भी गोरे ही छाए हुए हैं, दिखना हम उन्हीं की तरह चाहते हैं।" नहीं चाहते हुए भी मुँह से निकल ही गया।

बहरहाल, हम सब एकदम भारतीय मूड में आ गए थे। एक ही गाड़ी में ठूँस-ठूँसकर जा रहे थे।

भारतीय दूतावास में नज़ारे देखने लायक थे। सब कुछ सजा-धजा, एकदम साफ़-सुथरा जैसे स्वच्छ भारत अभियान शुरू हुआ हो। हमें रजिस्ट्रेशन करने के लिए कहा गया था। हमसे आईडी प्रूफ के प्रिंट्स भी लाने को कहा गया था। सारे पेपर के साथ जब हम पहुँचे, तो लम्बी सजी-धजी क़तार लगी हुई थी। ढाका का क्रीमी हिन्दुस्तानी लेयर का जमावड़ा था वहाँ। अधिकांश ने तिरंगे से मिलते-जुलते परिधान पहने हुए थे। क़तार इतनी लम्बी थी और झंडा फहराने का समय क़रीब आ रहा था।

अन्त में यह हुआ कि लगा सचमुच हम हिन्दुस्तान में आ गए हैं। न कोई चेकिंग हुई, न किसी ने आईडी माँगी, न किसी ने हमें रोका। हम सीधे उस खुले उद्यान में पहुँचे, जहाँ हाई कमिश्नर ने झंडा फहराना शुरू कर दिया था। हम सब समवेत स्वर में गा रहे थे 'जन गण मन अधिनायक जय हे...' फिर ख़ुद को उस सामूहिक मन के हवाले करते हुए मैं भी ज़ोर-ज़ोर से चिल्लाई—भारत माता की जय! भारत माता की जय! सामूहिकता के इसी नशे का शिकार मैं बाघा बॉर्डर पर शाम की परेड के समय हुई थी, जब हम सभी भारतीय इस पार से 'हिन्दुस्तान ज़िन्दाबाद' के नारे लगा रहे थे और उस पार से ज़ोर-शोर से 'अल्लाह ओ अकबर' और 'जुग-जुग जीए पाकिस्तान' के नारे लग रहे थे। नारों की शुरुआत में मैंने ख़ुद को इस कट्टर राष्ट्रीय उन्माद से भरसक दूर रखने की कोशिश की थी, पर न जाने कब मुझ पर भीड़ का बुख़ार, संक्रमण और उन्माद हावी हो गया और मैं भी अपनी पूरी भीतरी और बाहरी शक्तियों के साथ चिल्ला रही थी—हिन्दुस्तान ज़िन्दाबाद! हिन्दुस्तान ज़िन्दाबाद! बाद में, उन्माद के ज्वार के बैठ जाने पर ताज्जुब हुआ मुझे कि क्या वह सचमुच मैं ही थी हवा में मुट्ठियाँ लहराते हुए चिल्लानेवाली—हिन्दुस्तान ज़िन्दाबाद!

उसके बाद भारतीय हाई कमिश्नर का भाषण हुआ, जिसमें देश को महान और शक्तिशाली बनाने का संकल्प लिया गया। फिर सबने सब को आज़ादी की बधाइयाँ दीं। ढेर सारे ख़ुशनसीब बच्चे तिरंगे जैसे परिधान में हाथ में झंडा लिये चमक रहे थे। मेरी चेतना में अनायास ही जालौर का तीसरी कक्षा का वह आठ वर्षीय दलित बच्चा इन्द्र कुमार मेघवाल कौंध गया, जिसे उसके अध्यापक शैल सिंह ने इतना मारा, इतना मारा, कि वह मर गया। इन्द्र को प्यास लगी थी, उसे नहीं पता था कि इस देश में जाति के हिसाब से मटकी रखी जाती है, उसे नहीं पता था कि उसकी जाति क्या है, जिससे समाज इतनी नफ़रत करता है, वह तो बस अपनी प्यास को जानता था, प्यास लगी और वह मटकी से पानी पी गया। अध्यापक शैल सिंह को पता था कि तीसरी कक्षा का इन्द्र कुमार अनुसूचित जाति का बच्चा था। मास्टर को ग़ुस्सा आया कि इस छोटे से छोकरे ने इतनी हिम्मत कैसे कर ली, ऊँची जाति वाले के घड़े से पानी पी लिया। उसने बच्चे को केवल मारा ही नहीं, जाति को लेकर वह गालियाँ देता रहा। इतना मारा कि बच्चे की आँख और कान में गम्भीर चोटें आईं। बच्चा घायल हो गया। माँ-बाप बच्चे को लेकर गुजरात के अस्पताल ले गए, जहाँ कुछ समय बाद वह मर गया। इस अमृत महोत्सव के साथ ही एक नई और बेहतर दुनिया का सपना धुँधला हुआ है।

अपने भीतर कहीं डूबते सूर्य की उदासी लिए मैं घर लौट आई।

कोरोना के बाद से ढाका की अर्थव्यवस्था इस तरह पटरी से उतरी कि श्रमजीवी वर्ग का जीवन संकट में पड़ गया है। उस पर यूक्रेन-रूस युद्ध के चलते महँगाई का जो जबड़ा खुला है, उसने ढाका में अचानक भिखारियों की बाढ़ ला दी है। हर सिग्नल पर हाथ फैलाती हथेलियाँ। नहीं, ये पेशेवर भिखारी नहीं हैं, इनमें से अधिकांश फेरीवाले, झाका मुटियावाले, रिक्शेवाले और रेहड़ी वाले हैं, पर महँगाई ने इतना मार दिया है कि इस चरम दुर्दशा में हथेली फैलाने को मजबूर हैं। नूर हुसैन एक बस में बैग बेच रहे थे। बार-बार लोगों से गुहार लगा रहे थे कि वे उनसे बैग ले लें, महज़ तीस रुपयों में एक बैग। पर एक भी ख़रीदार नहीं। बार-बार गुहार लगाई उसने, कइयों को दिखाया भी, पर कोई आगे न आया। आख़िर हताश हो कहा उसने, "मैं अपने परिवार का पेट नहीं पाल पा रहा हूँ, आप कृपया मुझे दस रुपये ही दे दें, भीख समझकर ही, जिससे मैं अपने भूखे परिवार के मुँह में भात डाल सकूँ।" यह कहानी सिर्फ़ नूर हुसैन की नहीं, हज़ारों युवकों की है, जिन्होंने जज़्बा लेकर अपना लघु उद्योग शुरू किया, पर पहले कोरोना और बाद में यूक्रेन युद्ध के चलते जीने की बाज़ी हारने लगे।

उसी ढाका में आज अपने बेटे के उन पाँच दोस्तों से मिली, जो सिर्फ़ शाहरुख़ ख़ान की फ़िल्म 'पठान' देखने प्लेन से कोलकाता गए थे और देखकर दूसरे दिन ही ढाका लौट आए थे।

इस सदी की सबसे ख़ूबसूरत तसवीर

इतिहास से झाँकती यह तसवीर अफ़ग़ानिस्तान सेना के एक जाँबाज शहीद मेजर अब्दुल रहीम की है। वर्ष 2020 में काबुल में हुए एक बम विस्फोट में मेजर अब्दुल रहीम शहीद हो गए थे। बम निरोधक विशेषज्ञ मेजर अब्दुल रहीम ने 2012 में बम डिफ्यूज करते समय अपने दोनों हाथ खो दिये थे। दो हज़ार से अधिक बम डिफ्यूज करनेवाले अब्दुल को तीन साल बाद भारत में नये हाथ मिले। ये हाथ उन्हें कोच्चि के टीजी जोसेफ से दान में मिले थे। जोसेफ सड़क हादसे के बाद ब्रेन डेड हो गए थे। उनके परिवार ने अब्दुल रहीम की मदद के लिए अंग दान किया था। कोच्चि में अमृता इंस्टीट्यूट ऑफ मेडिकल साइंसेज में डॉ. सुब्रह्मण्यम अय्यर के नेतृत्व में डॉक्टरों ने हाथों की प्रत्यारोपण-प्रक्रिया को सफलतापूर्वक अंजाम दिया था। ठीक होने के बाद अब्दुल फिर से सेना में शामिल हो गए थे। तीन धर्मों का समावेश था उस प्रत्यारोपण-प्रक्रिया में। हाथ दान देनेवाला ईसाई, पानेवाला मुस्लिम, लगानेवाला डॉक्टर हिन्दू।

जाते-जाते यह भी देखना था। ढाका से अब दाना-पानी उठने के दिन आ गए थे। हमने सोचा था कि इस बार ढाका में दुर्गा पूजा देखने निकलेंगे। ढाका प्रवास की अन्तिम पूजा। पर 7 सितम्बर, 22 को ढाका के प्रतिष्ठित अख़बार 'प्रथम आलो' में छपी एक ख़बर ने हमें सोचने को मजबूर कर दिया कि हम पूजा देखने जाएँ या नहीं।

ख़बर इस प्रकार थी—नई आतंकवादी गतिविधियों में संलग्न आठ युवाओं ने हिजरत के नाम पर घर छोड़ा। लॉ एनफोर्समेंट एजेंसी के पास ख़बर थी कि प्रतिबन्धित इस्लामिक संगठन 'अंसार-अल-इस्लाम' से प्रेरित थे, ये सातों युवा हैं। 17 से 23 वर्ष की उम्र के हैं। उनमें से अधिकतर कॉलेज छात्र हैं, कुछ कुमिल्ला में रहते थे, कुछ सिलहट में, उन्होंने अपना घर छोड़ दिया था। इनमें से एक, निहाल अब्दुल्लाह कुमिल्ला के सरकारी कॉलेज के कक्षा 12 का छात्र था। आठवें छात्र की पहचान स्थापित नहीं हो पाई। उन युवाओं के माता-पिता ने बताया कि सभी 23 अगस्त से एक ही समय से अपने घरों से लापता हैं। इन सातों में से छह के परिवार वालों ने मिसिंग की रिपोर्ट लिखवाई है। इसमें दो युवाओं के पिता ने यह भी जानकारी दी है कि इनके पुत्रों का सम्पर्क तब्लीगी जमात के नेताओं से था, जिनसे मिलने वे चिल्लाह जाते थे। एक के पिता ने बताया कि उनका पुत्र कोचिंग सेंटर से तब्लीगी का भाषण सुनने गया और फिर लौटकर नहीं आया।

लॉ एनफोर्समेंट एजेंसी ने अपनी तरफ़ से अलर्ट जारी कर दिया है। यह ख़बर इसलिए भी चिन्ताजनक थी कि छह साल पहले ढाका में जो भयंकर आतंकवादी हमला हुआ था, होली आर्टिसन बेकरी में, उस समय भी ठीक इसी तरह कुछ कॉलेज के छात्र घर से लापता थे। उन्हीं छात्रों ने होली बेकरी के ख़ूनी खेल को अंजाम दिया था। बांग्लादेश के इतिहास में उससे भयंकर जिहादी हमला ग़ैर-मुस्लिमों पर पहले कभी नहीं हुआ था, जिसमें 24 विदेशियों को मार डाला गया था। इस बार जो युवा लापता थे, वे सभी अंसार-अल-इस्लाम के सदस्य हैं। अंसार-अल-इस्लाम ख़ुद को अलक़ायदा का बांग्लादेशी विंग बताता है।

अल्पसंख्यक होना गुनाह हो गया है आज की दुनिया में। पिछले सप्ताह अफ़ग़ानिस्तान में सौ से अधिक हाईस्कूली बच्चों को बम ब्लास्ट में मार दिया गया था। वे बच्चे अल्पसंख्यक समुदाय से थे। उनमें लड़कियों की संख्या अधिक थी।

इन दो ख़बरों ने फिर एक बार जो भी सत्य और सुन्दर बसा था आत्मा में, उसे पतझड़ के पत्तों-सा झाड़ दिया।

लेकिन दुर्गापूजा तक आते-आते हम पर इन ख़बरों का प्रभाव जैसे घटते-घटते लगभग शून्य पर आ गया था। हम निकल ही गए पूजा देखने। बनानी का पूजा-मंडप। हर

जगह चाक-चौबन्द सुरक्षा। दोनों ही समुदाय के लोग। सजे-धजे, बने-ठने। एक तरफ़ खाने और आइसक्रीम के स्टॉल। लगा, संस्कृति धर्म से ज़्यादा ताक़तवर है। लगा नहीं कि मुस्लिम देश में हूँ। ढाका की दुर्गा-पूजा में धार्मिकता का आधिक्य था, जबकि कोलकाता की दुर्गापूजा में उत्सवधर्मिता का। कोलकाता की उत्सवधर्मिता का आलम यह कि बड़े-बड़े होर्डिंग्स लगाने के लिए बड़े-बड़े पेड़ों को काट दिया गया था। एक तरफ़ स्याही के धब्बों-सी सड़क पर आबाद भूखों-नंगों की सदाबहार फ़ौज, तो एक तरफ़ एक-डेढ़ किलोमीटर के अन्दर दस-ग्यारह पूजा (जिनमें कुछ तो करोड़ों के बजट की) आपको देखने को मिल जाएगी। आप विवेकवान और संवेदनशील हुए, तो सोचते रहिए कि ये कई करोड़ों का धन क्या देश के इन भूखे-नंगे नौनिहालों पर ख़र्च नहीं किये जा सकते?

उत्सवधर्मिता के साथ वहाँ की पूजा में सर्वधर्म समभाव का भाव भी शामिल था। पिछले साल कोलकाता के श्री भूमि स्पोर्टिंग क्लब द्वारा दुबई के बुर्ज ख़लीफ़ा के मॉडल पर दुर्गापूजा का पंडाल बनाया गया। इस साल दुर्गापूजा का पंडाल वैटिकन सिटी की शक़्ल में बनाया गया है। उससे भी पहले पशुपतिनाथ के मन्दिर की शक्ल में बनाया गया था। यही तो पश्चिम बंगाल की ताक़त है..."सृष्टि रूपेण संस्थिता।"

कोलकाता की एक विशेषता यह भी है कि वहाँ धर्म और कलाओं का सम्मिलन है, जो धर्म के सौन्दर्य को सार्वभौम बना देता है। इसलिए वहाँ दुर्गा, देवी से ज़्यादा एक उत्सव है—सामूहिकता का उत्सव। वहाँ दुर्गापूजा जन उत्सव है। इसमें प्रत्येक परिवार आर्थिक चन्दा देता है। प्रत्येक मंडप के आसपास मार्क्सवादी साहित्य की बिक्री की दुकानें लगी होती हैं। विभिन्न दलों के स्टॉल भी हैं, जिनमें इन दलों के नेता स्थानीय जनता के साथ सम्पर्क-सम्बन्ध बनाने का काम करते हैं। इस आयोजन में कम्युनिस्टों से लेकर कांग्रेसियों की शिरकत सहज देखी जा सकती है। दुर्गापूजा के मौक़े पर की गई ख़रीदारी पर पश्चिम बंगाल का समूचा बाज़ार टिका होता है। आम जनता अरबों-खरबों रुपयों की ख़रीदारी करती है। इस अर्थ में दुर्गापूजा संस्कृति, सभ्यता और बाज़ार का परमानन्द है, जबकि ढाका की दुर्गा पूजा में धर्म और थोड़ी संस्कृति का सहमेल है।

कहानी फिर सलमा की।

अब जबकि ढाका से दाना-पानी उठने का समय आ गया था, एक और ख़बर ने हैरान कर दिया मुझे। फातिमा की तरह सलमा ने भी अपनी मुक्ति की राह अपने ढंग से सोच ली। उसने दूसरे विवाह का मन बना लिया था। होनेवाले शौहर हाजी थे, सलमा से बीस साल बड़े। सलमा के मन में कहीं यह दबी-ढकी लालसा भी

थी कि बहुत सम्भव है कि होनेवाले शौहर उसे भी पाँच लाख ख़र्च कर हज़ की यात्रा करवा दें। उसका सबसे बड़ा और इकलौता स्वप्न!

"तो क्या सिर्फ़ इसी लालच से तुमने दूसरे विवाह का मन बना लिया?" दुपट्टे को ठीक करते हुए कहा उसने, "नहीं आंटी, सिर्फ़ यही कारण नहीं था। अब मुझे भी रात अकेले सोने में डर लगता है। देखते-देखते बेटे की शादी हो जाएगी, बेटी अपने घर चली जाएगी, तब मैं क्या करूँगी? पूरे दिन की चाकरी लायक तब दम मुझमें भी कहाँ बचेगा? अभी तो वे चलकर मेरा हाथ माँग रहे हैं। सब अच्छा है, बस उम्र थोड़ी ज़्यादा है। दो ऊपर साठ की है, पर ख़ुद मेरी भी उम्र तो चालीस से दो ऊपर है। उनके भी दो बच्चे हैं, लेकिन दोनों विवाहित हैं और अलग रहते हैं।"

"तुम्हारे बच्चे मान गए?"

"अल्लाह मेहरबान है आंटी। बच्चे राजी हो गए हैं। वैसे भी बेटा तो मदरसे में ही रहता है, बेटी का इसी साल निकाह कर दूँगी।"

"चलो, तसवीर तो दिखाओ मुझे," मैंने थोड़ी उतावली दिखाई।

"तसवीर तो आंटी उनकी नहीं दिखा सकती, क्योंकि वे हाज़ी हैं न! इस्लाम में तसवीर खिंचवाना मना है और वे हाज़ी हैं इसलिए एकदम पक्के मुसलमान हैं।"

"तुमने ठीक से देख लिया है न उनको?"

"नहीं आंटी, मेरे भाइयों ने मुझे चश्मा उतारकर जाने को कहा। अब बिना चश्मे के मुझे वे ठीक से दिखे ही नहीं।"

"ऐसा क्यों कहा उन्होंने?"

"उनका कहना था कि बिना चश्मे के मैं ज़्यादा सुन्दर दिखती हूँ।"

"हे भगवान! एक तो बड़ी उम्र उस पर भाइयों का ऐसा सोचना! हद है! अच्छा यह बताओ कि मेहर कितना तय हुआ?"

"आंटी, भाइयों ने 786 टाका ठीक किया है, क्योंकि 786 बिस्मिल्लाह का नम्बर है। मेरी अम्मी जब बीमार थीं, तो उनके बेड का नम्बर था 786, दफ़नाने के पहले जिस बेड पर नहलाया गया था, उसका नम्बर भी 786 था। अन्त में जिस गाड़ी से उनको ले गए जनाज़े के लिए, उसके अन्तिम तीन नम्बर भी 786 थे।"

"इतनी कम मेहर?"

"इसके साथ वे सोने का एक फुल सेट भी तो देंगे..." बोलते-बोलते वह आधी शर्मायी, आधी मुस्कराई और एक पूरी तसवीर मेरे मन की दीवार पर टँग गई उसकी।

फिर याद आए टैगोर, जिन्होंने कहा था—दुनिया के हर देश में मेरा घर है और मैं अपना घर खोजता फिर रहा हूँ। शायद हम सभी उसी घर की खोज में गुज़र जाते हैं, पर तुम्हारी लालसाएँ बहुत सीमित हैं सलमा! तुम्हें तुम्हारा घर ज़रूर मिले!

30

चल खुसरो घर आपने!

लौट रही हूँ अपने महबूब देश। पर क्या सचमुच वह बचा हुआ है मेरे सपनों के देश के रूप में? क्या सचमुच धरती पर बचा हुआ है कोई ऐसा देश, जो आपमें यह अहसास भर दे कि हम सभी एक हैं—अपनी धरती के लोग! एक ही हवा, माटी और पानी के हिस्सेदार!

आते-आते महमूद भाई ने पूछा, "क्या लेकर जा रही हैं आप हमारे मुल्क से?"

क्या कहती, कभी लगा ही नहीं कि ग़ैर मुल्क में हूँ। हमेशा लगा, जैसे एक स्वप्न शहर के भीतर हूँ। जब भी अपनी तुला पर तौला ढाका को, विशेष परिस्थितियों और अपवादों को छोड़कर इसे अपने देश-सा ही पाया। गई रात बांग्लादेश संग्राम पर एक मार्मिक फ़िल्म '1971' देखी थी, जिसे सर्वश्रेठ नेशनल अवॉर्ड भी मिला था, जिसमें दिखाया गया था कि 1971 के हमारे 70 जाँबाज सैनिकों को बन्दी बनाकर पाकिस्तान ने दुनिया से, रेडक्रॉस से, ह्यूमन राइट्स ऑर्गेनाइजेशन से...सबसे छिपाकर अमानवीय परिस्थितियों में अपनी भिन्न-भिन्न जेलों में ठूँसा हुआ था। अपना देश उन्हें भुला चुका था। दुनिया की निगाह में वे मर चुके थे। एक बार जब रेड क्रॉस ह्यूमन राइट्स के साथ मिलकर किसी की शिकायत पर पाकिस्तानी जेलों का मुआयना करने आती हैं, तो उन सब को चकाला जेल में रख दिया जाता है, जहाँ उनको छिपाया जा सके। 14 अगस्त का दिन है, जेल में पाकिस्तान की आज़ादी के जश्न का माहौल है। मौक़े का फ़ायदा उठाते हुए उनमें से छह जाँबाज़ सैनिक किसी प्रकार चकाला कैम्प की जेल से भाग खड़े होते हैं। घटनाओं के घात-प्रतिघात के संयोग से वे पाकिस्तान की एक मशहूर गायिका की गाड़ी का इस्तेमाल करते हैं। गायिका को जब पता चलता है कि वे युद्ध क़ैदी हैं, तो वह उनसे गुज़ारिश करती है कि वे उसे बेहोश न करें, वह उनके लिए रेड क्रॉस से बात करेगी। ज़रूर बात करेगी। जब भारतीय क़ैदी उसका सहजता से यक़ीन नहीं करते हैं, तो वह कहती है—हो सके तो मेरे मुल्क से थोड़ा-सा यक़ीन ही लेते जाओ।

मैंने भी उसके शब्दों में अपने शब्द जोड़ते हुए कहा—मुट्ठी-भर भाईचारा, चुटकी भर माटी और भरोसा लेकर जा रही हूँ आपके मुल्क से। बांग्लादेश ज़िन्दाबाद!

'हिन्दुस्तान ज़िन्दाबाद!' जवाब देते हैं महमूद भाई।

निकलते वक़्त बेटे से भी पूछा मैंने, "ज़िन्दगी के बही-खाते में क्या रहा ढाका प्रवास का कुल हासिल?"

मेरी आशा के विपरीत बेटे ने किसी तत्त्वज्ञानी की तरह जवाब दिया, "ममा, ज़िन्दगी के बही-खाते में ढाका सदैव एक उजाले की तरह दर्ज रहेगा। मैं जब मुम्बई में था, तो ज़िन्दगी एकदम प्रेशर कूकर बनी हुई थी। घर से निकलते ही लिफ़्ट में आगे निकलने की मारामारी। फिर गाड़ी में भी किसी प्रकार ओवरटेक कर, ट्रैफ़िक जाम से मोर्चा लेते हुए ऑफ़िस जल्दी पहुँचने की मारामारी। फिर ऑफ़िस की अपनी राजनीति। याद नहीं, कभी एक टेबल पर हम पाँच लोग बैठे हों और सद्भावनापूर्वक किसी नतीजे पर पहुँचकर उठे हों। बैठते ही जाने कैसी असुरक्षा की भावना, पीछे छूट जाने की भावना, कॉम्पीटिशन की भावना जकड़ लेती कि शुरू हो जाता जजमेंटल होना, आक्रामक होना, छींटाकशी, एक-दूसरे को अकाउंटेबल ठहराना, ज़ोर-ज़ोर से गला फाड़ना, कई बार तो एब्यूसिव भाषा का भी इस्तेमाल हो जाता, पर तुम विश्वास नहीं करोगी, ऐसा अविश्वास और टुच्चापन मैंने ढाका में अपने ऑफ़िस में कभी नहीं देखा। मैंने किसी बांग्लादेशी अफ़सर को चिल्लाते तक नहीं सुना। उन्हें मुम्बई की अपेक्षा अधिक ईमानदार, सहज विश्वासी, सद्भावी और पारदर्शी पाया है, भले ही स्किल और इंटेलिजेंस कम हो, पर मनुष्य रूप में वे बेहतर लगे। मुम्बई में था, तो हर वक़्त सुन्दर और टिप-टॉप दिखने का तनाव सर पर सवार रहता, यहाँ देखा बड़े से बड़ा गारमेंट एक्सपोर्टर तक ऊँचे पायजामा और कुर्ते में मिल जाएगा। सब अपनी तबीयत के बादशाह मिलेंगे। याद है, मुम्बई में एक सिक्योरिटी गार्ड किसी सरदार जी को उनका कूरियर दो दिन तक देना भूल गया था, तो उन सरदार जी ने उसे कैसे दो-तीन झन्नाटेदार चाँटे जड़ दिये थे, कितना हो-हंगामा हुआ था, पर यहाँ अपने ऑफ़िस में लोगों को ग़ुस्से में बेक़ाबू होते कभी नहीं देखा मैंने, जैसे ग़ुस्से की नस ही काट दी गई हो उनकी।"

मैं सोचने लगी, क्या कारण हो सकता है ऐसी मानसिकता का?

कहाँ से मिलती है यह सहिष्णुता, यह सद्भाव, सहज विश्वास, भाईचारा और सामूहिकता का भाव? क्या उन्हें अपनी भाषा, संस्कृति, रवीन्द्र-नज़रुल साहित्य, विरासत, प्रकृति के सामीप्य और इस्लाम से मिलता है? एक-दूसरे पर दोष देने के बजाय वे बड़ी आसानी से हर घटना-दुर्घटना को अल्लाह मियाँ के खाते में डाल देते हैं। माना वे बेहद नियतिवादी भी हैं, पर इससे वे तुच्छ भौतिकता और कई क्षुद्रताओं से बच भी जाते हैं। ऊपर से हर चार-साढ़े चार घंटे बाद मस्जिदों से आती अज़ान भी उनमें सूफ़ियाना भाव भरती है। मैं सोच ही रही थी कि बेटे ने फिर सुनाई एक घटना :

"मेरे एक कलीग की हनीमून मनाने गई बेटी का भयंकर एक्सीडेंट हो गया था ममा, तो पूरे परिवार ने, ससुराल और मायके वालों ने अपनी जमा-पूँजी उसके सामने धर दी, क्योंकि क़ुरान में है कि किसी अपाहिज, विकलांग और बीमार की सेवा करने पर जन्नत नसीब होती है। और हमारे यहाँ ऐसा हादसा होता, तो सोचो क्या होता? अधिकतर मामलों में लोग लड़की को मायके में डाल आते हैं।"

मैं कहने जा ही रही थी कि घटनाओं का इस प्रकार सामान्यीकरण नहीं किया जा सकता है कि उसने फिर एक कहानी मुझे सुना डाली। ज़ाहिर है, बांग्लादेश के लोगों से वह सचमुच अभिभूत था। ख़ुद उसमें भी अन्तर आया था, मुम्बई का वह उफनता, गरजता, ललकारता समुद्र अब ठहरा शान्त समुद्र बन चुका था।

बहरहाल वह कहानी इस प्रकार थी :

एक मछुआरा समुद्र किनारे बैठा बाँसुरी बजा रहा था, तभी उसके पास एक बैंकर आया, उसने कहा, "मैं तुम्हें लोन दे दूँगा।" मछुआरे ने कहा, "उससे क्या होगा?"

"उससे तुम दो नाव ख़रीद सकोगे।"

"उससे क्या होगा?" मछुआरे ने फिर कहा।

"उससे तुम्हारा फ़ायदा दोगुना हो जाएगा, फिर तुम और बड़ी-बड़ी नावों को ख़रीद सकोगे।"

"उससे क्या होगा?"

"उससे तुम अपनी मछलियों को इस छोटे-से गाँव में कम पैसों में बिचौलियों को बेचने के बजाय बड़े-बड़े शहरों में बहुत ऊँचे दामों पर बेच सकोगे और हो सकता है कि एक तालाब भी तुम्हारा अपना हो जाए, जहाँ तुम मछलियों को ख़ुद ही प्रोसेस भी कर सको।"

"उससे क्या होगा?"

"तुम्हारे पास ढेर सारा पैसा होगा, तो तुम सुकून से जी सकोगे, समुद्र किनारे गिटार बजा सकोगे, पत्नी और बच्चों के साथ मौज-मस्ती कर सकोगे।"

"वो तो मैं अभी भी कर ही रहा हूँ", मछुआरे ने जवाब दिया।

तो यह है मम्मा यहाँ का आम चरित्र। कुछ अपवाद हो सकते हैं, पर ढाका में अभी भी बहुत कुछ बचा हुआ है आम लोगों में। भौतिक समृद्धि और पैसों को लेकर महानगरों जैसी हाय-तौबा और टुच्चापन नहीं है।

विदा सलमा! विदा फातिमा! मेरी नन्ही देवियाँ! मेरे अपने चित्त का प्रतिबिम्ब तुम दोनों! जब-जब तुम बजती, यहाँ की धरती, आसमान, चाँद-तारे सब अपने बन

जाते! हवाएँ ठंडी हो जातीं। फूल ख़ुशबू देने लगते। तुम्हारी घनी सतरंगी छाँव में मेरा बिगड़ा मन-मिज़ाज सँभल जाता। तुम धरती का नमक, तुम मेहनत की महारानियाँ! हमारे जीवन पथ को बुहारनेवाली तुम! अब शायद ही फिर कभी मिल सकूँ तुम दोनों से। जा रही हूँ तुम्हारे क़र्ज़े के साथ। भर रखी है मैंने अपनी झोली तुम्हारी हँसी के फूलों से, जब कभी उदास होगा मन, खेला करूँगी इन्हीं हँसी के फूलों से! घूम आया करूँगी स्मृतियों की इन्हीं बस्तियों में!

विदा ढाका! मेघेर ढाके ढाका (मेघों से घिरा ढाका)! मेरे बंगाल का ही प्रतिरूप ढाका! मेरे नायकों की जन्मभूमि! साझी स्मृतियों और साझे सपनों का ढाका! ढाका और चटगाँव के बिना भी अधूरी रहेगी भारत की महागाथा।

नहीं जानती कि तुमने मुझे कितना रचा, तराशा और बदला। बस इतना भर जानती हूँ कि मैं ही ढाका में नहीं रही, तुम भी मेरे भीतर रही, मेरे मन के भीतर। थोड़ी बहुत ढाका तो वैसे भी मैं हो ही गई हूँ। बेटा तो कई बार चिढ़कर कहता भी है कि तुम्हारी हँसी ढाकाई होती जा रही है।

कितनी विचित्र बात कि बस आधे घंटे की हवाई यात्रा और मुल्क बदल जाएँगे। तुम अपने वतन में पद्मा नदी के इस पार रह जाओगी और मैं उदास हवाओं के साथ पद्मा नदी के उस पार। बदल जाए वतन, माटी तो फिर भी एक ही रहेगी हमारी! ज़मीन पर खिंची इन रेखाओं का खेल हम क्यों माने? मालिक ने तो हमें एक ही धरती दी थी! लेकिन इस तेरे-मेरे, मेरे-तेरे ने देखो, हमारी दुनिया को कितना बदसूरत बना दिया है। नहीं?

पर मैं संगीत का वह राग हूँ, जो सरहद को नहीं मानता है, जो जहाँ भी बजता है, बस एक जैसा ही बजता है। मैं वह डाकिया हूँ, जिसे जहाँ भी मिलता है, सत्य और सौन्दर्य, उसे उठा पहुँचा देता है लोगों तक। काश! हम एक ही वतन के होते! तुम हिन्दुस्तान की होती या मैं बांग्लादेश की होती या प्रवासी परिन्दे ही होते हम, तो यूँ न बिछुड़ना पड़ता हमें। बहती हवाओं और बहते पानी की तरह कभी बहते-बहते आ जाना मेरे द्वार भी! तब जब तुम आओगी, देखोगी कि मैं ख़ुद को तुमसे बतियाते देख रही हूँ।

देखो ये हवाएँ भी चुपके से गुनगुना रही हैं,

धीरे चल रे
कहरा
देखी लेबै
बाबुल के बहियार

(धीरे-धीरे चल कहार, जिससे देख लूँ बाबुल के खेतों को)

खुली हुई है गाड़ी की खिड़की। खुली ही रहने देती हूँ मैं, सहला रही है मुझे यहाँ की धूल, माटी और पुरवैया। आँसुओं की झिलमिल के पार देख रही हूँ इस माटी को, फ़िज़ाओं को, ऊँचे-ऊँचे दरख़्तों को, हिलते पत्तों को। सुन रही हूँ इन बहती हवाओं को। इंशाअल्लाह! जैसा छोड़ के जा रही हूँ, वैसा ही मिले मुझे ढाका, नहीं बिके इसकी धूप, इसकी हरियाली, इसकी नदियाँ, इसकी पहाड़ियाँ। बेटा कहता है अब दोबारा नहीं आना होगा, शायद नहीं हो, लेकिन मैं अपने सपनों को दाना देती रहूँगी। इसी माटी में मेरी पोती सो रही है। गहरा सम्बन्ध है इस धूल माटी से...कभी शायद फिर लौट पाऊँ इन फ़िज़ाओं में जैसे लौटती हैं पत्तियाँ पेड़ों पर। उड़ती है कोई तितली ख़यालों की, कि तभी बेटे की आवाज़ गूँजती है—बन्द करिए खिड़की के ग्लासों को, कितनी धूल आ रही है भीतर।

मैं सुना अनसुना कर देती हूँ। और जल्दी-जल्दी जितनी हो सके भर लेती हूँ इन हवाओं को अपने भीतर।

टिक्-टिक् बीत रहा है समय। सुन रही हूँ अपने को, अपने एकान्त को, जो बरस रहा है बाहर, पानी की तरह टप्! टप्!

फिर भीग रही है पलकों की झालर!

समझ नहीं पाती कि ढाका में मैं हूँ या मुझमें है ढाका।

संस्कृति का रखवाला!

विचारों का संग्रहालय!

भरोसों का गठबन्धन!

आधुनिकता की आब और परम्पराओं की ताब वाला,

युग-युग जीओ मेरे ढाका!

तुम्हें पढ़ना ज़िन्दगी के क़रीब बैठकर चाय पीने जैसा था!

कभी व्याकुल हो उठूँ तुम्हारी यादों में, तो थाम लेना मुझे बाँह फैलाकर!

नहीं जानती कि ये मेरी दुआएँ थीं या थीं अज़ान! याद आ रहे हैं अमीर खुसरो, जो कह गए थे अपनी रंगरेज़िन से—ऐसे चढ़े इसका रंग कि कभी छूटे ही नहीं... धोबिया धोए चाहे सारी उमरिया...सही, ऐसी गाढ़ी रोशनाई से लिखा गया है ढाका मेरे ज़ेहन में। काश! इसके गौरव में एक ईंट अपनी तरफ़ से मैं भी लगा पाती। ढाका! तुम हमेशा रहोगे मेरे मन के आकाश में, मेरे स्वप्न समय में जैसे भोर के उजास में रह जाता है थोड़ा-सा चन्द्रमा!

चिटगाँव सर्किट हाऊस जहाँ प्रेसिडेंट जिया उल रहमान की हत्या हुई।

ढाका का वह स्थल जब 16 दिसम्बर, 1971 को पाकिस्तान के जेनरल नियाजी ने भारत के जेनरल अरोड़ा के सामने आत्मसर्पण किया। वहाँ चौबीसों घंटे ज्योति जलती रहती है।

15 अगस्त के दिन भारतीय उच्चायोग

बॉर्डर क्रॉसिंग

ढाका यूनिवर्सिटी में लगी रवीन्द्रनाथ टैगोर और नज़रुल इस्लाम की तस्वीर

ढाका यूनिवर्सिटी में लगी बंग बंधु मुजीब की तस्वीर

ढाका का एक मदरसा

पुराने ढाका की एक झलक

ईद पर दुल्हन की तरह सजा हुआ ढाका

ढाकेश्वरी मन्दिर

हिन्दुओं का शाखारी बाजार

ढाका का एक दुर्गा पूजा पंडाल

चाय बागानों के लिए मशहूर सिलहेट

नदियों और पोखरों का देश ढाका का एक पोखर।